陕西出版资金
资助项目

延安时期
图志

军事卷

（上）

YAN'AN SHIQI TUZHI

李路 编著

西安出版社

图书在版编目（CIP）数据

延安时期图志 . 军事卷 / 李路编著 . —西安 : 西
安出版社 , 2024.6
ISBN 978-7-5541-5682-7

Ⅰ . ①延… Ⅱ . ①李… Ⅲ . ①军事史—延安—图集
Ⅳ . ① K294.13-64

中国国家版本馆 CIP 数据核字（2023）第 195226 号

YAN'AN SHIQI TUZHI

延安时期图志
军事卷

编　　著：李　路
参　　编：杨青春　谢　镤
出 版 人：屈炳耀
策划统筹：吴　革
责任编辑：何　岸
责任校对：卜　源　韩一婷　杨　柳
审　　读：汤彦宜
封面设计：李渊博
版式设计：建明文化
印刷统筹：尹　苗
出版发行：西安出版社
社　　址：西安市曲江新区雁南五路 1868 号
　　　　　影视演艺大厦 11 层
电　　话：（029）85253740
邮政编码：710061
印　　刷：西安市建明工贸有限责任公司
开　　本：787 mm × 1092 mm　1/16
印　　张：65.25
字　　数：910 千
版　　次：2024 年 6 月第 1 版
印　　次：2024 年 6 月第 1 次印刷
书　　号：ISBN 978-7-5541-5682-7
定　　价：480.00 元（全 3 册）

序　言

延　安

——中国革命战争走向胜利的大本营

1939 年 10 月，毛泽东同志在《〈共产党人〉发刊词》中指出："武装斗争是中国共产党在中国革命中战胜敌人的三大法宝之一"。他在 1945 年 4 月召开的中共七大会议上总结道："没有人民的军队就没有人民的一切。"中国共产党领导新民主主义革命 28 年中的 22 年是进行武装斗争，经过百折不挠、浴血奋战，最终推翻三座大山，建立了中华人民共和国。

1935 年 10 月，中共中央率领中央红军陕甘支队长征到达陕北，在沟壑纵横的黄土高原上找到了落脚点。延安从此不仅成为中国革命的象征，也成为中国共产党领导全国武装斗争的指导中心。在这里，中国共产党领导人民军队由小到大、由弱到强，打败了日本侵略者，并为推翻国民党反动统治奠定了坚实基础。全面把握"党中央延安十三年"辉煌历程，必须全面了解延安时期党领导军事斗争和人民军队建设的历史。

延安时期是人民军队在革命战争年代发展的关键时期。在中共中央、中央军委正确决策和以毛泽东为代表的老一辈革命家、军事家英明领导指挥下，军事斗争取得一个接一个的胜利，军队建设在政治建军、军事思想、部队建制、战略战术、斗争策略、军政军民关系、军工生产等各方面都有了极大的发展，各项制度日臻成熟。中国共产党在延安时期培育的伟大延安精神中原生态的抗大精神、南泥湾精神、张思德精神、白求恩精神，均发端于这一时期的军事斗争和人民军队建设。延安当之无愧成为中国革命战争走向胜利的大本营和总后方。

在这里，毛泽东和他的战友们领导并巩固了陕甘宁边区，并以延安为大本营和总后方培养并派出大批党政军干部、野战部队挺进华北、华中、华南等敌后。他们怀着强烈的爱国之情、报国之志，背负着驱逐日寇、解救同胞的神圣责任，在日伪敌占领区的广大农村开辟敌后战场并建立抗日民主政权，紧紧依靠人民建立敌后根据地。据统计，仅从1937年9月至1938年10月，八路军、新四军在东渡黄河和岩寺改编后挺进华北、华中，就与敌作战1600余次，歼敌5.4万人。经一年多作战，八路军发展到15万人，新四军发展到2.5万人，先后创建了晋察冀、晋绥、晋冀鲁豫、山东、苏南、皖南、皖中、豫东等抗日根据地，人口达5000万，牵制日寇兵力30余万人。这不但有力地配合了正面战场，而且对阻滞日寇疯狂进攻、促进战略相持阶段到来起到重大作用。中国共产党坚持全国抗战路线和敌后游击战争不动摇，成为抗战的中流砥柱。此后，在党中央统一领导下，大江南北、黄河两岸的敌后抗日根据地军民经历了相持阶段的艰难岁月，迎来了世界反法西斯战争胜利的曙光。1945年夏，日本法西斯即将灭亡时刻，中国共产党领导敌后军民发动了强大的夏季攻势。8月，随着苏联对日宣战，延安八路军总部发出了《对日寇的最后一战》的指示，各敌后根据地抗日武装迅速转入大反攻，彻底打败了日本侵略者。至抗战胜利之时，中国共产党领导的人民军队由数万人发展到120多万人，民兵发展到260万人，建立了拥有1.2亿人口的19个解放区。抗战胜利后，面对国民党政权坚持反共打内战的形势，中共中央作出"向北发展、向南防御"的战略方针，十余万党政军干部和野战部队从延安和其他根据地走出，奔赴东北和其他战略区，为进行自卫战争和推进解放战争由防御转向反攻奠定了坚实基础。

延安是抗战和解放战争时期中国共产党领导军事斗争的战略、政策、策略的策源地。在这里，中国共产党通过瓦窑堡会议、洛川会议实现了从土地革命向民族战争的转变。在这里，决策了逼蒋、联蒋抗日并制定了西安事变和平解决方针。在这里，中共中央和中央军委制定了红军改编为八路军、新四军的方针政策，坚持了中国共产党对军队的绝对领导。在这里，中共中央和毛泽东制定了持久战和人民战争的军事战略方针，制定了发动人民群众开展游击战争中创建抗日根据地的抗战路线。在人民战争理论指引下，抗日根据地军民创造了地雷战、地道战、麻雀战、破袭战、水上游击战、铁道游击战等许多游击战形式，涌现出狼牙山五壮士、刘老庄八十二烈士等众多战斗英雄群体。中国共产党领导的抗日武装越战越强，日伪军陷入了人民战争的汪洋大海。在这里，毛泽东先后写成《论持久战》《抗日游击战争的战略问题》等著作，他的军事思想开始走向成熟。在这里，中国共产党人总结人民军队政治建军经验，作出了《关于军队政治工作问题的报告》，军队政治工作进一步得到加强。在这里，陕甘宁边区的八路军留守兵团和边区政府共创了"拥军优属、拥政爱民"的双拥运动，军队与老百姓鱼水之情日深。在这里，毛泽东和党中央作出了"自己动手，丰衣足食"的决策，推动陕甘宁和各根据地军民开展了轰轰烈烈的大生产运动。在这里，毛泽东和党中央转战陕北，指挥全国解放战争，提出了"打倒蒋介石，解放全中国"的口号，制定了《中国人民解放军十大军事原则》。

延安是中国共产党吸引和培育成千上万抗战和解放战争时期英才的地方。抗日救国的希望在哪里？在延安！延安是光明希望所在、民主自由所在，是寻求救亡图存真理的地方。80多年前，那些满怀一腔热血的青年人、知名学者、作家和知识分子甘愿放弃优裕的生活，来到这个偏僻落后的西北小城，寻找抗战救亡的真理。据统计，仅1937年至1938年，经西安八路军办事处介绍去延安的知识青年，就达2288人。随着抗日民族革命战争形势的迅猛发展，迫切需要大批德才兼备的干部去从事各方面的工作。毛泽东在延安指出："要尽可能地开办大规模的干部学校，越大越多越好。"为了培养干部，党中央先后在延安创办了中共中央党校、中国人民抗日军政大学、陕北公学、鲁迅艺术文学院、军政学院、军事学院、马列学院、中国女子大学、泽东青年干部学校、行政学院、延安大学、自然科学院、部队艺术学校、八路军抗日军人家属学校、陕甘宁边区师范学校、陕甘宁边区农业学校等20多所干部学校。此外，中共中央、中央军委和边区党委系统还举办了各种干部训练班和研究班。延安变成了一所"窑洞大学"，一座培育治党治国治军英才的大熔炉。在这一时期的学校中，办学规模最大、学员人数最多的就是中国人民抗日军政大学，这是中国共产党人的"红埔"。毛泽东亲自为抗大制定了教育方针和校训。在校训中提出的"坚定正确的政治方向"后来成为延安精神内涵的精髓所在，成为今天中国人民解放军部队和院校建设始终遵循的优良传统和作风，而抗大校歌成为今天中国人民解放军国防大学的校歌，至今传唱不衰。毛泽东亲自给抗大讲课或讲演。周恩来、刘少奇、朱德、张闻天、彭德怀、邓小平、贺龙等也都在抗大讲演或讲课。现在编入《毛泽东选集》的《实践论》《矛盾论》《中国革命战争的战略问题》《论持久战》等著作都源于毛泽东当年在抗大的演讲稿。毛泽东称赞"抗大"是"最革命、最进步、最能为民族解放与社会解放而斗争"的学校。"抗大的旗帜是千百万中华民族优秀儿女的旗帜，是民族解放胜利的旗帜，是创造未来的独立、自由、幸福的新中国的旗帜。"从1936年创办到

1946 年结束的十年间，抗大总校和分校先后为中国革命培养了十多万德才兼备的军政干部。抗大学员毕业上前线，为抗战和解放战争胜利流血牺牲，为新中国诞生打下了坚实基础……

习近平总书记指出："延安精神培育了一代代中国共产党人，是我们党的宝贵精神财富。要坚持不懈用延安精神教育广大党员干部，用以滋养初心，淬炼灵魂。"延安时期图志（军事卷）是为更好铭记这段历史，大力弘扬延安精神，更加生动传承其中红色基因而编著。本书以图说形式记录延安时期军事斗争和人民军队建设中的重大事件、重要会议、重要人物等，题材新颖、文风清新、视角独特，既能够全景展示延安时期军事斗争历史，又能够增强党史、军史作品的可读性、鲜活性，能够让年轻一代更好了解这段艰苦、辉煌的岁月。本书坚持志书风格，书中通过选用大量权威参考文献资料确保史料真实，图片、地图及其背景说明进行了较为充分的编选考证，确保全书内容既真实可靠，又直观生动。作者希望通过此书出版发行来铭记那段艰苦卓绝的斗争岁月，不忘初心使命，砥砺奋进前行。

李　路

2021 年元月

目 录
contents

军事建制篇

军事斗争篇

政治建军篇

装备建设篇

军事人物篇

军事会议与军事著作篇

军事外事篇

军事建制篇

开启全国抗战的新征程
——红军主力改编为八路军

◎ 中共中央与红军进驻延安

　　1936 年 10 月，红军三大主力会师西北，举世瞩目的长征结束。红军三大主力会师不仅打破了国民党军的"围剿"，而且集中于西北，便于中共中央统一领导和指挥。之前经过红一方面军东征和西征，红军扩大了影响，陕甘宁根据地得以巩固，红军向中国人民展示了坚决抗战的

◎ 中国工农红军长征路线示意图（1934 年 8 月—1936 年 10 月）

决心。特别是东征山西，扩大了影响，赢得了山西及广大华北地区群众的认可，为日后红军改编出师华北打好了基础。西安事变爆发并最终和平解决后，国内战争基本上停止了。国民党于 1937 年 2 月召开五届三中全会，讨论新形势下国共关系和对日关系问题。为了推动第二次国共合作早日形成，1937 年 2 月 10 日，中共中央发出了《给中国国民党三中全会电》，提出"工农政府改名为中华民国特区政府，红军改名为国民革命军"。

卢沟桥事变发生的第二天，中国共产党中央委员会即发出为日军进攻卢沟桥通电。通电大声疾呼平津危机！华北危机！中华民族危机！只有全民族实行抗战，才是我们的出路！通电号召全中国同胞、政府与军队团结起来，筑成民族统一战线的坚固长城，抵抗日寇的侵略。随着"七七"卢沟桥事变的爆发和淞沪战役打响，全国抗战局面形成。

◎ 毛泽东在延安群众大会上讲话

◎ 二十九路军士兵驻守卢沟桥捍卫国家主权

◎ 报纸报道日军炮轰宛平城炸毁卢沟桥

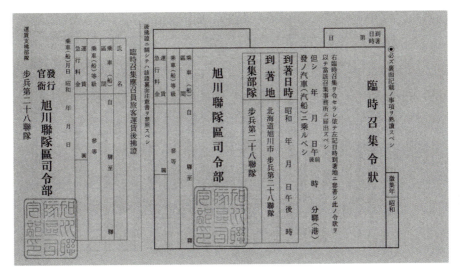

◎ 日本动员在乡军人的参战召集令

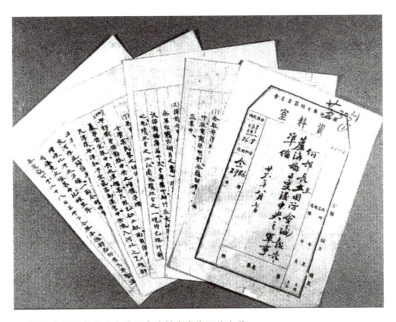

◎ 国民政府军事委员会关于卢沟桥事变战况的文件

我們對蘆溝橋事件的主張

中國共產黨爲日軍進攻蘆溝橋通電

全國各報館、各團體、各軍隊、中國國民黨、國民政府、軍事委員會、暨全國同胞們！

本月七日夜十時，日本在蘆溝橋，向中國駐軍瘋狂攻擊，要求通都過至長辛店，因遭我軍不允，發生衝突。現使方佈在對戰中。

不管日寇在蘆溝橋這一挑戰行動的結局，即擴大成爲大規模的侵略戰爭，或者造成外交屈退的條件，以期入於將來的侵略戰爭，平津與華北被日寇武裝侵略的危險，是極端嚴重了。日本帝國主義侵略對於中國新進攻的烟幕。中國共產黨早已向全國同胞指明了過這一點，現在烟幕揭開了。日本帝國主義武力侵佔平津與華北的危險，已經放在每一個中國人的面前。

全中國的同胞們！平津危急！華北危急！中華民族危急！只有全民族實行抗戰，才是我們的出路！我們要求立刻給進攻的日軍以堅決的反攻，並立刻準備應付新的大事變。全國上下應該立刻放棄任何與日寇和平苟安的希望與估計。

全中國同胞們！我們應該讚揚與擁護華北當局與國土共存亡的宣言！我們要求宋哲元將軍立刻動員全部廿九軍，開赴前線應戰！我們要求南京中央政府立刻切實援助廿九軍，並立刻開放全國民衆愛國運動，發揚抗戰的民氣，立即動員全國海陸空軍，準備應戰，立即肅清漢奸賣國賊份子，及一切日寇偵探，鞏固後方。我們要求全國人民，用全力援助神聖的抗日自衛戰爭！

我們的口號是：

武裝保衛平津、保衛華北！

不讓日本帝國主義佔領中國寸土！

爲保衛國土流最後一滴血！

全中國同胞、政府、與軍隊、團結起來、築成民族統一戰線的堅固長城，抵抗日寇的侵掠！

國共兩黨親密合作抵抗日寇的新進攻！

驅逐日寇出中國！

中國共產黨中央委員會

一九三七年七月八日

◎ 中国共产党为日军进攻卢沟桥通电

7月15日，中共代表周恩来将《中国共产党为公布国共合作宣言》送交国民党，提出发动全民族抗战、实现民主政治和改善人民生活的基本主张。声明愿为实现孙中山的三民主义而奋斗；停止推翻国民党政权和没收地主阶级的土地政策；取消苏维埃政府，改称特区政府；取消红军番号，改为国民革命军。

◎ 中国共产党为公布国共合作宣言

根据中共中央同国民党政府达成的协议，集中在陕甘宁地区的中国工农红军主力改编为国民革命军第八路军，1937年8月22日，国民政府军事委员会宣布了这一命令。9月11日按全国海陆空战斗序列，八路军改称为第十八集团军。

中共中央军委于 8 月 25 日发出《中共中央革命军事委员会关于红军改编为国民革命军第八路军的命令》。命令指出："南京已经开始对日抗战，国共两党合作初步成功。为着实现共产党中央给国民党三中全会红军改名之保证，使红军成为抗日民族战争的模范，推动这一抗战成为全民族的抗日革命战争，以争取最后的彻底胜利，特依据与国民党及南京政府谈判结果，宣布红军改名为国民革命军第八路军。"[1]

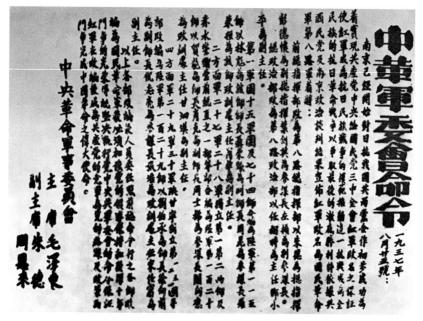

◎ 1937 年 8 月 25 日，中革军委发布改编命令

　　[1] 中共中央革命军事委员会关于红军改编为国民革命军第八路军的命令 [M]//《中国人民解放军历史资料丛书》编辑组 . 八路军·文献 . 北京：解放军出版社，1994：19-20.

改编的部队由中国工农红军第一、第二、第四方面军及陕北红军组成。红军前敌总指挥部改为八路军总指挥部，以朱德为总指挥，彭德怀为副总指挥，叶剑英为参谋长，左权为副参谋长。红军总政治部改为八路军政治部，任弼时任主任，邓小平任副主任。下设第一一五、第一二〇、第一二九师和总部特务团，全军近4.6万人。

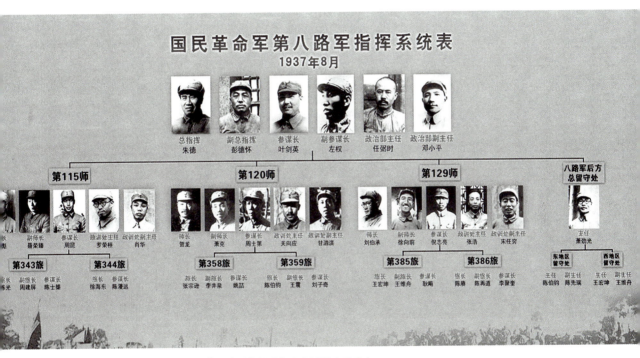

◎ 国民革命军第八路军指挥系统表（1937年8月）

第一一五师由红一方面军之第一、第十五军团及陕南第七十四师编成，共1.55万人，师长林彪、副师长聂荣臻（1937年10月，八路军恢复政治委员制度，聂改任政治委员）、参谋长周昆、政训处（10月改为政治部）主任罗荣桓。下辖第三四三旅、第三四四旅、独立团、教导大队。

◎ 第一一五师师长林彪（左2）、副师长聂荣臻（左4）、参谋长周昆（左1）、第三四三旅旅长陈光（左3）

第一二〇师由红二方面军之第二、六军团和陕北红军第二十七军、第二十八军及独立第一师、独立第二师、赤水警卫营及总部直属队一部编成，共1.4万人，师长贺龙、副师长萧克、参谋长周士第、政治部主任关向应、副主任甘泗淇。下辖第三五八旅、第三五九旅和师属教导团及5个直属营。

第一二九师由红四方面军之第四、第三十一军及陕北红军第二十九、第三十军、陕甘宁独立第一至四团和第十五军团骑兵团编成，共 1.3 万人，师长刘伯承、副师长徐向前、参谋长倪志亮、政治部主任张浩。

◎ 第一二〇师师长贺龙与副师长萧克

◎ 右起：贺龙、周士第、关向应、甘泗淇

◎ 第一二九师将领，左起：李达、邓小平、刘伯承、蔡树藩

◎ 第一二九师副师长徐向前

为加强党对新形势下军事工作的领导，在改编命令发布前夕中共中央政治局在洛川召开政治局扩大会议（洛川会议）上决定，成立新的中共中央革命军事委员会（简称中央军委），由毛泽东、朱德、周恩来等11人组成，毛泽东为书记（实际称主席），朱德、周恩来为副书记（实际称副主席）。8月25日洛川会议结束当天，改编命令发布，朱德、彭德怀向全国发出通电就职。为坚持党对军队的领导，改编命令指出："各师改编为国民革命军后，必须加强党的领导，保持和发挥十年斗争的光荣传统，坚决执行党中央与军委会的命令，保证红军在改编后成为共产党的党军，为党的路线及政策而斗争，完成中国革命之伟大使命。"①

为适应红军改编后即将奔赴华北前线的军情，洛川会议期间，中央政治局常委还决定成立中央军委前方军分会（后称华北军分会），由朱德、彭德怀、任弼时、张闻天、林彪、聂荣臻、贺龙、刘伯承、关向应9人组成。朱德、彭德怀分别为正、副书记。同时，中央还决定各师成立军政委员会，由林彪、贺龙、刘伯承分任三个师的书记。洛川会议还确定

---

① 朱德、彭德怀关于第八路军改为国民革命军第十八集团军的通令（1937年9月14日）[M]//《中国人民解放军历史资料丛书》编辑组.八路军·文献.北京：解放军出版社，1994：29.

◎ 红军改编为八路军后的 1937 年所使用第一二〇师臂章

◎ 第一二〇师师长贺龙 1937 年佩戴的胸章

了八路军的基本任务，主要是创建抗日根据地，钳制与消耗敌人，配合友军作战，保存和扩大自己。八路军的战略方针是独立自主的山地游击战。八路军的作战地区为冀、察、晋、绥四省交界地区。10 月 16 日，中共中央军委决定，成立军委总政治部，任命任弼时为主任。22 日，中共中央、中革军委恢复一度取消的政治委员制度，先后任命了师、旅级政治委员。聂荣臻、关向应、张浩分别为第一一五师、第一二〇师、第一二九师政治委员；萧华、黄克诚、李井泉、王震、王维舟、王新亭分别任第三四三、第三四四、第三五八、第三五九、第三八五、第三八六旅政治委员。同时，还撤销了各级政训处，恢复了师、旅级政治部。中国共产党还在南京、武汉、西安、重庆、太原、兰州、迪化（今乌鲁木齐）等地，公开建立了八路军办事处，在广州等地设立了八路军通讯处。至此，中国共产党领导的与旧式军队完全不同的抗日人民武装——八路军以崭新的形象出现在国人面前。

八路军誓师出兵抗战

在红军的历史上，曾进行过多次改编，但以前的改编都只是建制的调整。而改编为八路军则截然不同，面临的困难也前所未有。首先是缩减人员编制。由于红军的编制级别大大降低，原来的三个方面军缩编为三个师，几乎所有红军干部不得不降级使用，方面军总指挥当师长，军团长当旅长，军长当团长，许多高级将领甚至"官降三级"。例如，红二方面军总指挥贺龙任第一二〇师师长，红二方面军政治部主任甘泗淇任第一二〇师政训处副主任。红四方面军总指挥徐向前任第一二九师副师长。红十五军团军团长徐海东任第一一五师三四四旅旅长，红二军团政治委员王震任第一二〇师三五九旅副旅长等等。许多连、排级干部还重新当起了战士。更为严峻的是与国民党军进行了十年厮杀，有着不共戴天、血海深仇的广大红军指战员的思想弯子一时间难以转变过来。听说改编还要取下象征"五大洲"即争取世界革命胜利的红五星八角帽，换上国民党军队的青天白日帽徽战斗帽，有的人摔了帽子流了泪甚至还骂了娘。一些情绪激动的战士甚至愤怒地说："蒋介石杀了我们多少共产党员和红军战士？逼我们爬雪山、过草地，连草鞋上的'牛鼻子'也吃了，这仇怎么消、怎么忘！我一看到国民党军的标记，心里就像被一个铁钩子钩着！"还有一部分官兵对国共合作前途和红军改编后的性质表示担忧，许多战士包括一些基层干部甚至采取了抵制态度。有的说："红军改编就是向国民党投降了。"甚至还出现了徐海东部队中团级干部悄然离队。以上这些问题不解决，将严重影响红军改编任务的顺利完成，不利于实现在民族矛盾上升为主要矛盾的历史条件下，由国内革命战争向抗日民族解放战争的战略转变。

在这样的形势下，7月14日，中央军委主席团发布关于红军改编为国民革命军及加强抗日教育训练的命令，要求各部队在十天内作好出征准备。为此，各部队遵照中共中央指示和统一部署，做好改编过程中的政治工作。除了增设抗日政治课程，编写下发抗日教材外，最主要的就是红军各级领导机关深入基层部队，开展大量深入细致的动员工作，认真开展对广大指战员的思想政治教育。一是进行形势教育，向干部战士讲明中华民族已到万分危急的时刻，在此形势下，中国共产党及人民军队必须肩负起民族解放的重任。二是进行抗日民族统一战线政策教育，认识国共合作的必要性和红军改编的重大意义。三是进行独立自主原则的教育，保证红军更名不变色。教育大家认清统一战线与阶级斗争的关系，民族解放与阶级解放的关系，既要坚持团结抗日，又要独立自主，保持和发扬人民军队的光荣传统，防止国民党的腐蚀和瓦解。在教育中，各级军政首长深入部队调查研究，针对部队反映出来的问题，亲自作动员报告。红一军团政治部主任罗荣桓亲自组织编发教育提纲，多次派干部深入部队收集思想反应，并利用一个星期的时间深入到红四师十团。他几乎跑遍了该团的每一个连队，了解具体情况进行说服开导。有的军政领导人联系自己的思想实际耐心说服，帮助广大指战员把思想上的"弯"转过来。八路军副参谋长左权来到随营学校各团耐心说服教育："咱们把'红星'取下来，并不是把'红心'也取下来，因为这上面有烈士的鲜血和我们的理想。眼光要看远些，红军帽不能丢，要保存起来放在心坎里。只要红心在我们心里，就不会迷失革命的方向。"面对级别职务的大幅降低，大多数红军干部也都能把民族和国家利益放在第一位，理解拥护和支持党中央的决定。

　　与此同时，为适应出兵华北抗日的需要，接受改编的红军主力部队还广泛进行了大规模的军事训练。干部训练以研究战术和提高指挥管理部队能力为重点，战士主要进行技术训练和山地战斗、夜间战斗、袭击战斗、防空技术、长途行军、无后方作战等科目演练。

经过反复教育和深入细致的思想工作，广大指战员进一步加深了对中共中央关于抗日路线方针政策的理解，澄清了思想上的模糊认识，阶级觉悟与思想水平大大提高，坚决执行党中央的路线，从而保证了红军改编任务的顺利完成。8月25日洛川会议结束当天，改编命令发布，朱德、彭德怀向全国发出通电就职，宣告"部队现已改编完毕，东进杀敌"。

八路军改编就绪后，3个师约3万人相继从陕西的泾阳、富平等地出发，经过蒲城、澄城、合阳等地到达韩城，从8月下旬到10月上旬，由八路军总司令朱德、政治部主任任弼时、副参谋长左权、政治部副主任邓小平等人率领从韩城芝川渡口东渡黄河，开赴抗日前线。

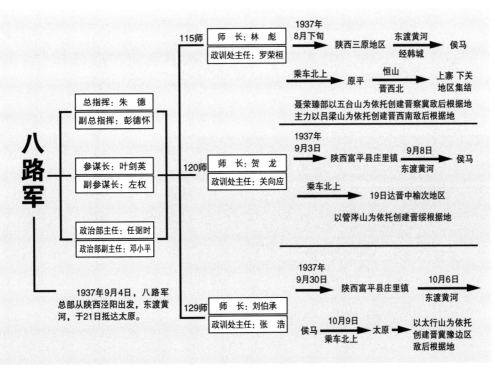

◎ 八路军总部（前方）及三大主力师出兵东渡黄河赴华北前线示意图

八路军主力三个师中提前改编的是第一一五师。1937年8月21日提前改编的第一一五师在陕西省泾阳县云阳镇召开隆重的出征誓师大会，全体指战员庄严宣誓："为了民族，为了国家，为了同胞，为了子孙，坚决抗战到底！"22日和25日师主力分批出发，由韩城芝川镇渡口率先奔赴山西抗日前线，师直属炮兵营、工兵营、辎重营等部奉命留守陕甘宁边区，组建八路军后方留守处，归中央军委直接指挥。

◎ "为保卫国土流尽最后一滴血"——第一一五师誓师抗日大会（童小鹏 摄）

◎ 1937年3月，中共红二方面军第一次代表大会在陕西同官（今铜川市）陈炉镇召开

第一二〇师改编完成后，于1937年9月2日在陕西富平县庄里镇举行了抗日誓师大会。9月3日，八路军总部和第一二〇师主力三五八、三五九旅（欠七一八团）、

◎ 整编后准备东渡黄河开赴抗日前线的八路军

教导团和通信营等，共8200余人，由驻地出发经澄城，由韩城芝川镇东渡黄河，从山西侯马乘火车跟随第一一五师之后，向山西恒山地区出发。师属炮兵营、特务营、工兵营、辎重营及三五九旅七一八团留守陕甘宁边区。八路军前方总指挥部也随第一二〇师东渡黄河。

◎ 1937年9月初，八路军总部及部分领导人东渡黄河开赴抗日前线，左起：左权、任弼时、朱德、邓小平

◎ 1937年9月，左权随朱德由陕西韩城芝川镇东渡黄河，右起：朱德、任弼时、左权和黄鹄显

◎ 八路军从韩城芝川镇东渡黄河

　　第一一五师于9月中旬挺进至同蒲路以东，以恒山山脉为依托的晋察冀地区。第一二〇师于9月下旬挺进至同蒲路以西，以管涔山脉为依托的晋绥地区。两师进入预定战略展开地区后，立即根据中共中央、中央军委和毛泽东的指示，以坚定的信心和积极的行动，发动群众开展游击战争，抓紧时机，积极打击敌人，连续取得了平型关、井坪镇、雁门关等战斗的胜利，为尔后共产党和八路军坚持华北长期抗战，开展敌后游击战争，建立敌后抗日游击根据地，作了良好的开端。

第一二九师是最后完成改编并东渡黄河的。1937 年 9 月 6 日，陕西省泾阳县石桥镇（今属淳化）附近一片空旷的田野上大雨倾盆，一二九师 9000 多名指战员改编完毕誓师。师长刘伯承带头戴上了缀有国民党帽徽的军帽。他深情地对全体官兵动员道：不要看这顶帽子上的帽徽是白的，可是我们的心永远是红的，同志们为了救中国，暂时和红军帽告别吧。广大官兵把戴了多年的红军帽小心翼翼地折叠起来放进怀里，换上了缀有"青天白日"徽的新军帽，宣誓为中华民族血战到底。9 月 30 日，除三八五旅旅直及第七七〇团、特务营、炮兵营、工兵营、辎重营等部队留守陕北外，全师主力三八六旅、第七六九团、教导团、骑兵营等共 9160 多人由陕西富平县庄里镇地区先后开拔，经陕西韩城县芝川镇东渡黄河进入抗日前线，开辟游击战争，建立了以太行山为依托的晋东南抗日根据地。

◎ 在泾阳接受改编的第一二九师官兵

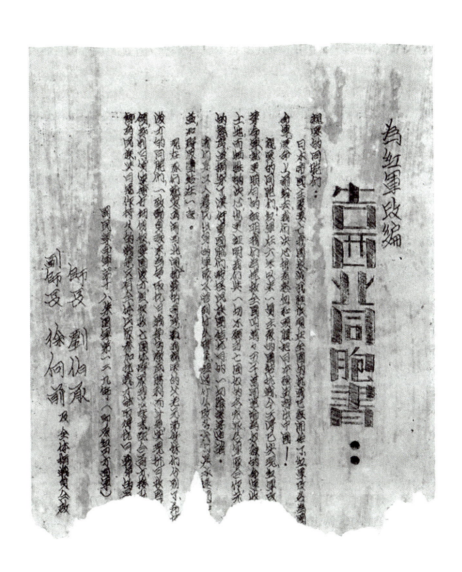

◎ 第一二九师师长刘伯承、副师长徐向前为红军改编告西北同胞书

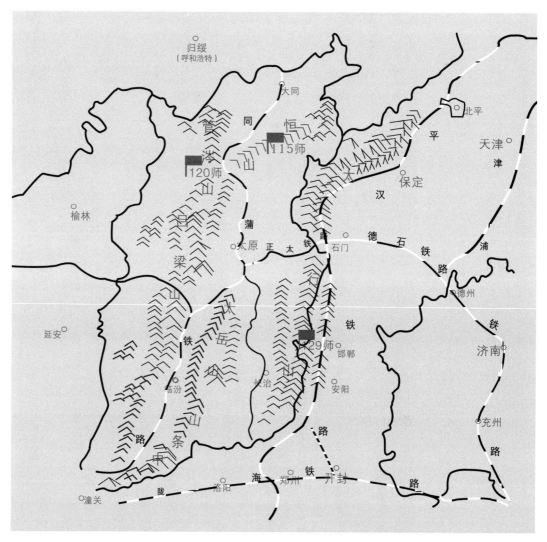

◎ 八路军主力出兵华北战略展开示意图

　　八路军北上部队进入山西时，正值防守宣化、张家口、大同等处的晋绥军向南撤退。突然出现一支整齐威武、斗志昂扬、纪律严明的部队，勇敢地迎敌而进，宣传抗日救国十大纲领，号召各阶层人民组织起来抗战，这犹如黑暗中的一线明光，给人们带来了希望。尽管指战员们头上戴着国民党军的青天白日帽徽，山西沿途群众从这支部队的抗日气概、语言，特别是群众纪律上，很快便认出这就是当年曾经东征抗日入晋的红军。他们目睹战士身上的劣势装备，不仅没有减弱信心，相反更加表示由衷的钦佩。农民、学生、工人、商人纷纷自发到路边夹道欢迎并热烈欢呼。

第一二九师在开赴山西抗日前线途中，汾河两岸的部分村庄还在村头用小车排列摆上红枣、鸡蛋、柿饼、核桃等慰问品，其场面十分感人。[①]沿途群众争相转告，扶老携幼纷纷前来欢迎。

同蒲铁路沿线大小车站，欢迎过往八路军的学生和群众彻夜不断，他们把打胜仗的希望寄托在八路军身上。远在河北省的人民，盛传着红军分三路出来了，一路已到了山西。人民的重托进一步激励了军队，军队的行动鼓舞了人民。部队改编时部分指战员因怕戴上国民党军帽徽而顾虑人民群众避而远之，如今看到眼前的场景受到了生动、深刻的教育。广大干部战士认识到问题不在于形式，而在于保持人民军队的本质，在于是否能够坚决抗战，因而士气更加高昂，信心倍增，决心与日本侵略者血战到底。

一二九师准备东渡时还有一段插曲。正当第一二九师准备东渡黄河北上时，国民党西安行营主任蒋鼎文在蒋介石指使下未通过八路军总部，直接派高级参议乔茂才持蒋介石指令前来求见刘伯承师长，要求一二九师经陇海路转平汉路北上加入石家庄方向作战。刘伯承师长察觉到这是企图割断八路军三大主力的联系，迫使第一二九师孤军担任正面阵地防御，借日军之手消灭第一二九师。他立即向中共中央报告并决定不见，由参谋处处长李达出面向乔茂才指出：自古国有国法军有军规，蒋委员长不通过八路军总部直接要求第一二九师改变转战方向，这是违背军事

---

① 第二野战军战史编委员会.八路军第一二九师战史 [M].北京：解放军出版社，2017：9.

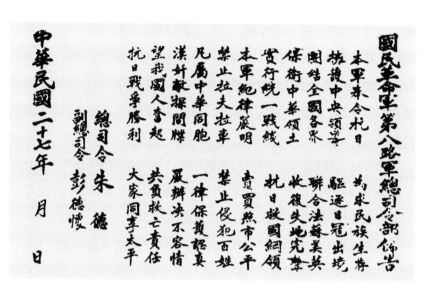

国民革命军第八路军总司令部佈告

本军奉令杭日

为求民族生存

拥护中央领导

驱逐日寇出境

团结全国各界

联合法苏美英

保卫中华领土

收复失地完整

贯行皖一战线

抗日救国纲领

本军纪律严明

责买照市公平

禁止拉夫拉车

禁止侵犯百姓

凡属中华同胞

一律保护认真

汉奸散据间牒

展辨决不容情

望我国人奋起

共负救亡责任

抗日战争胜利

大家同享太平

总司令 朱德
副总司令 彭德怀

中华民国二十七年 月 日

◎ 八路军出兵华北的安民告示

指挥系统的做法，从而挫败了蒋介石和国民党的阴谋。[1]

土地革命战争时期，国民党始终污蔑红军为"赤匪"。在抗日战争全面爆发之际，经过中国共产党与国民党的谈判，八路军、新四军获得了合法地位，中国工农红军主力最终完成改编并出师抗日，能光明正大地走向抗日战场与国民党军并肩作战，实现了中国国内革命战争向抗日民族战争的伟大转变。从军事上标志着中国抗日民族统一战线的最终建立，全国军队形成一致合力，对中国抗日战争的发展和胜利产生了重大影响。红军主力改编后，中国共产党领导的八路军、新四军及其领导的其他抗日人民武装高举抗日大旗，英勇抗敌，取得了对日作战的辉煌战绩，同时赢得人民群众的衷心拥护，民众积极支援、掩护子弟兵，纷纷参军参战，使人民军队不断发展壮大。特别是抗日战争进入战略相持阶

① 第二野战军战史编委员会.八路军第一二九师战史[M].北京：解放军出版社，2017：9.

段以后，国民党军在正面战场屡遭失利，八路军却在敌后战场越战越强，八路军和新四军等中共领导的军队抗击日伪军总人数的比例逐年增多，开辟了广大敌后战场，成为全民族团结抗战的中流砥柱，创造了对日作战的辉煌战果。

【参考资料】

［1］中共中央革命军事委员会关于红军改编为国民革命军第八路军的命令[M]//《中国人民解放军历史资料丛书》编辑组.八路军·文献.北京：解放军出版社，1994：19-20.

［2］朱德、彭德怀关于第八路军改为国民革命军第十八集团军的通令（1937年9月14日）[M]//《中国人民解放军历史资料丛书》编辑组.八路军·文献.北京：解放军出版社，1994：29.

［3］毛泽东关于陕北红军改编和各部驻防地区各独立军师等电[M]//《中国人民解放军历史资料丛书》编辑组.八路军·文献.北京：解放军出版社，1994：21-22.

［4］中共中央书记处关于成立前方军委分会及各师成立军政委员会的决定[M]//《中国人民解放军历史资料丛书》编辑组.八路军·文献.北京：解放军出版社，1994：25.

［5］朱德等关于八路军三个师政治委员的委任令[M]//《中国人民解放军历史资料丛书》编辑组.八路军·文献.北京：解放军出版社，1994：87.

注：本书所涉及部队番号使用阿拉伯数字和汉字表述两种方式问题，根据当时实际情况，仅保持每篇文章统一。

改为国民革命军第十八集团军后
对外依然称八路军

1937 年 8 月 22 日，根据国共两党达成的协议，国民政府军事委员会宣布陕北的红军主力部队改编为国民革命军第八路军，并同意设立总指挥部。八路军隶属国民革命军战斗序列，是中国共产党领导的抗日部队。

◎ 国民革命军第十八集团军军旗

1937 年 9 月 11 日，国民政府军事委员会命令统一调整全国战区和作战部队番号。八路军按照抗日作战的战斗序列，改称为第十八集团军，隶属第二战区。第二战区司令长官由阎锡山担任，负责晋绥地区的作战，朱德正式官衔也由总指挥变为第十八集团军总司令，并兼任第二战区副司令长官。14 日，朱德、彭德怀发布关于第八路军改为国民革命军第十八集团军的通令："各兵团首长：顷奉南京军委十一日申电闻，着本路军改为国民革命军第十八集团军，并任朱德为该集团军总司令，彭德怀为副总司令。"[1]

---

① 朱德、彭德怀关于第八路军改为国民革命军第十八集团军的通令（1937 年 9 月 14 日）[M]//《中国人民解放军历史资料丛书》编辑组.八路军·文献.北京：解放军出版社，1994：29.

◎ 国民政府军事委员会给国民革命军第十八集团军总司令朱德的委任状

◎ 佩戴第十八集团军臂章（18GA）的八路军战士

◎ 第十八集团军臂章

◎ 1941年第十八集团军第一一五师臂章

　　随后中共中央要求部队对外仍称八路军，只是对国民党当局上报文件时使用十八集团军番号，在对外交往和与国民政府及国民党军队应酬中使用。同时，在抗战中后期华北抗日前线新组建的一些八路军部队，因形势需要也在军装臂章或胸章上使用过十八集团军番号。

　　当时，中共中央要求不改变称呼是基于政治考虑，因为集团军是战争中的临时作战序列，可以随时更改，国民党政权日后能够据此消灭共产党军队。某军、某路军则是比较固定的编制，无意取消，所以坚持八路军名称不仅仅是一个番号的斗争问题，而且是关系到中国共产党领导的人民军队和中国革命前途命运的原则问题。同时中共中央决定不改变番号，还有一个考虑就是八路军一词已在华北叫响，好记也好称呼。从群众影响这一角度来考虑，也不便随意改动。

　　正如1945年4月周恩来在党的七大所作的《论统一战线》的报告中所说："不许再叫八路军，只能叫十八集团军。这是什么意思呢？八路军是平时的军队编制，就是说平常的时候也是有的，而十八集团军是抗战时期的军队编制，既然是战时编制，那么战后就可以取消了！但是华北的百姓回答了他：还是八路军这个名字便当，十八集团军字多不好念。"简言之，八路军是国民政府给红军一个正规的常备部队番号，而

◎ 第十八集团军徽章（中间标注八路军以示提醒），主要用于对外交往人员佩戴

◎ 第十八集团军参谋长叶剑英痛斥日军使用毒气

第十八集团军则仅仅是一个在战争情况下，临时组建的一个军事编制，可以指挥一一五、一二〇、一二九三个师，也可以指挥其他在作战时可以搭配到里面的部队，但是战争结束就没有了。八路军这一番号尽管在国民革命军的序列表上早已不存在，但在以后一直叫了多年，并且威名震天下，影响远及国统区、日本统治区和世界各国。八路军这一威名已经由序数词转化为名词，变成共产党领导的中国革命军队的代称，解放战争前期和中期根据地军民还习惯性地将人民解放军称为八路。

【参考资料】

［1］朱德、彭德怀关于第八路军改为国民革命军第十八集团军的通令[M]//《中国人民解放军历史资料丛书》编辑组.八路军·文献.北京：解放军出版社，1994：29.

前方后方两套军事指挥系统

　　全国抗战爆发后，为加强党对军事工作的领导，1937年8月25日，洛川会议决定成立中共中央革命军事委员会（简称中央军委），由毛泽东、朱德、周恩来、彭德怀、任弼时、叶剑英、林彪、贺龙、刘伯承、张浩、徐向前等11人组成，毛泽东任主席，朱德、周恩来任副主席。1937年1月，中共中央机关入住延安后，中央军委先设在凤凰山，8月迁至王家坪。1937年10月至1947年3月，对外又称八路军延安总部，下设总参谋部、总政治部、供给部、卫生部等工作机构，后又成立军委后方勤务部。1937年12月14日，中共中央决定成立中央军委新四军分会，项英任书记，陈毅任副书记。1941年1月，中共中央政治局决定：中共中央军事委员会主席团由毛泽东、朱德、彭德怀、周恩来、王稼祥组成，军委工作由主席团实施。1945年8月，由毛泽东等11人组成新的中央革命军事委员会，军委主席毛泽东，副主席朱德、刘少奇、周恩来、彭德怀，刘少奇兼任军委总政治部主任，彭德怀兼任军委总参谋长，军委秘书长和中央办公厅主任由杨尚昆担任。

　　中央军委最为主要的职能部门是总参谋部和总政治部。1937年8月，中央军委主席毛泽东发布关于军委参谋部的组织系统及任职人员的通令。此时原中革军委司令部改称参谋部即总参谋部。军委总参谋部设四个局，第一局负责作战指挥，第二局负责技侦情报，第三局负责通信联络，第四局负责教育训练和人事工作。总参谋部另设有编译局，1941年9月后，军委作战部实际上履行了军委总参谋部的职责，在长达八年的全国抗战中，先后有萧劲光、滕代远、王若飞、叶剑英、彭德怀任中央军委总参谋长。

◎ 中央军委和延安八路军总部所在地王家坪

　　1937年10月，为统一并加强后方部队政治工作的领导，贯通前后方的联系，中央军委作出决定，成立军委总政治部，任命任弼时为主任。次年10月，王稼祥接任总政治部主任，后改由刘少奇任总政治部主任。八路军和新四军及留守部队、医院、学校、边区保安部队，全国各游击队部队的政治工作统一由中央军委总政治部负责领导。1940年5月，日本共产党野坂参三到延安，被聘任为总政治部顾问。总政治部下设组织部、宣传部、统战部、敌军工作部、联络部、锄奸部、民运部、直属工作部、秘书处等部门。值得一提的是，这一时期担任过总政治部组织部第二任部长的胡耀邦在20世纪80年代初担任了中共中央总书记。为活跃部队文化生活，总政治部曾一度设有电影团。中央军委（八路军延安总部）

◎ 中央军委王家坪礼堂

在这里领导全国解放区军民开展独立自主的游击战争，建立抗日根据地，取得了抗日战争的伟大胜利，粉碎了国民党对解放区的"全面进攻"，并为战胜国民党的"重点进攻"作了充分的准备。

红军主力改编为八路军后，八路军总指挥部又称第十八集团军总司令部（简称八路军总部或集总），当时这是八路军的最高领导机构。八路军刚成立时，八路军总部机关设司令部（参谋处）、政治部、军需处、军医处、兵站部。1937年9月15日，八路军总部机关由韩城县芝川镇东渡黄河随部队进入山西抗日前线，年底进入太行山区，之后一直驻扎在此，直至抗战胜利。1938年12月，为了便于指挥前方部队作战，中央军委决定在晋东南成立八路军前方指挥部，简称"前指"，亦称第

◎ 朱德、叶剑英等参加召开的王家坪中央军委军工会议

◎ 王家坪中央军委礼堂

十八集团军前方总部，实际上基本是"集总"的原班人马。前方总部设有前方司令部、野战政治部、前方后勤部。

这样，就形成了在前方和后方的两套指挥系统：在晋东南的八路军总部（对内称"前指"或"前总"），靠前指挥在华北和山东的八路军部队。在延安的军委八路军总部（对外以八路军总部的名义），统一指挥八路军、新四军及延安留守部队等。在名义上，晋东南的八路军总部承担"前进指挥所"的功能，在延安的八路军总部承担"基本指挥所"的功能。然而在实质上，晋东南的八路军所指挥的是在华北和山东的八路军，而延安的指挥部是军委总部，指挥党的全部军事力量。这样，既名正言顺维护了抗日民族统一战线，又保持了我党中央对党的军事力量的集中统一领导与高效指挥。抗战后期，随着形势的变化和部队的展开，八路军的指挥中心逐步由前线移至延安。1943年9月8日，彭德怀离开麻田总部，同刘伯承一起回延安。1943年10月，八路军总部与第一二九师师部合署办公，中共太行分局合并于北方局，邓小平任北方局代理书记，主持八路军前方总部工作。此后，八路军总部主要指挥第一二九师部队，军委总部（延安总部）则直接指挥八路军第一一五师、第一二〇师、各军区和新四军部队等。1945年8月，随着抗战胜利和准备应对国民党当局发动内战，成立晋冀鲁豫中央局和晋冀鲁豫军区，同时撤销中共中央北方局和八路军前方总部。至此，八路军前总机关撤销，延安的中央军委总部统一领导包括八路军在内的中国共产党在全国的武装力量。

【参考资料】

[1]军政委员会条例（草案）（1940年11月7日）[M]// 毛泽东军事文集：第二卷.北京：军事科学出版社，中央文献出版社，1993：576-578.

陕甘宁边区留守兵团建设

◎ 1939年4月"八路军留守兵团营级以上军事会议开幕典礼到会干部及来宾合影纪念"，出席会议的有毛泽东（4排左6）、萧劲光（4排左4）、高岗（4排左2）等人

◎ 贺龙（前排左1）、萧劲光（前排左2）观看留守兵团篮球赛

　　全国抗战爆发后，八路军主力部队相继由陕西省泾阳、富平等地出发，东渡黄河，开赴华北抗日前线。陕甘宁边区是当时中共中央和八路军唯一可靠的后方根据地。为保卫边区，中共中央决定改编后的八路军主力大部分开赴前线抗日，留下一部分部队执行保卫边区的任务。1937年8月25日，中央军委决定，八路军第一一五师炮兵营、辎重营，第一二○师第三五九旅第七一八团、特务营、工兵营、炮兵营、辎重营，第一二九师第三八五旅旅部和第七七○团、特务营、工兵营、炮兵营、辎重营等共9000余人，留守陕甘宁边区。为统一指挥上述留守部队，在延安设立八路军后方留守处，萧劲光任主任，谭政任政治部主任。10月，中革军委给留守部队下达了"保卫边区，肃清土匪，安定人民生活，保卫河防，保卫党中央，巩固与扩大留守部队"的指示。中央军委作出《中共中央军委关于八路军各师留守部队重新改编的决定》。决定指出：为适应目前战争形势，便利迎接抗战的军事行动，指挥与扩大和补给起见，将各师之留守后方独立营着即重新改编。留守部队整编，除第三八五旅

旅部和第七七〇团编制不变外，第一二〇师辎重营、炮兵营改编为警备第一团，第一二九师特务营、炮兵营分别改编为警备第二、第三团，第一一五师辎重营、炮兵营改编为警备第四团，第一二〇师特务营、工兵营分别改编为警备第五、第六团，第一二九师工兵营改编为警备第七团，第一二〇师七一八团整编为警备第八团，另有骑兵营和郦甘独立营。11月，为加强黄河河防，成立五县（绥德、葭县、米脂、清涧、吴堡）和神府、两延（延川、延长）河防司令部。同月，留守部队配合边区政府开展群众工作，进行抗战动员，并以军事打击与政治争取相结合的方式，对流窜于边区境内的土匪进行清剿。12月，中央又决定将八路军留守部队改成八路军留守兵团，后方留守处改为八路军留守兵团司令部，但对

◎ 陕甘宁晋绥联防军领导人贺龙、徐向前向朱德总司令汇报

◎ 留守兵团骑兵训练

外仍称八路军留守处。萧劲光任司令员，莫文骅任政治部主任，曹里怀任参谋处长。1939 年冬至 1940 年春，在国民党发动的第一次反共高潮中，国民党顽军不断增兵包围陕甘宁边区，并在绥德、陇东、关中地区制造摩擦，袭击留守兵团部队，侵占淳化、正宁、宁县、镇原等县城及部分地区，企图对陕甘宁边区发动大规模军事进攻。萧劲光致电蒋介石，呼吁停止进攻边区，恢复团结，勿使事态扩大。同时，留守兵团部队进行自卫反击，夺回陇东大部分地区，并肃清了绥德地区 5 县的顽固派势力，巩固了该地区的民主政权。1940 年 4 月，警备第六团拨归第一二〇师建制；第三五九旅之第七一九团、雁北支队、第四支队先后由晋西北转移到陕甘宁边区。

留守兵团部队至 1941 年底计有：第三八五旅（辖第七七〇团、警备第二、第七团），第三五九旅（辖第七一七、第七一八、第七一九团、特务团、补训团），警备第一旅（辖警备第三、第四、第八团、特务团），

◎ 留守兵团上军事课

警备第一、第五团，骑兵团及关中警备司令部（辖保安第一、第三团），
保安司令部（辖保安第一、第四团、骑兵团）共 3.4 万余人。

　　为了确保以延安为中心的陕甘宁边区的安全和巩固，准备随时应付
日伪顽发动突然事变，毛泽东在 1942 年 5 月 3 日的中共中央政治局会
议上提出，要加强陕甘宁边区与晋西北的防务，统一军事指挥，成立陕
甘宁晋绥联防司令部。5 月 13 日，中央军委作出《关于成立陕甘宁边区
联防司令部的决定》，指出为了统一晋西北与陕甘宁两个区域的军事指
挥，决定在延安设立陕甘宁晋绥联防军司令部，以统一两个地区的作战
行动与建军工作，决定贺龙为联防军司令员，徐向前为副司令员兼参谋
长，关向应为政治委员，管辖一二○师、留守兵团、晋西北新军、三五九旅、
陕甘宁边区保安部队和炮兵团。9 月 15 日，留守兵团司令部与联防军司
令部合并，对外仍保留留守兵团司令部名义。贺龙为司令员，徐向前、
萧劲光为副司令员，关向应为政委，高岗为副政委。同时为了加强陕甘

◎ 留守兵团首长萧劲光等参观军民纺线生产

宁与晋西北两个区部队的政治工作，中央军委于 1943 年 1 月 16 日作出
《关于成立陕甘宁晋绥联防军政治部的决定》，中央军委总政治部副主
任谭政兼任陕甘宁晋绥联防军副政治委员及政治部主任，留守部队政治
部撤销并入联防军政治部。联防司令部及其政治部的成立，统一了两个
区域部队的领导和指挥，陕甘宁边区留守部队的建制更趋完善，加强了

自身建设，增进了两个地区部队之间的联系和团结，为应付突发事变作了准备。1944年4月，谭政受中共中央委托，以留守兵团政治部名义在中共中央西北局高级干部会议上作了《关于军队政治工作问题》的报告。这个报告曾经过毛泽东、周恩来多次修改，是继古田会议决议之后中国人民解放军政治工作的又一个重要历史性文献。

留守兵团承担保卫中共中央和陕甘宁边区的重任。毛泽东曾评价道：在陕甘宁，我就是靠着萧劲光吃饭。1938年3月起，日军频繁进攻陕甘宁边区府谷至宜川的黄河防线，留守部队在河东八路军配合下，取得多次河防作战的胜利。在陕甘宁边区人民自卫军和晋西北、晋西南八路军的配合下，留守兵团对日军作战78次，歼灭边区内土匪40余股，反击国民党顽军的进攻99次，固守千里河防，保卫了党中央和陕甘宁边区的安全。

在承担保卫党中央和陕甘宁边区职责的同时，留守兵团还承担着生产任务并力促搞好军民关系。1940—1941年，为战胜国民党对边区的经济封锁，留守兵团开展以农业为主兼营副业和工商业的大生产运动，实行生产自给或半自给，打破了经济封锁，减轻了人民负担。在大生产运动中，涌现出第三五九旅等模范单位。在此期间，留守兵团各部队还利用战斗和生产间隙，开展军事训练，提高部队的战术技术水平。

【参考资料】

［1］中国延安干部学院.延安时期大事记述[M].北京：中央文献出版社，2010.

留守兵团、保安部队、抗日自卫军 "三位一体"保卫延安

1936年12月，陕甘边苏区改为特区，后改为陕甘宁边区。经国民党政府行政院333次会议通过，制定划分陕西省之延安、安塞、保安、安定、延长、延川、旬邑、淳化、定边、靖边、甘泉、鄜县、米脂、绥德、葭县、清涧、吴堡，甘肃之庆阳、合水、环县、镇原、宁县、正宁等二十三县，归陕甘宁边区政府直接管辖，并以宁夏花马池及陕西省的神（木）府（谷）区、关中区部分地区，为八路军之募补区。陕甘宁边区的地理位置为：北起长城，南临泾水，东靠黄河，西接六盘山脉，东西宽四百公里，南北长五百公里，面积近十三万平方公里，人口近二百万。西安事变和平解决后，全国虽停止了内战，国共合作局面初步形成，但并没有根本改变国民党顽固派仇视中国共产党和革命力量的基本态度。因而，陕甘宁边区被反共力量及反共分子视为眼中钉。八年全国抗战期间，整个边区处于中外敌人的包围之中。外有日寇进攻，在黄河以东，风陵渡至大同一线，有日寇第二十、二十六、一〇八、一〇九师团。内有国民党军队的包围封锁，其中西线为国民党军四十二、十一、十二、八十一军，北线为新编第一、第四游击军、伊克昭盟游击军、二十二军。而以胡宗南部第一军、三军、十六军、十七军、三十六军、七十六军、九十军、九十三军，加强对陕甘宁边区西南线的包围。除大兵压境、包围封锁外，国民党顽固派还变换手法，派特务钻到边区内部搞破坏，派遣土匪进入边区抢劫，指示反动武装在边境制造摩擦事件，为大规模的军事进攻寻找机会。为保卫延安和党中央及陕甘宁边区，陕甘宁边区的抗日武装除了八路军留守部队之外，还有边区保安部队和边区抗日自卫军，构成了"三位一体"

的军事建制体系。

八路军留守部队性质属于野战机动兵团，但其使命又不同于前方的八路军野战部队。早在成立之初的 1937 年 10 月，中央军委就下达了"保卫边区，肃清土匪，安定人民生活，保卫河防，保卫党中央，巩固和扩大留守部队"，"建设正规化部队，提高战斗力，加强战斗准备，培养与积蓄干部"等指示。1939 年 5 月 5 日，毛泽东在八路军留守兵团军事会议上明确指出，留守兵团的任务一方面是准备对日作战，一方面是保卫陕甘宁边区。[①]

◎ 左起：第三八五旅参谋长耿飚、留守兵团政治部主任莫文骅、司令员萧劲光

---

① 中共中央文献研究室 . 毛泽东年谱（1893—1949）：中卷 [M]. 北京：中央文献出版社，2002：122.

◎ 陕甘宁边区留守兵团骑兵部队活跃于长城附近的沙漠地区

　　同时，鉴于国民党政府在边区境内设有政权及保安部队，我方亦相应成立保安部队，集中和整训地方武装，与敌人进行坚决的斗争。

　　边区保安部队主要来源于 1937 年 8 月主力红军改编为八路军时，未列入改编序列的红军地方部队和游击队。为了配合留守部队作战，开展反摩擦斗争，加强和整顿地方武装，中央军委于 1937 年 9 月发布命令，将分散在边区各地的游击队、独立营、警卫队等地方武装，按照地区、战斗力、数量集中起来。县成立保安大队，分区成立分区保安司令部，边区成立陕甘宁边区保安司令部，统辖陕甘宁边区之地方部队、各县保安队、自卫军。高岗任保安司令员兼政委，周兴任副司令员，谭希

◎ 陕甘宁保安司令
部副司令——周兴

◎ 1938年7月28日，毛泽东（3排左5）与萧劲光（3排左6）出席留守兵团及边
保部队第二次军政干部会议

◎ 1938 年 12 月萧劲光（前排左起 3）出席留守兵团、边保部队第一次党代会

林任参谋长，吕振球任政治部主任。1939 年 4 月，陕甘宁边区保安司令部及所辖关中、庆环、三边、神府军分区统归留守兵团指挥。保安司令部成立后，按照红军地方部队、游击队和警卫队的战斗力强弱和政治素质的高低，分别改编为保安基干大队、县保安队和警卫队。通过这次改编，共建立了 10 余个保安基干大队，每个县 1 个保卫队以及警卫队，

◎ 陕甘宁边区政府办公地

共 5000 余人。保安部队是拱卫边区地方政权的直接依靠力量，负责肃清边区内部的土匪、汉奸、特务，肩负着保卫人民生命财产安全和准备对日伪顽斗争、保卫边区的任务。保安部队除了独立作战以外，还负有配合八路军留守部队作战，为八路军留守部队输送干部和战士，以至整个建制升格或改编为正规部队的任务。

◎ 延安自卫军

◎ 延安自卫军

在全国抗战八年和解放战争初期的陕甘宁边区的地方武装中，还有一支不可忽视的力量——边区自卫军。边区的自卫军是群众性的、不脱离生产的人民武装。它平时值勤放哨，战时配合主力军作战。它既是主力军的经常补充者，也是保卫边区的重要武装。1937 年 10 月 1 日，陕甘宁边区政府和边区保安司令部颁发《陕甘宁边区抗日自卫军组织条例》，规定："抗日自卫军系边区内半军事性质的群众抗日武装组织，同时是抗日的后备军。""凡边区的劳动公民，自愿执行抗日自卫军的任务与遵守抗日自卫军的纪律，年龄在十八岁以上四十五岁以下身体强健者，均有加入抗日自卫军的光荣权利。"从此，整理、扩大与训练自卫军便成为全边区的一项重要工作。

◎ 陕甘宁边区的妇女自卫军

在边区党委和政府的重视和领导下，陕甘宁边区人民抗日自卫军的建设取得重大成就。到1939年，边区80％的壮丁参加了人民抗日自卫军，人数达22万余人，其中有基干自卫军3万余人，另外还有2.8万余人的少年先锋队。自上而下地建立了指挥系统，村设班和排，乡设连，区设营，县设团，统归保安司令部指挥。每年利用冬闲，对自卫军特别是基干自卫军进行一次冬季训练，训练的内容有梭镖刺杀、投弹、布雷、射击、盘查放哨以及侦察敌情等。自卫军每人至少有一件旧式武器（如红缨枪、马刀、步枪、土枪等），以及经常备有担架及运输工具，准备参加战勤工作。自卫军在抗战和巩固边区的斗争中，发挥了重大作用。据统计，在1939年到1940年间，边区破获的汉奸案、土匪案、伪钞案等近千起，都是自卫军参加或是自卫军破获的。在保卫边区的战斗中，每次都有自卫军参加，负责运送伤病员和给养物资等。

　　陕甘宁边区的军事力量采取主力兵团（留守兵团）、地方兵团（保安部队）和民兵（抗日自卫军）三结合的体制，使边区的机动作战、河防、边防的保卫肃奸以及部队锻炼和补充均得到全面的照顾，形成了保卫党中央和陕甘宁边区安全不可替代的坚强力量。

◎ 太行山裹脚女自卫军（徐肖冰 摄）

【参考资料】

［1］中共中央军委关于八路军各师留守部队重新改编的决定 [M]//《中国人民解放军历史资料丛书》编辑组 . 八路军·文献 . 北京：解放军出版社，1994：92.

［2］毛泽东、萧劲光关于巩固河防的部署致贺龙等电 [M]//《中国人民解放军历史资料丛书》编辑组 . 八路军·文献 . 北京：解放军出版社，1994：104-105.

［3］陕甘宁边区政府、边区保安司令部命令：公布陕甘宁边区抗日自卫军组织条例（1937 年 10 月 1 日）[M]// 陕西省档案馆，陕西省社会科学院 . 陕甘宁边区政府文件选编：第一辑 . 北京：档案出版社，1986：15-17.

［4］中国共产党陕甘宁边区委员会、陕甘宁边区政府、国民革命军第八路军后方留守处关于动员壮丁的训令 [持字 121 号]（1939 年 12 月 28 日）[M]// 陕西省档案馆，陕西省社会科学院 . 陕甘宁边区政府文件选编：第 1 辑 . 北京：档案出版社，1986：472-474.

八路军前方总部迁移及战斗历程

　　1937 年 9 月 15 日，八路军总部（集总）机关由韩城县芝川镇东渡黄河，转战华北，指挥作战，年底进入太行山区，之后一直驻扎在此，直至抗战胜利。1943 年 9 月 8 日，彭德怀离开麻田总部，同刘伯承一

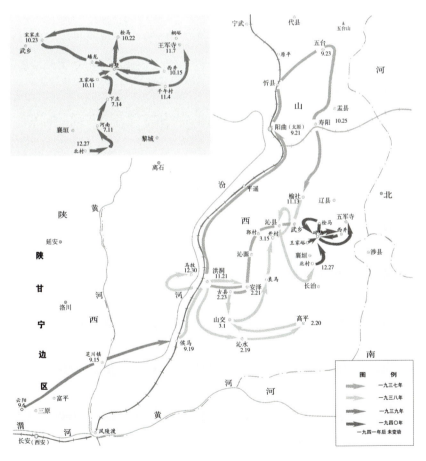

◎ 八路军前方总部迁移示意图

◎ 五台县南茹村八路军总部旧址

起回延安。10 日，杨立三被任命为前指副参谋长。10 月 6 日，中共中央决定一二九师与总部合并（保留一二九师番号）；中共太行分局合并于北方局，邓小平任北方局代理书记，主持八路军前方总部工作。1945年 8 月，成立晋冀鲁豫中央局和晋冀鲁豫军区，同时撤销中共中央北方局和八路军前方总部。

抗日战争中，八路军总部从成立到撤销的 2922 天里，有 2897 天在山西。八路军总部东渡黄河进入华北山西抗日前线后的住址，随着战局的变化和应对敌后日军残酷的扫荡而前后迁移十余次。总体上可以分为两个阶段：

第一阶段自八路军总部从 1937 年 9 月 23 日进入山西五台县南茹村直至 1938 年 12 月 21 日前，在山西境内多处迁移，驻扎时间都较短。

按时间顺序先后计有：和顺县马坊镇、石拐镇；洪洞县高公村、马牧村；浮山县山交村；沁县小东岭村；武乡县马牧村（与洪洞县马牧村不是一地）、义门村、寨上村；沁县南底水村；长治故县村。

第二阶段自 1938 年 12 月 21 日八路军总部从长治故县村迁移至潞城县北村后，实现了比较稳定的长期驻扎。这也反映出八路军在山西敌后根据地日益稳固和八路军实力和影响的扩大。这一阶段按时间顺序可以分为北村、砖壁、王家峪、武军寺、麻田等几个时期。

北村八路军总部：1938 年 12 月 21 日—1939 年 7 月 8 日。这是八路军总部在太行山区的第一个长期驻地，位于山西省潞城县店上镇北村。抗战相持阶段到来以后，日军加紧对太行山区进行扫荡，1938 年 12 月 21 日，八路军总部由故县镇迁移至北村。该村依山傍水，松柏成林，易于隐蔽，因此总部机关在此驻扎 199 天。在此期间，八路军总部领导巩固了晋东南抗日根据地的斗争，与国民党谈判达成"抗日救国八大纲领"，

◎ 潞城县北村八路军总部旧址

指挥太行军民粉碎了国民党顽固派制造的反共摩擦，巩固发展了抗日民族统一战线，发布了《关于在部队中开展生产运动的训令》，要求部队协同当地政府群众团体成立生产委员会，制定长期生产计划。

砖壁村八路军总部：位于山西省武乡县石门乡砖壁村。砖壁村地处太行山深处，四周群山围绕，丘陵起伏，地势险要，易守难攻，松柏丛生，易于隐蔽。村东北有玉皇庙、佛爷庙、娘娘庙、李家祠堂等组合的建筑群，占地1万平方米，适合部队驻防，因此八路军总部曾三次在此驻扎。第一次：1939年7月15日—10月11日。1939年7月8日，日军向晋东南抗日根据地发起第二次"九路围攻"，八路军总部撤离潞城县北村，于7月15日进驻砖壁村。在此驻扎期间，总部指挥特务团在沁县大桥沟伏击日军，重创敌人。指挥一二〇师在灵寿县陈庄歼灭日军2000余人，粉碎了日军的第二次"九路围攻"。电令一一五师主力向鲁南地区转移，创建以抱犊崮山区为中心的抗日根据地，并打通与冀南地区的联系。召开了榆（社）武（乡）士绅大会，贯彻中共中央"坚持抗战，反对投降；坚持团结，反对分裂；坚持进步，反对倒退"的口号。第二次：1940年6月26日—11月5日。1940年6月26日，因日军偷袭武乡县王家峪八路军总部驻地，总部第二次转移到砖壁村并驻125天。在此期间，总部组织战地工作巡视团到冀南、山东巡视部队工作。训练新建部队，派考察团到晋察冀、冀中、平西等地区进行考察，电令一二九师破袭正太铁路西段、白晋公路、和辽公路。直接指挥了百团大战和武乡县关家垴歼灭战、砖壁保卫战，打破了日军的"囚笼政策"，遏制了妥协投降暗流，提高了我党我军在全国的声誉威望和全国人民抗战必胜的信心。第三次：1942年5月27日—6月17日。5月19日，日军集结两万余人，分多路向辽县（今左权县）麻田地区进行铁壁合围，妄图消灭八路军总部等首脑机关。为了确保总部的安全，总部于5月27日经武军寺第三次转移到砖壁村。其间，总部举行了左权将军追悼大会。八路军总部进

◎ 武乡县砖壁村八路军总部旧址

驻砖壁村，总共长达 233 天，在此指挥八路军作战次数最多，发展巩固抗日根据地成效最大。

王家峪村八路军总部：1939 年 10 月 11 日—1940 年 6 月 26 日。该总部位于山西省武乡县韩北乡王家峪村。1939 年 10 月 11 日，鉴于砖壁村缺少水源，八路军总部决定转移到洪水河南岸崇山峻岭之中的武乡县王家峪村，在此驻扎 258 天。同时，这里也是中共中央北方局机关所在地。其间，总部领导指挥打退了国民党顽固派第一次反共高潮。指挥晋察冀军区部队在涞源县一举重创日军号称精锐的混成第二旅团，取得雁宿崖、黄土岭战役大捷，击毙日军中将阿部规秀。指挥一二九师

◎ 左起：彭德怀、朱德、彭雪枫、萧克、邓小平在武乡县王家峪八路军总部

三八五旅破袭白晋铁路北段200余公里，歼敌1000余人。指挥太北、晋察冀、晋西北、鲁南军区部队进行了反扫荡战役。成立总部直接指挥下的八路军第二纵队，南下豫东、皖北与新四军第六支队联合作战。召开八路军首届英雄大会。制定百团大战作战方案上报中央军委。颁布《抗日七大纲领》，电令八路军各级部门加强情报工作，向柯棣华、爱德华等国际友人介绍敌后战场概况和八路军游击战主要经验，召开追悼白求恩大夫大会。开展生产自救运动，创办了黄崖洞等抗日兵工厂，召开晋东南各界"反汪拥蒋"大会和太行文化人座谈会，号召全国各界同胞加强团结，肃清内奸，抗战到底。在这里，八路军总指挥朱德同志写下《寄语蜀中父老》的五言诗。他在诗中写道："仗马太行侧，十月雪飞白。战士仍衣单，夜夜杀倭贼。"

◎ 朱德、彭德怀在武乡县王家峪八路军总部

　　武军寺八路军总部：1940 年 11 月 8 日—1941 年 7 月 1 日。该总部位于山西省辽县（左权县）武军寺村。关家垴歼灭战后，日军疯狂围攻八路军总部驻地砖壁村。为了确保总部的安全，1940 年 11 月 5 日，彭德怀等率总部离开砖壁村，于 11 月 8 日进驻武军寺。该村地处清漳河支流北岸，背后是突出孤立的悬崖峭壁，地势险要，经济比较发达，被誉为太行山上小江南。总部在此连续驻扎了 236 天，其间，总部指挥了百团大战第三阶段反扫荡作战，对百团大战进行了总结，组织武工队奔赴敌占区开展反蚕食斗争，发出《冬季军事教育指示》，将提高军队的战斗力作为全军最为中心的任务。发出《关于健全军区工作的指示》，号召加强地方武装的组织与训练。召开生产工作会议，动员开展军民大生产运动。

◎ 武乡县王家峪八路军总部旧址

　　麻田镇八路军总部：该总部位于山西省左权县麻田镇上麻田村。麻田镇地处晋冀豫三省交界，易守难攻，有"晋疆锁钥、山西屏障"之称，因此八路军总部曾两次驻扎于此，长达 1694 天。麻田镇也由此发展成为太行山中的"小延安"。

　　第一次：1941 年 7 月 1 日—1942 年 5 月 19 日。百团大战后，日军对华北抗日根据地实行更大规模的报复作战，多次突袭奔袭八路军总部驻地武军寺村。1941 年 7 月 1 日，八路军总部由武军寺村迁驻辽县（左权县）麻田镇。其间，总部指挥警卫团取得了黄崖洞保卫战的胜利，歼敌 1000 余人，开创了中日战况上敌我伤亡比例空前之纪录。电令八路军主力和冀鲁豫、晋西北军区派精干部队袭击正太、平汉、同蒲铁路，

◎ 彭德怀在武军寺八路军总部的旧居

配合晋察冀边区反扫荡作战，牵制华北日伪军北调进攻苏联。电令冀中军区加强山区作战，扩大山区抗日根据地，向全军发出建设一支现代化的、有高度战斗力的、强大的正规军的指示。

第二次：1942年6月17日—1945年8月20日。1942年5月，日军攻入太行山后，中共中央提出将八路军总部迁往晋西北。彭德怀考虑到麻田地处太行腹地，为华北抗日前哨，如果总部后迁势必影响甚至动摇军心。因此他提议总部继续坚守麻田，中革军委经研究同意了彭德怀的建议。6月17日总部由武乡县砖壁村东返麻田镇。1943年10月，根据中共中央精兵简政的指示，八路军总部与一二九师师部合并简称前总，直接指挥太行、太岳、冀南、冀鲁豫等军区部队，其他军区的部队由延安总部指挥。其间，总部遵照中共中央关于提高军事技术，建立必要的军火工厂的指示，建立了军工部三所、四所、迫击炮弹厂、炮弹一厂以及染布所、鞋厂、饼干厂等，为抗日战争的最后胜利奠定了坚实基础。指挥根据地居民广泛开展群众性游击战争。1945年，指挥总部警卫团与太行二分区部队收复了左权县、祁县、和顺县，形成了"百折不挠、艰苦奋斗；乐于奉献、勇于牺牲；勇敢顽强、不畏艰险"的"太行精神"。

◎ 麻田镇八路军总部旧址

【参考资料】

[1] 卢庆洪，刘晓鸣.八路军总部驻地的变迁[J].党史博采，2011（08）.

南方八省游击队改编为新四军

　　南方三年游击战争，与红军长征、东北抗联白山黑水十四年苦斗一起，并称为中国革命战争中最艰苦的三次斗争，在中国革命战争史上写下了光辉篇章。

◎ 1938年1月，三年游击战争中闽北、闽东、闽西、闽浙赣等游击区领导人在南昌新四军军部合影，前排左起：张云逸、叶飞、陈毅、项英、黄道、涂振农；后排左起：顾玉良、沈冠国、温仰春、曾昭铭、李步新

◎ 新四军军长叶挺戎装照

　　1937 年 7 月，抗日战争全面爆发后，根据中国共产党与国民党当局的协议，中共代表博古、叶剑英于 9 月下旬在南京与国民党代表谈判，将南方 8 省的红军游击队，集中整编为一个新的军并提议叶挺任军长。此时的叶挺虽然已经脱党多年，但为参加抗战已经结束十年的海外流亡生活回国多时。叶挺明确表示接受中国共产党提出的抗日民族统一战线的政治主张。"八·一三"淞沪抗战爆发后，叶挺根据周恩来赴庐山路过上海时的授意，主动向保定陆军军官学校的老同学、国民政府军委会第三战区前敌总指挥陈诚建议：将南方八省红军游击队集中编一支部队，开赴前线抗日。他表示愿意参与这支部队的组建，建议用"新四军"的番号来命名这支新组编的军队，意在表示继承北伐战争时期第四军"北伐铁军"的优良传统和代表国共两党的再次合作。随后叶挺又将此事告知老四军军长李济深，还有冯玉祥，他们也向蒋介石进言，终于得到蒋

◎ 1938年1月6日，新四军军部在江西省南昌市友竹巷成立

新 四 军 序 列 表

(1938年3月)

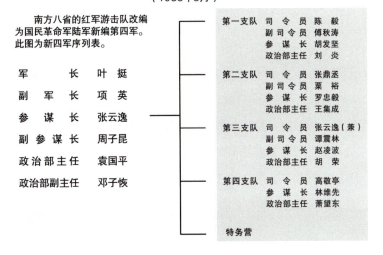

南方八省的红军游击队改编为国民革命军陆军新编第四军。此图为新四军序列表。

军　　　　长	叶　挺	
副　军　长	项　英	
参　谋　长	张云逸	
副 参 谋 长	周子昆	
政 治 部 主 任	袁国平	
政治部副主任	邓子恢	

第一支队	司 令 员	陈　毅
	副 司 令 员	傅秋涛
	参 谋 长	胡发坚
	政治部主任	刘　炎
第二支队	司 令 员	张鼎丞
	副 司 令 员	粟　裕
	参 谋 长	罗忠毅
	政治部主任	王集成
第三支队	司 令 员	张云逸（兼）
	副 司 令 员	谭震林
	参 谋 长	赵凌波
	政治部主任	胡　荣
第四支队	司 令 员	高敬亭
	参 谋 长	林维先
	政治部主任	萧望东
特务营		

◎ 新四军序列表（1938年3月）

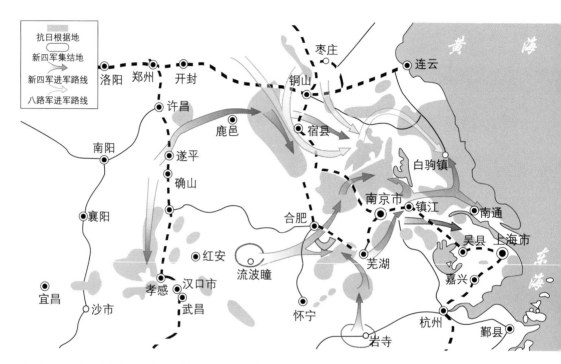

◎ 新四军向华中敌后的战略展开示意图（1938 年 4 月—1940 年 12 月）

介石的同意。9 月 28 日，蒋介石任命叶挺为国民革命军新编第四军军长。10 月 2 日，国共两党就谈判达成协议。10 月 6 日，蒋介石又电告国民党江西省政府主席熊式辉：对于鄂豫皖边、湘鄂赣边、湘粤赣边、闽浙边和闽西等红军游击队均编入新四军，由叶挺编遣调用。10 月 12日，国民政府军事委员会正式宣布：将在江西、福建、浙江、安徽、河南、湖北、湖南、广东等 8 省境内 14 块游击区（广东省琼崖地区除外）

新四军军歌

集体作词 陈毅执笔

何士德曲

1 = C 4/4

庄严、雄壮

1 5 3 1·2 | 34 5·6 5 | 43 22 3 21 | 2 5 3 — |

1.光 荣 北 伐 武 昌 城 下，血 染 着 我 们 的 姓 名；
2.扬 子 江 头 淮 河 之 滨，任 我 们 纵 横 的 驰 骋

1 5 3 1·2 | 34 5·6 5 | 43 22 3 21 | 2 5 1 — |

孤 军 奋 斗 罗 霄 山 上，继 承 了 先 烈 的 殊 勋。
深 入 敌 后 百 战 百 胜，汹 涌 着 杀 敌 的 呼 声。

6·6 6 43 | 5 — 5 0 | 4·4 4 54 | 3 — — 0 |

千 百 次 抗 争，风 雪 饥 寒
要 英 勇 冲 锋，歼 灭 敌 寇；

6·6 6 7 | i 7 6 67 | i 7 6·7 | 5 — — 567 |

千 万 里 转 战，穷 山 野 营。 获
要 大 声 呐 喊，唤 起 人 民。 发

1 0 1 1 1 14 | 3·2 1 671 | 2 02 22 25 | 4·3 2 34 |

得 丰 富 的 斗 争 经 验，锻 炼 艰 苦 的 牺 牲 精 神，为 了
扬 革 命 的 优 良 传 统，创 造 现 代 的 革 命 新 军，为 了

5·5 55 45 | 6·6 666 | 5 — 6 6 | 5 5·5 67 |

社 会 幸 福，为 了 民 族 生 存，一 贯 坚 持 我 们 的 斗
社 会 幸 福，为 了 民 族 生 存，巩 固 团 结 坚 决 的 斗

i — — 1·1 | i·7 6 5 45 | 66 6 3 3 1·11 | 6·5 4 3 21 |

争！ 八 省 健 儿 汇 成 一 道 抗 日 的 铁 流，八 省 健 儿 汇 成 一 道
争！ 抗 战 建 国 高 举 独 立 自 由 的 旗 帜，抗 日 建 国 高 举 独 立

333 25 0 550 | i i i — 555 | i·5 31 50 660 | 2 2 2 — 666 |

抗 日 的 铁 流。 东 进，东 进！ 我 们 是 铁 的 新 四 军！东 进，东 进！ 我 们 是
自 由 的 旗 帜。 前 进，前 进！ 我 们 是 铁 的 新 四 军！前 进，前 进！ 我 们 是

2·i 7 5 i 0 i i 0 i | 3 3 3 — 555 | 3· i 2 3 | i — — 0 ‖

铁 的 新 四 军！ 东 进， 东 进！ 我 们 是 铁 的 新 四 军！
铁 的 新 四 军！ 东 进， 东 进！ 我 们 是 铁 的 新 四 军！

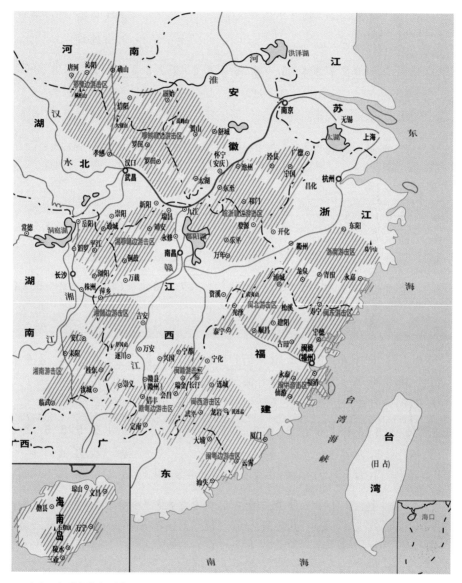

◎ 南方三年游击战争形势示意图

坚持游击战争的中国工农红军和游击队，改编为国民革命军陆军新编第四军（简称新四军）。同日，熊式辉转发了蒋介石6日电报。从1939年新四军成立两周年起，新四军领导人确定10月12日为新四军成立纪念日。

这为中国共产党同国民党当局谈判集中改编南方红军游击队扫除了一大障碍。因为有了正式的任命，国共双方只要商谈如何集中改编就可以了。在以后10月至12月，国共双方在南京、南昌、武汉就新四军编制、干部配备、军费供给、集中地点等一系列问题进行谈判。国民党方面为了控制新四军，坚持要派人到新四军担任各级领导职务，同时不承认南方游击队为正规部队，不给师和旅的番号。经过谈判，双方各自作了些

◎ 新四军军部筹建时的驻地——湖北武汉汉口大和街26号

◎ 1937年12月，新四军军部领导人在武汉合影，左起：周子昆、张云逸、叶挺、项英、曾山（童小鹏 摄）

让步。最终达成的改编协议是：新四军不隶属八路军，独立成立一个军，军以下不设师、旅和纵队，设四个旅级支队下辖共八个团，主要归国民政府军事委员会第三战区序列，四支队则由五战区管辖。

11月3日，叶挺应中共中央邀请到达延安，向中共中央和中央军委报告新四军筹建工作。毛泽东代表党中央向叶挺详细解释了中国共产党在抗日战争时期的路线、纲领、方针和政策。在欢迎会上，叶挺讲道："革命好比爬山，许多同志不怕山高，不怕路难，一直向上走。我有一段时间，爬到半山腰又折了回去了，现在又跟上来了。今后，一定坚定不移地按照共产党指引的道路走，在党中央的领导下，坚决抗战到底！"11月6日，毛泽东发出关于新四军编制与领导干部配备问题致秦邦宪电。电文指出：

决定新四军编两师四旅八团，拟项英副军长，陈毅政治部主任，周子昆参谋长。军暂住武汉，南昌、福州设办事处。往福建干部不日出发。①

12月13日，中共中央政治局作出《关于南方游击区工作的决议》，高度评价了项英等在红军主力长征后坚持在南方游击区开辟游击战争的历史功绩，同时指出了当前及后一个时期所肩负的历史使命和战斗任务。12月14日，中共中央政治局专门讨论了新四军的编组方针原则和组织领导等问题。中共中央为加强对新四军的领导，决定成立中共中央革命军事委员会新四军分会，中共中央东南分局（后改为东南局）书记项英兼任军分会书记，陈毅任副书记。为加强新四军的工作，中共中央还决定从延安的中央党政机关和八路军总部及各野战部队陆续抽调精干干部到新四军工作。

在新四军成立前后，叶挺奔走于南昌、广州和武汉等地，积极动员社会各界人士支持和参加新四军。项英、陈毅、张云逸等一面同国民党地方政府进行谈判并进行集中组建的紧张艰巨的组织筹备工作，一面奔赴各游击区传达中共中央的指示，迅速实现由国内革命战争向抗日民族解放战争转变。经过3个多月的艰苦工作和尖锐斗争，胜利完成了改编任务。12月25日，在汉口召开新四军干部大会。出席会议的除叶挺、项英等主要领导人外，还有傅秋涛等部分游击区的领导人，中共中央从延安和各地派来新四军工作的第一批干部赖传珠、李子芳等，以及叶挺动员来新四军工作的朱克靖、叶辅平、沈其震等共50余人。会上叶挺和项英就抗战形势和新四军的任务作了讲话，这次会议标志着新四军军部的成立。同日，新四军军部在汉口大和街26号正式对外办公。

为了尽快建立新四军的各级领导机构，项英于12月27日致电毛泽东、张闻天，就新四军的编制和主要干部配备提出建议，并特别要求中

　　① 毛泽东关于新四军编制与领导干部配备问题致秦邦宪电（1937年11月6日）[M]//中国人民解放军历史资料丛书编审委员会.新四军·文献.第2版.北京：解放军出版社，1994：58.

◎ 新四军第二支队抗日誓师大会

◎ 1938年4月5日，新四军军部由南昌移驻皖南歙县岩寺，部队集中后进行战前动员

央从延安派浙江籍干部，以便建立工作，配合四军行动。①28日，毛泽东电复项英，同意新四军编四个支队和支队以上干部人选。后经中共中央提名，国民政府军事委员会核定，叶挺任军长，项英任副军长，张云逸任参谋长，周子昆任副参谋长，袁国平任政治部主任，邓子恢任副主任。新四军下辖4个支队和1个特务营：第一支队由湘鄂赣边、湘赣边、赣粤边、皖浙赣边、湘南等地红军和游击队编成，陈毅任司令员，傅秋涛任副司令员。第二支队由闽西、闽赣边、闽粤边及浙南等地红军和游击队编成，张鼎丞任司令员，粟裕任副司令员。第三支队由闽北、闽东红军和游击队编成，张云逸兼司令员，谭震林任副司令员。第四支队由活动在鄂豫皖边的红二十八军和鄂豫边游击队编成，高敬亭任司令员，参谋长林维先，政治部主任萧望东。军部特务营由湘南、闽中等地红军和游击队编成。全军共1万余人。1938年1月6日，新四军军部由武汉迁驻南昌。1月14日，项英致电中共中央长江局并报中共中央，准备集中部队向皖南休宁、徽州一带集中。15日，中共中央长江局复电项英并告中共中央同意部队即向皖南集中。1月中旬至下旬，项英、曾山到湘赣边和赣粤边，陈毅到皖浙赣边，张云逸到闽赣边、闽东和闽西地区传达中共中央指示，动员和组织红军游击队集中整编。从延安党政军机关和八路军抽调到新四军工作的一批重要干部，也陆续分配到各游击区，协助和加强红军游击队的整编工作。如长征期间先后担任红一军团政治部主任、红三军团政治部代主任的袁国平，在抗战爆发后曾任中共陇东特委书记兼八路军驻陇办事处主任，1938年初，中共中央派其前往新四军工作。3月，担任中共中央东南分局委员、中央军委新四军分会委员、新四军政治部主任，是新四军领导成员之一。3月18日，毛泽东向新四

---

① 项英关于新四军编制与干部配备问题致毛泽东、张闻天电（1937年12月27日）[M]//中国人民解放军历史资料丛书编审委员会.新四军·文献.第2版.北京：解放军出版社，1994：56.

◎ 1938 年 4 月，新四军第二支队集中在皖南歙县岩寺进行整编

◎ 1938 年 4 月，新四军第二支队集中在皖南歙县岩寺进行整编

军主要负责人项英介绍说："袁政治开展经验亦多，能担负独立工作。"4月26日，他到达皖南歙县岩寺新四军军部，当日即向新四军第一、第二、第三支队排以上干部传达了中共中央、中央军委和毛泽东对新四军今后任务的指示。同样参加过长征并在红军时期担任过红五军团参谋长、福建军区总指挥等重要职务的周子昆，也被中共中央和中央军委派到新四军工作，任新四军副参谋长，协助叶挺、项英组建新四军。

2月6日，国民党政府军事委员会命令新四军江南部队于2月20日前集中至皖南歙县岩寺一带。部队集中之前，军长叶挺偕一支队司令员陈毅、军部秘书长李一氓由江西南昌赴皖南屯溪，会见国民党第三战区司令长官顾祝同，交涉部队行军路线、集中驻地事宜。陈毅还找到中共在国民党第三战区开展统战工作的特支负责人黄诚、陈国栋、谢云晖，

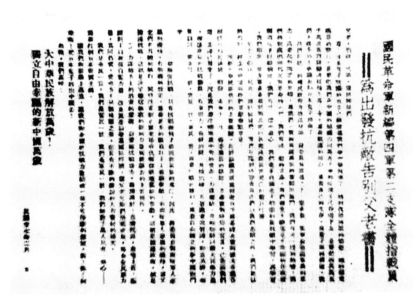

◎ 新四军第二支队全体指战员《为出发抗敌告别父老书》

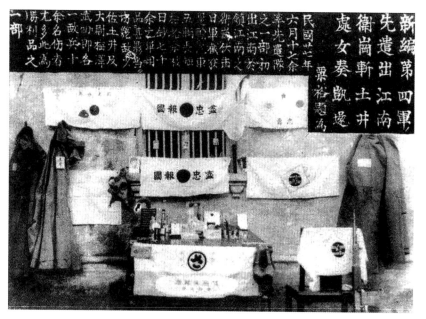

◎ 挺进江南第一战——韦岗战斗战利品

◎ 陈毅为韦岗战斗
赋诗一首

了解社情民意，察看岩寺附近地形。随即，军部下达命令，要求各部迅速出动，兼程赶到皖南岩寺集中。2月至4月间，在江南的第一、第二、第三支队、军部特务营向皖南岩寺地区集中，在江北的第四支队向皖中舒城地区集中。南方八省游击健儿走出深山老林，为抗日救亡不计与国民党军前嫌，长途跋涉奔向集中地点。3月，由湘鄂赣、皖浙赣游击队组编的一支队最先到达，驻扎在岩寺附近的潜口；随后，由闽北、闽东游击队组编的三支队到达岩寺，驻扎在岩寺附近的西溪南；4月18日，由赣粤边、闽西、闽赣边游击队组编的二支队也顺利到达，驻扎在岩寺附近的琶塘、琶村。新四军军部机关、特务营及战地服务团于4月5日到达岩寺。由鄂豫皖、鄂豫边、豫南的红军和游击队组编的四支队，奉命集结在江北霍山县流波。刚组建的新四军军部和下辖4个支队、1个特务营，共1.03万人。到岩寺的3个支队、军部机关及特务营，共7000余人。叶挺、项英、陈毅、张云逸、袁国平、周子昆、邓子恢、粟裕、傅秋涛、谭震林等领导人陆续到达岩寺。4月5日，新四军军部由江西南昌移至皖南歙县之岩寺（同年夏移驻泾县云岭）。5月，新四军各支队实行战略展开，开始了创建华中抗日根据地的艰苦斗争。正如新四军军歌中所唱：光荣北伐武昌城下，血染着我们的姓名；孤军奋斗罗霄山上，继承了先烈的殊勋。千百次抗争，风雪饥寒；千万里转战，穷山野营，八省健儿汇成一道抗日的铁流。东进，东进！我们是铁的新四军！

◎ 改编后进军苏南的新四军

◎ 1938年11月，新四军第三支队在安徽省南陵县马家园与日军作战

◎ 新四军成立后的主要领导，前排左起：周子昆、袁国平、叶挺、陈毅、粟裕

【资料链接】

新四军从 1937 年 10 月 12 日建军到 1947 年 1 月撤销番号，近 10 年间曾使用过多种臂章标志。新四军最早的臂章是"抗敌"布质臂章，描

◎ 新四军早期使用的"抗敌"臂章

绘了一名持枪战士，左下方印有"抗敌"二字。1938年，刚成立不久的新四军军部由武汉迁至南昌，集中改编南方八省14个地区的红军游击队。叶挺和项英指示设计新四军臂章。当时八路军曾佩戴有"抗敌"二字的臂章，美术工作者吕蒙等人受此启发，提议新四军臂章上画上一个身背斗笠、左手持枪、右手指向前方的战士，并在左下角标明"抗敌"二字，以表明南方各省红军游击队改编为新四军开赴前线抗日的决心。此臂章极富动感和感染力，表现了新四军将士尽忠报国的大无畏精神。它得到叶挺等新四军指挥员的认可，用木刻当印版，着蓝色印在白布上，发给指战员佩戴。

此后又使用"新四军"字样布质臂章及其他两种印有人物图案的臂章，但是使用的时间均不长。皖南事变后，蒋介石取消了新四军番号。中共中央军委于1941年1月20日发布命令重建新四军，新四军的臂章也进行了重新设计，设计者庄五洲是一位台湾籍文化战士，设计了两种臂章，以原有的臂章为蓝本，设计了一种外方内圆、蓝白相间的椭圆形图案，当中是"N4A"，"N"即英文"NEW"（新）的第一个字母，"A"即英文"ARMY"（军队）的第一个字母，"N4A"即新四军。另一种"N4A"臂章在上方加两颗五星和"1941"年代。背面印所属部队番号、佩戴者姓名及编号等。简洁的"N4A"字样臂章很快便在新四军中发放佩戴、广泛使用，成为新四军统一的新标志。

◎ 新四军皖南事变后使用的 N4A 臂章

◎ 新四军司令部和驻外人员佩戴过"国民革命军新四军"等铜质圆形胸章

【参考资料】

[1]张闻天、毛泽东关于南方游击队集中改编的有关问题致秦邦宪等电（1937年10月30日）[M]//中国人民解放军历史资料丛书编审委员会.新四军·文献.第2版.北京：解放军出版社，1994：56.

[2]毛泽东关于新四军编制与领导干部配备问题致秦邦宪电（1937年11月6日）[M]//中国人民解放军历史资料丛书编审委员会.新四军·文献.第2版.北京：解放军出版社，1994：58.

[3]项英关于新四军编制与干部配备问题致毛泽东、张闻天电（1937年12月27日）[M]//中国人民解放军历史资料丛书编审委员会.新四军·文献.第2版.北京：解放军出版社，1994：56.

在八路军中恢复政治委员制度

西安事变和平解决后到七七事变爆发，国共第二次合作局面逐步形成。西北的红军主力和南方八省的红军游击队都面临着改编为国民革命军的问题。在 1937 年 2—8 月中国共产党同国民党谈判中，蒋介石提出了按国民革命军统一编制红军，实行单一领导制，国民党军要向红军部队派出政工人员，并取消红军政治委员制度。对此，中国共产党严词拒绝。

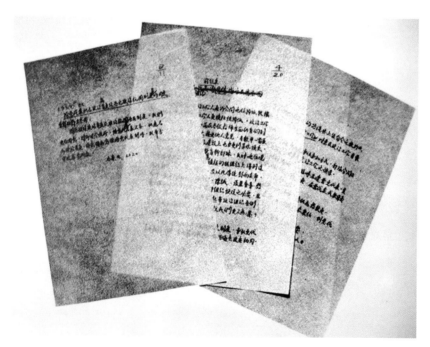

◎ 1937 年 10 月 22 日，中共中央和中央军委关于在八路军各师恢复政治委员制度和政治部名称的决定

◎ 第一一五师政委聂荣臻

　　在各地与国民党谈判中有深明大义的国民党军政官员支持国共合作共赴国难，对顺利谈判起了积极作用。但也有一些国民党地方当局缺乏诚意，或以谈判掩护其军事进攻图谋吞并，或提出苛刻条件企图通过谈判来实现"剿共"中未能达到的目的，或以高官厚禄作引诱使红军主力和游击队分化瓦解，或设置圈套诱骗红军游击队下山，然后聚而歼之。对于国民党这些阴谋，大多数共产党领导人能够保持清醒头脑，坚持原则，敢于斗争。但在改编过程中，特别是南方八省游击队改编为新四军过程中，由于个别领导人政治警惕性不高，对坚持党的领导缺乏经验，走了弯路遭受了损失，其中发生了著名的"何鸣事件"。由何鸣领导的闽粤边红军游击队，从1937年5月中旬就开始在福建省平和县，与国民党军第一五七师代表进行停止内战合作抗日的谈判，并于6月26日

◎ 聂荣臻题词

签订了合作抗日协定，约定将红军游击队改编为福建省保安独立大队，受国民党第一五七师指挥。这是南方各游击区同国民党地方当局最早签订的合作抗日协定。但由于何鸣在思想上丧失警惕性，在部队指挥关系和集中地点等关键问题上，没有坚持独立自主原则，迁就了国民党军的要求。7月13日，何鸣带领独立大队进驻漳浦县城。16日，国民党军第一五七师以点名发饷集中为名，解除了这支近千人的红军游击队武装，制造了震惊整个南方游击区的漳浦事件，又称"何鸣事件"。中共中央对漳浦事件十分重视，毛泽东、张闻天等多次发出电报指示正在与国民党谈判的林伯渠、叶剑英、张云逸等，向国民党当局提出强烈抗议，进行交涉，迫使国民党当局释放了漳浦事件中被扣留的人员，交还了武器。在这一过程中，张闻天、毛泽东等就南方游击队集中改编的有关问题致秦邦宪等电中，针对漳浦事件的教训指出：坚决反对投降主义，反对国

◎ 第一二〇师师长贺龙与政委关向应

民党派遣任何人，同时严防国民党之暗算，森严自己的壁垒。在何鸣部人枪没有如数交还以前，不能集中。① 毛泽东特别强调：国民党的政工人员不准踏进营门半步。

1937 年 8 月 25 日，中共中央革命军事委员会发布命令，宣布中国工农红军改编为国民革命军第八路军。1937 年 8 月 29 日，中共中央决定成立中央军委前方分会（后改称华北军委分会）。与此同时，中共中央下发了《关于红军中党及政治机关在新阶段的组织的决定》。红军总政治部、前敌总指挥部分别召开了会议，着重讨论接受改编后如何坚持党对军队的绝对领导，党的组织形式和工作方式，保持和发扬红军光荣

① 张闻天、毛泽东关于南方游击队集中改编的有关问题致秦邦宪等电（1937 年 10 月 30 日）[M]// 中国人民解放军历史资料丛书编辑组 . 新四军·文献 . 第 2 版 . 北京：解放军出版社，1994：56.

◎ 一二九师首任政委张浩（中），右为徐海东

传统等问题。彭德怀在红军党的高级干部会议上作了报告，强调指出红军"改编后的中心问题——保障共产党的单一领导"。[①]改编命令任命任弼时为八路军政治部主任、邓小平为副主任，但取消了政治委员，并将八路军下辖三个师的政治部改为政训处。为统一并加强前后方部队政治工作的领导，10 月 16 日，中央军委作出关于成立总政治部的决定，并任命任弼时为主任，总政治部副主任在邓小平未回军委以前由毛泽东亲自兼代其职。

经黄克诚提议，10 月 19 日，朱德、彭德怀、任弼时致电中共中央，说明改编后，政治工作的地位和职权降低，政治工作已开始受到若干损失；而在指挥人员方面，有个别同志因改单一领导不大接受他人意见，多数单一首长感到自己能力不够，致使部队建设也受到某些损失。因此，

---

① 中国工农红军第二方面军战史编辑委员会.中国工农红军第一方面军战史：上 [M].北京：解放军出版社，2017：570.

◎ 一二九师继任政委邓小平

建议恢复党代表制度和政治部。10月22日，毛泽东同张闻天复电朱德、彭德怀、任弼时、邓小平并告周恩来："关于恢复政治委员及政治机关原有制度，我们完全同意，请即速令执行。惟党代表名义不妥，仍应名为政治委员。将来国民党采用党代表制时，我军方可改为党代表。"10月24日，朱德、彭德怀、任弼时在五台县发布命令："为加强党在军队中的领导，保持党（和）红军光荣传统，……特决定军队中（恢复）政治委员及政治机关原有制度，团以上（及）独立营设立政治委员。""各师政训处立即改为政治部，各团政训处改为政治处。"10月28日，朱德、彭德怀、任弼时、邓小平电示各师：兹委聂荣臻兼第一一五师政治委员（后为罗荣桓），关向应兼第一二〇师政治委员，张浩兼第一二九师政治委员（后为邓小平）。①同时任命了各旅、团政治委员。

为加强对全军政治工作的领导，特别是在敌后分散游击战背景下加强党的领导，1938年2月28日，延安军委总政治部以八路军政治部的统一对外名义出现，主任任弼时，副主任傅钟、谭政。1938年8月4日，党中央和中央军委发布通知，王稼祥从苏联回国，担任军委总政治部主任，并兼八路军政治部主任。随着新的杂色部队被收编，八路军各部队不断扩大。为防止人民军队的优良政治制度丢失，1939年2月19日，

---

① 一个极其重要的政策（1942年9月7日）[M]//毛泽东选集：第三卷.第2版.北京：人民出版社，1991：880-883.

毛泽东等向全军发出指示，规定"以后无论何项性质之部队，一经编入八路军建制，必须从中建立党的组织，其指导员、教导员及各级政治机关的主要工作者必须是党员，接受党的领导，否则宁缺毋滥"。1941年2月7日，中央军委颁发了《军政委员会条例》，规定在军、师、旅、团及纵队、支队、分区等各级成立军政委员会，作为各级的集体领导机关。这种由上而下、体系完整的各级党的组织机构的建立，从根本上保证了党对军队绝对领导的实现。

坚持党对军队绝对领导，是人民军队的命脉所在，是我军诞生以来毫不动摇坚持的立军之本、建军之魂。由于及时恢复军队中政治委员及政治机关制度，使一度削弱的八路军政治工作得到加强和提高，为坚持党对军队的绝对领导建构了制度支撑，保证了八路军、新四军在抗战中既发展壮大又保持了人民军队的本色。

【参考资料】

［1］中共中央书记处关于成立前方军委分会及各师成立军政委员会的决定[M]//《中国人民解放军历史资料丛书》编辑组.八路军·文献.北京：解放军出版社，1994：25.

［2］朱德等关于八路军三个师政治委员的委任令[M]//《中国人民解放军历史资料丛书》编辑组.八路军·文献.北京：解放军出版社，1994：87.

［3］张闻天、毛泽东关于恢复军队政治委员及政治机关制度致朱德等电（1937年10月22日[M]//《中国人民解放军历史资料丛书》编辑组.八路军·文献.北京：解放军出版社，1994：78.

［4］朱德、彭德怀、任弼时转发中共中央关于加强党在军队中领导的决定的命令（1937年10月24日)[M]//《中国人民解放军历史资料丛书》编辑组.八路军·文献.北京：解放军出版社，1994：80-81.

精兵简政
——一个极其重要的政策

◎ 李鼎铭

　　1938 年 10 月，侵华日本军队占领武汉后，改变其侵华政策，逐步将主要军事力量转向对付中国共产党领导下的抗日根据地。同时，国民党顽固派也不断掀起反共高潮，加紧封锁与破坏抗日根据地。各抗日根据地日渐缩小，物资供应极端困难。由于党、政、军、民机构日益庞大，脱产人员过多，难以适应农村游击战争环境，使根据地的供给能力不胜负担。以中央所在地的陕甘宁边区为例，由于边区部队机关人员人数日益扩大，同时敌伪顽对边区的封锁越来越严厉，在断绝外援的情况下，需求和供给之间发生了很大矛盾，群众负担越来越重，水小鱼大现象日益突出。如 1939 年，陕甘宁边区政府只向农民征收了公粮 5 万石，1941 年却增加到 20 万石，而党政机关和军队系统出现的官僚主义和命令主义作风也引起了群众的不满。特别是 1941 年 12 月 7 日，日本帝国主义偷袭珍珠港，发动太平洋战争。为夺取英美法等国在东南亚和南太

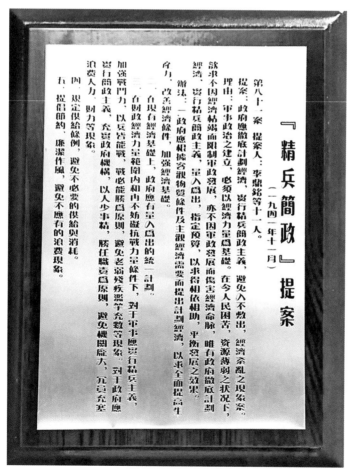

◎ 李鼎铭等 11 人关于"精兵简政"的提案

平洋的殖民地，日本帝国主义急需巩固在华北的大后方，达到以战养战的目的。为此，一方面将其在华兵力的75%（不包括关东军）和全部伪军，主要用于对各抗日根据地展开更为残酷的进攻。另外一方面又加强了对国民党当局的诱降活动，在"曲线救国"的幌子下，大量国民党军公开投敌，充当伪军配合日军向八路军、新四军所在的各抗日根据地进攻。敌后抗战前所未有的困难局面到来。1941年11月7日，中央军委在《关于抗日根据地军事建设的指示》中提出实行精兵主义。随后，在1941年11月召开的边区参议会二届一次会议上，党外人士、不久后担任陕甘宁边区政府副主席的李鼎铭等11人提出有关财政问题的第81号提案。提案建议："政府应彻底计划经济，实行精兵简政主义，避免入不敷出、经济紊乱之现象。"还提出了五项具体实施办法。

这个议案提出后，在参议会上引起热烈讨论甚至争议。多数议员认为这是一个有远见卓识的提案，有些人则担心这会使边区在遭到敌军进攻时没有足够的力量来抵挡。甚至有人怀疑李鼎铭等人作为党外人士的动机是否纯正。毛泽东看到李鼎铭等的提案后非常重视，在一旁加了一段批语："这个办法很好，恰恰是改造我们的机关主义、官僚主义、形式主义的对症药。"11月18日，大会就这一提案进行了表决，有投票权的290名议员中，最后165人赞成，该提案最终通过并作出决议交政府速办。

参议会闭幕后，12月6日，《解放日报》以《精兵简政》的醒目标题发表社论论述精兵简政的意义所在。12月中旬，毛泽东为中共中央起草的《关于太平洋战争爆发后敌后抗日根据地工作的指示》，把"精兵简政、节省民力"列为目前迫切的重要任务，要求党、政、民众团体全部脱产人数不得超过甚至更少于该根据地人口总数的3%，财政政策必须注意量入为出与量出为入相结合。同年12月，中共中央发出指示，号召全党全军实行精兵简政，要求党、政、军各级组织机构切实进行整

◎ 八路军某部精兵简政工作验收后全体人员合影

顿，精简机关、充实连队、提高效能，节约人力物力，并把"精兵简政"确定为 1942 年全党全军的中心工作之一。到 1942 年 9 月，毛泽东根据十个月来推行精兵简政的情况，为《解放日报》撰写了《一个极其重要的政策》的社论，阐明中共中央实行的精兵简政政策，是根本解决庞大机构与战争情况的矛盾，粉碎日军烧光、杀光、抢光的"三光"政策，最后战胜敌人的重要办法。社论同时要求各根据地都要把精兵简政"当作一个极其重要的政策"来看待。12 月，毛泽东在《抗日时期的经济问题与财政问题》的报告中指出，精兵简政必须达到精简、统一、效能、节约和反对官僚主义五项目的。

在中共中央领导下，陕甘宁边区首先实行精兵简政，并先后进行三次精简，取得很大成效。仅陕甘宁边区政府一级内部机构就裁并了 1/4，直属机关从 35 个减至 22 个，人员由原来的 469 人减为 279 人，鱼大水小的矛盾得到很大缓解。同时，对减轻人民负担以及密切党和人民群众的关系具有决定性意义。陕甘宁边区实行精兵简政，并不断总结经验推广到各个敌后抗日根据地。

为更全面地将延安的精兵简政政策精神传达给全党，毛泽东在《一个极其重要的政策》一文中指出：自从党中央提出精兵简政这个政策以来，许多抗日根据地的党，都依照中央的指示，筹划和进行了这项工作。晋冀鲁豫边区的领导同志，对这项工作抓得很紧，做出了精兵简政的模范例子。但是还有若干根据地的同志们因为认识不够，没有认真地进行。这些地方的同志们还不理解精兵简政同当前形势和党的各项政策的关系，还没有把精兵简政当作一个极其重要的政策看待。①他提出党的一切政策都是为着战胜日寇。他要求各抗日根据地的全体同志必须认识到，今后的物质困难必然更甚，目前，我们必须克服这个困难，我们的重要的办法之一就是精兵简政。他在文章中举了非常浅显易懂的例子。如何对付敌人的庞大机构呢？那就有孙行者对付铁扇公主为例。铁扇公主虽然是一个厉害的妖精，孙行者却化为一个小虫，钻进铁扇公主的心脏里去把她战败了。柳宗元曾经描写过的"黔驴之技"，也是一个很好的教训。他总结道，我们八路军、新四军是孙行者和小老虎，是很有办法对付日本妖精或日本驴子的。目前我们须得变一变，把我们的身体变得小些，但是变得更加扎实些，我们就会变成无敌的了。

为推动共产党领导的各敌后抗日根据地实行彻底的精兵简政，毛泽东在 1942 年 8 月 4 日复电新四军代理军长陈毅《下绝大决心实行彻底的精兵简政》。电报中指出：伴随着极端残酷斗争，根据地缩小必然要到来，而且可能很快到来，这一点如不预先计及，将来必要吃大亏。以华中论，你们决定现有 8 万主力军 4 万地方军扩大至 10 万主力军 10 万

---

① 《一个极其重要的政策》（1942 年 9 月 7 日），选自《毛泽东选集》（第三卷），人民出版社，1991 年 6 月第 2 版，第 880—883 页。

地方军，共计 20 万，党政还不在内。江南、皖东、淮北、鄂中均已缩小，这个总数是太大了。明年必是非常困难的一年，其困难程度为目前许多人所不能想象，高级领导机关必须预为计及。他在电报中进一步指出：内战时还可以有长征，现在则绝不能有长征。如使根据地民力财力迅速枯竭，弄到民困军愁，便有坐毙危险。现在华北、山东须下绝大决心彻底精兵简政，否则到了明年必不能维持。此事请你预加考虑，到年底或明春作一通盘计划，达到精简目的为盼。[1]

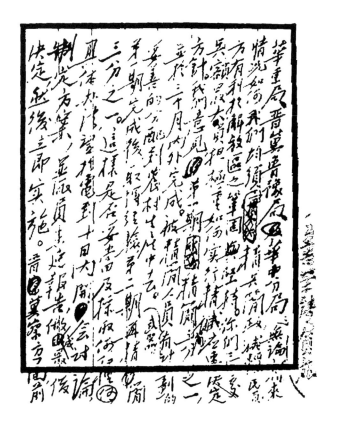

◎ 毛泽东关于精兵简政给华东局、晋冀鲁豫局的指示信

---

[1] 下绝大决心实行彻底的精兵简政（1942 年 8 月 4 日）[M]// 毛泽东军事文集：第二卷 . 北京：军事科学出版社，中央文献出版社，1993：684-685.

根据中央的精神，各敌后抗日根据地普遍实行了精兵简政。主要内容是：将党、政、军、民等组织机构的脱产人员缩减到占所在根据地总人口的3%以内，军队（含游击队）与党、政、民工作人员的比例为3：1，从而使脱产人员与根据地的供养能力相适应，力争从根本上解决"鱼大水小"的矛盾；压缩与合并党、政、军、民领导机构，减少机关行政人员和部队的非战斗人员，充实基层和连队，将编余干部送到学校和训练班储备与学习；建立党的一元化领导体制，规定由中共中央代表机关及各级党的委员会统一领导所在地区的党、政、军、民工作，消除党、政、军各自为政现象。

◎ 《解放日报》对精兵简政中成立编整委员会的报道

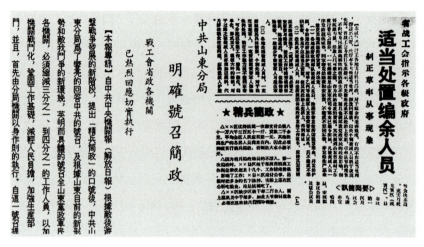

◎ 山东根据地《大众日报》关于精兵简政的新闻报道

　　精兵简政政策的普遍实行，对于减少消费，增加生产，减轻人民负担，克服物质困难，提高人员素质和工作效率，起了积极作用。军队的精兵简政工作从 1941 年 12 月陆续开始，至 1943 年底基本结束。实行这一政策后，部队的数量虽然有所减少，但战斗力有所提高，并使主力军、地方军和民兵自卫队三结合的武装力量体制得到加强，从而更加适合敌后游击战争的环境。

【资料链接】

　　实行精兵政策，涉及部队体制编制的变化、人员的去留等问题，是一项政策性很强的工作。广大指战员对这一决策坚决拥护，但部分人在思想上还是有模糊认识：有的对严重困难的情况把握不够，对鱼大水小的矛盾认识不足；有的没有看到过去大力发展主力军是必须的，现在精简也是必要的，精简是为了更好的发展；有的对本部队和本人工作变动考虑较多，对到新单位工作顾虑重重。例如，新四军第十旅在实行主力兵团地方化之初，并不是所有同志立刻就看懂了这一高瞻远瞩的战略布局，议论纷纷："查查十旅的老家谱，从红军时代就是当当响的主力军，怎么要变成地方部队呢？""人家地方部队升级，咱们十旅降级了！""现在化整为零，哪年哪月再集零为整？"一位团参谋长听说要他到县大队当大队长，埋怨说："降级我也没有意见，干革命不是为了当官，我宁愿当连长，也不干县大队长。"军队力量的生长，应在质量中求改进，而不是简单在数量上求扩大。通过广泛深入的思想教育以及配套政策的实行，到1943年底，八路军和新四军的精兵工作基本结束。这不但基本解决了鱼大水小的矛盾，减轻了人民群众的负担，加强了根据地建设和部队发展后劲，而且进一步理顺了上下级的关系，充实和加强了战斗连队，解决了头重脚轻的问题，提高了领导机关工作效率，增强了军事指挥和部队行动的灵活性。同时，寓兵于民政策的实行，主力部队"化"下去作骨干，培养带动了地方武装，又从群众性的游击运动中培养出新的兵团，促进了三结合武装力量体制的发展。

1944年6月，英国记者斯坦因采访李鼎铭时问："你是一个地方人士，在政府起什么作用？"李鼎铭笑着回答说："我第一次见到毛主席提出了'精兵简政'议案，毛主席同意了，参议会也同意了。"他接着说："我对于新民主主义的信仰，在我服务政府的四年中，证明是正确的了……毛泽东的思想不只是他个人的意见，正是群众的意见。他做的事情正是老百姓想做能做的事情。"毛泽东曾多次指出："'精兵简政'这一条意见，就是党外人士李鼎铭先生提出来的。他提得好，对人民有好处，我们就采用了。"精兵简政，是抗日战争时期中国共产党为克服抗日根据地的物质困难而采取的精简机关、充实基层的一项重要政策，是著名的"十大政策"之一。

◎ 为坚持敌后抗战，中国共产党制定和实行"十大政策"

【参考资料】

［1］下绝大决心实行彻底的精兵简政（1942 年 8 月 4 日）[M]// 毛泽东军事文集：第二卷 . 北京：军事科学出版社，中央文献出版社，1993：684-685.

［2］一个极其重要的政策（1942 年 9 月 7 日）[M]// 毛泽东选集：第三卷 . 第 2 版 . 北京：人民出版社，1991：880-883.

皖南事变后重建新四军军部

◎ 江苏省盐城市泰山庙新四军重建军部旧址

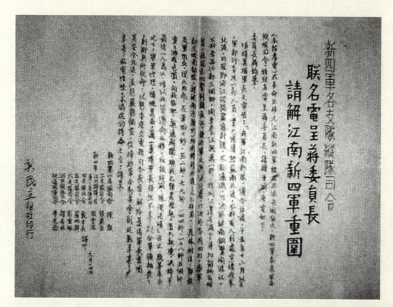

◎ 《新民主报》关于新四军各支队、纵队司令联名电呈蒋介石《请解江南新四军重围》报道

◎ 新四军重建后的代军长陈毅（左7）与副军长张云逸（左9）和第四师部分干部合影

1941 年 1 月 6 日下午，正在按照国民党当局要求北移的新四军军部 9000 余人，在茂林一带遭到近 10 倍于己的国民党军围攻，震惊中外的皖南事变爆发。1 月 17 日，国民政府军事委员会发表命令和谈话倒打一耙，反诬新四军为"叛军"，宣布"撤销"其番号，长期在国民党顽固派和日伪军的夹缝中坚持抗战的新四军，遭遇了改编以来的最大挫折。

1941 年 1 月 20 日，毛泽东以中央军委发言人名义发表谈话，揭露国民党当局的反共阴谋，抗议其武装袭击新四军的暴行，要求国民党当局以大局为重，取消 1 月 17 日的反动命令，惩办祸首，释放叶挺，废止国民党一党专政，实行民主政治。华北、华中各抗日根据地军民也纷纷集会，强烈声讨国民党顽固派的罪恶行径。

◎ 晋察冀军民游行反对皖南事变

八路军、新四军作好了随时反击国民党顽固派武装进攻的准备。同日，中央军委发布重建新四军军部的命令，任命陈毅为国民革命军新编第四军代理军长，刘少奇为政治委员，张云逸为副军长，赖传珠为参谋长，邓子恢为政治部主任。1941年1月23日，新四军代理军长陈毅、政治委员刘少奇、副军长张云逸、参谋长赖传珠、政治部主任邓子恢签署《新四军将领就职通电》，宣誓就职，昭示全国："当此寇氛弥漫秦桧横行之际，毅等誓遵三民主义，服从总理遗嘱，与万恶敌人日本帝国主义及其走狗中国亲日派奋斗到底。惟望全国袍泽，共矢抗日之忠诚，勿为奸邪所蒙蔽，拒绝内战，一致对敌，民族国家之前途，实深利赖。"

◎ 新四军将领的就职通电

24 日，就职通电在中共中央中原局（后为华中局）机关报《江淮日报》上发表了。陈毅在就职通电中宣示：毅以庸愚，身处前线，于此危局惨变，按诸抗战职责，断无消极退让之理，遂于 1 月 24 日应本军将士之推选，本人就职并代理军长，克日于苏北盐城恢复军部，统率全军九万之众，誓与日寇、汉奸、反共投降派奋斗到底！

1941 年 1 月 25 日下午 2 时，在江苏盐城游艺园召开了新四军新军部成立大会，华中新四军八路军总指挥部机关排以上干部和盐城县政府及各界群众代表 1000 余人到会。会场主席台上悬挂着"新四军军部重建大会"的红布横幅，主席台两侧挂着各界群众赠送的"义旗高举""指挥若定"等锦旗。赖传珠参谋长宣布大会开始，何士德指挥全场高唱新四军军歌。刘少奇政委宣读了 1 月 20 日中央军事委员会的命令和谈话，宣布正式重建新四军军部，他号召全军坚决服从党中央的领导，坚决执行党的抗日民族统一战线政策，胜利完成华中的抗日大业。陈毅发表就职演说。他说："皖南事变我们损失了老军部，现在新军部又建立了，皖南事变我们有几千个指战员牺牲，但我们今天还有 9 万人的强大力量。""有了民众及抗战军队一致团结的力量"，我们"一定有把握打倒日本帝国主义"。"重庆当局发出一个反革命命令，撤销新四军，我们置之不理。因为，我们拥护共产党恢复新四军的命令，我们拿革命的命令来反对反革命的命令，拿抗战的命令打倒破坏抗战的命令！只要我们坚持抗战，坚持斗争，最后胜利一定属于我们！"[1]他宣誓率领全军 9 万官兵，誓与日本侵略者、汉奸、反共投降派斗争到底！这时，会场沸腾了，声讨蒋介石罪行，为死难烈士报仇的口号声此起彼伏。然后各界代表也踊跃发言，拥护中共中央的决定，热烈庆祝新军部的成立，拥护新四军新领导就职，声讨国民党反动派的滔天罪行，强烈要求国民党当

①中共盐城市委党史办公室.新四军军部在盐城[M].江苏：江苏人民出版社，1988：14—35.

◎ 中共中央华中局书记、新四军政委刘少奇在盐城华中局高级干部会议上作《皖南事变的经验教训》的报告

局撤销1月17日的反动命令，恢复新四军合法的政治地位。接着，刘少奇讲述了皖南事变的经过，号召全军坚持抗日民族统一战线，坚持团结，坚持抗战，提高警惕，随时准备粉碎敌、伪、顽的进攻。这是刘少奇到华中后的第一次公开"亮相"，并宣布了真实姓名（此前他一直使用"胡服"的化名）。最后，大会通过了《新军部成立号召全军提高警惕英勇杀敌的通电》。担任重建后的新四军政治部秘书长的邓逸凡回忆说："对于这次具有历史意义的盛会，同志们感慨万千，一直谈论到深夜。它标志着新四军将会有一个伟大的发展，有一个胜利的将来。"

重建的新四军军部以华中新四军八路军总指挥部机关为基础组成，将新四军和活动于陇海铁路以南的八路军部队统一整编为新四军7个师和1个独立旅共9万人，继续在长江南北坚持抗战。

◎ 刘少奇（左）与奥地利医生罗生特（中）、陈毅（右）合影

◎ 新四军各师整编部分情况示意图

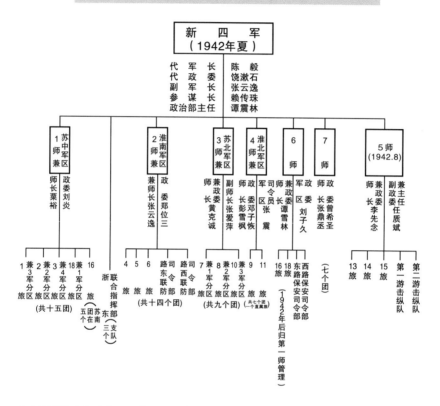

◎ 新四军战斗序列（1941 年—1942 年）

　　重建新四军军部的行动极大地振奋了全军官兵。"皖南事变"后，毛泽东指出，"应把此次反共高潮看作我们奠定华中基础的机会，如同上次反共高潮奠定了华北基础那样"。刘少奇创造性地落实这一指示，抓住打退第二次反共高潮的时机，把"皖南事变"这一坏事，变成了发展、扩大新四军和根据地的好事，奠定了共产党在华中的基础。过去新四军的军长、副军长是蒋介石任命的，现在蒋介石撤销了新四军番号，中共

◎ 1943年3月，新四军在盐阜区反"扫荡"陈集战斗全歼日军一个加强中队

中央重新任命了新四军的军政班子，完全脱离了蒋介石的控制。

刘少奇任新四军政委，更意味着新四军的编制不再受国民党规定编制的限制（国民党规定不设政治委员，项英任副军长时实际负政委之责），还意味着共产党的机构和活动公开化，这是原先军部所没有的。新四军新的军部在盐城重建的消息，迅速传遍了华中，传播到全国各地，传扬到海外，激起了强烈反响。

新四军重建军部后，经过艰苦斗争，坚决执行了中共中央、中革军委赋予的巩固基本根据地的战略任务和各项方针、政策，粉碎了日军的"扫荡"，阻东犯顽军于津浦路西，巩固了津浦路东的基本抗日根据地，发展了浙东、皖中和鄂豫边敌后抗日阵地。新四军的数量在斗争中也得到了大发展，至抗战胜利时已达26万人，成为最后夺取中国革命战争胜利的一支重要力量。

【参考资料】

［1］为皖南事变发表的命令和谈话：中国共产党中央革命军事委员会命令（1941年1月20日）[M]// 毛泽东军事文集：第二卷.北京：军事科学出版社，中央文献出版社，1993：614-620.

［2］中国共产党中央革命军事委员会发言人对新华社记者的谈话（1941年1月20日）[M]// 毛泽东军事文集：第二卷.北京：军事科学出版社，中央文献出版社，1993.

西北（第一）野战军建立与发展壮大

◎ 西北野战军主要领导人，左起：甘泗淇、彭德怀、张宗逊、赵寿山

　　西北野战军（后称第一野战军），是中国人民解放战争时期中国人民解放军五大主力部队之一。①它是由抗日战争末期晋绥解放区和陕甘宁解放区的八路军和地方武装发展起来的。

　　从陕甘宁边区（也包括晋绥根据地）走出并逐渐发展壮大的西北野战军，其所战斗的西北战场，是解放战争中在全国具有重要战略地位的

---

①中国人民解放军五大野战军分别是一野（原西北野战军）、二野（原中原野战军）、三野（原华东野战军）、四野（原东北野战军）和华北野战军。

◎ 西北野战军发起扶眉战役

◎ 西北野战军发起扶眉战役

◎ 西北野战军发起扶眉战役

主战场之一。在中共中央、中央军委和毛泽东主席的领导下，在人民解放军副总司令、第一野战军司令员兼政委彭德怀的指挥下，在陕甘宁晋绥联防军司令员贺龙和中共中央西北局书记、陕甘宁晋绥联防军政委习仲勋的参与决策、协助指挥下，依靠广大人民群众的大力支援和友邻部队的积极配合，从 1946 年 6 月至 1949 年底，经过三年又七个月的艰苦作战，胜利完成了保卫党中央、保卫延安、保卫毛主席、保卫陕甘宁边区，解放大西北和配合第二野战军进军西南的光荣任务。这支英雄部队，为解放西北地区，为全国解放战争的胜利，为中华人民共和国的创建作出了巨大贡献，建立了不朽功勋。

在人民解放战争中，西北（第一）野战军（包括西北军区）军民共消灭国民党军（包括起义、投诚）1 个绥靖公署、1 个长官公署、5 个兵团部、4 个省保安司令部、2 个警备总部、1 个补给区司令部、25 个军部、61 个师。共俘敌 24.3 万余人，毙敌 11.7 万余人，争取起义投诚 15.9 万余人，合计 51.9 万余人。在解放战争中，西北（第一）野战军有 7.6 万余名指战员负伤，1.8 万余名指战员牺牲。[①] 宝塔山下、关中平原、黄河岸边、贺兰山、祁连山、天山南北埋下了烈士的忠骨。革命烈士用鲜血和生命赢得了祖国大西北的解放，各族人民将永远怀念他们，他们的英名和不朽的功绩永垂青史，他们的革命精神流芳百世。

晋绥野战军和晋绥军区野战纵队是为适应抗日战争转入大反攻的需要而成立的。抗日战争结束后，国民党仍以大于边区留守部队六倍以上的兵力严密封锁、包围着陕甘宁边区，沿边区周围加修据点工事，囤积军火物资，不断发动局部进攻和骚扰，派遣特务进行侦察。陕甘宁边区军民认真贯彻执行中共中央的方针，在不断加强边区各项建设争取和平民主实现的同时，主动适应抗战胜利后军事斗争战略的转变，部队进行了整编，以此积极进行自卫，准备粉碎国民党全面进攻，保卫延安和党

---

① 第一野战军战史编审委员会.第一野战军战史 [M].北京：解放军出版社，2017：7.

中央、毛主席。早在日本政府向同盟国发出乞降照会的次日（1945年8月11日），中共中央即指出：目前阶段为集中主要力量，迫使日军向我投降，各地应将我军迅速集中分甲乙丙三等组成团或旅或师，变成超地方性的正规兵团，保证解决敌伪时取得胜利。将来阶段国民党可能向我大举进攻，我应准备调动力量对付内战。20日，中共中央进一步明确规定，在对日反攻期间编组野战兵团的基础上，各战略区野战兵团的数量应占全部兵力的3/5到2/3，并迅速完成由游击战为主向以运动战为主的战略转变。为贯彻中共中央的战略方针，适应战略转变，陕甘宁晋绥联防军进行了整编和调整部署。1945年8月，中共中央、中央军委对全国各解放区军队的序列进行了一次大的调整。21日将晋绥军区从陕甘宁晋绥联防军建制中划出，直属中央军委领导，驻陕甘宁边区的部队仍沿用陕甘宁晋绥联防军的番号，司令员贺龙，政治委员高岗，副司令员徐向前、王世泰，副政委谭政，参谋长阎揆要，下设教导第一旅、第二旅，警备第一旅、第三旅，新编第四旅、第三八五旅，总兵力3.2万人。

◎ 抗战胜利后的延安城

1946 年 4 月，陕甘宁晋绥联防军遵照中共中央和中央军委的指示进行了精简整编，先后裁减了老弱及无武器人员，合并机关、减少单位，复员干部战士 2700 余人，在此基础上，将教导一旅、二旅合并为教导旅，将三八五旅留守部队并入警备三旅。整编后的陕甘宁晋绥联防军司令员为王世泰（代），政委习仲勋（代），副司令员王维舟、阎揆要，辖 5 个旅，5 个军分区。面对国民党军大于我军 6 倍以上的重兵、严密封锁包围和频繁袭扰及局部进攻，陕甘宁晋绥联防军警惕地保卫着陕甘宁边区，不断加强战备工作。

随着国民党大举进攻中原解放区，挑起全面内战，1946 年 11 月 10 日，中共中央军委决定，取消晋绥野战军（1945 年 8 月 11 日，中央军委命令成立晋绥野战军，隶属陕甘宁晋绥联防军建制）和晋北野战军（于 1946 年 6 月组建，属晋绥军区建制）番号，将两野战军部队统一组成晋绥军区第一、第二、第三纵队。

之后，为了迎击国民党军随时可能对陕甘宁解放区发动进攻，1947 年 2 月 10 日，中共中央军委决定以晋绥军区第一纵队和陕甘宁晋绥联防军所辖新编第四旅、教导旅、警备第一、第三旅，共 6 个旅 2.8 万余人组成陕甘宁野战集团军，张宗逊任司令员，习仲勋任政治委员，王世泰任副司令员，廖汉生任副政治委员，阎揆要任参谋长，徐立清任政治部主任。1947 年 2 月 28 日，国民党军以 34 个旅 25 万余人向陕甘宁解放区发动进攻。其中，西安绥靖公署主任胡宗南所部 15 个旅 14 万余人从南线直攻延安。3 月初，野战集团军以一部兵力出击陇东，以调动准备进攻延安之国民党军。

为了加强陕北地区的作战指挥，中共中央军委决定，所有驻陕甘宁解放区的野战部队和地方武装，统归中共中央军委副主席兼总参谋长彭德怀和中共中央西北局书记习仲勋指挥。同时，成立西北野战兵团，撤销陕甘宁野战集团军番号。3 月 16 日，毛泽东以中央军委主席名义发布

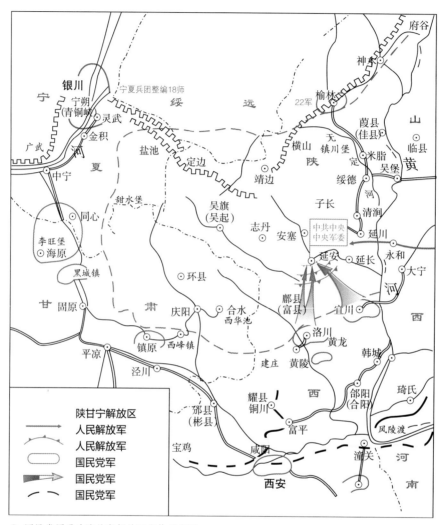

◎ 国民党军进攻陕甘宁解放区态势示意图

关于保卫延安的作战命令，命令最后指出，上述各兵团及边区一切部队，自3月17日起统归彭德怀、习仲勋同志指挥。当时，命令未授予野战部队正式番号，但已开始使用西北野战军的名称。彭德怀是解放军副总司令、中央军委副主席兼总参谋长，具有统帅指挥大兵团作战的丰富经验和才能，在全军威望很高，由他直接指挥边区全部部队同 10 倍于己的敌人作战，无疑是中共中央、中央军委和毛泽东的英明决断。习仲勋是中共中央西北局书记，与边区的党组织、政府和人民群众关系密切，由他会同彭德怀指挥边区部队，更有利于发挥党政军民的总体力量。

西北野战军指挥机关由中央军委陕甘宁晋绥联防军人员抽调组成。3 月 20 日，西北野战军指挥机构在延安东北的梁村正式组成。彭德怀兼西北野战兵团司令员和政治委员，习仲勋任副政治委员，张宗逊任副司令员，张文舟任参谋长，刘景范任后勤司令员，徐立清任政治部主任，王政柱任副参谋长。西北野战军组成时所辖部队有第一、第二纵队、教导旅和新编第四旅，共 2.6 万余人。陕甘宁晋绥联防军称号保留，下设警备一旅、警备三旅、新编十一旅和骑兵第六师共 1.6 万余人，作为地方部队均统一由彭德怀、习仲勋指挥调动。①

西北野战军胜利完成了延安阻击战并保护中共中央、人民解放军总部和人民群众安全撤离延安的任务。此后，野战军以 2 万余人的兵力，在粮食、弹药极端困难的条件下，连续进行了青化砭、羊马河、蟠龙 3 次战役，歼国民党军 3 个旅及地方团队一部共 1.4 万人。经过这 3 次战役，初步稳定了西北战局。5 月下旬至 7 月上旬，西北野战军挥师陇东，北进三边，收复了环县、定边、安边、靖边等地，共歼西北行辕副主任马步芳、马鸿逵所部 2400 余人，巩固了解放区，并为战略反攻创造了条件。

1947 年 7 月 31 日，中共中央军委决定，习仲勋、张宗逊、王震、刘景范组成中共西北野战军前敌委员会，彭德怀为书记。同时决定西北野战部队正式定名为西北人民解放军野战军，彭德怀任司令员兼政委，习仲勋任副政委，张宗逊任副司令员（翌年二月任命赵寿山为第二副司令员），张文舟任参谋长，徐立清任政治部主任，王政柱任副参谋长。

---

① 第一野战军战史编审委员会. 第一野战军战史 [M]. 北京：解放军出版社，2017：40.

◎ 西北野战军发起沙家店战役

下辖第一、第二纵队、教导旅、新编第四旅。8 月初，晋绥军区第三纵队入陕拨归西北野战军建制。至此，西北野战军共辖第一、二、三纵队及教导旅、新编第四旅、直属山炮营约 4.5 万人。[1] 此时，中国人民解放军已转入战略进攻。西北野战军于 8 月 6 日发起榆林战役，调动了国民党军胡宗南部 10 个旅北上增援，策应了晋冀鲁豫野战军陈（赓）谢（富治）集团南下黄河挺进豫西的作战行动。随后，西北野战军适时转移兵力，于 8 月 20 日在沙家店一举歼灭胡宗南集团的精锐部队整编第三十六师主力共 6000 余人，扭转了西北战局，开始由内线防御转入内线反攻。

---

[1] 第一野战军战史编审委员会 . 第一野战军战史 [M]. 北京：解放军出版社，2017：68.

◎ 彭德怀在保卫延安、反对内战大会上作战前动员

◎ 1949年1月，习仲勋在西北野战军第一次党代会上作报告

1947年冬至1948年春，西北野战军进行以"诉苦"（诉旧社会和反动派所给予劳动人民之苦）和"三查"（查阶级、查工作、查斗志）为主要内容的新式整军运动，并在此基础上开展了群众性大练兵，提高了部队政治觉悟和战术技术水平。1948年1月上旬至中旬，召开了中共西北野战军前委扩大会议，贯彻中共中央"十二月会议"精神，讨论决定野战军转入外线作战的基本任务和各项政策，周恩来到会作了报告。

◎ 西北野战军发起宜川战役攻克宜川城

　　1948年2月24日至3月3日，西北野战军集中5个纵队发起宜川战役，一举歼灭国民党整编第二十九军军部、整编第二十七、整编第九十师共5个旅2.9万余人。这是西北野战军转入战略进攻后取得的第一个大胜利，有力地配合了中原战场人民解放的作战。宜川战役后，西北野战军为扩大战果，于3月5日挥师南下，发起黄龙山麓战役，至3月9日，解放富县、黄陵、宜君，进逼蒲城。尔后以一部兵力围困洛川，主力于4月中旬挺进西府、陇东，至5月中旬，又歼国民党军2.1万余人，一度解放了西府和陇东广大地区，摧毁了国民党军在陕西宝鸡的重要补给基地，并于4月21日收复了革命圣地延安。

◎ 西北野战军收复延安

◎ 报纸刊登《中共中央电
贺收复延安之捷》

西北二十三號消息：西北人民解放軍收復延安。被困在延安的蔣胡匪軍整編十七師愴惶棄城，都往南逃走。咱國城的部隊現在正乘勝跟踪追擊中。陝甘寧邊區延屬專員公署、中共延屬地方黨委已經進城辦公。從咱解放軍去年三月十九號主動撤離延安之後，經過一年一個月的時間，延安又重新回到人民的手裡來了。另在二十一號解放長武縣城。

◎ 西北咱们解放军收复民主圣地延安（《牡丹江报》）

　　1948 年 7 月，西北野战军新组建第七、第八两个纵队。西府、陇东战役后，为配合东北、华东、中原及华北人民解放军的战略决战，西北野战军于 8 月—11 月间，先后发起了澄郃、荔北和冬季 3 次战役，歼灭国民党军 5.9 万余人，牵制了胡宗南部于西北战场，有力地配合了其他战场的作战，并扩大和巩固了陕甘宁解放区，为尔后解放整个大西北地区创造了条件。

◎ 扶眉战役中隐蔽待命的一野官兵

◎ 进军大西北宁夏的一野官兵

　　1949年2月1日，遵照中共中央军委1948年11月1日颁布的《统一全军组织及部队番号的规定》和1949年1月15日《关于各野战军番号改按序数排列的决定》，西北野战军改称中国人民解放军第一野战军。西北野战军先后发起春季战役和陕中战役，解放了西安及陕西中部广大

◎ 第一野战军部队攻打兰州外围据点狗娃山

地区。为加速解放大西北的进程，根据中央军委决定，6月，第十八兵团，第十九兵团由晋入陕归入第一野战军建制。同时一野原属6个军组成第一、第二两个兵团。至此第一野战军总兵力已达34.4万人。1949年7月，一野开始向西北国民党统治区深远后方进军。至9月，先后发起扶眉战

◎ 解放兰州攻打黄河铁桥

役、陇东追击战和兰州、宁夏、河西战役，给胡宗南集团以沉重打击，全歼国民党西北军政长官马步芳和副长官马鸿逵所部，解放陕甘宁青4省。

◎ 向大西北进军（李书良　摄）

◎ 第一野战军解放兰州

10 月 10 日至 11 月初，王震率部进驻新疆。11 月 26 日至 12 月中旬，贺龙率部向秦岭以南追歼胡宗南部，相继解放武都、汉中、安康地区。1950 年 4 月，根据中共中央决定，第一野战军和兵团番号撤销，所属部队归西北军区建制。

◎ 贺龙与习仲勋

【参考资料】

　　［1］陕甘宁晋绥联防军关于组织野战集团军的通令（1947 年 2 月 14 日）[M]// 中国人民解放军第一野战军战史编审委员会 . 中国人民解放军第一野战军文献选编：第一册 . 北京：解放军出版社，2000：65-66.

　　［2］中央军委关于西北野战兵团改为西北野战军致彭德怀等电（1947 年 7 月 31 日）[M]// 中国人民解放军第一野战军战史编审委员会 . 中国人民解放军第一野战军文献选编：第一册 . 北京：解放军出版社，2000：346.

　　［3］第一野战军战史编审委员会 . 中国人民解放军战史丛书：第一野战军战史 [M]. 北京：解放军出版社，2017.

挺进东北建立东北民主联军

◎ 战斗在长城内外的八路军冀热辽部队

◎ 八路军攻克日军负隅顽抗固守的关内外通道重镇——山海关（张进学　摄）

东北民主联军，是抗战胜利后根据在延安的中共中央和中央军委作出的关于先机控制东北的战略决策，由延安（陕甘宁）、冀热辽、山东等地八路军、新四军主力 11 万人和 2 万干部进军东北，并以此为骨干逐步发展壮大起来的。部队到达东北之初先称为"东北人民自治军"，不久改称东北民主联军。东北民主联军时期是部队实力发展壮大的关键时期。1948 年元旦，改称东北人民解放军、东北野战军，是中国人民解放军第四野战军的前身。

1945 年 8 月 8 日，苏联政府对日宣战，随即出兵我国东北，对日本关东军发起全面进攻。八路军冀热辽军区遵照中共中央主席毛泽东和朱德总司令的命令，派出一部兵力就近进入东北，会同中共领导的东北抗日联军，配合苏军作战。

抗日战争胜利后，以蒋介石为首的国民党政府，在美国的援助下，向东北大举运兵，企图消灭中共领导的人民革命力量，独占东北。为打破国民党的企图，中共中央依据"向北发展，向南防御"的战略方针，决定从关内各解放区抽调一批部队和干部挺进东北，会同先期进入的冀热辽部队一部陆续进入东北。

在进军东北过程中，山东军区肩负着艰巨任务。9 月 20 日，中共中央致电中共山东分局指出，发展东北，控制冀东、热河进而控制东北，除开各地派出部队和干部外，中央是完全依靠你们及山东的部队和干部，原则上以山东全部力量去完成这个任务，其他各地加以帮助，望你们全力执行，任务是异常重大的。①10 月 25 日，毛泽东致电刚由延安到达山东的新四军军长陈毅，山东军区司令员兼政委罗荣桓，山东军区副政委黎玉指出："山东应出之兵请分别陆运、海运，下月必须运完并全部到达，辽宁省那边需用至极，愈快愈好。"遵照中共中央指示，山东军区迅速调兵遣将，先后调集山东解放区第一、第二、第三、第六、第七师及第

① 黄瑶.罗荣桓年谱[M].北京：人民出版社，2002：444.

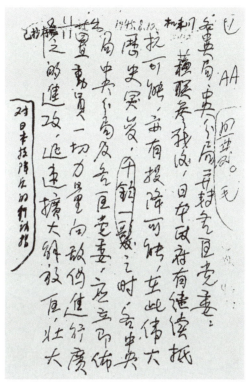

◎ 1945年8月10日中共中央关于苏联参战后
准备进占城市及交通要道的指示

五师一部，警备第三旅，另2个支队近6万人，主要通过陆路和海路分别开往东北。其中陆路主要由商河出发，途经冀东的玉田到山海关古北口地区出关，海路主要从山东的烟台龙口、蓬莱出发坐船，经海路登陆辽东半岛。

8月24日，林彪、萧劲光、江华、邓华、李天佑、聂鹤亭一行乘一架美国运输机从延安飞抵太行山八路军总部拟赴山东根据地。9月19日，中共中央电令林彪进至冀热辽军区玉田地区，准备组织指挥冀东决战。9月23日，林彪由濮阳北上冀东。由于东北情况紧急，中共中央决定林彪急调冀东的部队，立即转道奔赴东北。

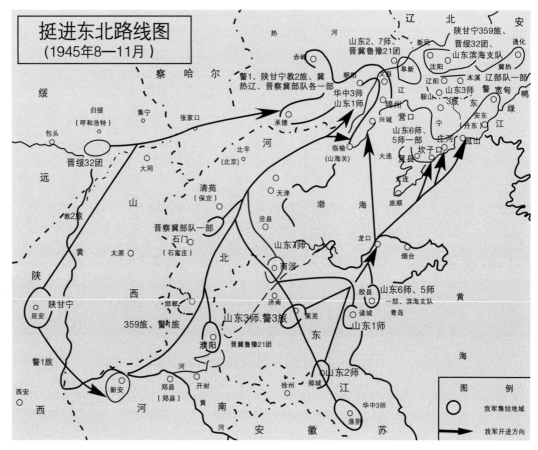

◎ 八路军、新四军挺进东北路线图（1945年8月—11月）

【资料链接】

自 1943 年下半年起，各大战略区的领导同志和高级将领大部分奉命参加整风学习和出席中共七大集中在延安，七大开完又参加了一系列的会议，未能及时到达前线。蒋介石调兵遣将，向我各个解放区进攻，前线都在吃紧，迭电延安。各战略区的高级将领必须尽快返回前线，贯彻执行中央的战略意图。但当时延安没有现代化的交通工具，从延安到太行山八路军总部近 800 公里，步行要经过黄河天险、黄土高原和晋南山地的沟壑，还须冒险穿过国民党占领区的道道封锁线。为了能够把在延安的高级将领迅速、安全地送往前线，1945 年 8 月 24 日晚间，党中央、毛泽东作出一个重大的决定：借美军驻延安观察组的运输机把中共将领输送到晋东南，然后再向各地出发。美军飞机曾多次往返于晋东南长宁与延安之间，对这条路线也比较熟悉。因此，他们很痛快地答应了。

◎ 中共将领乘美军观察组飞机由延安飞往晋东南黎城，1 排左 4 聂荣臻、左 5 李富春；2 排左 2 起：陈毅、邓小平、刘伯承、滕代远、萧劲光、陈赓

　　党中央、毛泽东到行动的前一天夜里才秘密通知相关人员，即在延安参加党的七大的刘伯承、邓小平、陈毅、林彪、滕代远、薄一波、张际春、陈赓、萧劲光、杨得志、邓华、陈锡联、陈再道、李天佑、宋时轮、王近山、聂鹤亭、江华、傅秋涛、邓克明等 20 位我党我军高级党政领导和高级将领，25 日上午 9 时到延安东关机场，不带参谋和警卫员，不准其他同志送行。8 月 25 日早晨，事先接到通知的 20 位各战区负责同志陆续来到延安城郊的东关机场。杨尚昆和负责美军驻延安观察组联络工

作的黄华已经先一步到了。登机前，前来送行的杨尚昆夫人李伯钊提议给大家照张合影留念。飞机一路颠簸，4个多小时后，飞机终于到达目的地——长宁简易机场。长宁村并不是目的地，这批久经战场考验、善打胜仗的中共将领们，先敌一步到达战区，在机场附近稍事休息便遵照中央军委和毛泽东的指示精神，从太行山出发，分别奔赴各自战区前线。如刘伯承、邓小平、薄一波、陈赓、陈锡联、陈再道等下飞机后，由黎城星夜赶到一二九师司令部驻地河北涉县赤岸村。陈毅等赶赴华东战场后也迅速展开部署。林彪等前往东北战区指挥作战。

10月上旬，林彪赶到山海关，随即改乘火车于10月28日到达锦州，29日到达沈阳。新四军第三师师长兼政委黄克诚于9月23日接到中共中央军委命令该师开赴东北的电报，立即部署部队北进。该师的主力从苏北淮安出发，全师共3.5万人，经山东、河北出山西绛县冷口，于11月25日先后到达锦州附近的张家屯地区。

抗战胜利前夕，由陕甘宁边区挺进江南的南下第2支队（由三五九旅参谋长刘转连和副政委晏福生率领的第三五九旅延安留守部队及由陕甘宁晋绥联防区警备一旅旅长文年生率领的警备一旅组成）6300人在河南新安县接到中共中央命令，立即停止南下挥师北上进军东北。9月底，刘转连、晏福生部3300余人从河南林县出发向东北挺进，10月底到达本溪、抚顺地区，10月下旬，文年生部3000余人到达锦州地区。

由陕甘宁晋绥联防军教导旅第二旅旅长黄永胜率领该旅第一团和教导第一旅第一团共3350人、延安抗大毕业生1000人和延安炮兵学校政委邱创成率领的1069人，奉命于9月26日分别经晋北、察热地区于11月12日到达热河的阜新、辽宁的沈阳地区。由晋绥军区司令员吕正操率领的晋绥军区部队600人，晋冀鲁豫军区参谋长曹里怀率领的1500人部队也于10月中下旬到达沈阳和沈阳以西地区。此外还有晋察冀军区冀中第三十一团、第十五团也先后到达东北。各解放区调往东北的部队，总计约11万人。他们以坚强的毅力克服了时间紧迫、路途遥远、时近寒冬、衣单被薄、水土不服、医药匮乏、供给不足等种种艰难困苦，胜利地完成了进军东北的光荣任务。与此同时，东北恢复的抗联武装力量得到了较大发展。为适应新的斗争形势，保卫抗战胜利果实，1945年10月将东北抗日联军改称东北人民自卫军，由周保中任司令员，自卫军总计4万余人。在主力部队奉命向东北进军的同时，大批党政军领导干部和干部团，根据中共中央指示日夜兼程进入东北。彭真、陈云等中央领导从延安到达东北后，中共中央政治局委员张闻天、高岗于10月从延安出发乘飞机到邯郸，后经承德去东北，于11月20日到达沈阳。此后先后陆续到达东北的中央委员和候补中央委员，还有林彪、李富春、李立三、罗荣桓、林枫、蔡畅、王稼祥、黄克诚、王首道、谭政、程子华、万毅、古大存、陈郁、吕正操、萧劲光等。这些领导干部到达东北后，有的主持和参加东北局工作，有的担任东北人民自治军的领导职务，有的分赴各地区担任重要领导职务。

各解放区遵照中共中央指示，也抽调大批干部开赴东北。其中晋察冀军区从军队地方抽调1000余名干部组成25个团的架子，随军进入东北。随南下第二支队行动的干部部队共2000余人也在南下中途奉命随军进入东北。由山东军区组成30个团，加之6000名干部分别从海路和陆路随部队进入东北。遵照中央军委指示，原拟回山东和华中的干部3000人也转为20个团架子的干部配备从华中地区转赴东北。晋冀鲁豫军区组建25个团的1000名干部，按中央指示集中一批走一批，由武装部队护送分别到达东北。至1945年12月中旬，从各解放区调入东北的军事、政治、技术和地方干部共2万余人。他们承担起建立政权、扩大野战部队和地方武装、建立和巩固根据地的任务。1945年10月31日，中共中央决定，进入东北的部队与东北人民自卫军成立东北人民自治军，

◎ 东北民主联军臂章

林彪为总司令，彭真为第一政委，萧劲光为参谋长，程子华为副政委，东北人民自治军于 12 月底组建 10 个军区。至 1945 年底，东北人民自治军总兵力为 27.49 万人。[①]

1945 年 11 月 16 日，国民党军攻占山海关，打开通往东北的陆上通道。同年 12 月至 1946 年 1 月，国民党政府陆续增兵加紧进攻东北。这时，隐藏在东北人民自治军新发展部队中的坏分子和收编的土匪武装纷纷叛变，各部队员额普遍减少。由于国民党军抢占锦州，在美国的援助下继续向东北增兵，国民党政府命令军队一面扩大进攻规模，一面同苏联交涉，要求苏联推迟撤兵，等待国民党后续部队接收。苏军方面根据苏联政府的决定，同意了国民党空运部队接收长春、沈阳、哈尔滨等城市，要求并强令东北人民自治军退出各大城市。根据上述形势，中共

① 第四野战军战史编写组．第四野战军战史 [M]．北京：解放军出版社，2017：40-41．

中央决定改变方针，从大城市及主要交通线退出，以中小城市、次要铁路及广大乡村为工作重心并开辟广大的农村根据地，分兵发动群众开展剿匪斗争。各部队一面阻击国民党军的进攻，一面着手发动群众，清剿土匪，组织和发展武装。

　　为贯彻中共中央关于《建立巩固的东北根据地》的指示，东北民主联军把工作重心转向距离国民党占据的大中城市较远的城市和乡村，以师（旅）为单位开始有重点地分散到东北各地，发动群众，清剿残余伪军和土匪，建立根据地。到1946年3月，全军歼灭土匪7万余人。同时，为了提高东北部队在广大人民群众中的号召力，组织和动员更广大的群众和人民军队共同战斗，也为了在国际国内斗争中处于有利地位，1946年1月14日，经中共中央批准，东北人民自治军改称东北民主联军，林彪任总司令，彭真任第一政委，罗荣桓任第二政委，吕正操、周保中任副总司令，萧劲光任副总司令兼参谋长。为了适应建立巩固的东北根据地的需要，各部队和各军区组织机构作了调整，组成了东满、南满、西满、北满四大军区，重新调整了省军区和军分区，实行新老部队合并，以主力的大部划归各军区指挥，抽调少数主力部队充实地方武装。

◎ 东北民主联军胸章、勋章

东北民主联军之歌

1 = C 4/4

李 伟 词

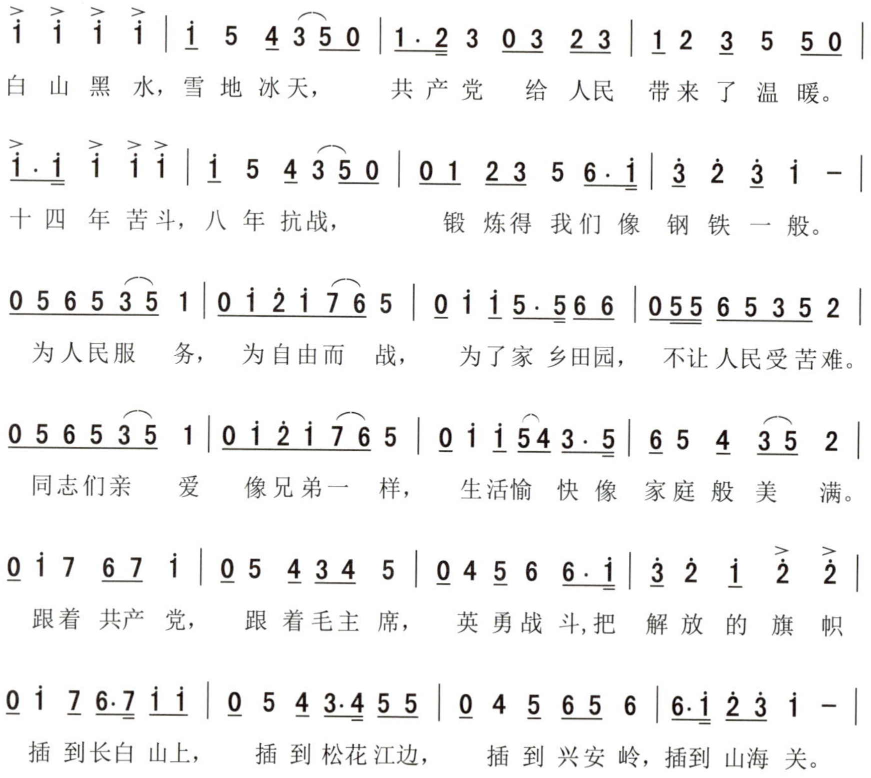

白山黑水，雪地冰天，　共产党　给人民　带来了温暖。

十四年苦斗，八年抗战，　锻炼得我们像钢铁一般。

为人民服务，为自由而战，为了家乡田园，不让人民受苦难。

同志们亲爱像兄弟一样，生活愉快像家庭般美满。

跟着共产党，跟着毛主席，英勇战斗，把解放的旗帜

插到长白山上，插到松花江边，插到兴安岭，插到山海关。

　　四平保卫战后，东北解放区面积大大缩小，除北满外，大部陷入国民党军队之手。这时，东北民主联军除留第三、第四纵队于南满地区坚持斗争外，主力部队大部转至北满地区休整，各级军区进行了相应的调整。原归军区指挥的野战部队大部分划归东北民主联军总部直接指挥。此后，广大东北军民在中国共产党的领导下清剿土匪、巩固战略后方，认真贯彻中共中央《五四指示》，在东北农村广大的黑土地上进行轰轰

◎ 东北民主联军主要领导人——1排右起：林彪、罗荣桓、聂荣臻；2排右起：高岗、萧华、黄克诚；3排右起：刘亚楼、谭政

烈烈的土地改革，逐渐站稳了脚跟，取得了东北广大民众的支持，根据地开始逐步巩固。在此基础上，东北民主联军粉碎了国民党军"南攻北守、先南后北"的进攻计划，通过"三下江南、四保临江战役"以及发动1947年夏季、秋季和冬季攻势重创国民党军，东北形势发生根本性变化，为东北全境解放奠定了胜利基础。截至1947年12月，东北民主联军共计有3个二级军区，12个三级军区和内蒙古人民自卫军司令部，2个前方指挥所，1个炮兵司令部，1个护路军司令部，9个步兵纵队，10个独立师，12所军事院校，人员增加到73.84万余人，兵力在质量和数量上都超过东北国民党军。

鉴于当时国内民主党派李济深所组织的部队也称民主联军，容易与中国共产党所领导的武装名称混淆。1947年11月23日，林彪、罗荣桓致电中央军委，建议取消东北民主联军名称改称东北人民解放军。1947年11月25日，周恩来代表中央和中央军委复电林彪、罗荣桓，同意将东北民主联军改称东北人民解放军。复电指出：着即由东北民主联军经新华社发表通电声明，该军是在中国共产党领导之下为中华民族解放与国家独立、人民民主而奋斗的东北人民军队，兹为与全国人民解放军的称号取得一致，特向全国人民及各地解放军宣布，自某月某日起东北民主联军改称东北人民解放军，总司令改称司令员。[①]1948年1月1日，东北民主联军正式改称东北人民解放军，区分为东北军区和东北野战军，原东北民主联军总部改为东北军区兼东北野战军领导机关，林彪任司令员兼政治委员，吕正操、周保中、萧劲光任副司令员，罗荣桓、高岗、陈云、李富春任副政治委员，刘亚楼任参谋长，谭政任政治部主任。

◎ 东北人民解放军1948年所使用胸标

---

① 同意东北民主联军改称东北人民解放军（1947年11月25日）[M]// 中共中央文献研究室，中国人民解放军军事科学院.周恩来军事文选：第三卷.北京：人民出版社，1997：291-292.

◎ 辽沈战役时期东北野战军锦州前线指挥所

之后，东北野战军 1948 年 9 月 12 日起展开声势浩大的辽沈战役，歼敌 47 万并克复东北全境，彻底消灭了国民党军在东北的力量。随后，第四野战军挥师入关，参加了平津战役和全中国的解放。

1949 年 3 月 11 日，根据中共中央军委统一全国野战军序列的决定，东北野战军改称第四野战军。

如前所述，第四野战军的前身是东北民主联军和东北解放军，是抗战胜利以后根据延安的中共中央制定"向北发展、向南防御"的战略决策，在关内各战略区抽调八路军新四军主力和干部进军东北并以此为骨干而逐渐发展壮大起来的人民军队，从出关时的 10 余万人发展到会师入关时的雄兵百万。这支英雄的部队先后转战东北、华北、中南 10 余省区，从东北的松花江畔一直打到南海之滨的海南岛，为推翻帝国主义、封建主义和官僚资本主义在中国的反动统治进行了艰苦卓绝的斗争，为建立全国人民民主政权、夺取新民主主义革命的彻底胜利作出了重要贡献。

【参考资料】

［1］同意东北民主联军改称东北人民解放军（1947 年 11 月 25 日）[M]// 中共中央文献研究室，中国人民解放军军事科学院 . 周恩来文选：第三卷 . 北京：人民出版社，1997：291-292.

［2］第四野战军战史编写组 . 中国人民解放军战史丛书：第四野战军战史 [M]. 北京：解放军出版社，2017.

军事斗争篇

劳山战役　榆林桥战役

◎ 陕西延安市甘泉县劳山战役烈士陵园

　　1935年9月，陕甘革命根据地（亦称西北革命根据地）正在进行第三次反"围剿"时，红军第二十五军长征到达陕甘苏区，同红军第二十六、第二十七军合编为红军第十五军团。徐海东任军团长，程子华任政治委员，刘志丹任副军团长兼参谋长，高岗任政治部主任。全军团共7000余人。18日在永坪镇召开了庆祝两军会师和红十五军团成立大会。

◎ 红十五军团成立后，徐海东（左）、刘志丹（右）共同检阅部队

◎ 红二十五军与红二十六、二十七军在延川县永坪会师后成立红十五军团

◎ 永坪会师照片

◎ 埃德加·斯诺镜头下的徐海东

◎ 陕甘红军创始人——刘志丹

此时，国民党军为了进一步加紧对陕甘苏区的"围剿"，以南线的第六十七军由中部（今黄陵）、洛川地区北进，其第一〇七师、第一一七师进驻鄜县（今富县）、洛川等地，第一二九师一部进驻甘泉，军部率第一二九师主力和第一一〇师进至延安。

红十五军团军团长徐海东、政治委员程子华、副军团长刘志丹，根据第六十七军兵力比较分散和甘泉至延安之间的地形特点，决心运用"围城打援"的战法，以一部兵力包围甘泉县城，调动国民党军从延安回援甘泉；主力进至山岭连绵起伏、树木茂密、便于设伏的大小劳山地区隐蔽集结，伺机歼灭由延安回援之第六十七军一部。

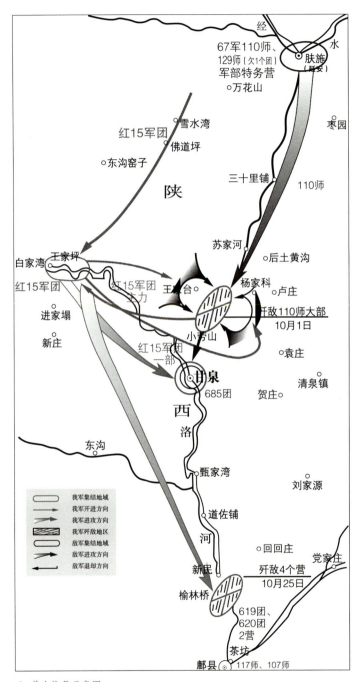

67军110师、
129师(欠1个团)
军部特务营

◎万花山

肤施
(延安)

枣园

◎雪水湾

红15军团

佛道坪

◎东沟窑子

陕

三十里铺

110师

苏家河

◎后土黄沟

白家湾

王家坪

红15军团

红15军团
主力

王凉台

杨家科

卢庄

歼敌110师大部
10月1日

进家塌

小芳山

◎袁庄

新庄

红15军团
一部

甘泉
685团

贺庄◎

清泉镇

西
洛

东沟

甄家湾

刘家源

道佐铺

◎回回庄

党家庄

河

新民

榆林桥

歼敌4个营
10月25日

619团、
620团
2营

茶坊

鄜县

117师、107师

我军集结地域
我军开进方向
我军进攻方向
我军歼敌地区
敌军集结地域
敌军进攻方向
敌军退却方向

◎ 劳山战役示意图

◎ 时任西北"剿总"副司令的张学良

9月下旬，红十五军团从延川县永坪地区出发，经3天急行军，进至甘泉县王家坪地区集结。28日，红十五军团第八十一师第二四三团围困甘泉县城守军。30日，红十五军团主力进入大小劳山伏击地域，以红七十五师师部率第二二三团、第二二五团位于劳山东西两侧，红七十八师师部率第二三二团位于小劳山两侧，红八十一师师部率第二四一团位于甘泉县城以北白土坡地域，骑兵团位于卢家村、土黄沟地域。

10月1日晨，国民党军第一一〇师主力从延安出发回援甘泉，进到三十里铺时，留1个团在该地守备，师部率第六二八团、第六二九团主力通过九燕山后，即分4路纵队前进。15时许，当该部进入伏击地域内时，红军突然发起攻击，激战至黄昏，全歼第一一〇师师部和近2个团，俘3700余人。劳山战役，歼灭了国民党军的有生力量，增强了陕甘苏区军民反"围剿"斗争的信心。劳山战役是红二十五军到达陕北，与陕甘红军会师后取得的第一场胜仗。此战的胜利，不仅使远征千里的红二十五军部队得以喘息，战役中的大量缴获也使新组建的红十五军团武器装备得到改善，服装给养得到补给。

榆林桥战役发生在富县茶坊镇榆林桥村。1935年10月上旬，红十五军团在取得劳山战役胜利后，即挥师南下，进攻敌人盘踞之重镇榆林桥。当时榆林桥守敌为东北军一〇七师三二〇团，团长高福源。在战役发起前，红十五军团军团长徐海东曾3次前往榆林桥周围观察地形，侦察敌情。红十五军团的具体部署是：由七十五师进攻敌东山碉堡，主攻榆林桥，七十八师由洛河西岸向榆林桥进攻，八十一师为预备队。1935年10月12日拂晓，榆林桥战役打响。担任主攻的七十五师由于敌人碉堡火力密集封锁，进攻受挫。徐海东军团长遂命八十一师师长贺晋年、政委张达志率部沿洛河东岸由北向南，向榆林桥发起进攻。经激烈战

◎ 高福源

斗，红八十一师攻克榆林桥北寨门，并用密集火力压制了全镇敌阵地。红七十五师和七十八师也发起猛攻，占领了全镇。榆林桥守敌全部被歼，团长高福源被俘。是役共歼敌1800余人。

◎ 榆林桥战役旧址

这里值得一提的是，榆林桥战役俘虏的东北军团长高福源是张学良的嫡系新生力量，其被俘后经过教育，积极支持中国共产党提出的"停止内战、一致抗日"的主张。红军将其释放后，他积极穿梭于红军和东北军之间，为促成红军、东北军、西北军的"西北大联合"和"三位一体"作出了特殊贡献，后在西安事变中为力促事变和平解决献出宝贵的生命。

榆林桥战役是继劳山战役以后，红十五军团取得的又一胜利。这次战役粉碎了东北军六十七军在西北苏区南线向苏区发动的进攻，使洛川和甘泉、肤施的国民党守军处于首尾不能相顾的狼狈状态。劳山战役和榆林桥战役，为彻底粉碎敌人第三次"围剿"创造了条件，巩固和扩大了陕甘革命根据地，壮大了红军的力量，从而为迎接中共中央和中央红军的到来创造了有利条件。

【参考资料】

［1］中国延安干部学院.延安时期大事记述［M］.北京：中央文献出版社，2010.

革命大本营放在西北的奠基礼
——直罗镇战役

◎ 直罗镇大捷后的祝捷大会

◎ 直罗镇战役胜利后的祝捷大会

　　1935 年 10 月 19 日，中央红军陕甘支队长征到达陕北吴起镇，经过短暂休整后，于 10 月底经保安东进，11 月初，在甘泉下寺湾与红十五军团会师。11 月 3 日，中华苏维埃共和国中央政府决定成立中国工农红军西北革命军事委员会，毛泽东为主席，周恩来、彭德怀为副主席，后来又增补叶剑英、刘志丹为军委委员。西北革命军事委员会发布命令，宣布恢复红一方面军番号，红十五军团编入红一方面军序列，彭德怀任方面军司令员，毛泽东任政治委员，叶剑英任参谋长，王稼祥任政治部主任，下设红一军团、红十五军团，全军共 1 万余人。

　　中共中央到达陕北和两支红军的胜利会师对国民党的统治是一个巨大威胁。10 月 28 日，国民党西北"剿总"决定重新调整围剿的部署，调集五个师的兵力，分东、西两路向红军进攻，妄图乘红军立足未稳而加以围击。当时，敌我双方的情况十分严峻，敌兵力多于我两倍以上，如果让敌人构成东西、南北封锁线，敌人对陕甘苏区的第三次"围剿"便无法打破，中共中央在陕甘地区就难以立足。红军战士在经历了二万五千里长征，特别是一路被蒋介石的"剿共"大军围追堵截之后，精疲力竭，补给缺乏，非常需要取得一次战役的胜利，来鼓舞军心士气。正是在这样的背景下，中央决定在直罗镇打一次歼灭战。毛泽东、周恩来和彭德怀等同志指挥中央红军和西北红军，部署了直罗镇战役。

◎ 直罗镇战斗旧址

◎ 直罗镇战役示意图（1935 年 11 月）

　　11 月 20 日，敌东北军一〇九师沿葫芦河川，在飞机掩护下窜进了富县直罗镇。次日拂晓，红一军团由北向南，红十五军团由南向北，向直罗镇发起猛攻。上午 11 时，攻入直罗镇，敌师长牛元峰率残部 500余人狼狈逃窜至寨子山，红军部队随即将其团团围困。当晚，敌军从东、南、西三个方向增援，均被我军分兵阻击，不能前进。我军主力在向西迎击敌援兵时，于张家湾歼敌一〇六师六一七团。

◎ 直罗镇战役纪念碑

　　23 日晚，寨子山残敌待援无望，仓皇出逃，师长牛元峰于逃跑途中被击毙，其余残敌全部被歼。直罗镇战役持续了 4 天，由于红一、红十五两个军团的兄弟般的密切协作，红军一举歼灭国民党东北军 1 个师又 1 个团，击毙师长牛元峰，俘虏 5300 余人，缴枪 3500 余支，大涨了红军将士的士气。

直罗镇战役的胜利彻底粉碎了敌人对陕甘苏区的第三次"围剿"，沉重打击了气焰嚣张的国民党军队，迫使蒋介石不得不调整其战略部署，这就为红军积蓄和发展新的战斗力量，扩大陕甘革命根据地赢得了宝贵时间。这次战役的胜利加速了国民党营垒的分化，参加围剿红军的东北军彻底认清了蒋介石的险恶用心，张学良在经过劳山、榆林桥特别是直罗镇战役的打击后，痛感红军的威力，更加体会到"剿共"没有出路，开始了寻求与共产党和红军接触，并最终接受中国共产党 "停止内战、一致抗日" 的主张。杨虎城领导的十七路军也感受到同样的压力，也接受了中国共产党的主张。直罗镇战役结束后，东北军、西北军基本停止了对陕北的"剿共"战事，并向三方停战和实现"西北大联合"的转变。

　　战后在富县东村召开的庆祝会上，毛泽东对此次战役胜利意义的评价中指出："直罗镇一仗，给党中央把全国革命大本营放在西北的任务，举行了一个奠基礼。"后来的历史事实充分证明，直罗镇战役为红军在西北站稳脚跟、提升将士的信心、扩大红军队伍、进一步巩固和开拓革命根据地，对以后西安事变、抗日民族统一战线的形成的确产生了十分深远的影响，无愧于毛泽东作出的"奠基礼"的历史评价。

【参考资料】

　　[1] 徐焰，薛国安 . 写给新一代人看的辉煌军史 [M].北京：解放军出版社，2012.

　　[2] 中国延安干部学院 . 延安时期大事记述 [M].北京：中央文献出版社，2010.

红军东征与西征

　　直罗镇战役后不久，为了适应国内新的形势发展，实现政治策略的转变和制定新的军事战略方针，1935 年 12 月 17 日起中共中央在陕北瓦窑堡召开了为期 10 天的政治局扩大会议，确立了建立抗日民族统一战线的总政策。会议通过了由张闻天起草的《中央关于目前政治形势与党的任务的决议》和由毛泽东起草的《中央关于军事战略问题的决议》。该会议指出：在以坚决的民族战争反对日本帝国主义侵略的总任务下，红军的战略方针是"把国内战争与民族战争结合起来"，"准备直接对日作战的力量"和"猛烈扩大红军"。根据这一方针，红一方面军的主要任务是向山西和绥远发展，以打通抗日的路线和巩固、扩大苏区；红二、红六军团和红四方面军应在战略上继续牵制国民党军；长江南北的游击队应在民族战争的号召下努力恢复和发展游击战争，并在一切省份，特别是日本占领区和日本操纵下的所谓"自治区"发动和发展游击战争。会议还充分肯定并重申毛泽东为红军制定的战略战术原则。这一切标志着红军开始从土地革命向抗日民族战争转变。

　　根据瓦窑堡会议确定的战略方针，1936 年 1 月 19 日西北革命军事委员会主席毛泽东发布《西北革命军事委员会东进抗日及讨伐卖国贼阎锡山命令》。命令号召红军英勇地打到山西去！驱逐日本帝国主义出中国！打倒阎锡山卖国贼！神圣的民族革命战争万岁！命令同时号召陕西苏区的革命武装，坚决地保卫陕甘苏区，扩大陕甘苏区，这是抗日战争的根据地，这是人民政权的模范区。[1]

1936年2月20日，红一方面军主力1.3万人，以中国人民红军抗日先锋军的名义，在司令员彭德怀、政委毛泽东的率领下，开始东征作战。当晚发起渡河战斗，至21日，红一军团和红十五军团从南起河口北到沟口约50公里的地段同时渡过黄河，至23日占领了黄河东岸山西境内的三交、留誉、义牒、塘马各镇，完全控制了各渡口。3月10日，为了扩大红军东征的影响，宣传红军的抗日主张和有关政策，毛泽东和彭德怀联名发布《中国人民红军抗日先锋军布告》，号召一切爱国志士和红军联合一致抗日。布告指出红军东征的目的是为了抗日，红军保护爱国运动，保护革命人民，保护工农利益，保护知识分子，保护工商业。

◎ 红军东征中书写的宣传标语

---

① 西北革命军事委员会东进抗日及讨伐卖国贼阎锡山命令（1936年1月19日）[M]//中国人民解放军历史资料丛书编审委员会.巩固和发展陕甘苏区军事斗争：1.北京：解放军出版社，1999：141-143.

阎锡山为阻止红军的进攻，一面请求蒋介石派军队增援，一面从各地调集部队编为4个纵队，于3月4日开始，分路对红军进行防堵和反击。3月8日，中共中央在孝义县大麦郊召开政治局扩大会议。会议分析了东渡黄河以来的政治军事形势，调整了东征战役的战略部署。决定在兑九峪一带集中兵力重创晋绥军。红一方面军决定以一部兵力钳制敌第一、第四纵队，集中主力歼击其第二、第三纵队。3月10日，红一军团、红十五军团主力由郭家掌、大麦郊地区出动，向兑九峪一带的晋绥军发起攻击，将其第二、第三两个纵队击溃，粉碎了阎锡山组织的第一次反击。与此同时，留在黄河西岸的红二十八军，乘入陕晋军东撤之机，进占了宋家川、吴堡等地，收复了陕甘苏区被敌占领的部分地区。

　　此时，蒋介石所派援晋的11个师，已开始陆续进入山西。3月下旬，进入山西的国民党中央军，编为第五、第六、第七纵队，陈诚任"剿共"军总司令，统一指挥在晋各军围攻红一方面军。3月20日至27日，中共中央政治局先后在晋西大麦郊尚贤村，隰县石口和石楼城西南端四江村连续召开会议（通称为晋西会议），讨论军事战略方针等问题，并决定中共中央不再随东征红军行动。

　　晋西会议是瓦窑堡会议的继续，这次会议对于我党由抗日反蒋到逼蒋抗日的策略转变起到重要的推动作用，它使全党全军更加明确了党的抗日民族统一战线的战略方针和奋斗目标，进一步统一了全党政治和军事战略思想。4月12日，红军在师庄地区歼敌第六十六师1个团又1个炮兵营，俘敌团长以下官兵600多人。15日攻克吉县，全歼守敌，俘敌300多人。4月14日，在山西中阳县三交镇战斗中，红二十八军军长、北路军总指挥刘志丹不幸牺牲。

　　这时，各路敌军从各个方面向红军围上来，企图压迫红一方面军于黄河以东的狭小地区而加以歼灭。蒋介石还命令黄河以西的国民党军，进攻红军的战略后方并封锁黄河。为了保存抗日力量，同时防止内战扩大，促进抗日民族统一战线工作的开展，中共中央决定适时结束东征。1936年4月28日，彭德怀、毛泽东致电周恩来作出《关于红军西渡黄河扩大陕甘苏区的命令》。命令指出：方面军在山西已无作战的顺利条件，而在陕西、甘肃则产生了顺利条件。容许我们到那边活动，以执行扩大苏区、锻炼红军、培养干部等任务。电报中提出我军决定西渡黄河，第一步集结于延长地域。致电特别指出，向西执行上述任务仍然是未知，争取迅速直接对日作战是基本的政治任务，华北各省仍然是战略进攻方向的主要方向。在蒋介石部队调出山西以后，再积极地进行山西干部的创造。山西士兵运动的加强，神府苏区的扩大等条件下，再一次进入山西作战的机会是会有的。坚持以陕甘苏区为中心的向各方面作战，而以东方各省为长时间内的主要方向，这是确定的方针。[①]5月5日，中共中央以中华苏维埃人民共和国中央政府主席毛泽东和中国人民红军革命军事委员会主席朱德名义，发出《停战议和一致抗日通电》，通电指出："国难当前，双方决战，不论胜负属谁，都是中国国防力量的损失，而为日本帝国主义所称快。"为履行停止内战、一致抗日的主张，"故虽在山西取得了许多胜利，仍然将人民抗日先锋军撤回黄河西岸"，并"向南京政府当局诸公进言"，请"以'兄弟阋于墙外御其侮'的精神，在全国范围首先在陕甘晋停止内战，双方互派代表，磋商抗日救亡具体办法"。同日，毛泽东、朱德以同样的名义，命令东征红军开始陆续撤回黄河以西地区。

东征历时两个多月，虽因军事形势变化而没有能完全达到预期目的，但无论在军事上还是政治上都取得了重大成就。东征历时75天，红军击溃了晋军30多个团的围追堵截，转战山西50余县，歼敌13000余人，

---

① 彭德怀、毛泽东关于红军西渡黄河扩大陕甘苏区的命令致周恩来等电（1936年4月28日）[M]// 中国人民解放军历史资料丛书编审委员会.巩固和发展陕甘苏区军事斗争：1.北京：解放军出版社，1999：383-384.

俘敌 4000 余人，迫使"进剿"陕北红军的晋绥军撤回山西，使陕北苏区得以恢复和发展。同时，东征扩大红军 8000 余名，筹款 50 万元，组织地方游击队 30 多支，建立了县、乡、村苏维埃政权，发展了党的地方组织，在山西播下了抗日的革命火种，还对国民党军驻陕西的张学良、杨虎城部展开了统战工作，达成了军事行动上一定程度的谅解，扩大了共产党和红军的政治影响。东征使位居北方的广大山西人民第一次了解到中国共产党领导的人民军队及其坚决抗日的政治主张，为抗战全面爆发后，八路军东渡黄河进入山西开辟抗日根据地打下了坚实的基础。

红军东征作为一次影响中国革命进程的战略行动，奏响了中国共产党领导下的人民军队奋起抵抗日本侵略军的战斗序曲，为在抗日战争初期中共中央、中央军委把山西作为坚持敌后抗战的战略支点奠定了历史性基础。毛泽东在 5 月 13 日延川县太相寺召开的红一方面军团以上干部会议上，作了关于目前形势与任务的报告。报告总结了东征的经验，指出：这次东征打了胜仗，唤起了人民，扩大了红军，筹备了财物。

但是蒋介石无视中共通电倡议，仍坚持以武力消灭共产党和红军。他调集 16 个师又 3 个旅，准备对陕甘苏区发动进攻。当时的部署是：中央军和晋绥军在苏区的东、北方，东北军和西北军在苏区的南方，马鸿逵、马鸿宾军在苏区西方。在包围苏区的国民党军中，反共坚决的蒋、阎军是主力；东北军、西北军的领导人已同红军初步建立了秘密统战关系，其广大官兵倾向抗日，不愿与红军打内战；宁夏"两马"虽反共坚决，但防区大、兵力分散，比较而言，是薄弱部位。

红军东征回师后不久，为了保卫西北，巩固和发展陕甘抗日根据地，扩大抗日红军，并求打通与苏联、蒙古的联系，5 月 18 日西北革命军事委员会作出《关于西征战役的行动命令》。命令指出：为着极力扩大西北抗日根据地并使之巩固，为了扩大抗日红军，为了更加接近外蒙和苏联，为了一切抗日力量有核心的团聚，西北军委决定以红军之一部钳制

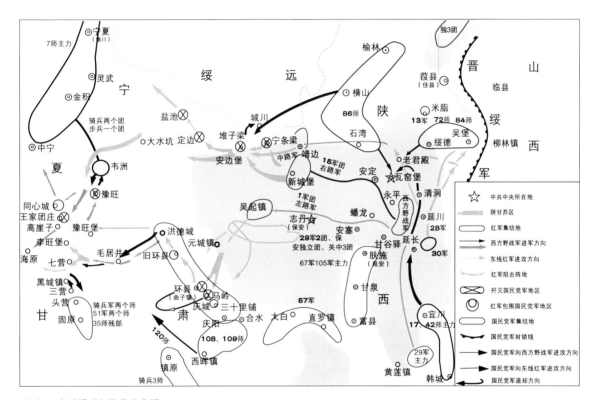

◎ 红一方面军西征战役示意图

◎ 红军西征军领导合影　左起：左权、彭德怀、聂荣臻、陈赓、孙毅、聂鹤亭

◎ 彭德怀在西征前线

◎ 西征战役时的徐海东

蒋、阎西渡部队及陕北、渭北敌人，以主力组织西方野战军活动于陕甘宁广大地域。① 命令决定以红一方面军主力 1.3 万人，组成西方野战军，由彭德怀任司令员兼政委进行西征，打击"二马"部队，创建陕甘宁三省边境根据地，以其他红军钳制蒋、阎军和策应西征。

5 月 20 日前后，西方野战军分两路西进。毛泽东于 5 月 26 日致电彭德怀，在执行西征任务时，"以不与东北军正式作战为原则，对马鸿宾则坚决打击之"。6 月 1 日在曲子战斗中，迫敌马鸿宾部第三十五师

① 西北革命军事委员会关于西征战役的行动命令（1936 年 5 月 18 日）[M]// 中国人民解放军历史资料丛书编审委员会.巩固和发展陕甘苏区军事斗争：1.北京：解放军出版社，1999：406-408.

第一五旅旅长冶成章率其特务连 150 多人投降；2 日，在马家岭附近击溃敌第三十五师 1 个营；3 日，全歼敌第三十五师 6 个步兵营、2 个骑兵营，俘敌 1100 多人。至 13 日，西方野战军已占领陕甘宁三省边境的广大地区。6 月 21 日攻占盐池，全歼守军马鸿逵 2 个骑兵连和民团 200 余人；27 日攻占豫旺（预旺）县城，歼敌 2 个连，俘敌 280 多人。7 月间，西方野战军在红城水、安边、七营等地击退了国民党军的数次反扑和袭扰，巩固和扩大了占领区，新老苏区连成一片。红军在新开辟地区发动群众，扩充兵员，征集资财，并对东北军部队开展了抗日统一战线工作。东线红军和地方武装、游击队，疲惫和迟滞了国民党军，有力地配合了西方野战军的作战。7 月底，西方野战军主力集结在豫旺地区休整，战役结束。

西征战役至 7 月底，西方野战军在两个多月中除杀伤大量敌人外，还俘获人、枪各 2000 多，战马 500 多匹，占领城镇 10 余座，并开辟了纵横 200 余公里的新根据地，组建了 2 个骑兵团，发展了地方武装。为策应红二、红四方面军北上，实现三大主力红军会师创造了有利条件，并对抗日民族统一战线工作的开展起到了积极作用。

在红军西征刚刚结束并休整的 8 月中旬，正在苏区采访的美国记者埃德加·斯诺离开保安前往吴起镇铁边城采访西征红军。其间，他在宁夏豫旺堡采访了西征前线红一方面军彭德怀司令员。10 月底，斯诺秘密回到北平，将其在苏区采访获得的新材料写书寄到英国。1937 年，以《红星照耀中国》为名的新书由英国格兰茨公司出版。1938 年 2 月，中译本在上海用复社名义出版。为了躲避国民党的检查，胡愈之在国统区翻译出版时将该书改名为《西行漫记》。《西行漫记》第一次向全世界公正而详实地介绍了中国共产党领导的工农红军和革命根据地的真实情况，其中刊登了大量埃德加·斯诺在采访西征的红军中的照片。该书在国际国内产生了巨大影响，很快被译成 10 多种文字，在全世界广为传播。

◎ 红军西征部队

◎ 埃德加·斯诺拍摄的红军西征军号手

【参考资料】

［1］西北革命军事委员会东进抗日及讨伐卖国贼阎锡山命令（1936年1月19日）[M]// 中国人民解放军历史资料丛书编审委员会.巩固和发展陕甘苏区军事斗争：1.北京：解放军出版社，1999：141-143.

［2］彭德怀、毛泽东关于粉碎阎敌进攻及争取在山西发展抗日根据地的训令（1936年2月24日）[M]// 中国人民解放军历史资料丛书编审委员会.巩固和发展陕甘苏区军事斗争：1.北京：解放军出版社，1999：198-199.

［3］彭德怀、毛泽东关于红军西渡黄河扩大陕甘苏区的命令致周恩来等电（1936年4月28日）[M]// 中国人民解放军历史资料丛书编审委员会.巩固和发展陕甘苏区军事斗争：1.北京：解放军出版社，1999：383-384.

［4］西北革命军事委员会关于西征战役的行动命令（1936年5月18日）[M]// 中国人民解放军历史资料丛书编审委员会.巩固和发展陕甘苏区军事斗争：1.北京：解放军出版社，1999：406-408.

红军三大主力会师

◎ 油画《三大主力会师》（蔡亮、张自嶷，1977 年）

正当红一方面军为主力的西征军西征之时，仍在长征途中的红二、六军团与红四方面军于甘肃甘孜附近会师。为尽快形成革命力量大团结，1936 年 7 月 1 日，毛泽东、张浩、张闻天、周恩来、博古、彭德怀等 68 位在西北根据地的党政军负责人，联名致电朱德、张国焘、徐向前、陈昌浩、任弼时、贺龙及二、六军团和四方面军指战员，庆祝二、六军团和四方面军在甘孜会师。1936 年 7 月 5 日，中革军事委员会发布命令，由红二、六军团和由红四方面军划归的第三十二军合编组成红二方面军，以贺龙为总指挥兼红二军军长，以任弼时为政治委员兼红二军政治委员，萧克为副总指挥，关向应为副政委，李达为参谋长，甘泗淇为政治部主任；陈伯钧为第六军军长，王震为政委，罗炳辉继续担任第三十二军军长、袁任远为政委。红二方面军共 8 个师 1.4 万余人。7 月上旬，组建后的红二方面军与红四方面军从甘孜出发开始协同北进。为加强领导，

◎ 会师地点——会宁县城西关

7月27日，中共中央批准成立中共中央西北局，以张国焘为书记，任弼时为副书记，朱德、关向应、贺龙、徐向前、王震、陈昌浩等为委员，统一领导两个方面军的北上行动。

为迎接红二、四方面军北进，毛泽东、周恩来、彭德怀特别致电朱德、张国焘、任弼时等，向他们详细介绍了陕西、甘肃、宁夏苏区的情况。9月10日，毛泽东、周恩来致电朱德、张国焘、贺龙、任弼时、关向应和刘伯承，要求协调三方面军行动："红四方面军通渭、庄浪部队宜向西逼近秦安游击，迟滞敌军，掩护红二方面军提前北进。红二方面军速通过通渭进至界石铺、通渭之间休息，准备经界石铺转静宁、固原、隆德之间。"同时，电告彭德怀、左权、聂荣臻，命令红一军团第二师速转移至静隆大道，相机袭占庄浪，迟滞胡宗南、王均部进攻通渭，以便红二方面军转移至通渭以北地域休息。

随着红军三个方面军会合步伐加快，统一指挥显得十分迫切。9月19日，贺龙、任弼时、关向应、刘伯承等二方面军领导人要求中共中央成立军委主席团加以协调，并建议朱德、张国焘、周恩来、王稼祥"应速亲临前线，会合工作"。21日，中央同意红二方面军建议，及时组建了中共中央军事委员会主席团。以毛泽东、彭德怀、王稼祥、朱德、张国焘、陈昌浩6人为主席团成员，决定把办公地点设在同心城。9月27日，中共

◎ 会宁县会师纪念塔

中央发出关于红四方面军应即北上与红一方面军会合致朱德、张国焘等电。电文指出，四方面军应即北上与一方面军会合，从宁夏、兰州间渡河夺取宁夏、甘西。二方面军应暂在外翼牵制敌人，以利我主力之行动。一、二、四方面军首长应领导全体指战员发扬民族与阶级的英勇精神，团结于国际与中央路线之下，为完成伟大的政治任务而奋斗。①

----

① 中共中央关于红四方面军应即北上与红一方面军会合致朱德、张国焘等电（1936年9月27日）[M]// 中国人民解放军历史资料丛书编审委员会.巩固和发展陕甘苏区军事斗争：1.北京：解放军出版社，1999：733.

为迎接红二、四方面军北进，红一方面军于9月30日派红一、十五军团各一部南下，组成左右两个纵队。10月2日，右纵队红十五军团第七十三师主力抢在国民党军之前占领会宁，并会同红一军团第一师、第二师打退了敌军的多次反扑，为与红二、四方面军在会宁的会师创造了条件。

10月9日，朱德、张国焘、徐向前、陈昌浩率红四方面军指挥部进入会宁城，与留守并迎接他们的红一方面军第一师师长陈赓及其所属部队会合。

10月10日，红一、红四方面军在会宁城内文庙前的广场举行会师庆祝大会，大会由红四方面军政治部主任李卓然主持，徐向前、陈昌浩、陈赓和朱德都先后发言对会师表示热烈祝贺。会上还宣读了中共中央、

◎ 红军三大主力会师

中华苏维埃中央政府、中央革命军事委员会当天发来的《中央为庆祝红一、二、四方面军大会合通电》，通电指出：这一会合，使"中国民族抗日统一战线与抗日联军是有了坚强的支柱了"，"全国同胞是有了团结御侮的核心了"，对于反对日本帝国主义侵略和调整国内政治关系"将要起一个决定的作用"。

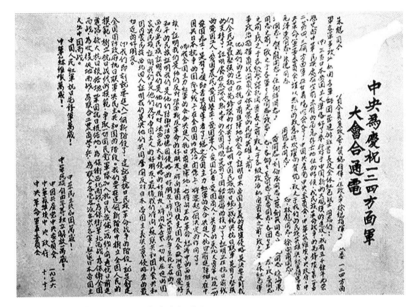

◎ 中共中央为庆祝红军三大主力会师通电

【资料链接】

　　会宁是红军长征期间，三大主力红军唯一经过全境、战斗生活时间最长的地方，有近7万名红军将士曾在会宁境内战斗生活过。红军的宣传和教育，使觉醒了的会宁人民认识到红军是自己的队伍，怀着对红军的深情厚谊，会宁人民从人力、物力各方面全力支援红军长征和会宁大会师。20世纪30年代的会宁，地广人稀，物产较为丰富，特别是红军长征过境的两年内（1935年—1936年）雨水较多，收成较好。红军长征和会师期间，6 万会宁人民不但保证了在会宁境内战斗、生活的近 7 万名红军将士的日常所需，使他们得到了较好的休整补充，同时还筹集了大量的粮食、钱物带到了陕甘苏区。据不完全统计，当时仅征集带走的粮食近 250 万公斤。1936 年 9 月的《红色中华报》上有这样的报道："仅在郭城驿一地，就筹集粮食四五百石。"（约 35 万公斤）会宁人民节衣缩食支援红军，当时的会宁人畜饮水非常困难，过境部队比会宁当时的人口还要多 1 万人，在水贵如油的会宁，为使红军战士得到较好休养，会宁人宁肯用祖厉河的咸水，也要让红军使用珍贵的窖水。同时，倾其所有尽量让红军吃好喝好，得到休养。据统计，会宁人民为红军支援生猪、羊只达 2889 头（只），布匹衣物 6380 件（匹），此外还有大批的银元。当年木料缺乏，会宁人的住宿主要是以土窑为主的建筑，木料结构房屋极少。为了解决红军西渡黄河造船材料及其他军需物资，会宁人民拆掉

◎ 红军三大主力会师后，在保安县召开了万人军民联欢大会，图为大会会场一角

了仅有的木房、门窗、老人的棺木板等木料支援红军造船。红军会师时有数百名红军伤病员留在了会宁。红5军军长董振堂在安抚伤病员时含着热泪说："我相信纯朴善良的会宁人民能够善待保护你们的，留下来养伤治病，当儿子、当女婿都可以，伤好后，我亲自来接你们。"

10月19日，中共中央和保安县委在保安县城隆重举行红军三大主力胜利会师大会，张闻天、毛泽东、周恩来、王稼祥等领导人出席大会。

◎ 油画《红军教会了西吉人做粉条》

10月21日，红二方面军领导人贺龙、任弼时、关向应、刘伯承在静宁以北的平峰镇（今属宁夏回族自治区西吉县），与红一方面军第一军团代理军团长左权、政委聂荣臻会面。22日，红二方面军总指挥部和二军团主力与红一方面军在将台堡会合（今属宁夏回族自治区西吉县）。23日，红二方面军第六军团与红一军团第一师陈赓部在将台堡、兴隆镇会师。

◎ 将台堡红一、二方面军会师地

◎ 红一、二、四方面军团以上干部1936年在甘肃正宁县宫河镇合影，第1排
坐者右起：1.聂荣臻、6.萧克、7.罗炳辉、8.徐海东；第2排蹲者右起：6.杨尚昆、
7.杨成武、15.萧华；第3排站者右起：3.任弼时、10.陈赓

◎ 长征到达陕北的红二方面军主要领导干部

至此，三大主力红军胜利会师陕甘，标志着历时两年的红军长征胜利结束。中央红军（红一方面军）、红二十五军、红四方面军、红二方面军先后长征出发时，总人数共20.6万余人，途经14个省，总行程共达6.5万余里，翻越雪山21座，进行重要战役战斗600余次（其中师以上规模的战役战斗120多次），牺牲军以上干部9人（其中有原红八军团政治委员黄甦、红三军团参谋长邓萍、红二十五军政治委员吴焕先、红五军副军长罗南辉、红六军团政治部主任夏曦、红二十八军军长刘志丹等），牺牲营以上干部432人，沿途补充兵力6万余人，长征结束时，红军野战部队共保存7万余人。红军的人数虽然减少了，但这是经过千难万险锻炼和考验的民族精华，是全国同胞团结御侮的核心。正如周恩来所说："我们红军像经过了一场暴风雨的大树一样，虽然失去了一些枝叶，但保存下了树身和树根。"毛泽东也满怀豪情地说："长征是历史记录上的第一次，长征是宣言书，长征是宣传队，长征是播种机。""它向全世界宣告，红军是英雄好汉，帝国主义者和他们的走狗蒋介石等辈则是完全无用的。""长征宣告了帝国主义和他们的走狗蒋介石围追堵截的

◎ 红军三大主力会师后，红二军团部分干部在陕西铜川陈炉镇合影

破产。"日寇大举侵华，全国抗战即将爆发的历史时刻，三支主力红军为拯救民族危亡和承担中国革命的新任务而在西北会师，便于党中央统一领导和指挥，对开辟抗日的新局面具有非常重大的意义，是一个具有伟大里程碑意义的事件。

【参考资料】

[1]中共中央关于红四方面军应即北上与红一方面军会合致朱德、张国焘等电（1936年9月27日）[M]//中国人民解放军历史资料丛书编审委员会.巩固和发展陕甘苏区军事斗争：1.北京：解放军出版社，1999：733.

[2]中共中央书记处关于三个方面军会合后的统一作战指挥决定致朱德、张国焘并各方面军领导人电（1936年10月10日）[M]//中国人民解放军历史资料丛书编审委员会.巩固和发展陕甘苏区军事斗争：1.北京：解放军出版社，1999：777.

[3]中国延安干部学院.延安时期大事记述[M].北京：中央文献出版社，2010.

山城堡战役

◎ 山城堡战役纪念碑

1936 年 10 月，中国工农红军一、二、四方面军在会宁、静宁会师。蒋介石不顾中国共产党一再提出"停止内战、一致抗日"的主张，继续坚持反共内战政策，调集国民党中央军第一、第三、第三十七军和东北军的第六十七军、骑兵军共 5 个军，从会宁至隆德一线，由南向北分 4 路向红军进攻，企图趁红军立足未稳又极度疲劳之际，把红军拖入决战，一举歼灭。为了粉碎国民党军的大举围攻，红军部队主动撤离了静宁、会宁地区。担任阻敌任务的红四方面军第五军与国民党军第一军、第三十七军激战于华家岭,第五军将士英勇顽强,伤亡近千人,副军长罗南辉壮烈牺牲。

10月底,红军各部由打拉池、海原地区逐次向东转移。至11月15日,分别移至萌城、甜水堡、豫旺堡以东地区。此时,国民党军胡宗南第一军紧紧尾追红军,进至豫旺地区,东北军前进比较迟缓,在进占同心城后停止前进。为粉碎国民党军的进攻,争取抗日民族统一战线的形成,中革军委根据红军前敌总指挥部的建议,决心集中主要兵力给胡宗南第一军以歼灭性打击。为此,中革军委发出命令要求红军向"山城堡迅速靠近,集结全力,准备打第一仗"。以一部兵力钳制第三、第三十七军,并相机予以打击;对东北军第六十七军和骑兵军积极进行统一战线工作,迟缓其前进。

17日,胡宗南第一军分3路前进:左路第一师第一旅由惠安堡东进,中路第一师第二旅向萌城、甜水堡推进,右路第七十八师由西田家原向山城堡前进。其第四十三、第九十七师驻扎豫旺为第二梯队。当日,红四方面军第四、第三十一军在萌城、甜水堡以西地区击溃第一师第二旅,毙伤其600余人,并击落飞机1架。18日,红军前敌总指挥部决定集中优势兵力,在山城堡地区歼孤军深入之第七十八师。19日,前敌总指挥彭德怀到山城堡部署作战,以红一方面军第一、第十五军团和第四、第三十一军集结于山城堡南北地区隐蔽待机;以红军第二十八军在红井子一带钳制国民党军第一师第一旅;以红二方面军第六军团和红一方面军第八十一师在洪德城、环县以西迟滞东北军;以红二方面军主力集结于洪德城以北地区为预备队。

20日,国民党军第七十八师第二三二旅及另1个团进占山城堡地区,孤立突出,翼侧暴露。21日下午,红军发起进攻,红十五军团和红一军团第二师向山城堡西北之哨马营方向进攻,断其退路,其他各部红军向山城堡进逼。是日黄昏，红一军团第一、第四师和红三十一军一部，乘第二三二旅变换阵地之机，从南、东、北3面向山城堡猛攻。战斗中，红军发挥夜战优势，激战至22日上午9时，全歼国民党军第七十八师1个多旅。与此同时，红二十八军在盐池方向红井子附近击溃第一师第一旅。南面来援之敌也受到红二方面军的阻击。第一军其他各部仓皇西撤。山城堡战斗的胜利迫使胡宗南部全线后退，基本上停止了对西北根据地的进攻。山城堡战斗是红军三大主力会合后第一仗，红军一、二、四方面军紧密配合，以高昂的士气压倒了敌人。此次红军三个方面军首次在彭德怀为首的前敌指挥部统一指挥下作战，相互配合、密切协同是赢得战役胜利的重要原因，也体现了红军的团结精神。22日，毛泽东与朱德向参战的三个方面军指战员发出嘉奖令指出：这个胜利是粉碎蒋介石全面进攻的开始。同日，在山城堡战役胜利庆祝大会上朱德总结道：从三大红军西北大会师到山城堡战斗结束了长征，给追击的胡宗南部队以决

◎ 山城堡战役后红三十一军部分领导合影

定性的打击。长征以我们胜利敌人失败而告终。

山城堡一战的胜败对当时国内局势的转变有着举足轻重的意义。山城堡战斗结束20天后，张学良、杨虎城于12月12日发动了"西安事变"。聂荣臻曾总结："山城堡战斗是长征的最后一战，也是第二次国内革命战争的最后一战。此战对国内和平和抗日战争的实现，起了重要的促成作用。"山城堡战役的胜利，是中革军委正确指挥和三大主力红军协同作战的结果，是三大主力红军会师后取得的第一次胜利，成为结束土地革命战争的最后一仗。对于增强红军内部团结，巩固陕甘宁革命根据地，彰显红军的作战能力，巩固与发展同东北军等部的统一战线，促进逼蒋抗日方针的实现，都具有重要意义。

【参考资料】

［1］中国延安干部学院.延安时期大事记述[M].北京：中央文献出版社，2010.

［2］徐焰，薛国安.写给新一代人看的辉煌军史[M].北京：解放军出版社，2012.

中共中央进驻延安

◎ 延安老城

◎ 骆驼与延安城墙、宝塔山

1937年1月13日，毛泽东等中央领导和中央机关进驻延安。从此，延安成为中共中央的所在地，陕甘宁边区首府。中国共产党在这里运筹帷幄，作出了关系中国革命前途命运的一系列重大决策，为夺取全国政权奠定了坚实基础。

　　延安原名肤施县，中共中央和平接管后，取原延安府名，改肤施县为延安县。

◎ 20世纪30年代的延安城鸟瞰

　　中共中央进驻延安前，延安城由东北军占领。西安事变爆发后东北军撤走，延安城只有民团和保安队千人左右。应张学良、杨虎城电邀，中共中央派周恩来、博古、叶剑英等前往西安参加协商解决西安事变事宜。

◎ 延安南门——古称"安澜门"

　　1936年12月16日下午，周恩来等从保安来到延安，当晚就住在马家湾延安工作委员会临时办事处。他就延安的接管问题指出：尽可能争取和平接管，如若不行，就等部队来解决。周恩来离开保安前，就已派黄春甫（江华）通知陕北红一团团长黄罗斌准备接收延安。

　　12月17日中午，红一团团长黄罗斌带人护送周恩来等一行人到延安东郊飞机场，转乘张学良、杨虎城两位将军派来的飞机前往西安。正当周恩来准备登机时，延安城里的国民党肤施县县长高锦尚骑马赶到机场来送行。周恩来借机将西安事变发展的两种可能性作了分析，第一种是停止内战，一致抗日，使抗日民族统一战线早日形成。第二种是引起更大规模的内战局面，造成日本侵略者灭亡中国的有利条件。我们要力争实现前者，这是全国人民的愿望，希望你（指高县长）参加到抗日民族统一战线中来。随后，周恩来一行在张学良派来的代表共产党员刘鼎陪同下登机飞往西安。

◎ 延安南门口城墙上的抗战标语

　　次日凌晨两点左右，驻防清凉山的张占魁派传令兵报告：肤施县的高县长带着民团深夜出东门，顺着延河向榆林方向撤退。根据黄春甫（江华）司令员的命令，驻清凉山、宝塔山的一、二连部队迅速警卫了南门、东门、北门，同时将县府、党部机关看管保护起来。天亮后，黄春甫司令员率领红一团的部队进城，中国共产党正式接管延安。为了更好地领导中国人民的革命斗争，中共中央决定由保安迁往延安。

　　和平接管延安后，党中央派出以王观澜为团长的工作团，陕北苏维埃政府派出以曹华山为首的工作组来到延安，连同延安城防司令员兼政治委员黄春甫一起，迅速有效地组织开展宣传保卫等工作。随后成立了延安市苏维埃政府和延安抗日救国会。工作人员分头到街头宣传中国共产党提出的抗日救国主张和城市政策，宣传红军是人民的军队、毛泽东主席是抗日领袖。部队还在延安南关、凤凰山等处收缴了敌人逃跑前埋藏的几百支枪和部分弹药。

1936年12月28日，《红色中华》第二版以标题为《延安城秩序已恢复》报道了红军和平接管延安城的情况："我们18日早晨入延安城，原驻地的民团经过我们各种关系的活动，大部分接受了我们的要求，自动地愿与我们联合，除一部分愿回家的遣资回原籍外，另一部分编为抗日人民保安队，现在城内秩序良好。"红军进城后立即成立了治安委员会，维持城市治安并主持城市的工作。商人照常营业，学校照常上课，交通以及电话电报也照常通行。延安城内的商业、学校、交通、邮电等各项事业很快恢复正常。这样，中央警卫团团长黄霖带领警卫部队于1937年1月初来延安"打前站"，在红一团的配合下为党中央和毛泽东进驻延安做了许多前期准备工作。

1937年1月10日，毛泽东和中央机关从保安动身，经桥儿沟、张沟、余家坡、井沟岔、王家畔行进23公里，傍晚到达志丹县寺儿台住宿一晚。1月11日早上，从寺儿台出发，经郭家砭、侯家坡、王新庄、庙河台、王兰沟、庄科渠、刘家砭、阳台、樊庄、白庄、寺沟、赵桥、韩砭，行进30公里，到达安塞县王窑高沟口住宿一晚。1月12日从高沟口出发，经庙湾、白渠、白坪、招安、店子坪、枣湾、龙石头、茶房、新庄坪、云坪、后沟门、滑里湾、严家湾、黄崖根，行进30公里，到达安塞碟子沟住宿。1月13日，从碟子沟出发，经沿河湾、马家沟、杨家沟、下里家湾、赵家崖、河庄坪、石砭塔、李家洼、兰家坪、杨家岭、大砭沟口，行走25公里，到达延安。

1月13日这一天，延安城街上贴满了"欢迎抗日领袖"等标语口号。欢迎的人们，一大早就排列在道路两旁，从北门口起一直排到大砭沟口。在这些兴高采烈的人群中，有城乡人民群众，有机关干部，有红军战士，有学生，有从十里八乡来的赤卫军和农民，还有从甘泉、延长、子长、安塞专程赶来的群众代表达四五千人。人们手里或高擎或挥舞着五颜六色的三角小纸旗、小红旗。中央警卫团团长黄霖和延安抗日救国会主任

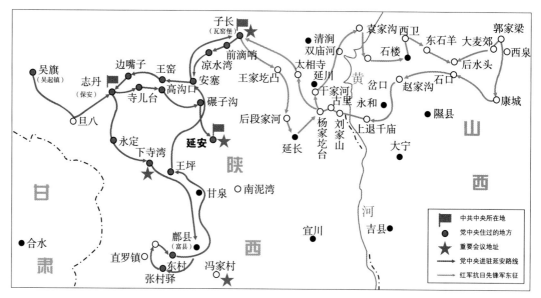

◎ 中共中央进驻延安路线示意图（1935 年 10 月—1947 年 3 月）

曹华山等早已带着各界群众代表赶到离城八九里的杨家湾路口迎候毛泽东主席。

下午 5 时许，毛泽东、张闻天、任弼时等中央领导从河西渡过河，顺着一道砭迎着人们走来。毛泽东衣着十分俭朴，和普通战士一样，头戴缀着红星的八角帽，身穿黑色棉军服，外套一件已显陈旧的灰大衣，右胳膊的袖肘上还打着一大块补丁，脚蹬一双布棉鞋。在黄霖的介绍下，毛泽东同前来迎接的代表一一握手问好后相伴前往延安城。当队伍行进到大砭沟口时，欢迎的场面异常热烈，"欢迎抗日领袖"的口号声和欢呼声、锣鼓声响彻延安山城。

进到延安城以后，毛泽东一行被迎接到抗日救国会所在地（延安二道街罗廷祯新修建的房子）的东房。随后，抗日救国会在"三仙园饭馆"设宴招待毛泽东一行。1 月 13 日夜，毛泽东电告在西安协助张、杨和平解决西安事变的周恩来、博古："我们本日到延安。"

1月14日上午，在延安大操场举行了盛大的"欢迎党中央、毛主席进驻延安大会"。参加大会的部队官兵、机关工作人员和群众把操场挤坐得满满当当。欢迎大会由时任中央组织部副部长的郭洪涛主持，并致欢迎词。毛泽东发表了讲话，他号召军民要团结一致，抗日救国；加紧生产，支援前线；加强统一战线，一致对外，中国人不打中国人。毛主席要求各界人士和群众今后要事事讲抗日，处处为抗日作贡献，他还风趣地说：即便是老婆和老汉两口子拉话，也要谈抗日。

　　抗日救国会副主任马生有代表延安人民讲话，热烈欢迎党中央、毛主席进驻延安，并表示决心在党中央和毛主席的领导下，坚决团结一致，把抗日救国斗争进行到底。会上，商会还向党中央以及红军战士们赠送了慰问品。

　　中共中央、毛泽东主席进驻延安，从此这座具有悠久历史的高原古城便成为中国革命斗争的指导中心和总后方，成为举世闻名的革命圣地。

◎ 1937年1月，红军将领在延安合影，左2起：傅钟　莫文骅、罗荣桓、刘亚楼、萧劲光

◎ 延安成为中国革命的大本营和总后方

【参考资料】

[1] 中国延安干部学院.延安时期大事记述 [M].北京：中央文献出版社，2010.

[2] 江华.红军接收延安城防的回忆 [M]// 中共陕西省委党史研究室.西北革命根据地.北京：中共党史出版社，1998：587-589.

[3] 角麟.速写陕北九十九 [M].上海：少年知识出版社，1937（民国二十六年）.

[4] 黄霖.延安轶事 [M].北京：解放军文艺出版社，1982：26-37.

[5] 张建儒，樊晓霞.1937年，中共中央进驻延安 [N].人民政协报，2017-03-16.

八路军新四军开辟敌后根据地

◎ 八路军在敌后根据地向民众宣传抗日

　　抗日战争全面爆发的初期，国民党军队担负了正面战场抵御日军大规模入侵的任务，组织了淞沪、太原、徐州等几次大的会战。在这几次大的会战中，中国共产党领导的八路军无论在战略上还是在战役上，都进行了积极的配合。国民党军队虽然在上海、忻口、台儿庄等地进行了顽强的抵抗，取得了一些胜利，但从正面战场的全局看，处在严重的失利中。

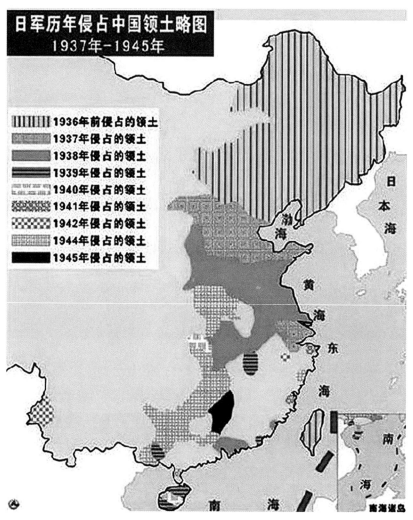

◎ 日军历年侵占中国领土略图示意图（1937年—1945年）

　　上海、太原失守后，毛泽东于 1937 年 11 月 12 日在延安中国共产党的活动分子会议上的报告中指出："在华北，以国民党为主体的正规战争已经结束，以共产党为主体的游击战争进入主要地位。在江浙，国民党的战线已被击破，日寇正向南京和长江流域进攻。国民党的片面抗战已表现不能持久。""从片面抗战转变到全国抗战的前途是存在的。争取这个前途，是一切中国共产党员、一切中国国民党的进步分子和一切中国人民的共同的迫切的任务。"① 毛泽东指示八路军在统一战线基本原则下，进一步发挥独立自主精神，放手发动群众，扩大抗日力量，力争使敌占区的大多数乡村成为游击根据地，广泛地发展敌后游击战争，把日军的后方变成他们的前线。

◎ 毛泽东关于游击战指示信

① 上海太原失陷以后抗日战争的形势和任务[M]// 毛泽东选集：第二卷. 第2版.北京：人民出版社，1991.

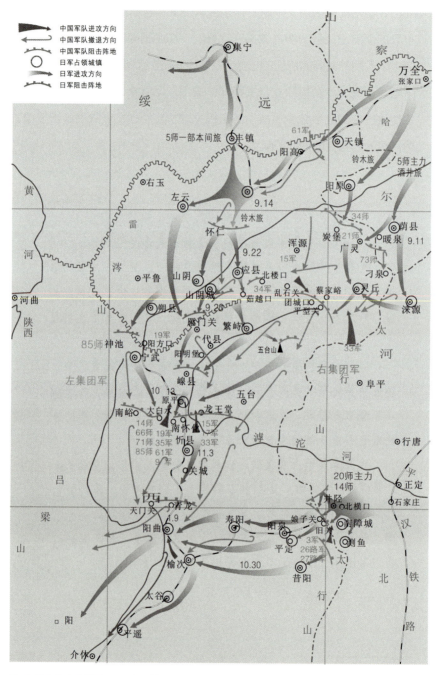

◎ 太原会战示意图（1937 年 9 月 11 日—11 月 8 日）

遵照中共中央和毛泽东的指示精神，八路军和新四军先后挺进敌后，广泛开展独立自主的游击战争，在华北、华中等地迅速开辟了敌后战场，创建敌后抗日根据地。1937年8月底至10月初，总指挥朱德、副总指挥彭德怀率领八路军总部及所属3万余人，以气吞山河之勇，分两批出师抗日，从陕西韩城芝川镇夏阳渡（主力部队）及禹门口东渡黄河奔赴华北前线，慷慨悲歌上战场抗击日本侵略者，绘制了一幅中国人民抗日战争波澜壮阔的动人画卷，创造了人类战争史上一次卓绝的伟大壮举。

　　在华北，八路军的战略展开大体上经历了三个阶段：太原失守以前，八路军主要是直接在战役上配合友军作战，以少部兵力进行发动群众和组织群众武装的工作；太原失守以后至1938年4月，八路军各部在晋察冀、晋东南、晋西北和晋西南开展独立自主的山地游击战争，并开始建立根据地；1938年4月至武汉失守，八路军实行大幅度分兵，向河北、

◎ 挺进抗日前线，开辟敌后抗日根据地的八路军骑兵部队

豫北平原、山东、冀热边和绥远等华北广大敌后区域发展游击战争，不仅开辟和发展了平原抗日根据地，而且与山区根据地相互依托，形成了广阔的华北敌后战场，创建并巩固了著名的晋察冀、晋绥、晋冀鲁豫、山东等中国共产党领导下的坚持华北抗战的四大根据地。

【晋察冀抗日根据地】

晋察冀根据地是中国共产党创建的第一个敌后抗日根据地。它以自己的实践证明了中国共产党在洛川会议上制定的在敌后放手发动独立自主的抗日游击战争、建立敌后根据地、开辟敌后战场理论和决策的英明、正确。1937 年 9 月 24 日，毛泽东在给中央军委华北军分会并转北方局的指示中明确指出："地方党目前应以全力布置恒山、五台、管涔三大山脉之游击战争，而重点于五台山脉。"10 月，八路军第一一五师主力由五台山南下，政治委员聂荣臻率领一部分部队和军政干部共 3000 余人，留驻五台山地区。他们组织工作团，分赴晋东北、察南、冀西各地，建立战地动员委员会、抗日救国会等半政权性质的组织，广泛发动群众，武装群众，开展游击战争，收复许多座县城。人民群众踊跃参战，部队迅速扩大。11 月 7 日，根据中共中央的决定，以阜平、五台为中心的晋察冀军区成立，聂荣臻为司令员兼政治委员，下辖 4 个军分区。晋察冀军区成立仅半个月，日军即调集 2 万余人从平绥、同蒲、平汉、正太铁路分路对根据地进行围攻，企图把它扼杀在摇篮里。敌后根据地面临着一次严峻的考验。在近一个月的作战中，日军虽侵占 7 座县城，但八路军采取广泛的游击战和集中主力歼敌一部的作战方针，经过多次伏击、袭击作战，共毙伤日、伪军 1000 余人，打击和消耗了敌人的有生力量，迫使日军主力回到铁路沿线。1938 年 9 月，日军又集中 5 万兵力大举进攻晋察冀根据地。根据地军民在一二〇师三五九旅和其他兄弟部队配合下，经过 48 天激战，毙伤少将旅团长常冈宽治以下官兵 5000 余人，彻底粉碎了敌人的围攻。至 10 月，晋察冀抗日根据地发展到 2 个政治

◎ 晋察冀根据地中心区——1937年底的阜平县政府

主任公署、3个专署、72个抗日县政府和200余万人口的宏大规模。此后，晋察冀根据地多次粉碎日寇扫荡，到1945年日本战败投降，八路军正规部队发展到32万余人，党员发展到22万余人，根据地拥有160余县和3000余万人口。整个抗战时期，它在对敌斗争和建党、建军、建政、群众工作以及经济、文教工作等方面，创造了丰富而宝贵的经验，被延安的中共中央誉为"敌后模范的抗日根据地及统一战线的模范区"。

◎ 八路军战斗在古长城 发表于 1943 年 5 月《晋察冀画报》第 3 期

【晋绥抗日根据地】

　　晋绥抗日根据地包括晋西北、晋西南和绥远大青山（今内蒙古自治区）三个地区。它是中国共产党在华北敌后领导创建的以山西为战略支点的三大抗日根据地之一。它西临黄河，与陕甘宁边区隔河相望；东至同蒲铁路，与晋察冀、晋冀鲁豫根据地相接；南达山西最南端的风陵渡；北迄绥远百灵庙、乌兰花一带，与外蒙古接壤，其战略地位十分重要。它是全国抗日根据地中的一个大的战略区，是阻击日军西进，保卫陕甘宁边区，保卫延安和党中央的屏障壁垒，是八路军向敌后发展的前进基地和兵站，是中共中央联系华北、华中、华南各敌后根据地的交通要道，也曾经是延安与苏联联系的国际交通线的必经地带。

　　晋西北和大青山抗日根据地的建立。1937 年 9 月下旬，离开陕甘宁边区东渡黄河的八路军第一二○师主力在贺龙、关向应等率领下，进入

◎ 贺龙与关向应在晋西北前线

管涔山脉地区。为配合国民党军在忻口、太原作战，第一二〇师在雁北的井坪、平鲁、雁门关等地连续打击日军，并组织地方工作团深入各县，协同中共山西地方组织及其领导的抗日武装，发动群众，改造旧政权。太原失守后，中共中央指示第一二〇师进一步发挥独立自主的作战能力，在敌人侧后的晋西北广大山区和乡村开展游击战争。

◎ 在晋西北反扫荡中的周士第、贺龙、关向应（左起）

根据党中央精神，一二〇师师部决定：雁北支队继续活动在朔县以北，大同、怀仁以西地区；第三五九旅活动在雁门关、崞县、忻县以西地区；第三五八旅活动在忻县至太原以西、交城以北地区。据此，第一二〇师在同蒲路北段以西，北起右玉、左云、清水河，南到汾（阳）离（石）公路的广大地区内，以游击战争掩护工作团，在牺盟会和部分山西新军团队配合下，广泛开展创建根据地工作，部队也得到很大发展。10月，中共中央北方局组成中共晋西北临时省委（不久改称晋西北区委），赵林任书记，罗贵波任副书记。11月，又组成绥远（今内蒙古中部）省委（不久改称绥远区委），白如冰任书记，领导晋西北和绥远南部地区的工作。至1937年底，第一二〇师在以国民党著名抗日将领、暂编第一师师长续范亭为主任的第二战区总动员委员会（简称动委会）的配合下，在晋西北的14个县内组织起游击队和脱产民兵、自卫队1.1万余人，第一二〇师亦由东渡时的8000余人至翌年1月发展到2.5万余人，开辟了以管涔山为中心的晋西北抗日根据地。1938年2—4月，日伪军1万余人对晋西北发动首次围攻，国民党军未作有效抵抗即行撤退。第一二〇师奋起反击，连续收复7座县城，保卫并扩大了根据地。同年5月，毛泽东电示朱德、彭德怀、贺龙等，在平绥路以北沿大青山脉建立游击根据地。8月，第一二〇师大青山支队2000余人挺进绥远，于当年冬开辟了大青山抗日游击根据地，并逐步与晋西北根据地连成一片。

晋西南抗日根据地的建立。1937年10月，八路军总政治部副主任邓小平、总政民运部长傅钟率领总政民运部、教导大队（随营学校），到达晋西南之汾阳、孝义一带，开展晋西南地区的抗战工作，派出大批干部，组成八路军地方工作团，深入各地发动群众。自1938年2月中旬起，日军第二十师团由祁县向晋西南发起进攻，先后侵占介休、孝义、隰县等地；2月27日，敌第一〇九师团侵占军渡、碛口。国民党军队纷纷退向晋南和黄河西岸，吕梁部分地区成为敌后。八路军一一五师在忻

◎ 岢岚各界欢送战动总会晋察绥边区工作团北征

口战役后分兵，师部率三四三旅挺进晋西南吕梁山脉地区，进至灵石、
孝义以西地区，一面保卫黄河防线，屏障陕甘宁边区，钳制日军行动；
一面发动群众，在山西新军配合下，开展游击战争，创建根据地。3月初，
师长林彪被国民党军哨兵误伤离职，由陈光代理师长。3月14日至18日，
第一一五师在大宁、蒲县之间的午城、井沟地区，同日军连续作战5天，
先后毙伤俘敌1000余人，击毁敌汽车70余辆，缴获山炮2门及其他枪支、
器材一部。这一战斗的胜利，打击了敌人的猖狂气焰，迫使大宁日军东撤，
对于开辟晋西南根据地和巩固陕甘宁边区河防都有着重要意义。此后，
八路军又在吕梁地区"三战三捷"，歼灭日军1000余人，俘虏16人。
在对日军殊死战斗中，遵照中共中央、中央军委指示和中共中央北方局
的部署，第一一五师向汾阳、孝义一带派出的地方工作团，积极向群众
宣传抗日、组织和武装群众，创建晋西南抗日根据地。通过两年多的时间，

晋西南党的建设、武装斗争、群众运动和统一战线工作都取得显著成绩。1940年2月7日，遵照党中央的指示，中共晋西南、晋西北两区区委合并，组成中共晋西区委，统一领导晋西南、晋西北地区党的工作。2月24日，经中共中央批准，晋西北军政委员会成立，贺龙、关向应分别任正、副书记，统一领导晋西北党、政、军各项工作。1942年5月，为加强党对根据地各项工作的统一领导，中共中央决定撤销晋西北军政委员会，成立中共中央晋绥分局，统一领导晋西北、晋西南、大青山三个地区的党政军民各项工作，晋绥抗日根据地连成一片。8月，晋绥分局成立，晋西北军区也改为晋绥军区。

八年全国抗战中，晋绥抗日根据地军民与敌作战2.8万余次，毙伤日伪军10.7万余人，俘2万余人。部队由8200余人发展到4.5万余人，地方武装发展到4万余人，民兵、自卫队发展到66万余人。根据地东起同蒲铁路和平绥铁路，西至黄河，南迄汾离公路，北到包头、百灵庙、武川、陶林之线，共有46县，面积33.1万余平方千米，人口达322万。

【晋冀鲁豫抗日根据地】

晋冀鲁豫抗日根据地是抗日战争时期中国共产党领导的规模较大的敌后抗日根据地之一，又称晋冀鲁豫边区，它包括太行、太岳、冀鲁豫、冀南四个区，位于同蒲路以东，津浦路以西，陇海路以北，正太、石德路以南的广大地区。抗战胜利结束时，全区拥有县城105座，面积60万平方千米，人口2550万。

太原失陷后，第一二九师政治部副主任宋任穷等率领工作团和部分武装，分别到太行、太岳山脉的沁县、长治、晋城、武乡、襄垣、平顺、沁源、安泽、屯留等地，同当地中共组织结合，发动群众，组织抗日自卫队，建立抗日民主政权。12月下旬，第一二九师在寿阳、昔阳地区，打退敌步骑兵5000余人的六路围攻。1938年1月初，第三八六旅副旅长陈再道率6个连的兵力组成东进纵队，挺进冀南，发展冀南地区的抗日游击战争。第一二九师主力和第三四四旅则留在晋东南。为策应晋南、晋西友军作战，第一二九师主力和第三四四旅在2月间多次向正太铁路日军据点出击。3月中、下旬，第一二九师在邯（郸）长（治）公路线上的神头岭（潞城、黎城间）和响堂铺（东阳关、涉县间）取得两次伏击战的重大胜利。

◎ 指挥响堂铺作战的第一二九师副师长徐向前

◎ 神头岭战斗俘获的日军战马

◎ 第一二九师第三八六旅旅长陈赓骑在缴获的东洋战马上

4月初，日军为解除对它后方的威胁，调集3万余人的兵力，分九路向晋东南地区大举围攻。第一二九师第三八六旅、第一一五师第三四四旅的第六八九团和山西新军第一、第三纵队等部，积极进行反围攻作战。他们以广泛的游击战阻滞、疲困敌人，集中主力击破其一路的作战方针，同进犯的日军周旋。4月16日，八路军在武乡以东长乐村以西截住了敌军大部，将敌拦腰斩断。日军遭到八路军突然猛烈的打击，顿时乱了阵脚，1500余人及车辆、马匹被压缩在狭窄的河谷里，丧魂落魄，欲战无力，欲逃不能。此时，已过长乐村的日军为解救其被围的部队，集中1000余人向第七七二团左翼戴家垴阵地猛攻，一度攻占该地。12时，第六八九团赶到，经七八次反复冲锋肉搏，又将阵地夺回。以后日军又先后调来2000人增援。因被围之日军已被全歼，第一二九师主动撤出战斗。此役共歼敌2200人，八路军自身伤亡800余人，第七七二团团长叶成焕光荣殉国。长乐村战斗的胜利，迫使其他各路敌军回撤，八路军又乘胜追击。到4月下旬，打破了日军的九路围攻，先后共歼敌4000余人，收复县城18座。

◎ 反九路围攻战利品

 与此同时，在晋东南地区的国民党军队也对日军进行了抵抗，另有些部队退到豫北或中条山地区。这样，以太行山为依托的晋冀豫抗日根据地得到了进一步巩固和扩大。从 1938 年 4 月下旬开始，第一二九师分兵进入冀西、冀南、豫北等平原地区。5 月，一二九师主力进入冀南，副师长徐向前亲手建立冀南抗日根据地。到 8 月初，掌握了冀南大部分政权。8 月中旬，召开了各县代表会议，成立冀南行政主任公署，杨秀峰任主任，宋任穷任副主任。这样以南宫县为中心的北起沧石铁路（沧州—石家庄）、南跨漳河和卫河、东至津浦铁路（天津—浦口）、西至平汉铁路的冀南抗日根据地基本形成。8 月 20 日，经延安的中共中央批准，宣布成立中共晋冀鲁豫中央局和晋冀鲁豫军区。在豫北，8 月下旬至 9 月上旬，第一二九师一部为牵制日军进攻潼关、洛阳，开辟漳河以南地区，进行了漳南战役，消灭伪军 4000 余人，俘伪军 1500 余人，建立了安阳、内黄、汤阴 3 个县的抗日政权。

◎ 午城战斗烧毁的日军汽车

　　根据中共中央北方局黎城会议的决定，1940 年 6 月，八路军第一二九师部队进行整编，撤销晋冀豫边纵队，成立太行军区，第一二九师兼军区，师长刘伯承、政治委员邓小平分别兼任军区司令员和政治委员。同时成立太岳军区，第三八六旅兼军区，旅长陈赓兼军区司令员，王新亭任政治委员，晋冀豫边抗日根据地也分成太行、太岳两块。8 月，成立冀南、太行、太岳行政联合办事处，使三个区的抗日民主政权建设进一步得到加强。在冀鲁豫三省边界地区，中共各地方组织也积极发动群众组织武装，开展抗日游击战争。于 1938 年上半年，初创了鲁西北、泰（山）西、（微山）湖西和直南（今河南省北部的濮阳、清丰、南乐、长垣等地）等抗日根据地。12 月，八路军第一一五师第三四三旅第六八五团进抵鲁西南地区。1939 年 2 月，第三四四旅旅直一部进入直南地区。3 月，第一一五师师部率第三四三旅旅部及第六八六团进入鲁西、

◎ 山西青年抗敌决死队在运城举行集会支援牺牲救国同盟会开展抗日救亡工作

泰西地区，先后取得樊坝、陆房、梁山等战斗胜利，冀鲁豫边抗日根据地遂初步形成。1939—1940 年，晋冀鲁豫各区抗日根据地军民粉碎了日伪军多次"扫荡"，打退了国民党顽军的进攻，抗日根据地得到进一步巩固与发展。随着对敌斗争日趋深入，环境愈加艰难困苦，为了团结抗日，渡过难关，根据北方局的提议，1941 年 7 月，晋冀鲁豫边区临时参议会召开，正式选举组成包括太行、太岳、冀南和冀鲁豫边四块抗日根据地的晋冀鲁豫边区政府，杨秀峰任主席，薄一波、戎子和任副主席。此后，晋冀鲁豫抗日根据地在战略上与友邻各抗日根据地唇齿相依，相互呼应，成为全国七个较大的敌后抗日根据地之一。到抗日战争胜利时，拥有县城 80 余座，面积 18 万余平方千米，人口 2400 余万，军队近 30 万人，民兵近 40 万人。抗日根据地军民共歼灭日伪军 42 万余人，为抗战胜利作出了重大贡献，也为解放战争胜利特别是刘邓大军千里跃进大别山打下坚实基础。

【山东抗日根据地】

山东抗日根据地是抗日战争时期中国共产党及其领导的军队坚持华北抗战的四大根据地之一，它包括津浦路以东的山东大部地区和江苏、安徽、河南三省边界的部分地区，东濒黄海、渤海，西临津浦路与冀鲁豫区毗连，北迄天津与冀中、冀东两区相连，南至陇海路与华中的苏北区相连。对于山东抗日根据地的创建，延安的中共中央、毛泽东一再指出，要建立巩固的山东抗日根据地，使之成为八路军在敌后的重要战略基地。1937年10月，日军向山东进攻。中共山东省委（书记黎玉）指示各地党组织广泛发动群众，举行抗日武装起义。从11月至1938年3月，山东人民在中共各地组织的领导下，先后在冀鲁边、鲁西北、天福山、黑铁山、鲁东、徂徕山、泰西、鲁东南、鲁南、湖西等十几个地区举行了武装起义。在胶东，起义部队从敌伪手中收复蓬莱、黄县、掖县后，用民主的方式推选县长，建立起山东最早的3个抗日民主县政府。1938年6月起，根据中共中央指示，山东各地起义武装使用八路军抗日游击

◎ 八路军山东纵队政委黎玉（前排左5）视察第五支队时与部分干部合影

◎ 1938年底山东人民抗日救国军第五军改编为八路军山东纵队第三支队

支队番号,分别在鲁中、鲁西、鲁南、胶东、清河等地区开辟抗日根据地。12月,统一编成八路军山东纵队,张经武任指挥,黎玉任政治委员,江华为政治部主任,将山东各地的抗日游击队统一整编为共约2.5万人。至此,八路军山东纵队成为在战略上有统一指挥的游击兵团,这对巩固和发展山东根据地,坚持长期抗战起了重大作用。

为使山东成为八路军在华北的一个重要战略基地和联系华中新四军的战略枢纽,1938年5月,中共中央派郭洪涛率一部分军政干部到山东工作,并由郭洪涛任省委书记。7月,中共中央根据徐州失守后的形势,将山东省委扩大为苏鲁豫皖边区省委,并决定派一部分八路军的主力部队到山东,以加强这一地区的抗日游击战争,扩大和巩固抗日根据地。同年9月,八路军第一一五师第三四三旅政治委员萧华率军政干部百余人由山西到达冀鲁边区,同当地抗日武装会合,统一整编为八路军东进抗日挺进纵队,创建冀鲁边抗日根据地。由第一一五师第三四三旅第六八五团改编的苏鲁豫支队于年底到达(微山)湖西地区后,与山东纵

◎ 山东纵队骑兵一部挺进抗日前线

队挺进支队合编，创建了以丰县、沛县为中心的湖西抗日根据地。1939年3月，第一一五师代理师长陈光、政治委员罗荣桓率师部和第三四三旅第六八六团进入山东，先后与山东纵队第六支队、苏鲁支队等部会合，开辟、扩大和巩固了鲁西、泰西、鲁南抗日根据地。8月，八路军第一纵队成立，徐向前任司令员，朱瑞任政治委员，统一指挥山东省及冀鲁边、苏北等地区的八路军部队。8月9日，成立山东军政委员会，统一领导山东党政军民工作，朱瑞任书记。10月，朱瑞接任中共中央山东分局书记。中共山东分局执行发展进步势力，争取中间势力，孤立顽固势力的方针，开展统一战线工作，团结国民党军鲁苏战区总司令于学忠领导的东北军，对以国民党山东省主席沈鸿烈为首的顽固派进行了有理、有利、有节的斗争。1940年6月，苏鲁豫皖边区和苏皖地区划归中原局领导。7月，山东省召开工、农、青、妇、文化各界联合大会，选举产生山东省临时参议会，范明枢任参议长；选举产生行使政府职权的山东省战时工作推行委员会，黎玉任首席组长（后改称主任委员）。到年底，先后建立了鲁西、清河 2 个行政主任公署、12 个专员公署、79 个县的抗日民主政权。山东省统一的民主政权的产生和各级民主政权的建立，标志着包括鲁西、鲁中、湖西、鲁南、滨海、胶东、清河、冀鲁边等地区，拥有人口 1200 万，土地 3.6 万平方千米的山东抗日根据地的形成。到抗战最后胜利时，山东八路军部队发展到 27 万人，民兵 50 万人，自卫团 150 万人，山东抗日根据地发展为一个拥有 2400 万人口和 12.5 万平方千米土地，辖 5

◎ 八路军挺进平原作战示意图

个行政主任公署、22 个专员公署和 127 个民主县政府的解放区。除了济南、青岛等少数大城市外，包括烟台、威海等中小城市在内的山东全境得到解放。山东根据地为坚持抗战和争取抗战胜利及以后的进军东北作出了重大贡献。

据统计，八路军自誓师出征至 1938 年 10 月，共作战 1500 余次，歼灭日伪军 5 万余人，缴获各种枪 1.2 万余支，收复大片国土，建立了晋察冀、晋绥、晋冀豫、晋西南及山东等大块抗日根据地，形成了广阔的华北敌后战场，部队也由出征时的 3.2 万人发展到 15 万余人，成为华北抗战的中坚。

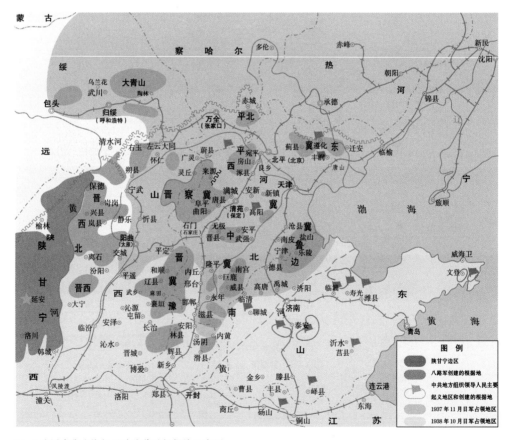

◎ 八路军在华北战场开辟的敌后根据地示意图

【新四军在华中创建抗日敌后根据地】

新四军正式组建后，立即开赴大江南北抗日前线杀敌。当时上海、南京均已沦陷，处于京、沪、杭之间的苏南，战略地位十分重要，军部决定新四军首先挺进苏南。1938年3至4月间，新四军第一、第二、第三支队先后到达皖南岩寺，军部也同时由南昌移到岩寺（7月再移至泾县云岭）。4月下旬，由第一、第二、第三支队抽调部分干部、战士组成的新四军先遣支队，在粟裕率领下首先进入苏南；六七月间，分别由陈毅、张鼎丞率领新四军第一、第二支队，也挺进到苏南。6月17日，先遣支队在镇江西南的韦岗首战胜利，击毁敌汽车4辆，毙伤敌少校以下官兵20余人。

第一、第二支队在京沪路镇江与丹阳间的新丰车站，在句容城及金坛珥陵附近的东方桥袭击日寇，共歼敌120余人。8月下旬，第一、第

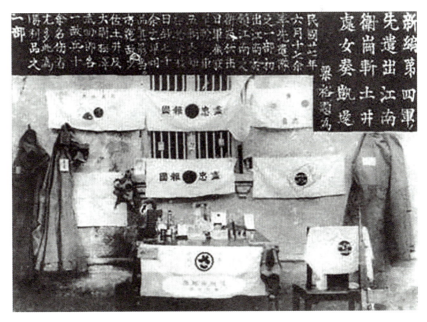

◎ 韦岗战斗缴获日军武器

二支队又胜利地击破了日军对小丹阳的 8 路围攻。在英勇作战的同时，第一、第二支队大力摧毁各地的敌伪政权，肃清残害人民的土匪武装，发动和武装群众，广泛开展抗日民族统一战线工作，至 12 月底，以茅山为中心，包括溧阳、溧水、金坛、丹阳、句容、镇江、江宁、当涂、武进、宜兴、无锡、吴县的苏南抗日根据地初步形成。

由谭震林率领的新四军第三支队，在策应第一、第二支队进入苏南后，于 1938 年 7 月初进入皖南抗日前线，战斗在东起芜湖、宣城，西到铜陵、青阳的沿江地带。这里是日军长江交通的重要地段，第三支队的活动对敌人造成严重威胁，因而战斗十分频繁。10 月底和 11 月初，第三支队在青弋江一带的清水潭、马家园、湾沚、九里山等地与敌激战，共歼日伪军 400 余人。在长江北岸的新四军第四支队，在高敬亭的率领下，于 1938 年 4 月底挺进到安徽的舒城、桐城、庐江、无为地区。5 月中旬，在运漕河西岸的蒋家河口伏击一股日军，歼敌 20 余人，首战告捷。7 月，袭击无为以东运漕地区伪军，击毙 50 余人，俘 100 余人。9 月初，第三支队一部在桐城南之棋盘岭伏击日军的运输队，击毁敌汽车 50 余辆，毙敌 70 余人，生俘 4 人。接着又在安（庆）桐（城）公路伏击敌运输队，歼敌 29 人。

10 月下旬，第四支队一举攻克庐江、无为两城，歼灭勾结日寇、危害人民的保安团 3000 余人。第四支队出征后，大小数十次伏击战连连获胜，不仅震惊了日寇，而且为打开皖中的抗战局面，建立皖中的抗日根据地打下了基础。

新四军自成立至 1938 年 10 月，顺利完成了集中、改编和向华中敌后挺进的任务。在长江下游苏皖地区的广大农村，组织群众抗日武装，建立抗日民主政权。经半年的英勇奋斗，取得 100 余次战斗的胜利，歼灭日伪军 3300 余人，初步实现在华中敌后的战略展开，创建了苏南、皖南、皖中和豫东等抗日根据地，成为插向日军华中派遣军背后的一把尖刀，

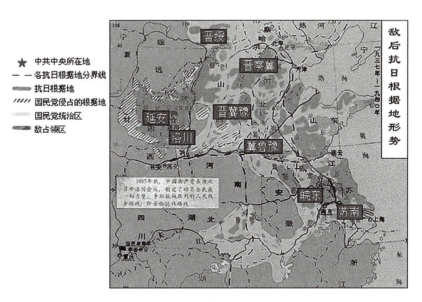

◎ 八路军、新四军开辟的敌后抗日根据地形势示意图（1937年—1940年）

钳制了日军的兵力，支援和配合了正面战场友军的作战。

从1937年9月到1938年10月，八路军和新四军同敌人作战1600余次，毙伤俘敌5.4万余人，八路军发展到15.6万多人，新四军发展到2.5万人，敌后抗日根据地（包括游击区）总人口达5000万以上。共产党领导的八路军、新四军及其他人民武装，在敌后广泛发展抗日游击战争，建立抗日民主根据地，逐渐开辟了广大的敌后战场，成为坚持长期抗战的重要力量。敌后游击战争不仅配合了国民党军队在正面战场上的作战，直接给予日本侵略者以有力的打击，而且迫使其不得不将原先用于进攻的大量兵力转用于保守其占领区方面，从而对停止日军的战略进攻，使战争转入相持阶段起了重要作用。

中国革命胜利是通过农村包围城市，武装夺取政权完成的。农村包围城市态势的形成，正是始于抗日战争时期，是八路军、新四军执行"向敌后发展"战略的结果。

【参考资料】

［1］毛泽东关于华北工作应以游击战争为唯一方向致周恩来等电（1937年9月25日）[M]//中共中央文献研究室.建党以来重要文献选编（一九二一——一九四九）：第十四册，中央文献出版社，2011：538-539.

［2］毛泽东关于华北作战的战略意见致朱德等电（1937年9月25日）[M]//《中国人民解放军历史资料丛书》编辑组.八路军·文献.北京：解放军出版社，1994：45-46.

［3］中共中央军委关于号召八路军坚决执行朱德等关于战区工作部署方针的训练致林彪等电（1937年9月26日）[M]//《中国人民解放军历史资料丛书》编辑组.八路军·文献.北京：解放军出版社，1994：50.

［4］毛泽东关于发展华北游击战争致朱德等电（1938年5月26日）[M]//《中国人民解放军历史资料丛书》编辑组.八路军·文献.北京：解放军出版社，1994：188.

［5］《中国大百科全书·军事》编委会.中国大百科全书：军事[M].北京：中国大百科出版社，2007.

［6］王秀鑫，郭德宏，中国中央党史研究室第一研究部.中华民族抗日战争史：1931-1945[M].第2版.北京：中共党史出版社，2005.

［7］史鉴.敌后战场的战略基地：中国共产党领导的抗日民主根据地纪实[M].北京：中共党史出版社，2015.

延安遭受日军飞机轰炸

◎ 遭日机轰炸后的延安

　　抗战全面爆发后，中国共产党领导的八路军深入华北开辟敌后抗日根据地，以运动战和游击战给予日寇沉重打击，特别是牵制和消耗了日军的进攻力量。侵华日军认识到了中国共产党坚决抗战的威力，很快将共产党八路军视为主要对手。

　　为打击中国共产党领导的抗日军民信心并尽可能消灭中国共产党领导机关，日军利用在山西占领的晋绥军的运城飞机场，开始对延安实施空袭。

　　1938 年 11 月 20 日，日本飞机首次轰炸延安。当天日军的飞机飞到延安上空，向人群扫射、投弹，瞬间房倒屋塌。由于事先缺乏预警，延安县城被炸成了一片瓦砾堆，人员伤亡较大。为防止空袭，当晚在延

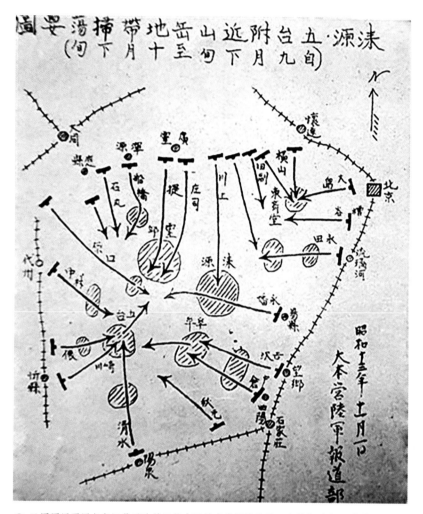

◎ 日军军用要图文字记载反映其已将中国共产党领导的抗日力量视为主要对手

安城里的中央机关、单位、学校都迁到城外山沟里。第二天敌机又来时，群众有序疏散、隐蔽，因此，除一些房屋受损外，没有一人伤亡。

1938年12月12日，日军第3次空袭延安，来袭飞机7架次，投弹40余枚，毁民房100多间，由于群众事先及时疏散，人员无伤亡。

1938年12月14日，日军第4次空袭延安，来袭飞机7架次，投弹45枚。

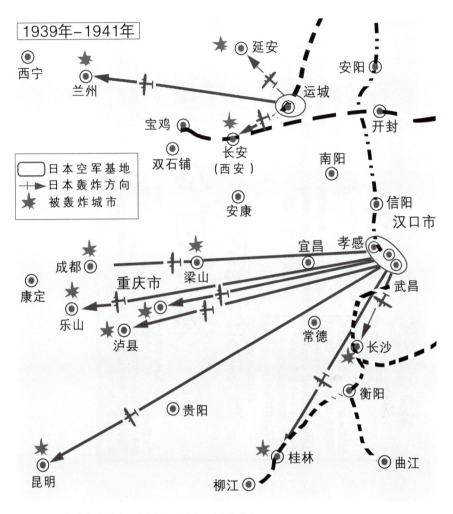

◎ 日军飞机轰炸大后方示意图（1939年—1941年）

　　实际上自1937年始，延安即着手采取措施准备应对日军之空袭。据曾在抗日军政大学工作的曹慕尧回忆，该校在"1938年窑洞挖好之后，逐渐向外迁移，搬到北门外和东门外的几个山沟里……上级一再提醒，要注意防空"。日军第1次轰炸延安之前，曾派飞机到延安上空侦察，延安百姓尚以为是苏联飞机，有的拍手大呼："我们自家飞机，蒋委员

◎ 日本新闻画报上关于首次轰炸延安的报道

长送钱来！"但很快从飞机的飞行高度作出判断，认为来的应是敌机。

1938 年 11 月 20 日上午，曹慕尧等正在开会，听到外面有声响，他们"赶到室外的高坡上瞭望，第一批日本飞机 15 架，自东向西，直扑延安城，接着就看见飞机抛下一连串的炸弹，形状像黑色的棒槌，临空而降落"。此即日军第一次轰炸延安。曹慕尧回忆说："第一批飞机刚投完炸弹，第二批、第三批接踵而至，每批都是 15 架，持续轰炸没有喘息和救护

◎ 日军飞机轰炸过后的延安老城，背景为宝塔山

的机会。延安……只有步兵作战的重机枪来对付成群结队的大批飞机。日本人有恃无恐，飞机飞得很低，投弹的命中率很高，数十枚重磅炸弹，投掷在小小的延安城里，顷刻间房屋倒塌，四处起火，到处断垣残壁，尸横街头。伤者乱爬乱喊，哀声震天，惨不忍睹。"日机空袭的重点是凤凰山，因为那里是中共领导人的居住地。毛泽东借住的李建堂家石窑遭到轰炸，中革军委总政治部、宣传部的窑洞被炸，30多名八路军干部、士兵阵亡。有一颗炸弹就落在陈云窑洞旁，所幸没有爆炸。延安人推测"一定有特务测绘了中央首长在延安城的居住地"。11月21日，日机再次轰炸延安。日机两次轰炸，延安损失极为惨重。中共中央初到延安时，"城内有几百座相当漂亮的房屋和院落，近郊的情况也大体如此"，此次轰炸后，"昔时的延安便成了一座瓦砾堆的废墟了"。

◎ 日本陆军航空队轰炸机群

边区政府在给国民政府行政院院长孔祥熙请求援助的急电中说，延安"连续遭受敌机轰炸，共投弹百五十九枚，死伤军民一百五十二人，毁房屋三百八十间……"①从成都到延安开会的张宣，也目睹了 11 月 20 日的惨况，他说："延安经此一炸，部分街道成了瓦砾场，各机关、学校纷纷迁到山上的窑洞中。城内尚存的房屋，有的拆迁到北部，大部分迁到南郊。"郑洪轩回忆："敌机又来延安轰炸几次，但由于延安平民均住窑洞，并提高了防空警惕性。日本飞机第二次来只炸伤几人和几匹马。"

当年延安人对未爆之炸弹的处理也很有特色。据李耀宇回忆说："从

---

① 陕甘宁边区政府急电——为敌机轰炸延安致国民政府行政院长孔祥熙电（1938 年 11 月 25 日）[M]// 陕西省档案馆，陕西省社会科学院 . 陕甘宁边区政府文件选编：第一辑 北京：档案出版社，1986：99.

炸弹壳里掏出数百斤黄色炸药，一筐一筐地抬下凤凰山，用马车运走。以后，这些炸药当作染料，染出黄色的布匹，缝制军衣。炸弹壳敲成碎块儿，打造了开荒用的镢和锄。"染料与炸药的化学成分很相近，故能将炸药当染料使用。

1939年8月15日，日军第5次空袭延安，来袭飞机10架次，投弹40枚，死伤6人，毁民房27间。1939年9月8日凌晨5时30分，3架日军侦察机飞至延安上空盘旋侦察。上午9时许，日本15架轰炸机，由东南方向飞向延安上空投弹后，又向东北方向飞去，此后，又有28架日军轰炸机由东南方向飞来，再次对延安进行轰炸。两次轰炸共投弹200多枚，炸毁房屋150余间，炸死炸伤延安军民58人。晋察冀军

◎ 被炸后将材料运到三关外重建

◎ 延安城被轰炸，但街上石牌坊依然耸立着

区宣传部副部长钟蛟盘、八路军一二九师政治部第三科科长钟方申等人在轰炸中遇难。1939 年 9 月 10 日，日军第 9 次空袭延安，来袭飞机 10 架次。

1939 年 10 月 15 日上午第 11 次、第 12 次空袭，共投弹 122 枚，死 23 人，毁房 30 间，死牲畜数头。

日本朝日新闻社随军记者 1939 年 10 月拍摄了日本佐濑航空部队轰炸延安图。从航拍的照片上看，山连山沟连沟，夹在其中小小一片的延安城上，冒起好多团浓浓的白烟。该新闻社的报道中提及："'佐濑、铃木、松山'各部队在上午十一点半，对红色抗日根据点延安的长翔、共产党第八军的兵营、陕西大学、共产大学以及第八路军的政治部、

◎ 日本朝日新闻社随军记者 1939 年 10 月拍摄日本佐濑航空部队轰炸延安

外交部，包括其他军事设施进行了空袭。数处的军需品仓库燃起熊熊大火，延安市街道大部分覆盖在黑烟中，利用山中的窑洞进行掩盖的敌人防空阵地也被我军粉碎，下午也进行了连续大型轰炸。"

1940 年 4 月 2 日，第十三次空袭，日军来袭飞机 43 架次，投弹 52 枚，毁房 6 间，石窑 4 孔，死马 1 匹，无人员伤亡。1941 年 8 月 19 日，第 17 次空袭，日军来袭飞机 35 架次，共投弹 35 枚，死伤 10 人。延长县也遭到敌 7 架飞机的空袭，死伤多人。

从 1938 年 11 月 20 日至 1941 年 8 月 19 日近 33 个月，日寇不定期地来延安空袭，使延安人民的生命、财产遭到了重大损失。日寇飞机空袭延安共 17 次，共投弹约 1690 枚，死亡 214 人，伤 184 人，毁公房 1176 间，过街楼 10 座，石牌楼 10 座，石洞 5 座，毁民房 14452 间，死牲畜 197 头，毁粮 17.2 万公斤，基督教堂 1 座，房屋 94 间，天主教堂房屋 75 间。此外，日本飞机还对边区境内的富县、甘泉、延长、延川、清涧等县城进行了轰炸。

由于延安县城面积狭小、指示目标不明显、黄土高坡地形复杂多变，特别是为应对日军空袭，中国共产党和八路军党政机关大多从老城区和凤凰山迁往延河对岸清凉山麓的杨家岭、枣园依山开凿的窑洞中，再加上延安军民防空意识强、空袭前能进行有效疏散，使得日军的轰炸收效日见甚微。日军见轰炸起不到预期效果，不得不于 1941 年以后停止了对延安的轰炸。

延安城作为党中央所在地，中国共产党抗日的总指挥部，从地理位置上是抗战后方，但作为日军军事打击的重点，又是抗战的前方。延安遭受日军飞机轰炸的事实，有力驳斥了国民党当局延安无战事的诬蔑之词，彰显了中国共产党人领导延安和陕甘宁边区军民坚决抗战不妥协的斗争精神。

【参考资料】

[1]陕甘宁边区政府急电：为敌机轰炸延安致国民政府行政院长孔祥熙电(1938 年 11 月 25 日)[M]//陕西省档案馆，陕西省社会科学院.陕甘宁边区政府文件选编：第五辑.北京：档案出版社，1988：99.

[2]布劳恩.中国纪事：1932—1939[M].北京：现代史料编刊社，1980：299.

[3]张宣.日寇轰炸延安亲历记[J].红岩春秋，1995（05）.

[4]曹慕尧.宝塔山的述说：日本飞机轰炸延安纪实[J].党史纵横，1995（06）.

首战平型关　威名天下扬

◎ 全国抗战爆发时的平型关城门

　　平型关大捷是七七事变抗战全面爆发后，中国军队取得的首个歼灭战的胜利，是八路军一一五师出师后首次大胜。日军大举进攻山西后，国民党第二战区组织在忻口一带展开大规模防御作战，八路军出师山西后就积极配合国民党晋绥军作战。1937 年 9 月 20 日，日军第五师团第二十一旅团一部占领灵丘县城，22 日进占平型关以北东跑池。23 日，八路军总部命令第一一五师向平型关、灵丘间出动，相机侧击向该线进攻之敌。当日，第一一五师在上寨召开干部会议，进行作战动员。随后，师部率主力于当日夜间，隐蔽进至平型关以东的冉庄和东长城村地域，并令独立团、骑兵营向灵丘、涞源方向活动，扰乱日军后方，牵制日军，打击增援之敌，保障师主力侧翼安全。24 日，第二战区第六集团军给第一一五师送来"25 日平型关出击计划"，拟以 8 个团兵力，配合第

◎ 第一一五师师长林彪（前1）、副师长聂荣臻（前2）奔赴平型关前线

一一五师向平型关以东的日军出击。

　　同日，第一一五师组织营以上指挥员进行现地勘察，并作出具体部署：以第三四三旅第六八六团占领小寨村至老爷庙以东高地，实施中间突击，负责分割歼灭沿公路开进之日军，尔后向东跑池方向发展，协同第六八五团攻歼该处日军；以第三四三旅第六八五团占领老爷庙西南至关沟以北高地，截击和围歼日军先头部队，并准备阻击由东跑池回援的日军，尔后协同第六八六团及防守平型关的国民党军夹击东跑池的日军；以第三四四旅第六八七团占领西沟村至蔡家峪以南高地，负责切断日军退路，并阻击由灵丘和涞源方向来援的日军；以第三四四旅第六八八团为师预备队，进入东长城村地域待命。为隐蔽行动企图，达成战斗的突然性，各部队于当晚冒雨进入阵地，并于25日拂晓前完成了战斗准备。

◎ 第一一五师指挥员在平型关一线指挥战斗，左1为林彪，左3为聂荣臻

◎ 平型关战役敌我态势示意图

◎ 平型关战役最激烈主战场——乔沟

25日晨，日军第五师团第二十一旅团一部及100余辆汽车、200余辆马拉大车和火炮组成的行军纵队，沿灵丘至平型关公路西进。7时许，日军全部进入第一一五师设伏地域。由于道路狭窄，雨后路面泥泞，其车辆人马拥挤堵塞，行动缓慢。

第一一五师立即抓住有利战机，突然以步枪、机关枪、手榴弹的猛烈火力，给日军以大量杀伤，并乘其惊慌混乱之际发起冲击。第六八五团迎头截击，歼日军一部。第六八七团将日军后尾部队分割包围于蔡家峪和西沟村，并将抢占韩家湾北侧高地的一股日军迅速歼灭，切断了日军退路。第六八六团第一、第三营勇猛地冲向公路，同日军展开白刃格斗。日军死伤惨重，但仍利用车辆辎重作掩护，凭借优势火力进行顽抗。其中一部企图抢占公路西侧老爷庙及其附近高地掩护突围。第六八六团第二营迅速冲过公路，先敌占领了老爷庙及其以北高地，与公路东侧部队对日军构成两面夹击之势，并将日军压迫于老爷庙以北、小寨村以南的狭谷之中。被围日军连续向老爷庙疯狂反扑企图突围，均被扼守该地的第二营击退。为解救被围日军，先期进占东跑池的日军一部

◎ 第一一五师副师长聂荣臻（左 2 站立者）在观察战场

◎ 八路军在平型关设立的重机枪预伏阵地

回援，被第六八五团阻击，日军第五师团师团长板垣征四郎急令其在蔚县、涞源的部队速向平型关增援，被我第一一五师独立团、骑兵营阻击于灵丘以北和以东地区，并在灵丘以东腰站被毙伤 300 余人。被围于老爷庙至小寨村的日军，在 6 架飞机掩护下，再次猛攻老爷庙及附近地区仍未得逞。接着，第六八六团集中全力，在第六八五团和第六八七团各一部协同下，将被围的日军全歼。13 时许，战斗结束。随后，第三四三旅向东跑池一带日军展开攻击。由于国民党军未按预定作战计划出击，致使东跑池的日军于黄昏由团城口突围。

此战，八路军第一一五师以劣势装备伏击日军，一举歼敌精锐第五师团辎重联队及第二十一旅团一部共 1000 余人，击毁汽车 79 辆、马车 200 辆，缴获步兵炮 1 门、轻重机枪 20 余挺、长短枪 500 余支、军马 50 余匹及其他大批军用物资及秘密文件，仅缴获的日式军大衣就上万件，足够一一五师全体指战员每人一件。

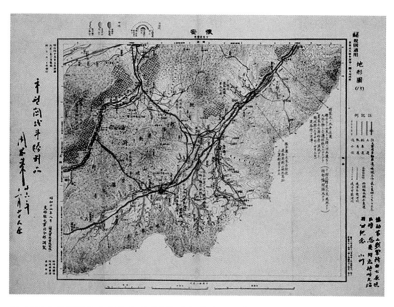

◎ 周恩来题字赠给李华英的平型关战斗缴获的日军地图

平型关战斗的意义不仅是牵制了日军第五师团的进攻，支援了平汉铁路和同蒲铁路线上的国民党军作战，更为重要的是它是抗战全面爆发后中国军队取得的第一次运动歼灭战的胜利，大大鼓舞了全国抗日军民的斗志。蒋介石致电朱德、彭德怀称："有日（25日）一战，歼敌如麻，足证官兵用命，指挥得宜。捷报南来，良深嘉慰。"程潜、阎锡山、杨虎城等国民党军政要员亦纷纷特电驰贺。10月1日，毛泽东致电在南京与国民党谈判的中共中央代表秦邦宪、叶剑英和潘汉年，通报平型关战果时就指出："敌用大兵团对付我游击队，还不知道红军游击战法。我们捷报发至全国，连日各省祝捷电甚多。"中国共产党领导的八路军初次作战，就取得这样的战绩，可谓是"首战平型关、威名天下扬"！

　　此后，毛泽东从敌、我、友三方的实际情况出发，特别强调八路军的"根本方针是争取群众，组织群众的游击队。在这个总方针下实行有条件的集中作战"，不再开展像平型关大捷这样的正规作战，实现向"独立自主的山地游击战"的转变。事实证明，这对于发展壮大革命力量，坚持敌后持久抗战，具有不可估量的重大指导意义。

◎ 平型关旧址

【参考资料】

［1］中国延安干部学院.延安时期大事记述［M].北京：中央文献出版社，2010.

［2］八路军第一一五师暨山东军区战史编辑室.八路军第一一五师暨山东军区战史［M].北京：解放军出版社，2017.

山地运动战典范

◎ 响堂铺战场旧址

　　响堂铺战斗是八路军在敌后战场根据毛泽东和中央军委要求的敌后抗战以游击战为主，但不放松有条件下的运动战指示，打赢的一场教科书式的经典运动伏击战。

　　响堂铺战斗，和此前进行的长生口、神头岭这三次伏击战，被誉为第一二九师在山西抗日战争史的"三战三捷"。其中，尤以响堂铺之战对日军的震动最大。响堂铺位于山西黎城县东阳关和河北涉县之间的邯长大道上，南侧山峰海拔1000多米，北部山峰海拔1200多米，山势平缓，地形起伏，并有一些村庄。日军依两山之间的山谷修了一条简易汽车路，日军的后勤辎重经该路运往山西，响堂铺是这条交通线上的咽喉之地。这里地势中间低，两侧高，居高临下，进可以攻，退容易撤，是

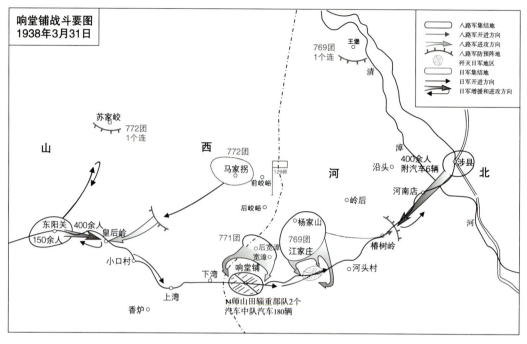

图例:
- 八路军集结地
- 八路军开进方向
- 八路军进攻方向
- 八路军防预阵地
- 歼灭日军地区
- 日军集结地
- 日军开进方向
- 日军增援和进攻方向

响堂铺战斗要图
1938年3月31日

◎ 响堂铺战斗示意图（1938 年 3 月 31 日）

非常理想的伏击战场。1938 年 3 月下旬，我伏击部队东移，查明邯长公路上敌运输更加频繁，每日汽车来往不断，沿线警戒较以往有所增强，并在东阳关增设了据点，驻敌 150 余人。为了破坏敌人的后方交通运输线，断敌粮弹供应，加重对其后方的威胁，一二九师副师长徐向前指挥第三八六旅第七七一、第七七二团和第三八五旅第七六九团部队，在南响堂铺地区伏击日军辎重部队，歼灭敌运输车队。

徐向前和邓小平在经过认真全面的研究和分析基础上，听取了各旅团领导的意见，确定了作战部署：以第三八五旅第七六九团主力、第三八六旅第七七一团全部，在响堂铺公路以北后宽漳至杨家山一线山地，分为左右两翼设伏，为防敌逃窜，派一小股部队到公路以南的山脚下设伏；以第七六九团的 4 个连向东防御，部署在椿树岭以东地区警戒，准备阻击由涉县来援之敌,保障主力的侧方安全;以1个连进驻王堡警戒,防止敌人从北方或东北方向袭击我主力,保障主力左后方安全;以第三八六旅第七七二团主力集中在马家拐地区,以一部分别在东阳关以东和苏家峧地区游击警戒,准备阻击黎城、东阳关向东增援之敌,掩护主力右后方安全。各部队于30日24时,分别秘密进入伏击地区,作好战斗准备。

31日拂晓,徐向前副师长接到七七二团的报告:日军由东阳关出动200余人,向在苏家峧预伏的七连发起进攻,并请示是否撤出阵地。徐副师长判断,这股日军仅仅是发现了在苏家峧的我小部队,但还未发觉我军设伏的企图,因之,命令以1个营进至庙上村以东高地,加强我右后方的安全保障;指示各部队继续隐蔽,耐心待伏;同时,派出参谋侦察敌情,判明从东阳关出动的200余人,并非日军,而是一群老百姓牵着几头驮驴在赶夜路。因之,部队待伏的决心更加坚定。晨8时许,日军第十四师团的山田辎重部队所属之两个汽车中队,驾驶着180辆汽车,

◎ 八路军设伏的轻机枪手

浩浩荡荡，由黎城经东阳关开来，至9时，全部驶入一二九师预设的伏击地区。七七一团及七六九团主力在徐向前的统一号令下，步枪、机枪、迫击炮一齐开火，组成了严密的火网，牢牢地罩住了日军。随之，我英勇的指战员们飞奔而出，扑上汽车，与来不及下车的日军短兵相接，展开白刃格斗。日军在我猛烈的攻击下，张皇失措，乱作一团：有的跳下车端着刺刀拼杀；有的还没来得及架起机枪、迫击炮，即被击毙；也有的钻到汽车下面顽抗；还有的背起皮靴逃命……在我军的刺刀、梭镖和密集的手榴弹轰击下，日军大部被消灭。向南山脚下逃窜的几小股日军，被我预伏部队用机枪、手榴弹将其压回到大道上，全部消灭。另有三十几名日军，乘隙钻进大道以南的山地，才得以侥幸逃脱。经过两个小时的激战，日军随车掩护部队的170余人，大部被击毙；180辆汽车，被全部烧毁。从黎城和东阳关出动了日军步骑兵400余人，向马家拐猛烈进攻，企图解救在响堂铺被伏击的辎重部队。恭候已久的七七二团，以强烈的火力将其击溃。日军的这股援军见寡不敌众，只得暂时撤回东阳关村内。随后，黎城又出动了200余日军，与退守东阳关的日军会和，连续向七七二团发动攻击，均被击退。同时，驻扎在涉县的日军乘坐6辆汽车，倾巢出援响堂铺，当行至椿树岭以东时，被七六九团的打援部队击退，汽车被击毁1辆。下午4时许，日军出动了10余架飞机，到响堂铺上空，大肆轰炸……然而，此时我军早已打扫完战场，撤出了响堂铺。黄昏后，我军即全部向马家峪、佛堂沟一带山地转移。

"此次〔响堂铺〕战斗，共毙伤敌森木少佐以下400余人，焚毁汽车181辆（含在河南店与椿树岭被第七六九团一部打毁的1辆），缴获迫击炮4门、重机枪2挺、长短枪130余支，我伤亡317人。"[①] 是一场漂亮的伏击战。4月2日，刘伯承、徐向前和邓小平共同签署了《响

---

① 中国人民解放军第二野战军战史编委会.中国人民解放军第二野战军战史：第一卷[M].北京：解放军出版社，1990:39.

◎ 响堂铺战斗缴获日军战利品

堂铺战斗详报》，用电台发给了中央军委和朱德总司令、彭德怀副总司令。

　　这一胜利，是坚决执行毛泽东关于"分兵以发动群众，集中以应付敌人"和"基本的是游击战，但不放松有利条件下的运动战"的战略方针，在由国内革命战争时期的正规战向抗日游击战争转变中，取得的重大胜利。这一胜利，从战略上讲，不仅沉重地打击了日军的嚣张气焰和狂妄野心，也使中国共产党领导的八路军在群众中威信更加提高，给开辟晋东抗日根据地增强了信心，而且也策应了晋西和晋西北的作战，牵制了大量敌人，有力地配合了黄河两岸的防御作战，对开辟晋东南根据地有着重要意义。

　　徐向前指挥八路军一二九师在本次伏击战中将伏击战的要素情报保障、地形选择、突击指挥、撤退组织都发挥得淋漓尽致。从战术指挥上讲更为可贵的是，在战场情况发生突变的紧急关头，特别是在侧后突然出现不明情况，怀疑是敌人侧后包围时，徐向前能沉着作出正确判断，而未放弃这次战斗的有利战机，对顺利实现这次伏击作战意图，起到了至关重要的作用。在1938年的《一二九师战斗总结》中，有这样一段话，高度评价了徐向前在响堂铺伏击战前的沉稳：特别是在后路上的苏家峧，风传有敌人到来，我们老练的高级指挥员能沉着判断其不确，而未放弃这次胜利的战斗。战后，当徐向前见到刘伯承时，刘伯承向徐向前道贺说："向前还是当年之勇，沉着果断！"

40多年后，徐向前挥毫题诗一首，回顾此次战斗：

> 巍巍太行起狼烟，黎涉路隘隐弓弦。
>
> 龙腾虎跃杀声震，狼奔豕突敌胆寒。
>
> 扑天火龙吞残虏，动地军歌唱凯旋。
>
> 弹指一去四十载，喜看春意在人间。①

响堂铺战斗打响之前，正值国民党第二战区召开高级军事会议，八路军邀请参会的国民党将领在战场观摩了这一场堪称教科书式典范的伏击战。国民党将领看到如此战果，对八路军的山地伏击战法佩服之至。从上述战斗可看出，中国共产党领导的军队，其武器装备比不上国民党军，和日军差距更大，但是能够机动灵活，扬长避短。在指挥上，一向非常尊重第一线指挥员的意见，前线指挥员有很大的临机处置权，因而也便于他们发挥主观能动性，在发现战机后，临时定下作战决心，抓住稍纵即逝的机会一击得手，所以能在战斗中一举克敌。

【参考资料】

［1］徐焰，薛国安.写给新一代人看的辉煌军史[M].北京：解放军出版社，2012.

---

①《将帅诗词选》编委会.将帅诗词选[M].沈阳：辽宁人民出版社，1987.

陕甘宁边区河防战斗

◎ 陕西省神木县黄河边河防保卫战战场

    陕甘宁边区是党中央和中央军委的所在地,是八路军和新四军的指挥中枢和总后方。1937年11月,太原失守后,日本侵略军兵分几路,直逼山西境内黄河东岸,与陕甘宁边区东部沿黄河岸边隔河相望。陕甘宁边区北起府谷、南至宜川的千里黄河防线,既是阻挡日军进犯西北大后方的天然屏障,又是中共中央同各抗日根据地联系的重要通道。八路军后方留守兵团责无旁贷地担负起了保卫河防的重任。自1938年3月起,日军先后以第一〇九、第二十六师团及独立混成第三、第十六旅团等部向边区黄河防线进攻，企图切断边区与山西省各抗日根据地的联系，并配合对晋西北抗日根据地的"扫荡"。为抗击日军的进犯，保卫陕甘宁边区的安全，中央军委决定将黄河防线划为三个地段，分别由神府、两延（延川、延长）河防司令部和绥德、米脂、葭县（今佳县）、吴堡、清涧五县警备司令部设防，由八路军后方留守处（后改称留守兵团）主任萧劲光兼任河防总指挥。[①]其部署：八路军留守处警备第六团驻神府地区，守备葭县至贺家堡沿河渡口；警备第八团驻米脂，守备大会坪至枣林坪渡口；警备第三团驻清涧，守备河口至枣林坪（不含）等渡口；警备第四团驻守永坪地区，守备延水关、高家畔渡口；警备第五团驻延长，守备凉水岸至清水关渡口。

◎ 20世纪40年代初的黄河及晋陕两岸的地势地貌（福尔曼　摄）

据统计，仅在1938年3月至1939年底，日军先后对我留守兵团部队驻守的黄河河防发动23次进攻，每次使用兵力少则2000余人，多则

① 毛泽东、萧劲光关于巩固河防的部署至贺龙等电（1937年11月17日）[M]//《中国人民解放军历史资料丛书》编辑组.八路军·文献.北京：解放军出版社，1994：104-105.

2万余人。其中，规模较大的重要战役主要有7次，包括：1938年3月的神府河防战斗，1939年1月的马头关、凉水岸河防战斗，1938年5月，1939年6月、9月、12月在宋家川进行的4次河防战斗，以及1939年11月的碛口河防战斗。

1938年3月13日，日军第二十六师团2000余人，在飞机和地面炮火的掩护下，从神府河防对岸抢渡黄河。警备第六团以突然猛烈火力击其于半渡之中，并以一部兵力迂回河东，袭击日军侧背，毙伤其140余人。后在河东八路军第一二○师部队配合下，迫使日军向兴县撤退。5月初，日军第一○九师团以1个旅团经大武向军渡进犯，企图突破宋家川河防阵地。警备第八团主力东渡黄河，在汾（阳）离（石）公路沿线伏击、袭扰日军，于10日夜，在离石城西北王老婆山击溃日军1个大队，歼其200余人，迫其向东撤退。1939年6月4、5日，日军万余人进占军渡，在附近山头构筑工事，并以炮火向宋家川、枣林坪一线阵地轰击；6日又以约1.5万人进占孟门、碛口，以飞机向河西李家沟等阵地进行轰炸，企图强渡。八路军河防守备部队经三昼夜隔河顽强抗击，迫使日军退至军渡后山。与此同时，河东八路军袭击日军侧后，破袭交通运输线，使日军腹背受击，迫其退至柳林、大武。守备部队一部乘胜渡河追击，收复李家垣和柳林，粉碎了日军大规模的进攻。为加强河防，八路军第一二○师第三五九旅于8月上旬由山西恒山地区开始回师陕甘宁边区，10月初，到达指定位置，担负宋家川至葭县的河防任务。11月下旬，日军万余人，附炮30余门，分4路由大武、离石、柳林、穆村向碛口合围，占领碛口、孟门两镇后，在炮火掩护下以2000余人集结碛口河滩，实施漕渡。第三五九旅集中火力予以阻击，并以一部兵力东渡，袭击日军侧后，经5小时战斗，击退日军进攻，歼其100余人。

1940年，日军为封锁黄河渡口，在军渡附近的李家垣、穆村、玉皇顶、南梁山等地建立据点，与宋家川河防阵地隔河对峙。1941年4月和10月，中央军委先后将第一二〇师独立第一旅第七一五团、第二团调至陕甘宁边区，执行保卫河防任务。10月31日，日军1500余人进占碛口、咀头，11月2日，在炮火与飞机掩护下西渡。第二团在河东部队配合下，击退日军进犯。此后，日军从中国战场抽调部分部队参加太平洋战争，并以主要力量对敌后根据地进行"扫荡"，兵力严重不足，因而对河防的进犯逐渐减少。而负责陕甘宁边区河防的留守兵团和抽调回援的主力部队运用"半渡而击""主动出击""两面夹击"等战术业已日臻成熟，他们以灵活机动的战略战术，沉着勇敢地战斗，消耗敌人的有生力量。到1943年，随着华北、山东和大江南北的抗日根据地日益巩固与扩大，日军陷入游击战争包围之中，到处受到严重的打击，不得不停止对陕甘宁边区的进攻。

在保卫河防作战中，担任河防任务的八路军部队在陕甘宁边区和晋西北人民群众的支援和地方武装的配合下，进行大小战斗100余次，共消灭日军800余人，粉碎了日军对河防的进攻，保卫了陕甘宁边区。

◎ 河防战斗中八路军用缴获的山炮打击敌人

在八路军黄河河防守备战中，陕甘宁边区政府积极主动地发动人民群众，为河防筑起了军民团结的坚固防线，有力地保证了河防战斗的胜利。1938年3月3日，陕甘宁边区政府发布《告民众书》，号召"边区民众为誓死保卫边区，保卫西北，保卫全中国而奋斗"，号召全边区人民武装起来，有组织地协助和配合八路军作战。河防保卫战的战斗动员，激起了边区人民的抗战热情，使军民直接地受到了一次抗战的教育。陕甘宁边区青救会随即提出"不让敌人夺走一个渡口和船只"的口号，号召沿河边区的青年，积极配合河防部队严守河防，牵制敌人。在随后的河防守备战中，边区人民积极主动地支援八路军留守兵团抗战和保卫边区，先后有10多万民工参与工事的修筑，上万头牲口运输粮食和装备，为河防守备战的胜利提供了坚实的保障。当时，负责山西防务的第二战区司令长官阎锡山曾派员前来视察，并情不自禁称赞道，"八路军能做这样坚固的工事，实是我们所预料不到"，"这真正算国防工事"。

◎ 陕甘宁边区保卫河防的军民在修筑工事

◎ 参加河防战斗的延安民兵

    陕甘宁边区民众抗日团体和民众武装的不断发展，壮大了河防守备战的力量。陕甘宁边区第二届参议会通过的《陕甘宁边区抗战时期施政纲领》就提出了要"扶助人民抗日团体与民众武装之发展，提高人民抗战的积极性"。而人民群众的积极参与和支援，确实巩固了黄河的防线。

    在当时，黄河两岸的民众自卫军和一切民众组织，积极参军参战，通过各种方式帮助河防部队打击日军。如宋家川的民众积极主动地参加地方自卫军，并在河防战斗中自告奋勇地参加河防的守备工作；在马关头、凉水岸河防守备战斗中，固临县的大批自卫军夜以继日地开往黄河河防前线，承担着重要的支前工作。这都有效地支援和配合了河防部队的作战，为河防守备战赢得最后的胜利作出了重大贡献。

【参考资料】

[1] 毛泽东、萧劲光关于巩固河防的部署致贺龙等电（1937年11月17日）[M]//《中国人民解放军历史资料丛书》编辑组.八路军·文献.北京：解放军出版社，1994：104-105.

[2]《中国大百科全书·军事》编委会.中国大百科全书：军事[M].北京：中国大百科出版社，2007.

局部反攻与对日最后一战

◎ 敌后战场军民大反攻形势示意图

◎ 抗日根据地张贴的积极准备反攻的标语（福尔曼 摄）

　　1944 年春夏之后，世界反法西斯战场捷报频传。欧洲战场，德国在库尔斯克战役失败后彻底丧失了战争主动权，苏联红军开始全面战略反攻。太平洋战场，日军连遭败绩，从战略上讲败局已定。而国内解放区战场，八路军、新四军通过局部反攻，不仅将侵华日军压缩到主要交通线上，共产党领导的人民军队也迎来了抗日战争以后第二次大发展。

　　1944 年 12 月 15 日，毛泽东在陕甘宁边区参议会上作了"一九四五年的任务"的演说，要求扩大解放区，缩小沦陷区。八路军的 1944 年春、夏季攻势作战主要包括晋冀豫和冀鲁豫解放区的攻势作战、晋绥解放区的攻势作战、晋察冀解放区的攻势作战和山东解放区的攻势作战等。经过春、夏攻势，共进行战役战斗 5558 次，歼灭日伪军 11.3 万余人，攻

◎ 八路军官兵集会响应准备反攻号召（福尔曼 摄）

克据点 3512 处，解放县城 54 座。[1] 根据地猛烈扩大，不少地区基本上连成了一片。日伪军已被压缩在县城和大城市周围的铁路沿线，形成了我对日伪包围之态势。新四军继续开展攻势作战，扩大解放区。特别是在华中地区和苏北地区通过对日伪作战，解放区迅速扩大。对敌点线包围圈越来越紧，为战略反攻创造了条件。新四军主力一部还在 1944 年秋挺进江南，创建了苏浙皖抗日根据地。经过这样的局部反攻，1945 年春末，中国共产党领导的八路军、新四军及华南游击队等其他抗日武装已发展到 100 万人，民兵 221 万人，并建立起约 100 万平方公里面积，1 亿人口的 19 块解放区。1945 年 6 月 8 日，日本天皇主持的御前会议通过《世界形势判断及今后应采取的指导战争的基本大纲》中分析中国战场形势时认为："敌方对我占领地区的反攻，特别是延安方面的游击

---

[1] 国防大学《战史简编》编写组. 中国人民解放军战史简编[M]. 北京: 解放军出版社，1983: 439.

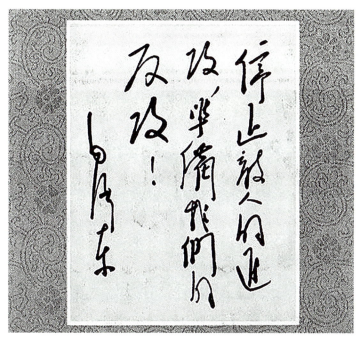

◎ 毛泽东为大反攻题词

反攻，一定会越来越厉害。"[①]当时日军占领的大部城镇交通要道和沿海地区都处于解放区军民的包围之中，对日战略大反攻的态势逐步形成。

1945年8月8日，苏联政府根据《雅尔塔协定》对日宣战，苏联军队由西、北、东三个方向出兵我国东北，向日本关东军发起大规模进攻。

抗日战争进入夺取最后胜利的阶段后，8月9日，中共中央主席毛泽东发表了《对日寇的最后一战》的声明。声明指出，由于苏联政府宣布对日作战，对日战争的时间将大大缩短，对日战争已处在最后阶段，最后战胜日本侵略者及其一切走狗的时间已经到来了。"中国人民的一切抗日力量应举行全国规模的反攻，密切而有效地配合苏联及其他盟国作战。八路军、新四军及其他人民军队，应在一切可能条件下，对于一

① 徐焰.胜利回响：国防大学军史专家徐焰教授讲抗日战争[M].北京：解放军出版社，2016.

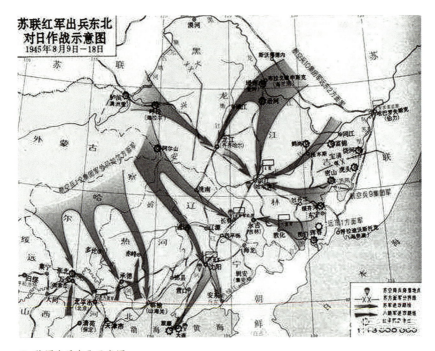

◎ 苏军出兵东北示意图

◎ 出兵东北的苏军坦克部队

◎ 向苏军缴械投降的日军官兵

切不愿投降的侵略者及其走狗实行广泛的进攻，歼灭这些敌人的力量，夺取其武器和资财，猛烈地扩大解放区，缩小沦陷区。"[①]

中国人民抗日武装力量坚决响应党中央和毛泽东的号召，对日军进行了大规模的战略反攻。苏联红军迅速进兵东北，大量歼灭了日本关东军的有生力量。苏联参加对日作战并取得远东作战的胜利，加快了日本投降的进程。日本政府被迫于8月10日向同盟国发出乞降照会要求投降。8月10日，中共中央指示各中央局分局和各区党委，立即动员一切力量向日伪军发动广泛的进攻，以正规部队占领大城市和要道，以游击队民兵占领小城市。同日，朱德总司令向各解放区所有武装部队发布命令第一号。命令指出："一、各解放区任何抗日武装部队均得依据《波茨坦宣言》规定，向其附近各城镇交通要道之敌人军队及其指挥机关送出通牒，限其于一定时间向我作战部队缴出全部武器。在缴械后，我军当依优待俘虏条例给以生命之保护。二、各解放区任何抗日武装部队均得向其附近之一切伪军、伪政权送出通牒，限其于敌寇投降签字前，率队反正，听候编遣，逾期即须全部缴出武器。三、各解放区所有抗日武装部队，

---

① 毛泽东选集：第三卷 [M]. 第2版. 北京：人民出版社，1991：1119.

◎ 1945年8月9日，中共中央主席毛泽东发表声明：对日战争进入最后阶段

如遇敌伪武装部队拒绝投降缴械，即应予以坚决消灭。四、我军对任何敌伪所占城镇交通要道，都有全权派兵接收，进入占领，实行军事管制，维持秩序，并委任专员负责管理该地区之一切行政事宜，如有任何破坏或反抗事件发生，均须以汉奸论罪。"①

---

① 国防大学《战史简编》编写组.中国人民解放军战史简编[M].北京：解放军出版社，1983：453.

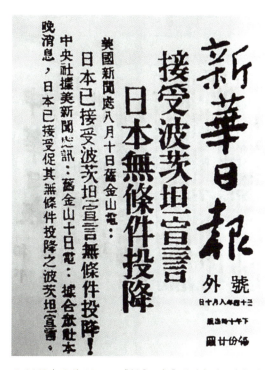

◎ 1945 年 8 月 10 日，《新华日报》号外报道日本投降

    11 日，中央军委延安总部朱德总司令又连续发出第二至第七号命令。命令要求晋绥解放区贺龙领导的武装部队、晋察冀解放区聂荣臻领导的武装部队、冀热辽解放区武装部队向内蒙古和东北进军，命令山西解放区的武装部队肃清同蒲路沿线和汾河流域的日伪军，命令各解放区的武装部队向一切敌占交通要道展开积极进攻，迫使敌伪军投降。八路军、新四军和华南抗日游击队，在中共中央和延安总部的命令下，向日伪军展开了猛烈的进攻。然而，国民党当局企图独占抗战胜利果实，蒋介石以"最高统帅"名义连下三道命令，一面要解放区人民军队"原地驻防待命"，不得对日伪军"擅自动手"；一面命令国民党部队"积极推进，勿稍松懈"；同时命令日伪军"切实负责维持地方治安"，只准接受国民党军队受降收编。面对严峻的形势，朱德和彭德怀按照中共中央的决

◎ 毛泽东和朱德查看军事地图，决定对日寇的最后一战的作战方略

◎ 1945年8月15日，《大公报》报道日本投降

策，同蒋介石进行了针锋相对的斗争。8月13日，毛泽东在延安干部会上指出，抗战的胜利应当是人民的胜利，抗战的果实应当归给人民。朱德总司令致电蒋介石坚决拒绝，并严厉批驳其错误命令。8月15日，朱德总司令发出致美、英、苏三国政府电，声明中国人民抗日武装力量有权接受日伪军投降，有权派遣代表参加同盟国处理日本投降事宜。命令在南

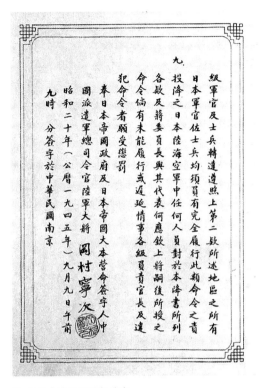

◎ 冈村宁次签订的投降书

京的日本派遣军总司令冈村宁次，令其部队向人民投降。

8月17日，朱德总司令以延安总部的名义致电蒋介石，指出他的命令下错了，"并且错得很厉害"，要求蒋介石公开收回错误命令。

在延安总部的统一指挥下，解放区军民以迅猛之势在华北、华中、华南和东北全面展开了大反攻，收复了大片失地。在不到1个月的时间里，收复了150多座县以上城市，歼灭数万日本军，解放了包括张家口、烟台、山海关等重要城市或战略要地，解放了大片国土，每一个胜利都是经过激烈战斗才得到的。东北抗日联军积极配合苏联红军在东北战场对日作战，结束了日军对东北的14年统治和侵略。

大反攻开始后，各地民兵随大军出征作战。据不完全统计，山东有14万多人，冀中地区有8万多人，晋绥有1万多人，太行区有10多万人，太岳区有2万多人，华中地区有10多万人。广大民兵积极配合主力部队作战，不仅承担修路、运输、抬担架、押俘虏等战地后方勤务，而且还组成远征队，直接参加反攻作战。各地民兵还出现了参军热潮，仅1945年8月1个月内，山东民兵就有1万多人报名参军。太岳区也

◎ 八路军解放察哈尔省会张家口

◎ 八路军与苏军炮兵在山海关

有1万多民兵参军。在抗日军民的大反攻过程中，迎来了日本侵略者缴械投降。8月15日，日本政府向全国广播了天皇的《停战诏书》，宣布投降。9月2日，在停泊于东京湾的"密苏里"号军舰上举行了日本向盟国投降的签字仪式。伟大的中国人民抗日战争历时十四年之久（自1931年九一八事变算起），至此取得完全胜利。9月3日则成为中国抗日战争和世界反法西斯战争胜利纪念日。

日本政府宣布无条件投降的消息传到延安后，全城沸腾，万人狂欢。延安各界人民群众举行了盛大的庆祝胜利游行，美军观察组闻讯后也乘汽车赶来随秧歌队跳起秧歌。在群众的欢呼和庆祝活动中，彭德怀副总司令也赶到新市场，与军民共庆抗战胜利。朱德总司令在八路军延安总部举行鸡尾酒晚会，邀请延安的盟国友人庆祝世界人民反法西斯战争的胜利。

9月5日，延安各界两万多人在南门外广场举行了庆祝抗战胜利，

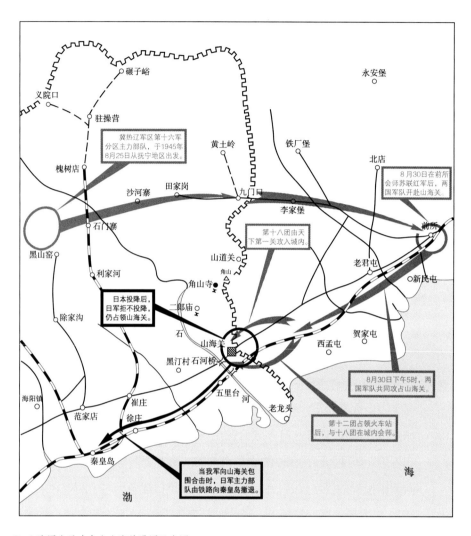

图中文字标注：

义院口

碾子峪

永安堡

驻操营

冀热辽军区第十六军分区主力部队，于1945年8月25日从抚宁地区出发。

黄土岭

铁厂堡

北店

槐树店

8月30日在前所会师苏联红军后，两国军队开赴山海关。

沙河寨

田家岗

九门口

李家堡

石门寨

第十八团由天下第一关攻入城内。

前所

黑山窑

山道关

老君屯

新民屯

利家河

角山

角山寺

日本投降后，日军拒不投降，仍占领山海关。

除家沟

二郎庙

石

山海关

贺家屯

黑汀村石河桥

西孟屯

8月30日下午5时，两国军队共同攻占山海关。

海阳镇

五里台

河

老龙头

第十二团占领火车站后，与十八团在城内会师。

范家店

崔庄

徐庄

秦皇岛

当我军向山海关包围合击时，日军主力部队由铁路向秦皇岛撤退。

渤

海

◎ 八路军大反攻中向山海关进军示意图

迎接和平建国新时期的庆祝大会。朱德在讲话中号召全国人民团结起来，为坚持和平、民主、团结和建设新中国而奋斗。

《解放日报》发表诗人艾青、作家萧三、萧军等人讴歌抗日战争伟大胜利的诗作，发表了题为《庆祝抗战最后胜利》的社论。社论指出：中国共产党为抗战胜利作出了伟大贡献，号召全国人民警惕内战阴谋，把中国建设成为独立、自由、富强的新民主主义国家。

◎ 1945年9月3日《新华日报》刊登的毛泽东题词

◎ 1945年9月3日《解放日报》头版头条《日寇签字投降》

◎ 延安军民庆祝抗战胜利大会

八路軍、新四軍、華南游擊隊 主要戰績統計

八路軍、新四軍、華南游擊隊主要戰績統計 （1937年—1945年）

作戰總次數：125165 次

殲 敵（人）				繳 獲		擊 毀	
總人數	1714117			炮	1952 門	飛 機	57 架
日 軍	527422	偽軍	1186695	槍	682831 支	坦 克	69 輛
斃 傷	520463	斃傷	490130	馬	30448 頭	裝甲車	164 輛
俘 虜	6213	俘虜	512933	機槍	11895 挺	火車頭	301 輛
投 誠	746	投誠	183632	車輛	347 輛	車 輛	6080 輛

解放區恢復與擴大統計 （1945年4月）

面 積（平方千米）	人 口（人）	軍 隊（人）	民 兵（人）	自衛軍（人）
956000	95500000	910000	2200000	10000000

新華社記者 曲振東 編製　　資料來源：《中國現代史地圖集》

◎ 全国抗战八年中八路军、新四军、华南游击队主要战绩

【参考资料】

[1] 中国延安干部学院 . 延安时期大事记述 [M]. 北京：中央文献出版社，2010.

[2] 徐焰，薛国安 . 写给新一代人看的辉煌军史 [M]. 北京：解放军出版社，2012.

[3] 中国共产党第七次全国代表大会关于军事问题的决议（草案）（1945 年 5 月 31 日）[M]//《中国人民解放军历史资料丛书》编辑组 . 八路军·文献 . 北京：解放军出版社，1994：1087-1088.

[4] 毛泽东关于创建湘鄂赣边区根据地问题致王震、王首道等电（1945 年 5 月 4 日）[M]//《中国人民解放军历史资料丛书》编辑组 . 八路军·文献 . 北京：解放军出版社，1994：1086.

[5] 中共中央军委关于目前部队编制的决定(1945 年 8 月 20 日)[M]//《中国人民解放军历史资料丛书》编辑组 . 八路军·文献 . 北京：解放军出版社，1994：1118.

[6] 中共中央关于日本投降后党的任务的决定（1945 年 8 月 11 日）[M]//《中国人民解放军历史资料丛书》编辑组 . 八路军·文献 . 北京：解放军出版社，1994：1114.

[7] 命令冈村宁次投降（1945 年 8 月 15 日）[M]// 朱德选集 . 北京：人民出版社，1983：185-186.

爷台山自卫反击战

◎ 爷台山战斗纪念碑

　　爷台山反击战斗是发生在陕甘宁边区的一场著名战斗，它是抗战后期国民党军挑起反共摩擦并被粉碎的典型事件。爷台山位于陕西省淳化县境内，海拔 1300 多米，雄踞平原，地势险要，直指咸阳，威胁西安，控制西兰公路，是陕甘宁边区南通关中、西安的必经之路，是陕甘宁边区西南之门户，守卫关中地区的重要屏障。1945 年 6 月，国民党当局借口胡宗南部所属梁干乔部队的警备营营长刘文华向边区投诚和方里镇守兵和保安武装不堪压迫而起义的所谓"淳化事变"，掀起大规模进攻边区的反共高潮。以此为借口，7 月 15 日，国民政府第一战区司令长官胡宗南集结大批军队，开往陕甘宁边区南线同官、耀县、淳化、旬邑等县，妄图鲸吞关中分区，并向延安进犯。7月20日，胡宗南部顽军暂编第五十九师、骑兵第二师，分别由淳化方里镇、土桥等地，侵占陕甘宁边区的官庄、二王庄等地区。7月21日，胡宗南部顽军在第八军军长袁朴指挥下，突然向我淳化县爷台山阵地发起攻击，关中军分区保安部队和守备阵地的新编第四旅七七一团的6个连和警备第一旅一团一部，当即奋起抗击，坚守阵地，战斗至23日并给敌人以重大杀伤，夺取敌迫击炮两门。23日，胡宗南又投入了第十六军预备第三师，并调集了大批山炮、野炮、迫击炮及美国装备的火箭炮，向我阵地猛烈轰击。

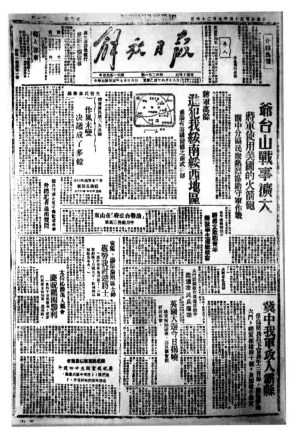

◎ 延安《解放日报》关于爷台山战事扩大及关中分区民众热烈协助守军作战的报道

关中军民在中央军委的领导下，本着"人不犯我，我不犯人；人若犯我，我必犯人"和"针锋相对，寸土必争"的自卫原则，执行"有理、有利、有节"的政策，坚决抵抗反击。守备部队中的警备第一旅三团一营和关中军分区保安纵队赤水保安大队、淳化保安大队、教导队，从7月21日至26日，始终扼守在爷台山主峰阵地上沉着应战，展开了英勇的爷台山保卫战。他们连续打退了国民党顽军3个师的几十次进攻，其中恶战3日，阵地丝毫不动。但终因敌众我寡悬殊太大，为了避免过多伤亡，我守军奉命于27日晚主动撤出爷台山阵地以及熊家山、西野狐咀、官庄、于村、宋家洼、杨家沟圈、张家岭、十里塬、任家坡、上下豹子沟一线。胡宗南顽军随即占领了爷台山及其以西41个村庄，在50公里宽的正面上侵入陕甘宁片区纵深约10公里的地区，并企图继续向北进犯。

7月23日，朱德和彭德怀致电蒋介石和胡宗南，要求其制止向陕甘宁边区进攻的顽军。7月26日，陕甘宁晋绥联防军司令员贺龙、政治委员关向应，副司令员徐向前、萧劲光等7人，分别致电蒋介石、胡宗南及国民参政会，并向全国各界宣布淳化事件的真相，要求国民党顽军立即停止进攻陕甘宁边区，撤回原防地区，并组织公正的社会团体调查，以查明真相。八路军总部还邀请美军驻延安的观察组前往爷台山地区查看。8月2日，《新华日报》发表了《吁请调查淳化事件真相》的社论，接连报道了大量消息，揭露国民党蒋介石反动派准备发动内战的阴谋，赢得了全国各界舆论的同情和支持，先获得了政治上的胜利。

但国民党当局对延安中共中央和八路军总部的多次呼吁、规劝和警告置若罔闻，继续向旬邑、耀县等地区进犯。顽军在占领爷台山之后，仍在大肆抓民夫、修筑工事，准备固守。胡宗南集中约6个师的兵力于关中和陕北南部地区，准备扩大进攻陕甘宁边区的范围。为了维护抗日民族统一战线大局而以斗争求团结，更为了维护在延安的党中央和整个陕甘宁边区的安全，在中央军委和陕甘宁晋绥联防军司令部领导下，成立了爷台山反击战临时指挥部。由三五八旅旅长张宗逊任司令员，并特别选调曾长期在关中分区担任党政军主要领导职务，熟悉地方情况的习仲勋任政治委员。联防军副政治委员谭政兼任副政治委员，指挥部设在关中分区所在地马栏镇。此时八路军第三五八旅正在向反攻日军的前线晋西北开进，接到中央军委命令后，除第七一六团折返延安待机外，旅部率七一五团和第八团立即返回关中。该旅经过3天急行军于30日到达淳化县的凤凰山和耀县的照金地区。据此，临时指挥部决定集中第三五八旅七一五团、八团，新编第四旅十六团、七七一团，警备第一旅第三团，教导第一、二旅，共计8个团的兵力，对爷台山进行反击，收复失地。张宗逊、习仲勋等同反击部队指挥员共同商定，趁顽军立足未稳之际，首先集中优势兵力，先歼守备爷台山之顽军，挫其锐气。8月7日，参战部队从马栏镇出发，向预定作战地区前进，临时指挥部也从马栏镇前进到距爷台山10公里的凤凰山下兔鹿村。8日夜10时，我军向爷台山逼近。是时漆黑一片，伸手不见五指，又下着蒙蒙细雨，路滑难行。直至午夜，大雨依然不停地下着，我军利用雨夜这个有利时机，发动爷台山反击战总攻。各参战部队冒着大雨全面出击，向爷台山展开了猛烈攻击，国民党顽军依托工事、火力，凭险据守，负隅顽抗。其中在爷台山主阵地防守的顽军是胡宗南所属的第十六军暂编第五十九师三团的5个步兵连。其中第2营第4加强连号称是国民党军队中固守阵地闻名的"常胜连"。这个连官兵所佩戴的徽章里面都印有"党卫"二字，意在效仿希特勒的党卫军效忠于蒋介石的法西斯统治，为蒋介石的内战充当炮灰。本次该连主动要求守备爷台山主碉堡，具有较强的战斗力且反动立场顽固。

总攻开始后经过我军彻夜奋战，爷台山阵地顽军的前哨和东西两翼阵地被我攻破，但爷台山主阵地的战斗依然激烈焦灼地进行。9日上午10时，为了迅速解决战斗，临时指挥部命令第三五八旅投入对爷台山主阵地的攻击，以加强突击力量。尽管顽军工事坚固且火力猛烈，但我军指战员英勇顽强地沿着一层层工事，各个消灭守军。经过反复冲杀激战约1小时，我反击部队于9日上午11时许攻占了爷台山主阵地，至14时许，全歼爷台山阵地守军。10日，爷台山战斗全部结束！是役，我军收复爷台山全部失地，全歼爷台山主阵地上国民党顽军5个连和1个营部，毙伤顽军营长、主峰指挥官黄日升以下100余人，俘虏100余人，缴获轻重机枪19挺及大批弹药，收复爷台山及以西41个村庄。其他阵地残余顽军在我军打击下更是狼狈逃窜，我军即展开追击战，直追至陕甘宁边区的边沿，11日将顽军完全驱逐出陕甘宁边区，取得了反击战的全胜。

8月12日，从延安而来的美国调查组在杨尚昆、黄华、马海德的陪同下到爷台山阵地，发现地上遗弃着国民党军留下的印着"MADE IN USA"的美式枪、炮、火箭筒，这揭露了美国支持国民党打内战和国民

◎ 爷台山反击战参战的八路军部队

党假谈判、真内战的阴谋，我方取得了军事上和政治上的胜利。爷台山反击战是抗日战争时期我反摩擦斗争的最后一战，有力地保卫了陕甘宁边区和党中央，其影响之大使中外震惊。毛泽东在延安干部会议上所作的《抗日战争胜利后的时局和我们的方针》的报告、《蒋介石在挑动内战》和《评蒋介石发言人谈话》中，均对爷台山反击战给予了充分肯定和高度评价。他说："国民党调了六个师来打我们关中分区，有三个师打进来了，占领了宽一百里，长二十里的地方。我们也照他的办法，把这宽一百里、长二十里地面上的国民党军队，干净、彻底、全部消灭之。"①在抗战还未最后胜利之时，国民党军就迫不及待地向中国共产党中央所在地延安及陕甘宁边区发动反共进攻，企图控制爷台山进而夺取关中、威胁延安，全面进攻边区，反映出国民党政权的一贯反共、反人民的立场。

【参考资料】

［1］中国延安干部学院.延安时期大事记述[M].北京：中央文献出版社，2010.

［2］《中国大百科全书·军事》编委会.中国大百科全书：军事[M].北京：中国大百科出版社，2007.

［3］八路军第一二〇师陕甘宁晋绥联防抗日战争史编审委员会.八路军第一二〇师暨晋绥军区战史[M].北京：解放军出版社，2017.

---

① 毛泽东选集：第四卷[M].第2版.北京：人民出版社，1991：1127.

一手拿枪一手拿镐的南泥湾大生产运动

花篮的花儿香

听我来唱一唱　唱一呀唱

来到了南泥湾

南泥湾好地方　好地呀方

好地方来好风光

好地方来好风光

到处是庄稼遍地是牛羊

往年的南泥湾

到处呀是荒山

没呀人烟

如今的南泥湾

与往年不一般　不一呀般

如今的南泥湾

与往年不一般

再不是旧模样

是陕北的好江南

陕北的好江南

鲜花开满山　开呀满山

学习那南泥湾

处处是江南　是江呀南

又战斗来又生产

三五九旅是模范……

这首由贺敬之作词、马可作曲的《南泥湾》，改编自陕北名歌《挑花篮》，歌词反映了抗战期间陕甘宁边区的大生产运动中八路军三五九旅在南泥湾屯垦生产的光辉业绩。这首歌一经传唱，迅速红遍陕甘宁边区和敌后各抗日根据地。1964年，庆祝中华人民共和国成立15周年拍摄的革命史诗《东方红》中，它再次由著名歌唱家郭兰英演唱，从此成为革命经典歌曲而百世流芳。

三五九旅南泥湾大生产，是整个中国共产党领导的陕甘宁边区和其他敌后抗日根据地军民大生产运动的缩影。"自己动手、丰衣足食"，开展大生产运动，是中国共产党人在抗日战争最艰难时期，为战胜极大经济困难采取的一项重大政策措施。

全国抗战初期，国民党同共产党合作抗日，共产党领导的陕甘宁边区和八路军、新四军的财政开支，相当一部分是按照双方协定由国民政府发给的。抗日战争进入相持阶段以后的1939年1月，国民党五届五中全会制定了"溶共、防共、限共、反共"的反动政策并掀起第一次反共高潮。皖南事变后，国民政府更是停发了对共产党和人民军队的一切军饷和经费。国民党胡宗南部在边区周围陈兵几十万，构筑五道封锁线对陕甘宁边区进行军事包围和经济封锁，妄图困死根据地军民。1940年百团大战后，日本侵略者看到了敌后战场的威力，开始把作战的重点转向中国共产党领导的八路军、新四军，加紧对抗日根据地进行疯狂扫荡。陕甘宁边区作为党中央所在地，指挥抗战的中枢，更成为日、伪、顽进攻和围困的重点。日本侵略者从山西黄河东侧多次以重兵进攻陕甘宁边区千里河防，妄图动摇我抗日决心。面对敌、伪、顽进行军事包围和经济封锁，再加上自然灾害的侵袭，中国共产党领导的各抗日根据地出现空前严重的物质困难。到1940年前后，包括陕甘宁在内的各抗日根据地都到了没有饭吃、没有衣穿、没有油吃、没有纸用、没有鞋袜的程度。摆脱生存绝境、克服严重困难成了根据地军民的首要问题！

1939年2月2日，中共中央召开延安党政军生产动员大会。毛泽东在会上尖锐地指出："饿死是没有一个人赞成的，解散也是没有一个人赞成的，还是自己动手吧！""今天开生产动员大会，意义是很大的。要继续抗战，就需要动员全中国的人力物力。陕甘宁边区有200万居民，还有4万脱离生产的工作人员，要解决这204万人的穿衣吃饭问题，就要进行生产运动。"他接着说："从古以来的人类究竟是怎样生活着的呢？还不是自己动手活下去的吗？为什么我们这些人类子孙连这点聪明都没有呢？……总之，我们是确信我们能够解决经济困难的，我们对于在这方面的一切问题的回答就是'自己动手'四个字。"[①]为动员大家的生产积极性，毛泽东现场亲笔题词："自己动手""丰衣足食"。1940年2月10日，中共中央和中央军委发出《关于开展生产运动的指示》，指出："斗争已进入更艰苦阶段，财政经济问题的解决，必须提到政治的高度，望军政首长，各级政治机关努力领导今年部队中的生产运动。开辟财源，克服困难，争取战争的胜利。"指示中要求各部队根据不同环境和条件，开展生产运动，做到"一面战斗（非战斗机关是一面工作），一面生产，一面学习"。从此，以改善生活为目的的局部性农副业生产，发展为以陕甘宁边区为代表的各抗日根据地军民广泛参与的轰轰烈烈的大生产运动。

大生产运动从1939年算起一直持续到抗战胜利之前，主要范围是陕甘宁边区，同时也包括全国各个抗日民主根据地。其中八路军三五九旅开发南泥湾的屯垦生产是全党全军大生产运动中的一环，官兵在开发南泥湾中表现出的思想、作风和成就成为旗帜和榜样，对晋察冀、晋冀鲁豫、山东等抗日根据地大生产运动的蓬勃发展起到了模范引领作用。

1939年10月，为加强边区防卫力量，党中央调八路军第一二〇师

---

① 中共晋冀鲁豫中央局.毛泽东选集：下册[M].［出版地不详］中共晋冀鲁豫中央局，1948：805.

第三五九旅由华北前线回防，保卫边区、保卫党中央。1940年5月，朱德总司令从太行抗日前线回到延安，协助毛泽东同志指挥全国各根据地抗战。为克服陕甘宁边区的严重经济困难，他亲自指导南泥湾的开发工作，推动大生产运动，亲手培育和倡导了"南泥湾精神"。[①]朱德总司令曾先后两次带着自然科学院等专业人员骑马去南泥湾勘察地形地貌，最后找三五九旅旅长王震讲延安东南方向有块好地方，你们可以去军垦屯田。他还帮助旅领导具体规划，细算了开发目标和各业指标。

南泥湾，位于距延安45公里的汾川河上游，是陕甘宁边区首府延安的南大门。这里清末受战乱影响，再加上封建统治者挑动民族纠纷，使方圆百里的富庶之地成了荆棘遍野、野兽出没、人迹罕至的荒僻之所。全国抗战时期，从延安城出发到南泥湾骑马要走3个多小时，步行要走1天。

◎ 1941年2月，王震和三五九旅领导干部研究开发南泥湾的计划

---

① 习近平在纪念朱德同志诞辰130周年座谈会上的讲话[N].人民日报，2016-11-30（02）.

◎ 三五九旅生产开荒前誓师大会

　　1941年春，迎着凛冽的北风，在旅长王震提出的"一把锄头一支枪，生产自给保卫党中央"的口号声中，三五九旅官兵开赴南泥湾，开始了轰轰烈烈的屯垦生产。南泥湾主要有九龙泉、蟠龙和南阳府三道川，中心在阳湾。三五九旅旅部在金盆湾、七一七团在临镇、七一八团在马坊、七一九团在九龙泉、四支队在三台庄分别安营扎寨，打响了"自己动手，向荒山要粮"的战斗。

　　初进南泥湾，迎接以南方籍为主的三五九旅官兵战士们的是一个个从未遇到过的困难和考验。没有房子住，用树枝搭草棚、依山崖挖窑洞；粮食不够吃，就到百里以外的延长等地去背粮或上山挖野菜、采蘑菇、打野味充饥；没有开荒的锄头，到处找废铁自己造。他们发现一座破庙中的一口破钟，于是挖地炉、烧木炭、化铁水，在上下翻飞的铁锤锻造声中，一炉炉铁水飞溅火花，一把把老锄头打造成型。三五九旅的官兵们在党中央和毛泽东"自己动手、丰衣足食"的号召下，迅速掀起开荒生产热潮，南泥湾到处呈现出一派生机勃勃、轰轰烈烈的大生产景象。

　　三五九旅进驻南泥湾屯垦后，制订了边生产边训练的计划，农忙时

◎ 1941 年春，三五九旅将士们在南泥湾垦荒种田

生产，农闲时练兵，实现"一手拿枪、一手拿镐"。王震旅长提出"不让一个人站在生产战线之外"的口号，上自旅长，下至勤务员、炊事员，一律参加生产。

七一八团的团长陈宗尧和政委左齐因表现突出曾受到毛泽东的表扬。毛泽东说："陈宗尧同志是八路军的团长，他率领全团走几百里路去背米，他不骑马，自己背米，马也背米，全团指战员为他的精神所感动，人人精神百倍，无一开小差。左齐同志是该团政治委员，他在战争中失去了一只手，开荒时他拿不起锄头，但在营里替战士们做饭，挑上山去给战士们吃，使得战士们感动得不可名状。"[1]

毛泽东号召全体党的干部，学习这两位同志的精神，和广大群众打成一片，克服一切脱离群众的官僚主义。他说："我们共产党人不是要做官，而是要革命，我们人人都要有革命的精神，我们不要有一时一刻脱离群众。只要我们不脱离群众，我们就一定会胜利。"[2]

---

① 毛泽东.关于共产国际解散问题的报告[N].解放日报，1943-05-28.
② 毛泽东.关于共产国际解散问题的报告[N].解放日报，1943-05-28.

◎ 机关、炮兵学校等人员参加纺线

　　为了加快生产进度，提高劳动效率，部队还开展了劳动竞赛，连排班之间，个人之间互相挑战，涌现出了许多"气死牛"式的模范人物。七一八团模范班长李位，在开荒大竞赛中一直处于领先地位。在一次全团组织的 175 名突击手的开荒竞赛中，他挥舞着一把 4 斤半重的大板镢，每分钟落地 48 次，经 11 个小时的激烈"战斗"，创造了日开荒 3 亩 6 分 7 厘的最高纪录，被人们称为"气死牛"式的英雄。

　　在大生产运动中，三五九旅制订严格管理制度和生产计划，厉行节约，实行了土地承包、盈利分红与奖励制度，大大调动了官兵生产积极性。在坚持以农为主基础上，三五九旅还先后开办纺织、被服、皮革、造纸厂，成立盐业、土产、运输等公司，开办饭店、商店、合作社和粮油加工等小作坊，形成军民兼顾、公私兼顾、多层次的生产经营形式。其中自己生产的呢子布料裁剪的军装，还装备了军队高级干部和作为成果展示送给了美军观察组首批成员一人一件。

　　三五九旅指战员用嘹亮的歌声唤醒沉睡百年的土地，用辛勤的汗水

◎ 身着八路军南泥湾自产呢子军装的美军观察组成员

浇出万亩良田。1941年，开荒1.12万亩，产粮1200石，蔬菜完全自给。1942年，开荒2.68万亩，产粮3050石，经费自给92％。1943年，开荒10万多亩，实现了"不要政府一粒米，一寸布，一文钱"。

1942年7月10日，朱德在《游南泥湾》一诗中写道：去年初到此，遍地皆荒草。夜无宿营地，破窑亦难找。今辟新市场，洞房满山腰。平川种嘉禾，水田栽新稻。屯田仅告成，战士粗温饱。熏风拂面来，有似江南好。1942年底，西北局召开高干会，对在生产运动中成绩突出的3个单位与22名个人进行表彰奖励。毛泽东分别为他们题词祝贺。给三五九旅的题词是："发展经济的前锋"，给王震的题词是："有创造精神"。1943年春节，鲁艺组织秧歌队去南泥湾劳军，一曲《南泥湾》热情赞扬了三五九旅屯垦南泥湾的业绩。随着这首歌曲的传扬，三五九旅的英名，迅速传遍长城内外、大江南北。

1943年2月17日，林伯渠率边区拥军慰劳团赴南泥湾垦区慰问驻军。其间，参加了阅兵式，观看了军事表演，在5000多军民参加的拥政爱民大会上发表讲话，高度赞扬了他们的卓著业绩。2月25日，林伯渠对《解放日报》记者发表谈话，赞扬南泥湾垦区部队说："像这样忠于保卫边区而又竭力设法减轻人民负担的军队，乃真正是我们边区人民自己的军队。"

1943年10月，大地一片金黄。毛泽东、刘少奇、任弼时、彭德怀等视察了南泥湾。他们所到之处，牛羊成群猪满圈，肥鸭满塘鸡满院，粮食大丰收，瓜菜堆如山；一排排整齐的窑洞布满山，宽敞的厂房吐出袅袅轻烟；大车道迂回曲折、四通八达；集市上笑容满面的人群熙攘往来，一派繁荣景象。毛泽东一行白天骑马到各团实地察看，晚上住在阳湾垦区政府，听取王震旅长的汇报。看到三五九旅屯田垦荒的巨大成就，毛泽东高兴地说："困难并不是不可征服的怪物，大家动手征服它，它就低头了。大家自力更生，吃的、穿的、用的都有了。目前，我们没有外援，假定将来有了外援，也还是要以自力更生为主。"[①]

◎ 毛泽东在南泥湾视察途中

---

① 王恩茂.南泥湾精神永远激励我们奋勇前进 [M]// 西北五省区编纂领导小组.陕甘宁边区抗日民主根据地：回忆录卷.北京：中共党史资料出版社，1990：209.

毛泽东等中央领导的视察，极大地激发了三五九旅指战员的生产热情。1944年，全旅共种地26万亩，实现了每人1只羊、2人1头猪、10人1头牛，每人生产6石1斗细粮的任务。全旅产粮3.6万石，达到了"耕一余一"，并给政府上缴公粮1万石。创造了军队建设史上的奇迹。干部战士生活大为改善，住上了平整、宽敞的窑洞，穿上了呢料军装，盖上了呢毯子、厚被子。战士们每人每月吃两斤肉，每人每天平均五钱油，五钱盐，一斤半菜，会餐能吃鸡鸭、大米、白面。南泥湾真正变成了"到处是庄稼，遍地是牛羊"的"陕北好江南"。

大生产运动期间，三五九旅广大官兵始终牢记抗战军人职责和保卫党中央南大门的光荣使命，开展了大规模的练兵运动。同时在1943年春播和中耕后开展了整风运动，保障和推动了练兵、生产各方面任务的完成。

王震旅长要求指战员苦练杀敌本领，努力提高军事技术。他在训练中提出："首长负责，亲自动手；人人必到，一到必投（手榴弹）；风雨无阻，假日不休。"练兵运动中以射击、投弹、刺杀三大技术为主，开展官教兵、兵教官、兵教兵的练兵热潮，广大官兵的军事技能有了很大提高。1943年，国民党发动第三次反共高潮，调集重兵妄图闪击延安，6月下旬，驻守富县峪口村的部队，以一个班的兵力，打退了顽军一个营的三次进攻。神枪手韩益林，弹无虚发，三枪击毙了三个敌军官。峪口村战斗，充分显示了我军的战斗力。

1944年5月，中外记者西北参观团访问陕甘宁边区。6月6日，记者团到达王震三五九旅驻地南泥湾，叶剑英参谋长专程从延安赶来，接见了全体记者。接下来的几天，叶剑英、王震等陪同记者团在南泥湾各地参观，三五九旅官兵为记者团进行了军事训练和军事演习，记者们对这支边生产、边战斗的部队精湛的军事素质大为赞叹。6月10日，记者团到达延安的第二天。这天早晨，中外记者在早餐餐桌上发现了牛奶、

◎ 《打谷场上》记录了八路军三五九旅在南泥湾大生产中的一个丰收场面。抗日战争时期曾在延安、重庆展览（郑景康 1943年摄）

鸡蛋、面包和酥油（土质奶油）时，都觉得难以置信。他们这才明白自己被国民党当局"延安生活艰苦！去不得"的宣传欺骗了。大家对大生产运动取得的成就赞不绝口。1944年9月，在陕甘宁边区留守兵团举行的军事表演中，三五九旅获得团体第一名。

1942年初，正当三五九旅的南泥湾大生产搞得热火朝天的时候，八路军总政治部派电影团来到南泥湾，他们拍了一部大生产的电影纪录片，片名是《生产与战斗结合起来》，后来改名为《南泥湾》，这是我党、我军拍摄的第一部纪录片。不久，影片开始在延安地区放映。这部影片，最初只有图像而没有声音，后来才制成了有声电影。在影片的解说词中，提倡大家学习"南泥湾精神"，更好地完成生产任务，影片在边区各单位放映以后，对于广大军民积极投身大生产运动起到了很大的教育鼓舞作用。应该说"南泥湾精神"在南泥湾大生产的当时就提出来了。1961年4月，该片摄影师徐肖冰在《北京报》上回忆拍摄过程，题目就是《南泥湾精神万岁》。以后作为"延安精神"的原生态的"南泥湾精神"就家喻户晓了。

◎ 今天的南泥湾

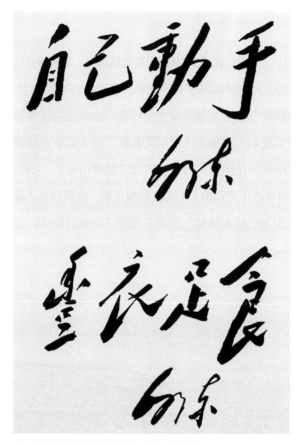

◎ 毛泽东题词"自己动手""丰衣足食"

毛泽东视察南泥湾后就指出：自己动手、自给自足的生产经验，王震同志领导的三五九旅通过实践已经总结出来了。回去后，党中央要很好地研究，要把三五九旅的经验推广到各个抗日根据地去。

在陕甘宁边区开展大生产运动的同时，晋察冀、晋冀鲁豫、晋绥、山东、华中等各抗日根据地，都根据不同情况开展了大生产运动，也取得了很大成绩，达到了中共中央要求的"自己动手，克服困难"的目的。

总之，军队参加生产，改善了物质生活，许多部队实现了粮食、被服和其他日用品自给，由于军队努力生产，收入增加，使人民群众的负担也大大减轻。大生产运动使陕甘宁边区和各抗日根据地军民胜利度过了抗日战争最困难的时期，为支持敌后长期战争，夺取抗日战争的胜利奠定了物质基础。毛泽东指出："这是中国历史上从来未有的奇迹，这是我们不可征服的物质基础。"并把它与整风运动一起称为当时整个革

◎ 南泥湾屯垦开荒

◎ 南泥湾屯垦开荒

命链条中起决定性作用的两个环子。

大生产运动不但使抗日根据地军民胜利度过了抗日战争最困难的时期，为战胜日本帝国主义奠定了物质基础，而且还给后人留下了自力更生、艰苦奋斗的光荣传统，成为中华民族宝贵的精神财富。

【参考资料】

［1］中共中央中央军委关于开展生产运动的指示（1940年2月10日）[M]//《中国人民解放军历史资料丛书》编辑组.八路军·文献.北京：解放军出版社，1994：463-464.

［2］中共中央军委关于陕甘宁边区部队生产工作的指示（1941年5月）[M]//《中国人民解放军历史资料丛书》编辑组.八路军·文献.北京：解放军出版社，1994：647-648.

［3］积极推行"南泥湾政策"！（1942年12月12日）[M]//《中国人民解放军历史资料丛书》编辑组.八路军·文献.北京：解放军出版社，1994：874-875.

［4］游击区也能够生产（1945年1月31日）[M]//毛泽东选集：第三卷.第2版.北京：人民出版社，1991：1021-1024.

威震华夏"第二次长征"

◎ 毛泽东、朱德（左1）由王震（左3）陪同在延安机场检阅三五九旅南下一支队

　　1944年，全国抗战进入到第七个年头。为了创建新解放区，增强华南人民武装力量，扩大对日军战略反攻的前进阵地，中共中央决定在巩固和发展华北、华中等抗日根据地的同时，抽调部分主力向华南地区发展。1944年7月的一天，毛泽东找王震去交代一项任务，让三五九旅派一个团长率领一个加强营，护送干部团经鄂豫边新四军五师根据地，到广东扩大敌后抗日根据地。王震感到此行任务艰巨，责任重大，于是主动向毛泽东请缨，由他亲率部队护送。毛泽东说："你去的话，我就另有打算，中央研究一下再谈。"毛泽东最后对王震说："如果国际反法西斯战争迅速胜利，蒋介石决不允许你们把这把刀子插在他的咽喉上，他会首先集中力量吃掉你们。这样，你们孤军作战，斗争将十分残酷，

◎ 时任三五九旅旅长王震

甚至可能全军覆没，包括你本人在内。"王震当即表示："不管发生什么情况，我们都坚决地完成任务！"

第二天，毛泽东又找王震谈话，讲了中央的战略考虑，巩固华北、华中，发展华南。南下支队的任务是：挺进华南，会合东江纵队，开辟五岭抗日根据地，把华中和华南联系起来。这样，在日军退却时，可以配合全国大反攻，收复失地；在抗战胜利后，如果蒋介石打内战，我们也能进退有据，牵制其南方一翼，配合各解放区的自卫战争。

1944年10月31日，中共中央六届七中全会主席团会议讨论了三五九旅主力南征的区域和组织机构问题，决定由王震和王首道率领的干部和部队在湖南以衡山为中心建立根据地。11月9日，由三五九旅主力4000余人组成的南下支队告别驻守多年的革命圣地，踏上南下的征途，向豫鄂湘粤敌后挺进。

1944年11月1日，三五九旅一部，由中央军委授名为第十八集团军（即八路军）独立第一游击支队，简称南下支队，在延安东郊机场举行南征誓师大会。毛主席、朱总司令、刘少奇、周恩来、任弼时等中央首长亲临会场阅兵，并在雷鸣般的掌声中作了振奋人心的讲话。其中，毛主席在临别讲话中生动形象地说道："现在蒋介石和日本帝国主义和平共处，一唱一和，南方人民正在遭受深重灾难，中央要你们到南方去，

◎ 南下的三五九旅部队分列式通过检阅台

◎ 南下支队从延安出发

你们要和中原军区的李先念同志和两广游击纵队连在一起，在广大的湘鄂赣地区，摧毁压在人民头上的大山，解放那里的人民和被日本人占领的城乡。日本人占城市，国民党占山头，你们就靠水边建立根据地。你们要像柳树一样，有水的地方就能插活，这水就是人民，所以要和人民打成一片。但是柳树容易随风倒，所以你们又要像松树一样坚强，经得起风霜，松树打霜落雪时叶都是青的。你们要筑一道墙，日本垮台，峨眉山上要发大水，你们就和那里的人民武装一起把它拦起来。"

11月9日，王震、王首道率领南下支队从延安出发，经半个月行军，

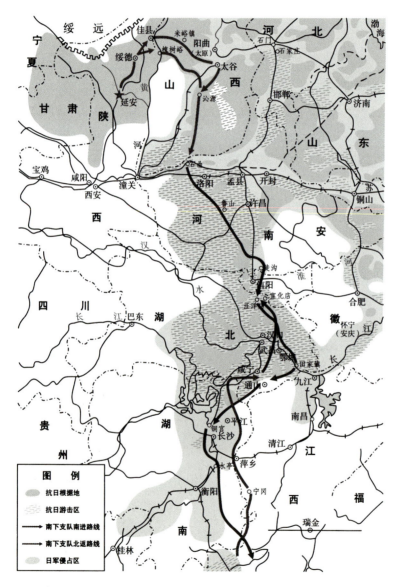

◎ 八路军南下支队行动路线示意图（1944年11月—1945年9月）

由绥德东渡黄河，到达晋西北抗日根据地吕梁山区，经过几天的休息准备，通过日寇占领的离石至临县、离石至岚县、汾阳至太原的公路，汾河和同蒲铁路等敌封锁线，抵达太岳军区。

12月隆冬季节，豫西、豫中有洛河、伊河、汝河、澧河、沙河、洪河、淮河等大的河流，陈宗尧带领全队，不顾奇寒，不管深浅，全部脱下棉裤、棉衣（过淮河时，脱掉棉衣），踏开冰河，带头徒涉。1945年1月9日午夜，部队顶着7级狂风出发行军，积雪过膝，寒风砭骨，每前进一步都要花费很大力气。部队终于在1945年1月27日，到达鄂豫边大悟山根据地，与李先念领导的新四军第五师胜利会师。截至会师之日，南下支队历时78天，行程2000余公里，其中夜行军11次，雪地行军39天，徒步蹚过冰冷的汾河、伊河、沙河、淮河等众多河流，打破日伪的层层封锁，在与日寇交战中，俘日伪军388人，缴获轻重机枪5挺、步枪377支。我军也有100余人受伤，34人不幸牺牲。

◎ 1944年12月，八路军南下支队到达鄂豫皖边区，于次年1月25日与新四军第五师胜利会师。前排右起：李先念、陈少敏、王震、王首道；后排右1：王恩茂

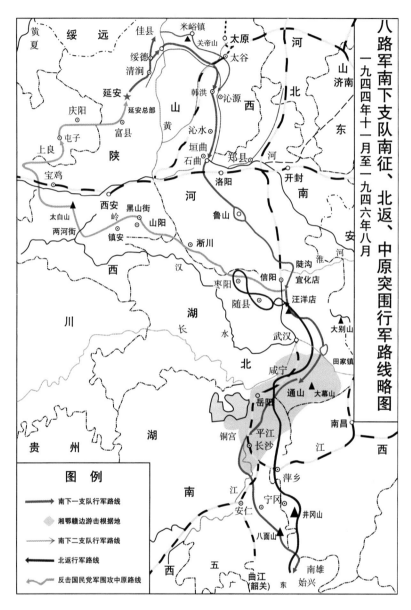

◎ 八路军南下支队南征、北返、中原突围行军路线示意图（1944 年 11 月—1946 年 8 月）

短暂休整后，李先念派所部四分区司令员张体学率 1 个团兵力，与南下支队一起继续南征。2 月 24 日，在湖北省蕲春田家镇掩护支队领导机关渡过长江天堑后，二支队强渡长江，踏上江南大地。2 月 26 日，二大队与一大队联合作战，取得大田畈大捷，痛歼进攻阳新大田畈的日寇 500 余人，伪军 400 余人，缴获大炮 7 门，轻重机枪 25 挺，步枪 300 余支。在我军威的震慑和党的政策的感召下，在这次战斗中，伪军 7 个团 8000 余人倒戈起义，接受我军指挥。我指战员也在这次战斗中有 72 人为国捐躯。随后，我军又胜利进行了大幕山、大源等战斗，3 月 26 日，一举解放湘北平江城，取得了南下战斗的重大胜利。至此，为适应斗争发展的需要和扩大我军的政治影响，经党中央批准，南下支队取消原有番号，改称"湖南人民抗日救国军"，原属各大队一律改为支队。二大队改称二支队（平山团）。4 月底，报请中央批准，湘鄂赣边区成立，王震任军区司令员，王首道任党委书记兼军区政委，张体学任副司令员，王恩茂任副政委，聂洪智任行署主任。二支队斗志昂扬，士气高涨，开始协同兄弟部队进行创建湘鄂赣边区抗日根据地的艰苦斗争。此间，包括南征途中与日伪顽进行的各种战斗，共计近百次。

　　之后，穿越江西省大余、遂川、莲花一线的井冈山区，9 月 15 日，南下部队奉命北返抵湘北平江地区。沿途国民党围追堵截，均被我军英勇击退。在连续的行军作战中，许多同志壮烈牺牲，伤病员支撑病体随军前行，历尽人间难以想象的艰难困苦。9 月底从鄂城北渡长江，10 月上旬，在湖北黄安庙基湾与新四军第五师第二次胜利会师。随后，编入中原军区第二纵队战斗序列，还名三五九旅，转战鄂北、豫南，反击国民党反动军队的"围剿"进攻。

　　1946 年 1 月 10 日，国共两党达成停战协议。双方军队相对处于休整状态，但国民党军仍不断制造摩擦，小范围进行武装挑衅。6 月底，蒋介石公然撕毁停战协定，调集 10 个整编师及众多保安团向我驻扎的

◎ 南下支队胜利返回延安

宣化店地区发动大规模进攻，企图一举将我中原军区围而歼之。6月29日夜，我军主力抓住战机向东西两线实施突围。三五九旅作为右路军，由王震、王恩茂、李铨率领，向西冲破敌人重兵防守的平汉铁路，摆脱敌人的追击，成功转入陕南秦岭山区，这就是闻名中外的中原突围。

胡宗南调集大军封锁秦岭，企图再次将我围而歼之。我军在酷暑饥饿中，克服了伤亡、病亡、失散、掉队等万般困难，与10倍于我的敌军前后激战63天，终于在8月29日返回陕甘宁边区，4天后进入南线要塞驿马关。至此，三五九旅南征北返，中原突围，自出发之日到胜利回师，历时659天，总行程1.35万公里，先后冲破敌人100多道封锁线，大小战斗300余次，血战近百次，打破了数十万敌军的围追堵截，在枪林弹雨和恶劣的生存条件下经受了极其严峻的生死考验，创造了中国军事史上的一个奇迹！三五九旅南征主力3800人，生还者仅833人，许多优秀子弟的鲜血洒在了大江南北的土地上！

◎ 毛泽东在王家坪接见南征北返归来的王震

1946年9月，南下支队凯旋。毛泽东对南下支队非常关心，曾当面征求习仲勋对接应南下支队的意见，接连给习仲勋写了9封信，指示十分具体，想得十分周到。

9月27日，延安人民高举"威震华夏"的巨幅标语，敲锣打鼓出迎20余公里，热烈欢迎三五九旅南下指战员胜利归来。王震直奔王家坪毛泽东的住处。毛泽东紧紧握住王震的手，上下打量着衣衫褴褛、满头长发、满脸胡须的王震，禁不住眼泪夺眶而出："王胡子，你受苦了啊！九死一生，重返延安，了不起！你们的任务完成得很好，很好！"于是，王震"王胡子"的外号便广泛流传开来。

29日上午，党中央在杨家岭中央大礼堂，为三五九旅的归来举行了盛大的欢迎大会。毛主席、朱总司令、任弼时、彭德怀、贺龙、林伯渠等中央领导接见了南征的全体指战员。毛泽东高兴地说："你们不怕困难、不怕牺牲、勇敢顽强，深入敌人心脏，敢于和敌人作斗争，打破了国民党反动派数十万大军的围剿，胜利返回延安。这是我党历史上第二次长征。你们虽然牺牲了不少同志，但是光荣地完成了党交给的任务，你们是党的宝贵财富，也可以说是从战争这所大学里毕业出来的优秀的大学生。"10月5日，王震在延安广播电台发表《人民军队是不可战胜的》讲话，以雄辩的事实向全世界宣称：具有高度爱国主义与革命英雄主义的人民军队，永远是不可战胜的！

【资料链接】

1946年夏，毛泽东密切关注着事态发展，就接应中原突围后的王震部安全返回边区及打击胡宗南部对边区的进犯等重要问题，在王家坪住地约谈习仲勋，当面征询他的意见，又在不到两个月时间里，接连给习仲勋亲笔写了九封信。7月26日，毛泽东致信习仲勋，"请考虑派一二个大员去帮助李、王两部，如汪锋及其他适当之人"。

此前的6月份，习仲勋已派西北局统战部民运科长刘庚前往陕南迎接。8月10日，又派汪锋从马栏出发，于9月18日到商洛主持鄂豫陕工作。8月10日一天之内，毛泽东两次致信习仲勋。第一封信指出："请考虑派出几支游击队（武工队性质），策应李先念、王震创造游击根据地，以利将来之发展。"紧接着又在第二封信中提出："十七军八十四师开陕南佛坪堵击我王震部。八十四师内是否有同志及同情者，情况如何，请查明见告为盼！"11日，习仲勋致电陇东地委书记李合邦、甘肃工委书记孙作宾、警三旅旅长黄罗斌、政委郭炳坤，令派出一百五六十人的武装向陇南活动，创造游击区，抓紧时间做好接应准备工作，派若干武工队向海原、固原、静宁、庄浪一带活动，并严令不得泄密。同时，抽调警一旅2个加强连300多人组成西府游击支队，由赵伯经带领开赴麟游山区，牵制胡宗南部队，减轻三五九旅压力。

8月19日，毛泽东致信习仲勋，要求"准备三个强的团"，"即速出动于边境附近，待命策应为要"。

19日夜10时，习仲勋和联防军代司令员王世泰等电令新四旅全部和警三旅七团在两日内作好战斗准备（以轻装作准备），待命行动。

20日夜10时，习仲勋和王世泰等发布命令，组织南线出击，令新四旅为左翼，担负长武、彬县之间缺口的突破出迎任务；警三旅七团等部为右翼，担负平凉、泾川之间缺口的突破出迎任务；警一旅组织小股游击队昼伏夜出，于淳化、旬邑一带麻痹牵制敌人等。

22日，习仲勋又致电张仲良、李合邦等，令立即出动，不要迟延。是日夜，难以入睡的毛泽东提笔致信习仲勋，询问长武、彬县、平凉、隆德、静宁、正宁、宁县、西峰、镇原、固原等地敌军兵力及布防情况。

23日，南线出击开始。三五九旅绕道陇县，向北疾驰。习仲勋将南线出击及敌军布防情况电告毛泽东。毛泽东当日复函习仲勋，表示"来示悉，布置甚好，已告王震"。

24日，习仲勋和王世泰电令部队，指出此次出击主要任务为迎接王震部安全进入边区，对追堵之敌必须奋勇排除，打击与消灭之，在掩护王部安全通过后，须徐徐收束攻势，撤回边区。

29日，三五九旅在长武、泾川间越过西兰公路，渡过泾河，在镇原屯子镇与警三旅胜利会合。当日，毛泽东难掩喜悦之情，再次致信习仲勋，指示："王震部主力已到边边（注：即陕甘宁边区的边沿地区），即在陇东休整，请令陇东党政军予以欢迎及帮助。"

9月1日，毛泽东致信习仲勋："胡宗南似有向陇东进攻之计划，我们如何应付，请加筹划，并见告。"

2日，在收到习仲勋关于敌我形势和作战方案的报告后，毛泽东再次致信习仲勋："来信收到。即照所定方针去做。作战时，注意集中绝对优势兵力歼敌一部，如来信所说，集中六至七个团，歼敌一个团。"

习仲勋在回忆毛泽东九封来信的往事时，深有感触地说："毛主席把我叫去，问我路怎么走，从哪里过渭河，并要我派人接应。这期间，主席不几天就来一封信，有时隔一天一封，一个多月的时间，就写了九封信。"①

【参考资料】

[1]毛泽东关于创建湘鄂赣边区根据地问题致王震、王首道等电（1945年5月4日）[M]//《中国人民解放军历史资料丛书》编辑组.八路军·文献.北京：解放军出版社，1994：1086.

[2]陕甘宁晋绥联防军关于奉命出击迎接王震部的电令（1946年8月19日）[M]// 中国人民解放军第一野战军战史编审委员会.第一野战军文献选编：第一册.北京：解放军出版社，2000：33-34.

[3]中央军委关于部队行动问题给王震电（1946年8月20日）[M]//中国人民解放军第一野战军战史编审委员会.第一野战军文献选编：第一册.北京：解放军出版社，2000：37-38.

[4]毛泽东的九封来信[M]//夏蒙，王小强.习仲勋画传.北京：人民出版社，2018：98-104.

---

① 毛泽东的九封来信[M]// 夏蒙，王小强.习仲勋画传北京：人民出版社，2018：104.

西北战场三战三捷

　　西北战场三战三捷，是西北野战军于主动撤出延安后的四十多天中，在十倍于己的强敌面前，连续在青化砭、羊马河和蟠龙地区进行的三次成功的歼灭战。它沉重地打击了胡宗南集团，增强了陕甘宁边区军民的胜利信心，为彻底粉碎国民党军对陕北的进攻奠定了基础。

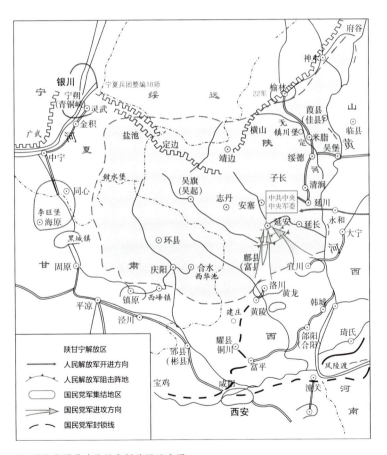

◎ 国民党军进攻陕甘宁解放区示意图

◎ 1947年4月，国民党胡宗南部队在延安机场举行小型阅兵仪式

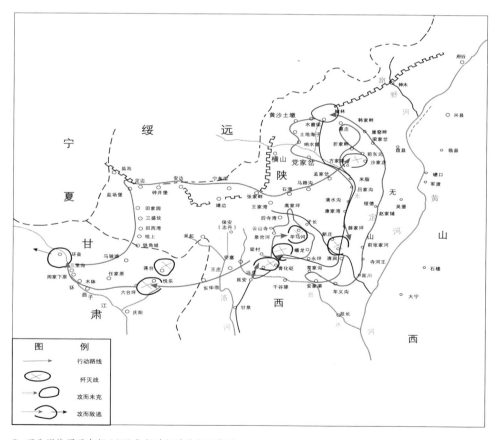

◎ 西北野战军司令部 1947 年行动经过路线示意图

1947年3月，蒋介石集团对解放区的全面进攻遭到惨败后，便集中主力向陕甘宁和山东解放区实施重点进攻。在陕北投入34个旅，23万人，主力是国民党最大的一支战略预备队胡宗南部。妄图首先解决西北问题，并且驱逐中共中央和人民解放军总部出西北，然后进攻华北，各个击破。

◎ 彭德怀（左）与习仲勋（右）在研究作战方案

◎ 彭德怀（左2）、习仲勋（左3）等在青化砭战场上

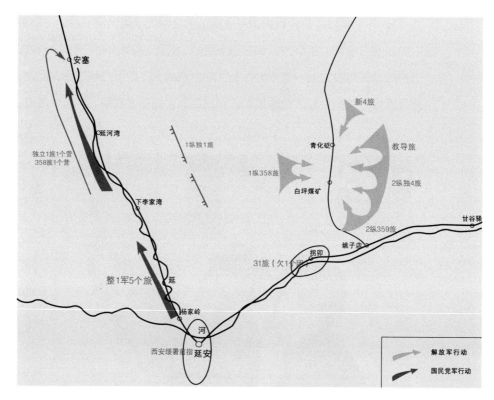

◎ 青化砭战役示意图

　　当时彭德怀、习仲勋指挥的西北野战军，仅有六个旅，两万余人，装备很差，弹药奇缺。3月13日，胡宗南部向延安进攻，我军以一部兵力顽强阻击，在掩护党政军领导机关和人民群众安全转移并杀伤敌人5000余人后，于3月19日主动放弃延安，诱敌深入，寻机歼敌。国民党军占领延安后得意忘形，蒋介石大讲"雪我十余年之积愤"，陈诚重弹"三个月内可击溃共军主力"。正当国民党军骄横得意之时，西北野战军先后发动三场战役，以歼灭战方式大量消灭敌人，一举稳定了西北战场战局，史称"三战三捷"。

青化砭位于延安东北，地处交通要道，形若口袋，便于设伏。中央军委判断，敌占延安后必将急于寻我主力决战，遂决定第一纵队向安塞以北地区转移，以其一部与敌保持接触，佯作掩护主力撤退，诱敌主力北上安塞；我军主力则隐蔽集结于甘谷驿、青化砭等地区，待机歼敌。

胡宗南占领延安后，认为我军"不堪一击"，已"仓惶北窜"，又为第一纵队的佯动所迷惑，即令整编第一军率五个旅于3月24日沿延河向安塞攻击，企图围歼我军于安塞东北地区，并令第三十一旅（欠第九十一团）于同日由拐峁向青化砭进发，以保障其主力侧翼之安全。

我军得到以上情报后，决定集中五个旅于青化砭以南地区，沿公路两侧布成袋形阵地，伏歼敌三十一旅。各部队本着"慎重初战"的原则作了充分准备，于24日进入伏击阵地。当天，敌因补给粮食在拐峁未动，我军25日继续在原地耐心设伏。

◎ 西北野战军在青化砭战役中俘虏的国民党军官兵，左四为国民党军第三十一旅旅长李纪云

25日拂晓，敌三十一旅由拐峁北进。10时，其先头部队进至青化砭附近，尾部通过房家桥，整个部队完全进入了伏击圈。我军拦头断尾，南北堵截，东西夹击，勇猛向敌冲杀。三十一旅前后不能相顾，陷入一片混乱。仅经一小时四十多分钟激战，即歼灭该旅2900余人，活捉其旅长李纪云。我军初战告捷，鼓舞了士气，初步稳定了西北战局。

　　青化砭战役后，胡宗南才发现我军主力在延安东北地区，即令整编第一军、第二十九军掉头向东，分两路经甘谷驿、青化砭进击延川。整

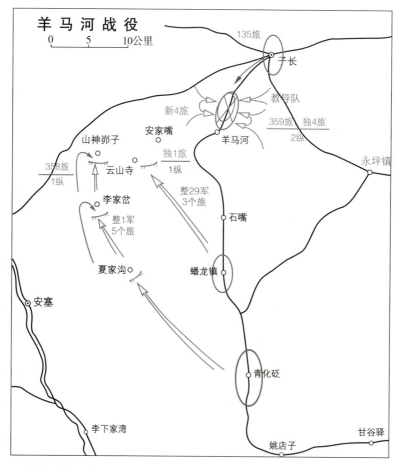

◎ 羊马河战役示意图

◎ 西北野战军某部宣传队深入羊马河前线进行宣传鼓动工作

编第七十六师亦于 26 日占领延长后北上配合，企图寻我主力决战。我将计就计，仅以两个营兵力诱敌向延安东北前进，主力则隐蔽集结于蟠龙地区休整待机。

3 月 29 日、31 日敌相继占领延川、清涧，都扑了空；后又西折瓦窑堡，还是扑了空。胡宗南部由于东奔西跑，处处扑空，战线延长，兵疲粮缺，被迫以第一三五旅留守瓦窑堡，主力于 4 月 6 日南下蟠龙、青化砭地区休补。我军曾追歼途经永坪西北之敌第二十九军，未达到预期目的，随即转移至蟠龙、瓦窑堡大道两侧地区待机。

国民党军在蟠龙、青化砭地区得知我主力在瓦窑堡西南之李家川等地，即令其主力向该地进击，并以驻清涧的第二十四旅第七十二团接替瓦窑堡防务，令第一三五旅南下，配合主力围歼我军。当 4 月 11 日获悉敌七十二团的行动情报后，毛泽东即指示部队注意侦察敌一三五旅的动向，并准备乘其南下时在运动中歼灭之，为此作了周密的部署。

◎ 蟠龙战役中，战士们搭人梯冲上蟠龙镇城墙

　　12 日，胡宗南部主力开始北犯。由于第一纵队的坚决阻击，敌误认我军主力在瓦窑堡、蟠龙大道以西，遂急令一三五旅南下。14 日 10 时，当该旅沿瓦窑堡、蟠龙大道东西两侧高地南下进至羊马河以北地区时，预伏在此的西北野战军第二纵队及教导旅、新四旅立即全部出击，迅速将敌包围，战斗至下午 6 时，全歼该旅 4700 余人，并俘其代旅长。首创西北我军全歼国民党军一个整旅的范例。羊马河战役后，胡宗南又发现我军主力在瓦窑堡以南地区，即令整编第一军、第二十九军主力急进

围歼，但我军此时已转移到瓦窑堡西北一带隐蔽待机。胡宗南部九旅人马爬山越岭数日，饥疲交加，又不知我军去向，只得于4月17日南下永坪、蟠龙地区休补。我军乘机于19日在新岔河地区予以截击，杀伤其2000余人后，转移至永坪东北地区。这时，蒋介石根据其所得到的中共中央及我军主力已开始陆续东渡黄河之情报，令胡部主力急速北进，并令榆林邓宝珊部南下配合，企图南北夹击，歼灭我军于佳县、吴堡地区。胡宗南乃以第一六七旅（欠第五〇〇团）和地方武装一部守备重要补给基地蟠龙，主力于26日北上。

我军在判明敌人的企图后，决心乘敌主力北上回援不及之机，攻歼蟠龙守敌。为此作出如下部署：仍以小部兵力伪装主力，节节抵抗，并在沿途故意遗弃一些符号、物资诱敌北上；三五九旅在永坪东北地区，准备阻击从绥德、清涧来援之敌；教导旅进至青化砭以北地区，准备阻击青化砭、拐峁北援之敌；三五八旅、独一旅、独四旅和新四旅集结于蟠龙周围，待机攻歼该地守敌。毛泽东5月2日电示彭德怀、习仲勋："攻击蟠龙决心很对。如胜利，影响必大；即使不胜，也取得经验。"

5月2日黄昏，国民党军主力到达绥德，当夜我军即对蟠龙发起攻击。蟠龙是国民党军在陕北的重要补给基地，胡宗南部每次"武装大游行"之后，就到蟠龙补给。守敌一六七旅是胡宗南部一支最精锐的部队，又有坚固的防御工事体系，因之战斗异常激烈。经对蟠龙四周高地两天两夜的反复争夺，到5月3日下午我军英勇攻占东山的集玉峁主阵地后，敌之整个防御体系即趋于瓦解。

4日傍晚，各部队居高临下，齐向蟠龙街区猛攻，至24时战斗结束，全歼守敌6700余人，俘虏了该旅旅长胡宗南"四大金刚"之一的李昆岗，并缴获大量急需物资，特别是缴获军服四万套，面粉一万多袋，子弹百余万发以及大量药品，这给予西北野战军以极大补充。当敌主力回援抵蟠龙时，我军已转移到安塞休整数天了。

◎ 西北野战军在蟠龙战役中俘虏的国民党军第一六七旅官兵一部

◎ 真武洞祝捷大会

青化砭、羊马河、蟠龙三个战役结束后，5月14日，西北人民解放军在安塞附近的真武洞召开祝捷大会，周恩来代表党中央、毛泽东到会祝贺。

　　陕北"三战三捷"是毛泽东军事思想的光辉胜利。西北野战军遵照中央军委和毛泽东的指示，实行以歼灭敌军有生力量为主而不是以保守地方为主的方针，主动放弃延安，利用敌人急于寻我主力决战，以少诱多、调虎离山，并运用"蘑菇"战术与敌周旋。在"诱"和"磨"的过程中，我军主力则隐蔽休整，以逸待劳，捕捉战机；一旦抓住敌之弱点，即当机立断，以多击少，既打伏击战，又打攻坚战。在短短的一个月中，我军以少胜多，三战三捷，迅速地扭转了战局，在人民解放军战史上写下了光辉的篇章。国民党当局不得不承认：西北野战军"以钻隙流窜，避实击虚，以保持其势力于陕北、陇东与我周旋"，"我主力始终被匪牵制于陕北，一天无为，殊为惋惜"。[1]美国政府在《白皮书》中认为，攻占延安曾经被宣扬为一个伟大的胜利，实则是一个既浪费又空虚，华而不实的胜利。[2]胡宗南在向蒋介石报告中说出了占领延安后的惨状："当前战场我军几均处于劣势，危机之深，甚于抗战。"[3]

【参考资料】

　　[1]中央军委关于祝贺青化砭战斗胜利和准备打二仗致彭德怀、习仲勋（1947年3月26日）[M]//中国人民解放军第一野战军战史编审委员会.第一野战军文献选编：第一册.北京：解放军出版社，2000：132.

　　[2]彭德怀习仲勋关于羊马河战斗情况致中央军委电（1947年4

① 中国人民解放军战史：第三卷[M].北京：军事科学出版社，1987：106页.
② 党史通讯[J]，1986（4）：24.
③ 中共中央文件选集：第13卷[M].北京：中共中央党校出版社，1987：646页.

月 16 日）[M]// 中国人民解放军第一野战军战史编审委员会 . 第一野战军文献选编：第一册 . 北京：解放军出版社，2000：196-197.

［3］中央军委关于蟠龙战况给各地的通报（1947 年 5 月 5 日）[M]// 中国人民解放军第一野战军战史编审委员会 . 第一野战军文献选编：第一册 . 北京：解放军出版社，2000：236-237.

［4］中国延安干部学院 . 延安时期大事记述 [M]. 北京：中央文献出版社，2010.

沙家店战役

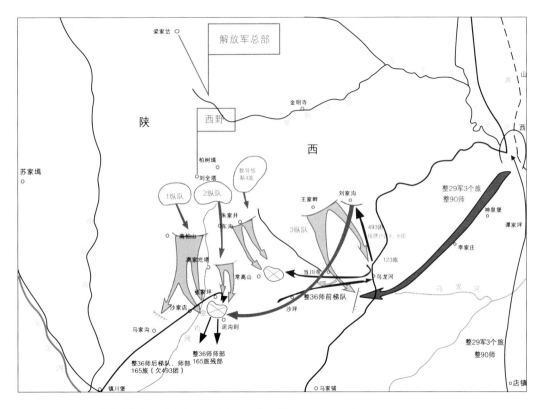

◎ 沙家店战役经过路线示意图（1947年8月18日—20日）

　　沙家店战役是解放战争时期我军西北战场上一次意义深远的战斗。为了粉碎国民党军对延安的"重点进攻"，从1947年3月至7月，我西北野战军采用运动战，在运动中捕捉战机，先后取得青化砭、羊马河、蟠龙镇等一系列战役战斗的胜利，并乘胜包围了塞上重镇榆林。

胡宗南见状，急命国民党整编三十六师组成"快速兵团"赶赴榆林救应。国民党三十六师是胡宗南的王牌，其师长钟松是黄埔二期生，"最喜欢擅自发挥"，曾鼓吹要"一战结束陕北问题"。在受命援救榆林时，钟松怀疑胡宗南身边潜伏有中共谍报人员，于是他擅自改变行军路线，出长城，沿着沙漠行军，从而避过了我西北野战军主力的伏击区，快速抵达榆林城南郊。

　　我军虽未攻下榆林，但达成了吸引西北国民党军的战略目的。西北野战军司令员彭德怀为了迷惑敌人，摆出一副东渡黄河的架势。胡宗南果然上当，他认为共军正在"仓皇逃窜"，命令各军要"迅猛追击"，"勿失千载良机"。国民党三十六师经过长途急行军，沿途掉队人马很多，到达榆林时部队已经疲惫不堪，但第二天就接到胡宗南"迅速南下"的命令。虽然师长钟松认为部队非常疲累，建议休整，但被拒绝。当时三十六师苦无粮食，只得临时向榆林的银行借钱买粮，胡宗南答应立即从西安运来补给。于是钟松把部队的运输队和辎重队全部留在榆林等待补给，自己带着师部直属部队和第一二三旅、一六五旅的 4 个团轻装追

◎ 沙家店战场旧址

◎ 沙家店战场我军机枪阵地

击。辎重队只是等来了一些大饼，而且由于天气炎热，不少大饼还发了霉。钟松指挥部队在镇川堡抢得了一部分老百姓还没来得及运走的粮食，才解了燃眉之急。

见钟松孤军深入，彭德怀集中了西北野战军8个旅的部队，在米脂县沙家店设伏，于8月18日发布了"以伏击姿态歼灭该敌三十六师"的命令。

8月18日上午，国民党三十六师"前梯队"一二三旅和我西北野战军三纵交火，打响沙家店战役第一枪。我军且战且退，于黄昏时诱敌至乌龙铺北山。这时，钟松发现沙家店附近有我西北野战军主力，遂急令"前梯队"一二三旅向沙家店靠拢。但一二三旅旅长刘子奇怕部队深夜移动会遭到伏击，仅令1个团先行驰援。这样，国民党三十六师被我军分割成两部分。

◎ 向沙家店进攻的我军战士

　　8月20日拂晓，彭德怀下达了总攻令。上午10时，国民党"前梯队"一二三旅进至常家高山附近与我军激战。刘子奇命令山炮营开炮，却发现12门山炮中只有3门还在军中，且炮弹只有40发，其他的山炮全部被留在行军路上了。战至14时，我军全歼该敌，刘子奇也被我军俘虏。

　　20日午后，我参战部队在沙家店向敌全线猛攻。战至18时，我军毙伤、俘虏敌6017人，歼灭了国民党军整编第三十六师师部及一六五旅、一二三旅，钟松与一六五旅旅长李日基等少数人乘黑夜换便衣化装逃走。

　　8月23日，毛泽东到达西北野战军指挥部驻地向指战员们祝贺胜利，又在彭德怀陪同下，视察了战场。视察后毛泽东说：沙家店这一仗确实打得好，对西北战局有决定意义，最困难的时期已经过去了，用我们湖南话来说，陕北战争已经"过坳"了。

　　由于整编第三十六师被歼，陈赓、谢富治兵团在河南孟津和茅津渡过黄河，逼近潼关，使敌人在西北的战略基地西安和关中地区受到严重威胁。胡宗南急令绥德以北主力 8 个旅立即南撤，巩卫西安和关中。8 月 26 日，绥德以北胡宗南集团主力开始南撤。而我西北野战军第 2 纵队沿咸榆公路西侧、主力沿咸榆公路东侧对南撤之胡宗南部展开了九里山、岔口、关庄追击战。自 9 月 1 日至 16 日歼敌 4000 余人，打破了胡宗南迅速抽兵东顾潼关、豫西的计划，使其不得不将主力留至延安、富县地区进行整补，将榆林的第二十八旅、延安第一六七旅的五〇〇团空运西安加强防御。毛泽东在 9 月 19 日致电彭德怀：是役我军士气大增，不怕这个敌人，对于我军向渭北出击争取胜利，大有利益。

沙家店这次战役的胜利是陕北战场的转折点，基本粉碎了国民党军对陕北的重点进攻，西北人民解放军从此由内线防御转为内线反攻。8 月 21 日，中共中央在《克服一切困难，争取整个军事形势转变》的指示中指出："经此一战，局势即可改变，利于陈谢南进。"

【参考资料】

［1］中国延安干部学院 . 延安时期大事记述 [M]. 北京：中央文献出版社，2010.

［2］中共中央文献研究室 . 毛泽东年谱（1893—1949）：下卷 [M].北京：中央文献出版社，2002：221.

宜（川）瓦（子街）战役

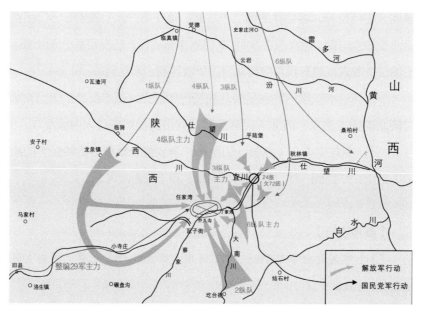

◎ 宜川战役示意图（1948年2月24日—3月3日）

　　1948年1月，中共中央和中央军委根据全国战局的发展，决定西北野战军主力自陕北南进发起春季攻势，粉碎胡宗南的机动防御部署，解放黄龙山区，威胁关中，兼以调动胡宗南援豫兵团回援，策应陈谢兵团等经略中原。

　　为完成上述任务，西北野战军司令员彭德怀决定采取攻敌必救、围点打援的作战方针，首战攻击宜川县城。2月17日，西北野战军在延长以南的佛古原召开旅以上干部会议，研究战役部署，区分作战任务。会议认为，西北野战军围攻宜川，驻扎在洛川、黄陵的刘戡部整编第二十九军必来增援，其增援的线路可能有三条。虽然刘戡在陕北作战行动的规律及从自身安危分析，他可能建议胡宗南走黄陵、洛川，沿洛（川）宜（川）公路以北的金狮庙梁到宜川。但胡宗南很可能会急于解宜川之围，自恃兵力雄厚，取瓦子街道路增援的可能性最大，因为此路最近。据此，彭德怀设想以敌军取道瓦子街增援宜川为重点，兼顾其他两路来援可能，决定以第三、六纵队各一部围攻宜川，集中一、二、四（欠骑兵第六师）纵队和第三、六纵队各一部合力打援。2月20日，彭德怀发布作战命令，24日，西北野战军第三、六纵队各一部围攻宜川县城。

宜川守敌被围后惊慌失措，请求救援。胡宗南一面严令坚守宜川城，一面急电刘戡率整编第二十九军火速东进援宜。26日，刘戡率整编第二七、九〇两个师共4个旅的兵力从洛川经由瓦子街东进。西北野战军第一、二、四纵和第三、六纵各一部立即按预定作战方案迅速向瓦子街以东洛（川）宜（川）公路两侧急进，隐蔽设伏，准备一举全歼增援宜川之敌。

◎ 宜瓦战役前敌指挥的彭德怀

◎ 宜瓦战役战场

◎ 许光达（右）等在宜瓦战役前沿阵地察看地形

28日14时，刘戡的先头部队被阻于宜川西南丁家湾以西地区。刘戡判断西北野战军阻击部队兵力不大，不能阻挡其前进，更无能力吃掉他两个整编师。当晚，刘戡命令全军就地宿营，并收缩部队形成环形防御，准备次日继续东进赶到宜川。入夜，天降大雪。西北野战军各支参战部队顶风冒雪隐蔽向敌接近，于29日拂晓发起猛攻，将敌断头截尾分割包围，并同时从公路两侧向被围之敌发起猛烈进攻。

◎　西北野战军冒雪攻击敌军

　　围攻刘戡所部战斗激烈异常，直至3月1日晨，彭德怀下达总攻命令。围攻部队以排山倒海、摧枯拉朽之势从四面八方压向敌阵。经过诉苦"三查"教育的指战员们怀着复仇的怒火，以猛虎下山之势向敌扑去，一个个勇敢拼杀，表现出异常强大的战斗力。处在敌人拼死突围地段的第七二四团表现尤为突出，全团指战员与敌激战。团长、参谋长先后牺牲，团政治委员负伤不向上级叫苦，连续打退敌人的进攻，使得敌人不能前进一步。后被誉为"硬骨头六连"的该团二营六连打得更为顽强，全连只剩下13位勇士仍然坚守阵地。战斗中，班长刘四虎冲锋在前，一连刺倒7个敌人，最终11处负伤昏倒在战壕里，战后被评为战斗英雄。

◎ 宜瓦战役冲向敌阵的西北野战军战士（油画）

◎ 中华人民共和国成立后身
着五零式军装的战斗英雄刘四虎

战至下午4时，公路两侧敌军阵地全部被占领，压入沟底的敌人混乱不堪，纷纷缴械投降。胡宗南虽然多次派飞机来瓦子街助战，但已挽救不了刘戡全军覆灭的命运。下午5时，战斗结束，胡宗南部整编第二十九军全军覆没，中将军长刘戡拉响手榴弹自杀身亡。3月2日，西北野战军攻城部队又对宜川守敌发起总攻。战至3日8时，全歼守敌整编第二十四旅5000余人。

◎ 宜瓦战役后为英雄部队授旗

　　宜瓦战役是西北野战军转入外线作战取得的第一个重大胜利。此役全歼胡宗南集团主力整编第二十九军及所属2个整编师另1个整编旅，共计5个整编旅，3万余人，缴获大批军用物资。毙敌中将2名、少将3名，俘敌少将4名，粉碎了胡宗南集团阻止西北野战军南进的企图，迫使位于陇海铁路潼关以东及郑州地区的国民党军回撤西安，使郑州、潼关之间400公里地带守敌更为空虚，造成了中原我军发起洛阳战役的有利战机，有力地策应了晋冀鲁豫野战军、华东野战军西线兵团在中原地区的作战。这一战役的胜利，改变了西北战场形势，打开了我军南进门户，为继续发展外线进攻作战，消灭胡宗南集团有生力量创造了有利条件。面对宜川瓦子街惨败造成的失利局势，蒋介石极为震怒，电斥胡宗南：宜川丧师，为国军"剿匪"最大之挫折。国民党在其所谓的《戡乱战史》中写道："是役，自刘戡军失利后，关中空虚，被迫抽调晋南、豫西大军进至关中，以致造成晋南开放，临汾被围，洛阳失守，伏牛山

◎ 瓦子街战役烈士陵园

区共军坐大之局面。"[1] 3月3日，中共中央电贺西北野战军"宜瓦"大捷。7日，毛泽东以人民解放军总部发言人名义发表重要谈话《评西北大捷兼论解放军的新式整军运动》，盛赞宜瓦大捷改变了西北的形势，并将影响整个中原的形势。宜瓦战役结束后不久，全国革命形势已发生了重大变化，为了更好指导全国人民解放战争，创建新中国，1948年3月23日上午，毛泽东、周恩来、任弼时等中共中央前委负责人徒步来到吴堡县川口村，在村南元子塔渡口登船东渡黄河平安抵达山西临县高家塔。他们告别了曾经战斗和生活了13个春秋的陕甘宁边区，前往华北解放区，指挥全国作战，迎接中国革命的胜利。

【参考资料】

［1］中国延安干部学院.延安时期大事记述[M].北京：中央文献出版社，2010.

［2］凭西北大捷兼论解放军的新式整军运动（1948年3月7日）[M]//毛泽东军事文集：第四卷.北京：军事科学出版社，中央文献出版社，1993：419-425.

---

① 第一野战军战史编审委员会.第一野战军战史[M].北京：解放军出版社，2017：111.

隐蔽战线"龙潭后三杰"

◎ 隐蔽战线前三杰与后三杰

◎ 熊向晖

◎ 1948 年，熊向晖在美国西保大学获得政治学硕士学位

◎ 熊向晖（1 排左 2）

◎ 中华人民共和国成立后毛泽东接见熊向晖

◎ 熊向晖赠送给妻子的照片

"龙潭后三杰"是指熊向晖、申健、陈忠经，是中国共产党在抗战和解放战争时期隐蔽战线对敌情报工作的杰出代表。（"前三杰"为二次国内革命战争时期的李克农、钱壮飞、胡底）"后三杰"分别毕业于北京与四川的三所著名大学。抗战前，熊向晖就读清华大学中文系，申健在四川大学经济系，而陈忠经曾担任北京大学学生会执行委员、学生会主席。三人都潜伏在胡宗南部担任职务，其中熊向晖担任胡贴身副官、机要秘书长达 12 年。

"打进去，拉出来"是隐蔽战线的一贯打法，熊向晖是受周恩来亲自派遣"打"入到胡宗南的营垒中去的，而申健与陈忠经则是从胡宗南的营垒中"拉"出来的，当然"拉"出来的过程并非被动，而是自觉自愿、积极主动。为了入党，1940 年陈忠经甚至冒险闯进被特务严密监视的八路军驻西安办事处。

通过周恩来精心安排，熊向晖与申健、陈忠经三人构成一张中共在国民党军队中最重要的情报网，特别是熊向晖作为胡宗南的机要秘书和侍从副官成了胡的"身边人"。而陈忠经担任"三民主义青年团"陕西省支团书记，胡宗南又委任他为国民党陕西省党部执行委员。申健成了"三青团"西京分团书记，胡宗南委派申以此身份参加"特联组"（陕西省国民党特务组织的联合机构）的工作，因而他得以获得胡宗南大量反共特务活动的情报。从 1938 年到 1947 年的 9 年当中，陈、熊、申三人各自在不同位置上获得了大量关于蒋介石的反共部署以及国民党政府政治、经济、内政各方面的重要情报，及时以秘密方式报送给延安的党中央。

由于三人特别是熊向晖打入胡宗南集团核心部门时正处抗战时期，周恩来对熊指示要准备长期潜伏，做一枚国共对弈中的闲棋、布的冷子，到时自会有用。事实证明，周恩来这一闲棋冷子放在了最致命的地方。1941年夏天，中共中央社会部派遣王石坚到西安主持情报工作，他的任务之一就是与熊向晖等人联络。1942年9月，蒋介石在西安主持召开了北方各战区将领会议，会议的情况和胡宗南部队的动向及实力等情况，熊向晖都通过王石坚向延安作了报告。

1943年夏，蒋介石秘密布置任务给胡宗南，趁共产国际解散之机，闪击延安。7月2日，胡宗南根据蒋介石亲自审定的《对陕北奸区作战计划》，下达了于7月9日进攻边区的命令。第二天，这一情报就被熊向晖报往延安。当时胡宗南部有10万人，而陕甘宁边区仅有少量留守部队，大兵压境，中央军委参谋长叶剑英建议使用熊向晖提供的情报，公开揭露国民党发动内战的计划，这一建议得到毛泽东、朱德的采纳。7月4日，朱德亲自致电胡宗南，对其破坏抗战的阴谋提出强烈抗议。同时，延安《解放日报》登出了胡宗南部的详细部署情况，蒋介石迫于舆论压力，不得不叫停了这次进攻。事后，胡宗南虽密令追查泄密者，但从来没有怀疑过在自己身边的熊向晖。

抗战胜利后，胡宗南为了进一步培养自己的势力，为以后做蒋介石的接班人建立班子，派陈、熊、申三人先后赴美国学习深造。他们将此事向中央汇报，周恩来说："胡宗南保荐他们去美国留学，中央同意，我们对美国了解不多，同美国打交道缺少经验。现在我们没有条件派自己的同志去美国留学，胡宗南代我们'培养'，得益的是我们。"1947年3月，胡宗南部署闪击延安。本已安排好出国留学的熊向晖被胡宗南紧急召回为他拟订攻占延安后的"施政纲领"，熊向晖由此获得了胡宗南攻略延安的详细计划。很快这一计划就完整地送到了延安。当周恩来

◎ 1964 年 1 月 19 日，陈忠经（中后）陪同毛泽东接见希腊文化代表团

收到这份情报时，曾十分激动地称赞道："真是好样的！关键时刻又一次保卫了党中央。"中共中央随即撤出延安，把一座空城留给了胡宗南。胡宗南的几十万大军虽占领延安，却找不到带着中央直属机关在山沟里"转悠"的毛泽东。事后，毛泽东夸赞熊向晖"一个人能顶几个师"。此后，三人在美留学期间，解放战争节节胜利，新中国的诞生指日可待。但意想不到的是，1947 年 9 月，我党情报机构在北平的地下电台遭到国民党特务破坏，许多党员被捕，并涉及在西安的我党秘密机构，熊向晖等三人的联系人也被捕。党中央担心三人的在美安全，联系莫斯科通过苏联驻美大使馆秘密给予帮助。经过苏联政府的大力协助，陈忠经终于在 1949 年 6 月乘船离美到香港，经党组织安排于 1949 年 7 月 1 日安

全到达北京，回到祖国人民的怀抱。熊、申两人也先后回到祖国。据熊向晖所写的《地下十二年与周恩来》的回忆文章中介绍：（1949年）7月间的一天，罗青长领我去见周恩来副主席。周副主席非常高兴，说，终于在胜利以后见面了……周恩来说，西安的情报工作做得很成功，你作了努力。罗青长说，还有陈忠经、申健，一共三个人。周恩来说："在我们党的情报工作中，李克农、钱壮飞、胡底可以说是'前三杰'，你们三人（熊向晖、陈忠经、申健），可以说是'后三杰'，所以这样说，是因为都为保卫党中央作了贡献。毛主席曾设想，如果发勋章，也要发给你们。"

从某种意义上说，"后三杰"可称得上古今中外最特殊的情报人员。因为在对手心脏内从事地下工作的谍报人员往往难逃暴露危险。他们不但圆满完成使命，而且毫发未损全身而退，还让对手资助出国深造，学

◎ 周恩来与熊向晖合影

有所成而再服务于新中国。可以说在古今中外情报保卫工作历史上，这几乎是绝无仅有之特例。中华人民共和国成立后，"后三杰"在新中国外交和国家安全战线中为国家民族继续作出重要贡献。其中熊向晖先后任外交部新闻司副司长，中国驻英国代办，中国人民解放军总参谋部二部副部长。作为周恩来总理的助理，参加与美国总统国家安全事务助理亨利·基辛格的访华会谈及1972年美国总统尼克松的访华会谈。之后，他又先后出任中华人民共和国驻墨西哥首任大使，中共中央调查部副部长、统战部副部长。1983年至1987年任中国国际信托投资公司党组书记、副董事长。曾任第五至第七届全国政协委员、常委，欧美同学会会长。陈忠经曾担任中共中央调查部副部长、顾问，中共中央对外宣传小组成员。申健曾担任首任中华人民共和国驻古巴大使，后担任中共中央联络部副部长。"后三杰"去世后，中共中央均给予三人"中国共产党的优秀党员，久经考验的忠诚的共产主义战士"的评价，这是中共中央对"后三杰"功绩的认可。他们由于长期在隐蔽战线工作而事迹不为人所知，但他们的贡献已经被写入历史，功绩将被永久铭记。

【参考资料】

［1］熊向晖.我的情报与外交生涯[M].第2版.北京：中共党史出版社，2006.

［2］熊向晖.地下十二年与周恩来[M].北京：中共中央党校出版社，1991.

周恩来与党中央转战
陕北期间的技术情报战

  1947年3月，胡宗南部大举进犯延安，毛泽东和中共中央主动撤离，转战陕北。为确保对全国战场的全局性指挥和对"国统区"工作的通信联络，中共中央在撤离延安之前决定将负责"国统区"工作的中央城市工作部与负责情报工作的中央社会部部分职能和人员整合，成立一个联合秘书处。时任中央书记处书记、中央军委副主席兼代总参谋长的周恩来具体领导。他为确保党中央、中央军委同各大战略区通讯保密和对敌侦听、密码破译工作有效开展，制定了周详的管理办法。在党中央转战陕北过程中，周恩来领导的具体技术情报战主要任务，一是确保电信畅通保密，其目的是保证党中央和毛泽东的行动安全，并使得全党全军能够及时地通过红色电波准确地接收党中央、中央军委和毛泽东指示；二是通过对敌技术情报侦听破译工作，及时掌握全国范围内敌方部署和敌军动向，为我方制定精密周全的作战计划提供依据，这为解放战争走向战略反攻奠定了扎实基础。

◎ 解放战争中的周恩来

◎ 转战陕北中的毛泽东一行

在胡宗南大举进攻延安前夕的 1947 年 3 月 7 日，周恩来命令中央军委第三局（通信局）局长王诤、中央城工部秘书处处长童小鹏，以及主管蒋管区秘密电台的原中央社会部秘书长罗青长连夜去见他，亲自部署党中央在撤离延安后同各战略区和国民党统治区地下党组织的电台通信联系。第二天晚上，周恩来指定童小鹏和罗青长组建联合秘书处，童小鹏任处长，罗青长任副处长，从中央机要处拨一个译电科，从军委三局拨两部电台，统归秘书处领导。童小鹏带来国统区、海外、南洋党组织的电台呼号，罗青长带来西安、北平、兰州、沈阳四个敌后情报电台的呼号。3 月 9 日晚上，联合秘书处开始独立行动，每天保持同国统区和海外电台的密切联系，将中央指示及时传达有关党组织，并将国统区的情况及时转报中央。周恩来还指示当时的中央办公厅秘书处处长曾三将几十箱不得不转移的重要机密文件、材料送到了晋绥根据地交由贺龙安排隐蔽。这样"片纸不留"的安排，使得胡宗南虽然占领了延安，却没有获得我党我军关键的技术情报。

抗战结束后，国民党方面收罗了日军、中美特种技术合作所的大批专家和研究人员，在南京和各战略地区都部署了专门针对中国共产党和人民解放军的无线电侦测机构和密码破译机构。他们采用日式、美式先进的无线电侦测仪器装备，千方百计探查党中央首脑机关及解放军各级指挥机构的位置、行踪、作战意图、兵力部署等。而在解放战争初期，由于解放军个别机要人员违反工作纪律，致使解放军豫西部队的密码一度被敌侦破；华东野战军总部电台也曾被敌侦测判定，致使其总部屡遭敌机轰炸。针对这种情况，周恩来、任弼时亲自研究了战时无线电通信保障和密码的保密问题，并审定了各种应急方案，严令各大战略区各级军政首长亲自负责相关工作，确保万无一失。

◎ 1947 年 7 月，毛泽东和随同转战的机要人员在小河村合影

◎ 周恩来 1947 年 3 月在陕北神泉堡作反攻动员报告

在强化通信保障制度建设的同时，为保卫党中央、毛泽东主席转战陕北的安全和对外通讯联系畅通保密，周恩来还事无巨细地开展了一系列对敌"反侦察"斗争。

1947年3月20日，获悉国民党军有侦测我军电台方向位置的设备后，毛泽东、周恩来立即下令，让中央的电台停止工作3天，使敌人摸不清党中央的去向。3月23日，中央军委发出周恩来起草的关于对付敌人无线电测向设备的指示，指示提到了国民党军队现有测量电台方向位置的设备，分为固定及移动测量两种。其中，设在南京、上海、徐州、郑州、济南、西安、北平（现北京）、长春等较远距离处固定测量设备，对我军电台的侦察较准确；敌军设在飞机、汽车上的移动测量设备容易检测到我军的近距离电台；但这些设备不易辨别电波弱的小电台。为防止敌人截获无线电信号，周恩来要求我军在作战前及作战中，不得使用无线电而用有线或人力传输等方式传达作战命令等，或者将东北民主联军司令部、华东野战军司令部等原来用的大电台移开，改用小电台发报，然后接力转拍至大电台代转。这一招果然让国民党当局中计，根据电台侦听的误判，国民党《中央日报》甚至造谣说中共中央和毛泽东已迁到了佳木斯某一旅店里。

此外，周恩来跟随毛主席转战陕北时，还指示中央机要处布置两部电台，以之间相距 30 公里的距离轮换交替着搞通信、报务。他特别对秘书交代，检查电台联络和电报的收发情况并随时向他报告。

到 1947 年 7 月，全国整个战局已经发生了有利于人民解放军的重大变化。刘邓大军千里跃进大别山，随后全国战场形成了解放军"三军配合、两翼牵制"的战略态势，揭开了战略进攻的序幕。8 月 20 日，沙

◎ 转战陕北中的周恩来（前面骑马者）

家店战役胜利结束，西北野战军歼灭国民党军整编第三十六师6000余人，迫使胡宗南结束了国民党军队对陕北的重点进攻，原"陕北情况甚为困难"的形势陡然好转，更需我情报侦察、保密工作相互配合。而敌人因战事节节败退，警惕性日益提高，保密机要工作也日趋严密。

为克服泄密等暗战中的风险，已随中央机关转移至佳县的周恩来于9月1日为中央军委起草了关于重申情报保密办法的电文，并电告各中央局、各野战军负责人。电文具体规定了密件销毁、伪装或代码传递、密件限人传阅、电话防窃听、新闻保密办法等一系列工作原则。

从1947年9月底开始，周恩来与任弼时召集王诤、戴镜元、李质忠及童小鹏、罗青长，进一步制定了对敌技术情报战的工作方针和严格的规章制度。为了彻底清除侵入陕北腹地的国民党部队，解除西北野战军南征西进的后顾之忧，彭德怀集中主力发起延清战役。在此次战役中，周恩来命令我野战部队的电台联络实行伪装，使敌人摸不清去向。胡宗南根据测向侦察判定我军主力不在清涧方向，故而在兵力部署上发生重大误判。我军随即全力攻克延川、延长和清涧等城，全歼敌整编第七十六师，活捉敌军中将师长廖昂。同时，我军还缴获了敌人的测向台，并迅即利用被俘人员和机器，建立了我们的测向工作。

为了准备迎接即将到来的全国范围的胜利，党中央决定东渡黄河，转移到华北。而国民党方面力图挽救败局，对密码通信采取了新的保密措施，密码质量日益提高。据统计，当时国民党"国防部"密码随机数达两万组，而进攻陕北的胡宗南部队密码随机数甚至达十万组。国民党使用密码本的方法也更加科学，渐渐趋向于"一报一密、无限乱数"，这对我方对敌侦察破译工作造成极大的困难。

对此，周恩来起草并以中央军委名义向各军区、各野战军首长及参谋长发出《加强对敌电报密码的破译工作》特别电令。该电令指出："在密码技术上只要我们掌握了科学，定能战胜敌人。因为敌人的密码及其使用方法，一定有内在矛盾及可循。"为给军委二局工作提供多方面帮助配合，电令指示中特别规定：各野战军参谋长在每一战役前要指定专人到前线尽力收集敌军一切密码底本、随机数表及来往电文、报告、命令、文件、图表乃至电台、测向台等。在作战前，还需要一直通知到连队，要各级首长注意帮助搜集这类文件和器材。收集品尤其是密码本，需立即妥善指派人员统一上送军委二局系统。对中央军委二局系统机要人员的教育和保护应负绝对责任，机要人员亦应如此。选至二局学习和担任工作的人员，一般的不许改业。各军区或野战军参谋长要把可靠并有用的情报，批交军委二局参考。周恩来的这一电令对解放战争后期隐蔽战线对敌侦听和情报斗争意义极大。在全党全军重视通讯保密、重视对敌技术情报工作的大基调中，我隐蔽战线终于克服万难，赢得胜利。中华人民共和国成立后，陈毅、粟裕每每回忆起这段过往都感叹道："总参情报部门的情报搞得及时准确！"

在气势磅礴的解放战争中，周恩来参与了指挥各战略区的一系列重大军事行动的决策，对许多战役都曾以电报作出指示。他负责起草的指挥作战的电报，最多时一昼夜达 22 份。周恩来曾风趣地说："我们这个指挥部是世界上最小的指挥部，我们一不发人，二不发枪，三不发粮，天天发电报，就把敌人打败了。"由于周恩来的亲自领导，保证了党中央安全及各大战略区无线电情报联系的畅通和安全。我方电讯畅通且保密工作得力，并不断侦得敌方之情报，敌人始终未能获得我核心秘密，摸不清楚党中央和各野战军司令部的确切地址和动向，而我方却对敌方的行动了如指掌。周恩来在随党中央转战陕北及之后前往西柏坡过程中对敌情报战的成功，使我军在与国民党进行的情报暗战和战场明战中均立于不败之地。确保了党中央、中央军委、毛泽东能够做到运筹帷幄之中，决胜千里之外。

【参考资料】

[1] 加强对敌电报密码的破译工作（1948年3月16日）[M]// 中共中央文献研究室，中国人民解放军军事科学院.周恩来军事文选：第三卷.北京：人民出版社，1997.

[2] 郝在今.延安秘密战[M].北京：解放军出版社，2018.

[3] 童小鹏.风雨四十年[M].北京：中央文献出版社，1996.

[4] 陈福荣.周恩来与中央转战陕北期间的隐蔽战线工作[J].保密工作，2020（03）.

陕西出版资金
资助项目

延安时期

图志

军事卷

（中）

YAN'AN SHIQI TUZHI

李 路 编著

西安出版社

政治建军篇

黄克功事件与共产主义恋爱观

　　1937年10月，在中共中央所在地延安，发生了一起震惊陕甘宁边区、影响波及全中国的重大案件。时任红军抗日军政大学第三期第六队队长的黄克功，因逼婚未遂，在延河畔枪杀了陕北公学学员刘茜，由一个革命的功臣堕落为杀人犯。此事发生后，在边区内外引起了很大的震动。在国统区，国民党的喉舌《中央日报》则将其作为"桃色事件"大肆渲染，攻击和污蔑边区政府"封建割据""无法无天""蹂躏人权"。这些叫嚣，一时混淆了视听，引起了部分不明真相人士的猜疑和不满。事件发生后，中共中央、中央军委、边区政府高度重视，中共中央和中央军委在毛泽东的主持下召开会议，经过慎重讨论，决定将黄克功处以死刑。该事件被称为黄克功事件。

◎ 黄克功

　　黄克功，江西南康人，1927年参加革命，1930年参加中国工农红军，同年入党。参加过井冈山斗争和二万五千里长征，历任红军班长、排长、连长、营政治教导员、师政治部宣传科长、团政委。在二渡赤水的娄山关战役中立了大功。延安时期任中国人民抗日军政大学第二期第十五队队长、第三期第六队队长。

◎ 刘　茜

　　刘茜，原名董秋月，山西定襄人，在太原市友仁中学读书时，思想进步，是民族解放先锋队负责人。在抗大，她生气勃勃，努力学习和工作，几次要求上前线，被校领导誉为"年龄最小，表现最好"的学员。

　　刘茜到抗大第十五队学习时，正好黄克功在第十五队任队长，遂与黄克功相识。两人经过短期接触，感情尚好，经常通信往来，渐涉恋爱。

1937 年 9 月，陕北公学成立，抗大第十五队全体人员拨归陕北公学，于是，刘茜也随队转入陕北公学学习。但不久，黄克功被调回抗大任第六队队长，刘茜仍留在陕北公学。黄克功和刘茜之间有过一段短暂的热恋，但随着两人交往的加深，他们对爱情及婚姻家庭认识的巨大差异很快就显现出来。在恋爱、婚姻和家庭问题上，两人多少都存在着一些不同的观点。相处久了，他们之间便在生活情趣、习惯爱好方面表现出许

◎ 长征后到达陕北的黄克功（后排中）

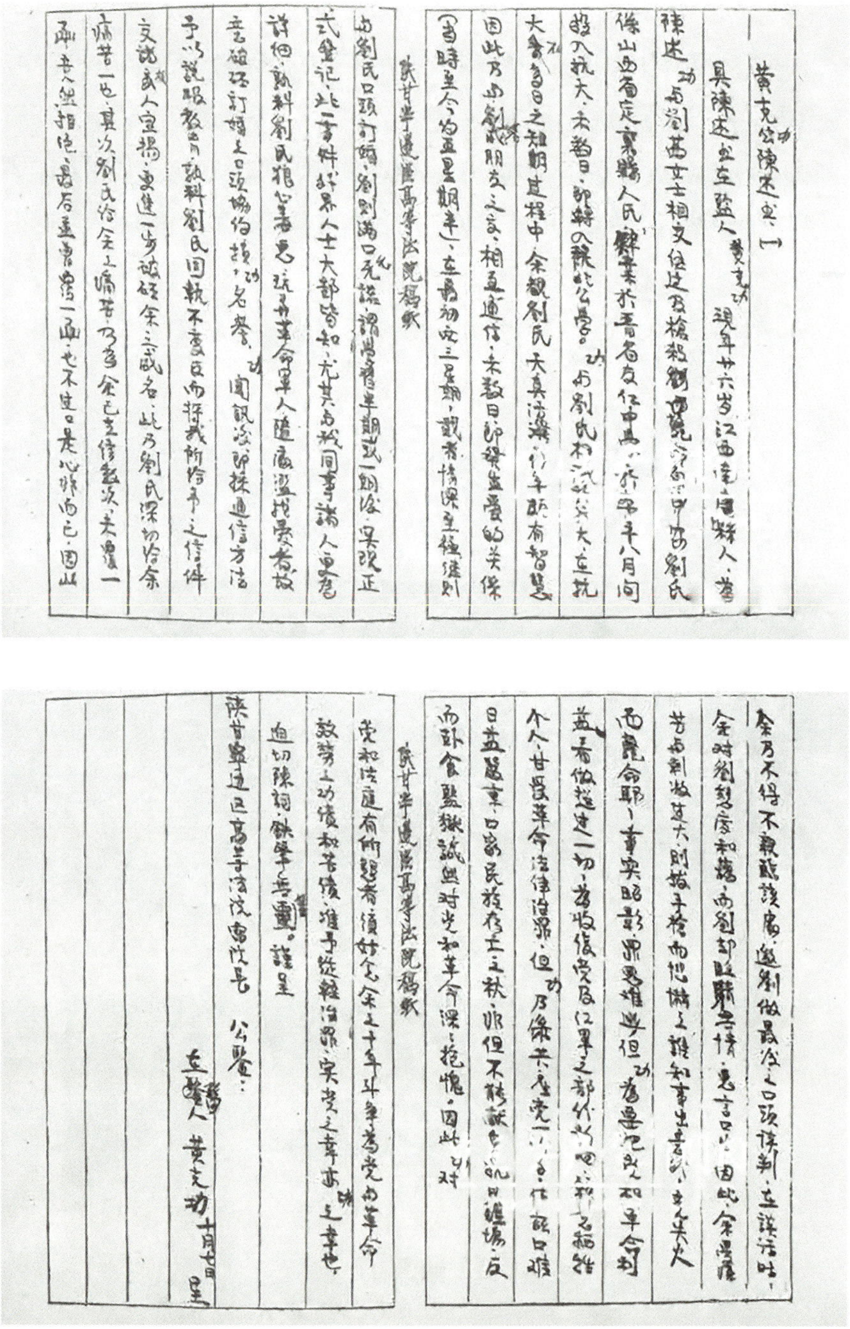

黄克功陈述书（一）

具陈述书：立陈述人 黄克功 现年廿六岁，江西南康县人，曾

陈述：功与刘茜女士相交经过及枪杀刘茜之[illegible]中的刘氏系山西省定襄县人氏，肄业于晋省女[illegible]中，于本年八月间投入抗大，未几日，即转入陕北公学。功与刘氏相识于抗大，在抗大会见之短期过程中，余观刘氏天真活泼，好学聪慧，有智慧，因此乃与刘氏结成朋友之交，相互通信，未数日，即发生爱的关系（当时至今约五星期半），在最初之三星期，双方情深至极，继则

陕甘宁边区高等法院稿纸

与刘氏口头订婚，刘则满口允诺，谓当肄业期满（一期）后，实践正式登记。此一事件，外界人士大部皆知，尤其与我同事诸人更为详细。孰料刘氏狠心毒意，玩弄革命军人，道德滥找爱者，故意破坏订婚之口头协约条[illegible]名誉，功闻讯后，即求通信方法予以说服教育，孰料刘氏固执不变，且将我所给予之信件交诸众人宣扬，更进一步破坏余之威名，此乃刘氏深切给余痛苦一也。其次刘氏给余之痛苦，乃当余已去信数次，未复一函，去人与其相会亦拒绝，最后去书一函，也不进口，是以心诽而已。因此

余乃不得不亲访该处，遂与刘做最后之口头谈判，在谈话时，余对刘热爱和谐，而刘却以冷淡无情，恶言以对，因此，余愤[illegible]并与刘激怒大，则拔手枪而把威之，谁知事出意外，竟至失火人而毙命耶！事实昭彰，罪愆难逃，但[illegible]过去和革命有益者做过一切，为收复受过红军之部份[illegible]个人，甘受革命法律治罪，但功乃系共产党一分子，在[illegible]口难日益严重，日寇民族存亡之秋，非但不能献身沙场，反而卧食监狱，诚与对党和革命深深抱愧，因此对

陕甘宁边区高等法院稿纸

党和法庭有所恳者，须姑念余之十年斗争为党为革命效劳之功绩和苦绩，准予从轻治罪，实党之幸亦余之幸也。

迫切陈词，钦望允准。谨呈

陕甘宁边区高等法院院长 公鉴：

立陈述人 黄克功 十月七日 呈

◎ 黄克功在受审期间的第一份陈述书

多不同。此外，两人的观念差异还体现在交友问题上。黄克功见刘茜与其他男同学来往，心怀嫉妒，加之听了一些风言风语，就觉得刘茜在陕北公学另有所爱，对他不忠诚，就去信责备刘茜并要求立即结婚。刘茜对黄克功的反复纠缠，渐生反感，屡次劝说、批评无效后表示拒绝结婚。黄克功则认为"失恋是人生莫大的耻辱"。

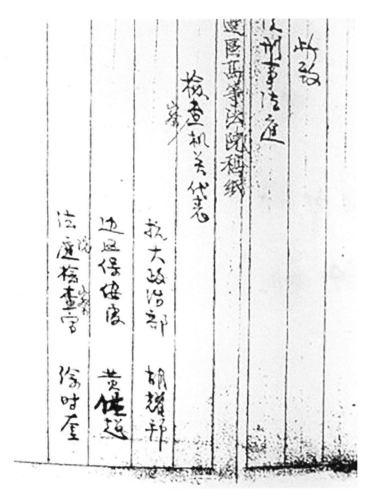

◎ 对"黄克功案"的公诉书，公诉人胡耀邦等

◎ 雷经天（左1）

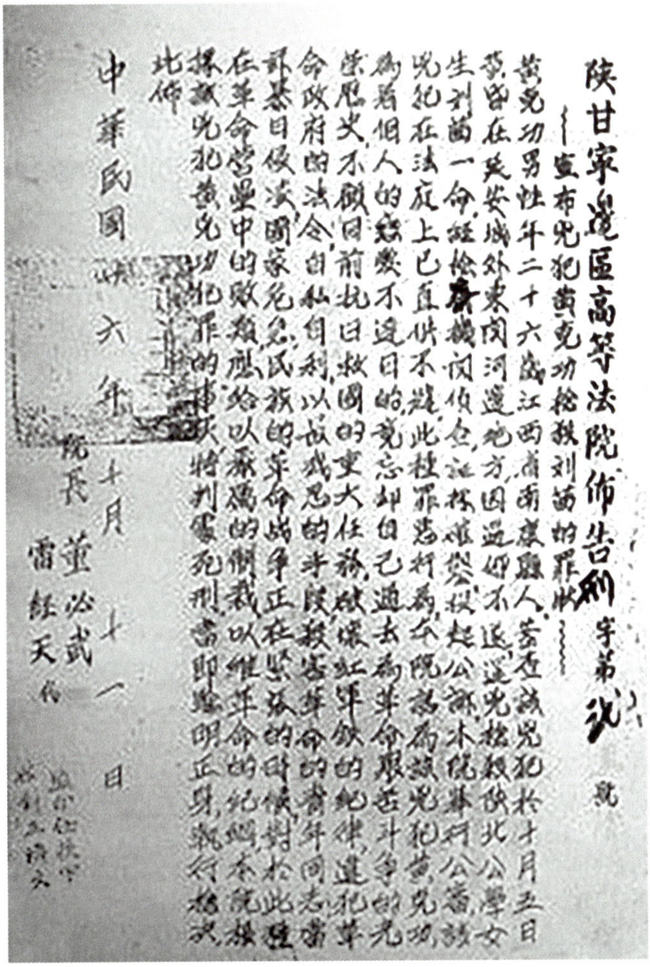
陝甘寧邊區高等法院佈告刑字第 號

——宣布兇犯黃克功槍殺劉茜的罪狀——

黃克功男性年二十六歲江西南康縣人，查該兇犯於十月五日黃昏在延安城外東關河邊地方，因逼婚不遂，遂兇槍殺陝北公學女生劉茜一命，經檢察機關偵查證據確鑿，提起公訴，本院審判該兇犯在法庭上已直供不諱，此種罪惡行為，本院認為該兇犯黃克功，為着個人的私慾不遂目的，竟忘卻自己過去為革命艱苦斗爭的光榮歷史，不顧目前抗日救國的重大任務，藐視紅軍鐵的紀律，違犯革命政府的法令，自私自利，以卑鄙殘忍的手段殺害革命的青年同志，當茲日寇深入，國家危急，民族的革命戰爭正在堅苦的時候，對於此種在革命營壘中的敗類，應給以嚴厲的制裁，以維革命的紀綱，本院根據該兇犯黃克功犯罪的事實，特判處死刑，當即驗明正身，執行槍決，此佈

中華民國二十六年十月十一日

院長 董必武

雷經天 代

◎ 边区高等法院的判决书

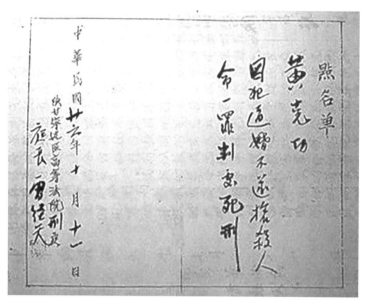

◎ 边区高等法院对黄克功的死刑命令

◎ 1937年10月10日，毛泽东写给雷经天的信函

1937 年 10 月 5 日傍晚，黄克功身带勃朗宁手枪，偕同抗大训练部干事王志勇到陕北公学找刘茜。在陕北公学门前遇到刘茜与董铁凤等人，黄克功即约刘茜到延河边散步。黄克功再次与刘茜谈判，要求公开宣布结婚。刘茜断然拒绝了他的要求。在越来越尖锐的口角、争论、顶撞与激怒中，黄克功先是持枪威胁，逼婚未遂，而后失去理智开枪。刘茜中弹倒在地上呼救，黄克功又向她头部打了第二枪，刘茜当即毙命。

回到学校后，黄克功没有自首，而是立即打来水洗脚，脱下外衣及鞋子浸洗，又把手枪擦拭了一遍，企图毁灭证据。他还涂改信件，在刘茜的来信上加添了"十月四日"的日期，企图陷害别人，掩饰和开脱自己。

　　董铁凤等见刘茜一夜未归，产生疑问，第二天一早即到抗大黄克功处询问，黄克功推说不知。很快，有人在河边发现了刘茜的尸体，报告给陕北公学。董铁凤又到抗大报告，抗大政治部迅速将此事报告给边区保安司令部，同时派人立即前往现场勘验。抗大、边区高等法院及边区保卫处等介入此案。案件现场勘验以及调查很快有了结果，勘验结果表明刘茜身受两枪毙命，第二枪是致命的。边区保安处同志深入调查了董铁凤、王志勇等人后，了解最后与刘茜接触的人是黄克功。黄克功清洗衣物，擦拭手枪，有销毁证据的嫌疑。抗大政治部当天下午就拘捕了黄克功。抗大领导同时委派教员王子涛检查黄克功的手枪，司法人员对黄克功与刘茜来往信件进行了分析，最终所有的证据指向了黄克功。黄克功起先答非所问，不肯承认，继而在一系列的证据面前，精神防线彻底崩溃，如实交代了自己行凶的经过。经抗大副校长罗瑞卿同志向中央领导报告批准，高等军事法院便依法把故意杀人嫌疑人黄克功逮捕收监，准备依法审判。

　　黄克功枪杀刘茜这一恶性案件的发生无疑在边区引起了一场地震。"一下轰动了延安城，舆论哗然，群众反映强烈，要求严惩。尤其是女学员们非常气愤，'无不咬牙切齿，痛斥这种行为是惨无人道的，一致要求法庭实行枪决，以严肃革命纲纪'。但也有不少同志，认为黄克功是有功之臣，年纪还轻，应该给他一个戴罪立功的机会。"同时，国民党当局也借机造谣攻击边区法治不公。于是，这起案件是否得到公正处理，已受国人瞩目。

　　黄克功被捕认罪后，也曾幻想党和边区政府会因为他资格老、功劳大，对他从轻处罚。他还写信给毛泽东。黄克功的信除对自己的罪行进行忏悔外，请求法院姑念他多年为革命事业奋斗，留他一条生路。黄克功在第一份陈述书中说："功乃系共产党一份子，值兹国难日益严重，国家民族存亡之秋，非但不能献身抗日疆场，反而卧食监狱，诚然对党和革命深深抱愧。因此，功对党和法庭有所恳者，须姑念余之十年斗争为党与革命效劳之功绩，准予从轻治罪，实党之幸，亦功之幸也。"在第二份陈述书中，黄克功说："法庭须姑念我十年艰苦奋斗一贯忠实于党的路线，恕我犯罪一时，留我一条生命，以便将来为党尽最后一点忠，实党之幸，亦功之最后希望也。"

时任抗大副校长的罗瑞卿将黄克功案件情况原原本本向党中央和毛泽东作了报告。据叶子龙回忆，毛泽东当时很愤怒，说："这是什么问题？这是什么问题？这样的人不杀，我们还是共产党吗？！"毛泽东很快作了批示，并于10月10日给当时任陕甘宁边区高等法院刑庭审判长的雷经天写了一封信，原文如下："雷经天同志：你的及黄克功的信均收阅。黄克功过去斗争历史是光荣的，今天处以极刑，我及党中央的同志都是为之惋惜的。但他犯了不容赦免的大罪，以一个共产党员、红军干部而有如此卑鄙的，残忍的，失掉党的立场的，失掉革命立场的，失掉人的立场的行为，如为赦免，便无以教育党，无以教育红军，无以教育革命者，并无以教育每一个普通的人。因此中央与军委便不得不根据他的罪恶行为，根据党与红军的纪律，处他以极刑。正因为黄克功不同于一个普通人，是一个多年的共产党员，正因为他是一个多年的红军，所以不能不这样办。共产党与红军，对于自己的党员与红军成员不能不执行比较一般平民更加严格的纪律。当此国家危急革命紧张之时，黄克功卑鄙无耻残忍自私至如此程度，他之处死，是他自己行为决定的。一切共产党员，一切红军指战员，一切革命分子，都要以黄克功为前车之鉴。请你在公审会上，当着黄克功及到会群众，除宣布法庭判决外，并宣布我这封信。对刘茜同志之家属，应给以安慰与抚恤。毛泽东。1937年10月10日。"

鉴于本案案情重大，群众看法又不一致，确有典型的法制教育意义，边区政府及高等法院根据党中央的指示，于 10 月 11 日在被害人所在单位——陕北公学大操场，召开了数千人的大会，进行公开审判。审判庭由审判长雷经天，抗大、陕北公学群众选出的李培南、王惠子、周一明、沈新发等 4 位陪审员以及书记官袁平、任扶中组成。检察机关由抗大政治部胡耀邦，边区保安处黄佐超及高等法院检察官徐时奎出庭支持公诉。中共中央总负责人张闻天亲临现场。抗大和陕北公学的全体师生员工都参加了大会，其他机关、学校、部队都派了代表，把整个操场挤得满满的。会场气氛庄严肃穆。

　　审判长宣布开庭后，起诉人和公诉人先向大会陈述了黄克功案件的全部细节。公诉书中提出：黄克功对刘茜实系求婚未遂以致枪杀革命青年，在黄克功的主观上属强迫求婚，自私自利无以复加。黄克功曾系共产党员，又是抗大干部，不顾革命利益，危害国家法令，损害共产党的政治影响，实质上无异于帮助日本汉奸破坏革命，应严肃革命的纪律，处以死刑，特提向法庭公判。当轮到黄克功发表个人申诉的环节时，他向法庭陈述了他的简历，交代了他的犯罪经过，并且作了扼要的检讨。他没有为自己辩解。他提出的唯一的"理由"，只是认为"她破坏婚约是侮辱革命军人"。当审判长问他有什么请求时，他只说了这样一个愿望，就是如果死刑必须执行，他希望死在与敌人作战的战场上，不死在自己人的法场上。他要求给他一挺机关枪由执法队督阵，要死在向敌人的冲杀中。他还说如果不合刑律，就不要求了。接着，各单位代表发表了对这一事件的分析、要求与结论性的意见。意见仍然分歧很大。这时，审判长宣布暂时休庭，由法官们议定最后的判决。

　　当审判长与全体有关人员重新就座宣布继续开庭时，黄克功也被带了上来。雷经天站起来，庄严地宣布了处黄克功以死刑并立即执行的判决。

　　判决书中指出："刘茜今年才 16 岁，根据特区的婚姻法律，未达到结婚年龄。黄克功是革命干部，要求与未达婚龄的幼女刘茜结婚，已属违法，更因逼婚未遂，以致实行枪杀泄愤，这完全是兽行不如的行为，罪无可逭。""黄克功实行逼婚不遂杀害人命一罪，立判处死刑。"对判决结果，黄克功没有表示任何反抗、抵触、激动或消沉的情绪。他只是转过身来，面向群众，举起双手，高呼了几句口号："中华民族解放万岁！""打倒日本帝国主义！""中国共产党万岁！"。

随后，他跟着刑警队，向刑场走去。恰在这个时候，法庭收到了毛泽东的亲笔信。因为信上建议要当着黄克功本人的面向公审大会宣读，审判长与张闻天商议后，又命令把黄克功带回来，重新站在犯人的位置上，听审判长宣读毛泽东的信。当黄克功知道毛泽东有信，要向他当面宣读时，流露出希望和感激的表情。当用心听完了毛泽东的信后，他深深地低下了头。人们看到，黄克功是以认罪伏法的态度离去的。通过对黄克功的公审大会，广大居民对边区高等法院的判决一致表示坚决拥护。时任中共中央领导人的张闻天参加了公审大会，并在公审大会后向全体到会人员作了讲话，题目是《民主、法制与共产主义的恋爱观》。张闻天在讲话中提到恋爱、民主与法制的关系。"黄克功案"处理后，毛泽东还在抗大特意作了一场"革命与恋爱"的讲演，提出了革命青年在恋爱时应遵循的"三原则"——革命的原则、不妨碍工作和学习的原则、自愿的原则。他要求大家从"黄克功案"中吸取教训，要严肃对待恋爱、婚姻、家庭问题，要培养无产阶级的理想和情操，坚决杜绝类似事件发生。此后，毛泽东多次提到过这件事，指出作为党的干部，居功自傲、贪图享乐、欺压群众、自私自利是万万要不得的。

黄克功被开除出党并依法处决后，延安的《新中华报》①于 1937 年 10 月 14 日发消息报道："高等法院日前公审黄克功枪杀刘茜案——群

---

① 《新中华报》原为陕甘宁边区政府机关报，1939 年 2 月 7 日改为中共中央机关报，1941 年 5 月 16 日，该报与《今日新闻》合并为《解放日报》。

◎ 1940年9月，涞灵战役三甲村战斗后，黄寿发在杨家庄向日伪俘虏讲解宽大政策

众要求枪决严肃革命纪律。"消息一出，不仅在延安和陕甘宁边区，而且在西安、太原等广大国民党统治区和沦陷区也产生了强烈的反响。群众异口同声称赞：共产党、八路军不委罪于人，不枉法，公正无私，纪律严明，真是了不起。胡耀邦作为审判黄克功时的公诉人，后来在抗大校刊《思想战线》上发表的文章中指出："必须使我们全党知道，执行纪律也是教育形式的一种，如果我们开除了一个坏分子，不但不会使我们的队伍减弱，相反的只有使我们的党、我们的队伍更加强健起来！"就在处决黄克功后不久，一位来自国统区的参观者给边区高等法院题词，赞扬"陕甘宁边区司法没有'法制小人，礼遇君子'的恶劣态度"，充满着"平等与正义的精神"。1938 年初，世界学联参观团团长傅路德曾由衷地赞叹说："边区的司法系统中充满着平等与正义的精神。"①

与黄克功案形成鲜明对比的是张灵甫案。1935 年冬，黄埔四期毕业的国民党少壮派军官张钟麟（张灵甫）无故枪杀妻子吴海兰。蒋介石和国民政府迫于吴海兰家属压力和社会舆论不得已先是把张灵甫判了 10 年，没到两年就以抗战需要为名特赦，官衔恢复原职。而黄克功在关押期间，曾经给毛泽东写信要求特赦："军委毛主席：克功自知罪孽深重，难逃法律之严惩，念我对党和红军十年奋斗功绩，恳请主席使用特赦之权，派我上阵杀敌，谢罪于民。前有蒋委员长特赦张钟麟之案例，依据民国法律，尚不冒犯……"但黄克功的结果是众所周知。历史的细节其实已经透露出国共两党对自己的党员干部不同的管理原则，国共两党管党治军态度和作风高下立见。

无独有偶，抗日战争胜利后解放战争初期的 1947 年农历正月初二，也是老红军出身并立下赫赫战功的冀中军区参谋长黄寿发与保姆有不正当关系，丧失理智的黄寿发开枪打死了其妻——已有三个月身孕的军区电台指导员何茵，并伪造了自杀的现场。更为严重的是，黄寿发犯罪后，

---

① 刘东社、刘全娥著：《陕甘宁边区史话》，社会科学文献出版社 2011 年版，第 71 页。

拒不承认自己的罪行，而是多方辩解，企图蒙混过关。后来，经过冀中军区一年多的侦讯，证据确凿，他终于无法抵赖，才承认杀妻事实。1947 年年底，毛泽东亲自批示："黄寿发问题不能原谅，要处决。"黄寿发终被枪决并警示全军。共产党及其领导的人民军队森严军规军纪又一次得到体现。

【参考资料】

［1］中国延安干部学院.延安时期大事记述［M］.北京：中央文献出版社，2010.

［2］谭虎娃.历史的转折：中共中央在延安十三年［M］.北京：人民出版社，2018.

［3］陈文胜.详说"黄克功事件"［J］.百年潮，2009（01）.

延安整风中的军队整风工作

　　为了进一步加强党的思想建设，提高全党马克思列宁主义水平，更有效地领导全国人民克服困难坚持抗战，打败日本侵略者，从1942年起，中国共产党在全党开展了一场整风运动。史称延安整风。延安整风的主要任务是整顿"三风"：反对主观主义以整顿学风，反对宗派主义以整顿党风，反对党八股以整顿文风。它是一次普遍的马克思主义教育运动，是党的建设的伟大创举。

◎ 整风运动部分学习文件

◎ 八路军留守部队在参加整风

◎ 整风运动在部队普遍开展

◎ 八路军指战员在整风运动中认真学习马列主义理论

　　整风对共产党领导的人民军队也非常有必要。自全面抗战以来，随着各个根据地的发展和部队的壮大，人民军队中也不同程度存在着主观主义、宗派主义、党八股和违背游击战战略方针、不坚持统一战线中独立自主原则等政治、军事上的错误倾向，甚至出现各自为政，军队尊重地方党组织、地方政权不够等诸多问题，这些现象都给党和军队的事业发展带来了不必要的损失。1942 年 6 月 16 日，中央军委和总政治部发出《关于军队中整顿三风的学习与检查工作的指示》，对全军以"三反三整"为主要内容的整风工作做出了全面部署。同年 9 月 1 日，中共中央又发出《关于统一抗日根据地党的领导及调整各组织间关系的决定》，明确要求"每个根据地的领导一元化"。明确规定，各级党委"为各地区的最高领导机关，统一各地区的党政军民工作的领导"。该《决定》要求，"主力军必须执行各级党委的决议、决定"。陕甘宁边区部队在整风运动中，下决心转变自身的形象，解决存在的问题，搞好与党政民的关系，先后开展了一系列的专项运动，将整风运动推向深入，主要包括：大生产运动、"双拥"运动（即拥军优抗运动、拥政爱民）、尊干爱兵运动和大练兵运动等。这些活动取得了良好成效，受到中共中央和毛泽东的充分肯定和高度赞扬，其做法经验被批转全军和各根据地执行，对军队建设发挥了重要作用。各部队的整风运动，尽管由于所处地域有前方后方之别和许多实际情况的差异，从而表现出一些不同的特点，但总的情况还是基本一致的。1942年，西北局高干会后，在一年多的时间里，整风从陕甘宁晋绥联防军开始，所属部队深入开展整风运动，取得了很好的成效。

而全军整风运动，除陕甘宁边区部队按中央直属队计划进行外，敌后各部队大体经过三个步骤：

第一步，明确形势任务，引导党员、干部认清整风的必要性、重要性及内容、目的，以便增强团结，胜利完成党和人民赋予的神圣任务，争取抗战的最后胜利。

第二步，深刻领会文件精神，认真地进行个人对照检查。在学习中央宣传部指定的整风文献，认真领会文件精神，掌握思想武器的基础上，联系个人现实和历史，进行自我反省，开展严肃的批评与自我批评，纠正错误思想。在学习文件和反省中，要求凡能动笔的干部都要写学习笔记，边学边记边反省，反省笔记送上级检查和批阅，军区、纵队以上的主要干部的反省笔记，摘报中央军委。

第三步，总结提高，对干部进行审查。要求每个干部在进行综合反省、明确自己优缺点的基础上，写出个人总结。各个单位也要全面检查自己的工作，写出总结。同时，开展坦白交心运动，号召大家主动交代向党隐瞒的历史和现实问题。其中情节重大者，则派人调查，作出结论，以便正确识别和使用干部，争取教育本人。此间，根据中央《关于继续开展整风运动的决定》，对干部进行一次普遍的审查。

◎ 延安整风时期部队指导员给官兵授课

　　根据中央军委关于整风、战斗（工作）两不误和整风不妨害战斗（工作）的原则，各部队的整风一般采取以下几种方式：一是坚持在职学习，将干部编成若干学习小组，发给整风文件，由个人利用战斗或工作空隙先行阅读和思考，定期组织讨论和检查，如遇战斗情况则在战斗结束后继续整风；二是分批分期抽调干部到各级党校、抗大分校及军分区、旅以上举办的整风学习班，轮流进行整风学习；三是分级组织整风，首先搞好上一级领导和机关干部的整风学习，然后抽调力量，指导下一级的整风学习；四是按先干部小组组织学习和检查，然后再由军区、分区及师、旅逐级召开领导干部会议，解决主要问题；五是对远离领导机关的前线部队和分散部队，实行干部轮换调回根据地集中进行整风学习，或派出工作组深入下去，帮助就地整风。无论采取何种做法，都把整风重点放在各级主要领导干部身上。

◎ 新四军进行整风学习

1943 年，中共中央和中央军委决定将在大后方工作的领导人和各根据地的军队领导、将领调回延安集中参加整风学习。从 1943 年 8 月起，聂荣臻、彭德怀、贺龙、刘伯承、邓小平、陈毅等高级将领集中到延安统一参加整风学习。延安部队的整风运动，使高级干部充分认识到毛泽东政治思想和军事路线是正确的，统一了思想，取得了重要成绩。

　　通过整风运动，肃清了错误思想的影响，确立了毛泽东思想在全党的指导思想地位，其中的毛泽东军事思想成为指导中国共产党军事工作的基本遵循。通过整风，肃清了王明错误思想和其他错误倾向的干扰和危害，提高了全党全军特别是高级干部对毛泽东政治路线和军事路线正确性的认识，提高了毛泽东在全党全军的威信和地位。在深入总结历史经验的基础上，党的六届七中全会原则通过了《关于若干历史问题的决议》，肯定了以毛泽东为代表的正确路线，党的七大将毛泽东思想确立为党的指导思想并写入党章，使全党全军在以毛泽东同志为核心的中央领导下达到了新的团结和统一。随着整风运动的深入开展，全军对"毛泽东军事路线"是正确路线的认识也成定局，朱德在七大会议上提出"毛泽东军事思想"这一科学概念，进一步确立了毛泽东军事思想在党的军事工作中的指导地位，它也是毛泽东思想的重要组成部分。通过整风运动，进一步落实坚持了党对军队的绝对领导这一根本原则。全军上下特别是党员领导干部增强了党性，重申了党对军队绝对领导的原则，提高了军队执行党的路线、方针和政策的自觉性。改进了部队的思想作风，增强了抗战胜利的信心和决心，为夺取抗战胜利和新民主主义革命在全国取得胜利，提供了坚强的政治保证。

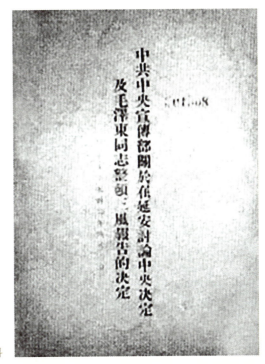

◎ 延安整风中的文件资料

◎ 八路军基层连队开展批评与自我批评

【参考资料】

[1]八路军野战政治部关于联系实际整顿政治工作中三风的指示（1943年1月12日）[M]//《中国人民解放军历史资料丛书》编辑组.八路军·文献.北京：解放军出版社，1994：887.

[2]中共中央北方局、八路军野战政治部关于1943年整风运动的指示（1943年2月5日）[M]//《中国人民解放军历史资料丛书》编辑组.八路军·文献.北京：解放军出版社，1994：899-900.

[3]八路军留守兵团政治部关于1943年度战士政治教育的决定（1943年5月10日）[M]//《中国人民解放军历史资料丛书》编辑组.八路军·文献.北京：解放军出版社，1994：917-919.

[4]中国延安干部学院.延安时期大事记述[M].北京：中央文献出版社，2010.

[5]总政治部办公厅.中国人民人民解放军政治工作历史资料选编：第七册[M].北京：解放军出版社，2004.

[6]王天丹.延安整风的重要成果：坚持党对军队的绝对领导[N].光明日报，2017-07-24.

[7]张蕾蕾.延安整风中军队教育实践活动的方法探析[J].军队政工理论研究，2013，14（06）.

《关于军队政治工作问题的报告》的形成

在延安整风运动中，形成了人民军队政治工作的新成果——《关于军队政治工作问题的报告》。在全党普遍整风的阶段，1942 年 10 月 19 日至 1943 年 1 月 14 日，中共西北中央局召开高级干部会议。会上，毛泽东在批评党政军民关系中的不正常现象时指出，内战时期，张国焘"陈桥兵变、黄袍加身"，反对中央管他，他要推翻中央；抗战期间，项英又由于不坚决执行中央命令，造成皖南事变的严重损失。他着重指出，"军队里面也有过合我脾气的就服从，不合我脾气的我不服从，口里没有公开讲不服从，但心里却这样想，做起来是这样做"。党的意志，党的决议不能执行，是一个严重的原则性问题。^①据此，西北中央局提出"七种运动"的部署，即整党、整政、整军、整民、整关（指党政军民之间关系）、整财、整学。在军队方面，经毛泽东修改定稿，由陕甘宁晋绥联防司令员贺龙在会上作了《关于整军问题的报告》。提出了从"思想上整军"和"刷新政治工作"的要求。报告对整军的目的、任务和方法作了全面论述，指出：整军首先为了执行中共中央关于整风的号召，克服部队中三风不正的残余，达到改进工作，团结全军的目的；其次，为了贯彻精兵简政政策，使部队达到精兵的目的；第三，根据中共中央关于统一抗日根据地党的领导一元化的思想，调整军队与党的领导关系。简言之，整军就是为了使留守部队进一步正规化、党军化。整军的主要任务是克服存在于军队内部的一种军阀主义倾向。这种军阀主义倾向表现在政策思想方面，就是对党的统一战线政策和根据地建设认识不足而产生的"耐

---

① 毛泽东 . 关于斯大林论布尔什维克化十二条的演讲 [M]// 宋金涛 . 抗战时期的陕甘宁边区 . 北京：北京出版社 1995：362.

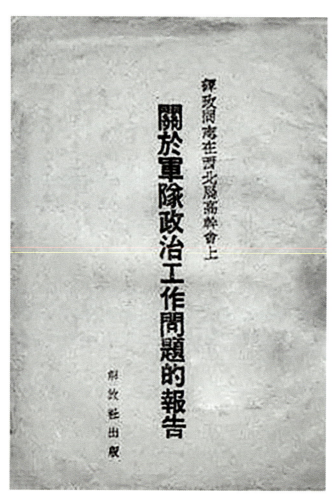

◎ 《关于军队政治工作问题的报告》单行本

不过艰苦坚持的局面,缺乏长期保卫边区的决心"和不从军队参加生产来解决困难着眼,而埋怨党和政府、责备老百姓的倾向。在组织原则方面,对于军队必须绝对服从党的领导和一元化思想,不懂得甚至不去了解,以致产生军队与党政关系、居民关系上的不协调,同党和政府相隔离、闹独立性,甚至以为军权高于一切的错误。此外,在领导作风上的形式主义等。

整军的主要方法,首先是从思想上整顿,进行拥护党中央、拥护中共中央西北局和拥护边区政府的教育,从思想上提高认识。其次,实行精兵政策,整编部队扩充主力,统一领导。第三,进行整训,集中进行半年到八个月的训练,按照部队的实际情况进行政策教育、军事教育和技术训练。第四,响应毛泽东、朱德的号召,实行南泥湾政策及屯田政策。

中共中央西北局高干会后,八路军留守兵团和边区保安队依据毛泽东的号召和中共中央西北局高干会的精神,开展了整军运动。在高干会期间,毛泽东就召集陕甘宁晋绥联防军领导人贺龙、徐向前、萧劲光、谭政等同志研究部队的政治工作。在毛泽东、周恩来亲自主持下,由谭政起草,经毛泽东修改定稿的《关于军队政治工作问题》于1944年4月11日正式完成,并在中共中央西北局高干会议上作了报告。

报告总结了边区军队政治工作的经验,提出了发扬政治工作的成绩和纠正工作中的缺点的任务,从整个政治工作的方向、制度、作风诸方面进行了全面论述。报告强调:"中国共产党从它参加与领导中国民主革命以来,从它参与领导为这个民族民主革命而战的革命军队以来,就创设并发展了军队中的革命的政治工作。这种政治工作的基本原则是以民族民主革命的纲领教育,是以人民革命的精神教育军队,使革命军队内部趋于一致,使革命军队与革命人民、革命政府,趋于一致,使革命军队完全服从革命政党的政治领导,提高军队的战斗力,并进行瓦解敌军、协和友军的工作,达到团结自己、战胜敌人、解放民族、解放人民

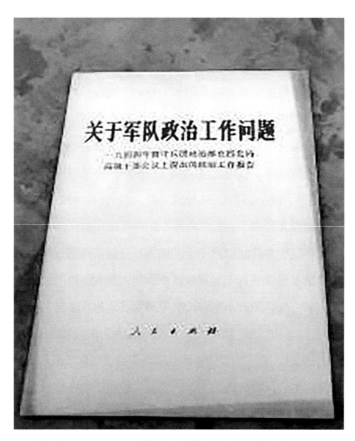

◎ 中华人民共和国成立后再版的关于军队政治工作问题报告

的目的，这就是我们的军队和其他军队的原则区别。我们说共产党领导的革命的政治工作是革命军队的生命线，就是指的这个意思。""如果军队没有共产党领导，如果没有共产党领导的革命的军事工作与革命的政治工作，那是不能设想的。没有共产党的领导，就不可能有彻底拥护人民利益的军事工作与政治工作。而如果没有这种军事工作与政治工作的军队，就不可能是彻底拥护人民利益的军队。八路军新四军在抗日战争中之所以能够如此英勇坚持，艰苦奋斗，再接再厉，百折不回，其根本原因就在这里。"[①] 这个报告实际上是我党我军政治工作的一个科学纲领，核心观点和要求是"党领导的政治工作是革命军队的生命线"，进一步体现了人民军队的政治建军要求。

1944 年 4 月 20 日，中共中央宣传部、总政治部发出《关于学习和散发谭政同志〈关于军队政治工作问题的报告〉的通知》，1944 年 7 月 1 日，《中共中央关于整训军队的指示》，将该《报告》与"古田决议"并提，要求全军根据"古田决议"及该《报告》，用以检讨错误缺点，发扬优良成绩，达到改造政治工作的目的。该文重申了党对军队绝对领导的原则，并把它作为建军和处理军党关系的基本原则进一步加以明确，并又多次下发全军学习。此后以陕甘宁边区为代表的各个抗日根据地军队政治工作在这个报告精神指引下开展得更好，中国共产党领导的八路军、新四军和其他抗日武装日益锻造成为一支听党指挥、作风优良、团结自己、战胜敌人、解放民族、解放人民的革命军队。

【参考资料】

［1］宋金寿.抗战时期的陕甘宁边区[M].北京：北京出版社，1995.

---

① 中央档案馆.中共中央文件选集：第十四册[M].北京：中共中央出版社，1990:206-207.

"双拥"运动的兴起

"正月里来是新春，赶上猪羊出啊了门，猪啊羊啊送到哪里去？送给咱英勇的八呀路军……"许多"50、60后"人都通过电影《烈火中永生》熟悉了这首歌曲，但可能并不知道这首拥军秧歌诞生前后的故事，即发端自延安的"拥军优属、拥政爱民"运动，史称"双拥运动"。

抗战进入相持阶段后，随着日本帝国主义侵华政策的变化，蒋介石国民党当局，开始不断制造反共摩擦事件，并对陕甘宁边区实行严密经济封锁，加上华北连年大旱，边区政府、军队及人民的物质生活遭遇异常困难。毛泽东对困难程度的描述是："几乎没有衣穿，没有油吃，没有菜，战士没有鞋袜，工作人员在冬天没有被盖。"在战胜困难的过程中，地方政府工作人员和当地百姓，过多考虑自身的困难，不主动或不愿意帮助军队解决困难；军队一方则出现违反政府法令，不尊重政府，侵犯群众利益的现象。这些现象虽然不是普遍的，但影响很大。

为解决这些矛盾，陕甘宁边区政府和边区留守部队政治部根据延安整风运动精神，都从自身出发查找问题根源，对军政军民关系中存在的问题进行检讨，并决定在陕甘宁边区开展一次规模较大的拥军和拥政爱民运动。

1943年1月25日，八路军留守兵团司令部和政治部发出《关于拥护政府爱护人民的决定》，决定指出："边区政府是边区人民和边区部队自己选举出来的政府。它的一切措施，均是为了人民，为了抗战利益的，所以它是一个模范的民主政府。""边区人民是经过长期革命斗争的，他们响应政府号召，积极参加生产，缴纳救国公粮，为军队为抗战

◎ 八路军留守兵团给边区政府送匾"民主典范"，右1为边区政府副主席李鼎铭

F调 三大纪律八项注意歌 4/4

2·3 5 5 | 3 5 3 1 2 — | 6 3 6 3 |
1. 抗 日 军 人 个个要牢记 三 大 纪 律

2 3 2 6 1 — | 2 2 3 1 | 2 1 2 3 6 2 1 6 |
八项的注意 第 一 实 行 抗日的纲领

5·1 6 5 | 2 1 2 3 2 — ‖
最 后 胜 利 才能有保证

2. 第二服从上级的指挥，坚决杀敌才能得胜利，
第三不拿人民的东西，到处群众拥护又欢喜。

3. 八项注意件件要做到，一时一刻切莫忘记了，
第一进出宣传一定要，抗日主张远近都传到。

4. 第二早起内务整理好，室内室外秽物要打扫，
第三说话态度要和好，接近群众言语最重要。

5. 第四买卖价钱要公道，不准强迫群众半分毫，
第五借人家具用过了，当面归还切莫逃失掉。

6. 第六若把东西损坏了，按价赔偿一定要办到，
第七优待俘虏要周到，瓦解敌军工作极重要。

7. 第八到处厕所要挖好，绝对禁止随便拉屎尿，
倘若把这规则破坏了，铁的纪律处罚决不饶。

8. 抗日战士互相监督到，军民合作一齐打强盗，
到处民众动员起来了，最后胜利管叫在明朝。

◎ 八路军政治部出版的《战士歌曲集》中的《三大纪律八项注意歌》

◎ 八路军战士为驻地群众修补房屋

尽了应有的力量。""边区政府是革命的政府，边区的人民是很好的人民，这样的政府与人民，我们军队应该拥护它，保卫它，爱护它。"为此，"军队需尊重各级政府机关"，"有保护政府的责任、有帮助政府的职责，军队与人民需建立密切关系，爱护人民，尊重人民的人权财权地权，不得侵犯人民一针一线的利益，严格遵守三大纪律八项注意"。并拟定于1943年2月开展边区部队拥政爱民运动月。[①]同日，留守兵团政治部发出关于《拥政爱民运动月》的指示，定于2月5日至3月4日，在全边区部队开展拥政爱民运动。指示并附有留守兵团《拥政爱民公约》共10条。这个公约充分体现了人民军队"全心全意为人民服务"的宗旨。

根据留守兵团关于开展拥政爱民运动的决定和指示，边区各部队以召开各种形式的"反省会"，反省部队本身的拥政爱民工作，从下而上，从内到外，从部队到群众，进行纪律大检查，并利用年关采取开居民联欢会，帮助群众搞卫生，邀请会餐等形式，增进与群众的关系。1943年的2月，恰是农历的正月，所以开展双拥工作，就成为欢度春节的重要内容之一。选择农历春节前后开展此项工作是因为这个时候，正是民间一年一度欢乐和团聚的时候，便于地方政府组织人民群众，对驻军、伤病员、残疾军人和抗日家属开展物质和精神慰问，也方便驻军进村入户开展活动。

这个拥政爱民运动，与政府和人民的拥军运动互相结合，各自多做自我批评，尊重对方，互相帮助，这样很快就密切了军政民之间的关系，收到了预期的效果。特别是从陕甘宁边区推广到各个抗日敌后根据地的人民军队中后，通过驻军则开展军民联欢和组织访问、拜年、送贺礼活动等参照留守兵团《决定》和《公约》的要求，普遍开展了拥政爱民教育，对照检讨了过去对待政府和人民群众的错误观念和行为，积极对群众生产及抗属和政府工作人员家属的生产、生活进行帮助扶持，如砍柴、挑水、看病、修补房子、救济难民。通过这些活动，军民关系得到极大改善，军民团结大为增进。这样的运动作为部队政治工作的重要内容，以后每到农历年关前后举行一次并且形成一种制度，成为中国人民解放军光荣传统一直坚持到今天。

---

① 留守兵团司令部及政治部关于拥护政府爱护人民的决定（1943年1月25日）[N].解放日报,1943-02-01（02）.

◎ 八路军每到驻地，都把宿营地打扫得干干净净

　　在部队开展拥政爱民活动的同时，全国各地共产党领导的抗日民主根据地还开展了大规模的"拥军优属"活动。这一活动首先也是从陕甘宁边区政府开始的。边区政府号召广大群众开展"拥军"活动先是从延安市开展的。第一步先召开动员会议，启发群众拥军思想觉悟，检讨以往的缺点错误，然后组织群众给抗属和退伍军人送年礼和拜年。正月里，以区为单位组织军民联欢会，以乡为单位组织抗属和退伍军人座谈会，庆祝节日的同时还征求意见。在延安北区李村的一次座谈会上，村民张

钧忠讲述了自己思想转变的过程："有一次，自卫军的连长叫我抬伤兵，我没理识这件事。又有一次抬送伤兵我也没有去，把人家在大路上冻了一整天。还有，年时上（去年），人家都做劳军鞋，我虽然应承了一双，结果我没给好好做起。自前次开反奸会，我可就开眼了，有了新认识，觉得要是没有八路军，这些坏人可就不得了，把咱害死还不晓得为了啥，毛主席真是咱救命恩人。从这儿，我才慢慢化开，只有边区才能使咱过有吃有穿的安宁日子，你看这样的军队，咱还能不拥护吗？"

◎ 1944 年，晋察冀边区劳动英雄韩凤龄带小学生读《拥军公约》（白连生　摄）

◎ 韩凤龄生产劳动

　　1943 年，按照陕甘宁边区劳动英雄大会上提出的"帮助抗属及退伍军人建立家务，使达到一般中农生活的水平"的目标要求，延安市政府开始对抗属和退伍军人建立登记表，针对具体情况制定帮扶生产计划，组织村民大会或小组会进行讨论，由群众自动给他们解决实际困难，如轮流帮助家庭有困难的抗属或退伍军人挑水、组织居民为他们打窑洞等。正是通过这样的方式和步骤，陕甘宁边区在 1944 年的"双拥"活动特别生动有效。1944 年农历正月的延安和陕甘宁边区各地，到处都掀起了

"双拥"活动的热潮。延安市政府还组织起了一支300多人的市民秧歌队，70岁高龄的吴汉章老人称之为"第一次见过的好秧歌队"。于是，在欢度春节的锣鼓声中，在慰问八路军的行动中，人民群众载歌载舞，唱出了"正月里来是新春"这首脍炙人口的拥军花鼓。

陕甘宁边区全面开展"双拥"活动后，各抗日民主根据地的"双拥"活动在原有的基础上也开展得更加规范深入和全面。涌现出了一大批"双拥"模范人物。例如晋察冀边区劳动英雄韩凤龄，是河北省涞源县银坊村一个普通劳动妇女。在全边区开展的大生产运动中，她积极响应号召，以出色的劳动发家致富，又带领全村发展生产，很快就改变了贫穷落后的面貌，实现"耕一余一"，走上富裕道路。她当选村长后，积极组织妇女、儿童，支持前线，帮助抗属，慰劳军队。还极力倡导教育，创办了韩凤龄小学，并任校长，耐心教育学生拥护八路军，热爱共产党。她的英雄事迹到处传扬，1944年1月在晋察冀边区第一届群英大会上，被授予"劳动英雄"称号。

被誉为"子弟兵母亲"的戎冠秀，河北省平山县人，中共党员，早年投入抗日救亡，积极为八路军筹集粮草，组织妇救会、识字班，宣传抗日，带头送子上前线，积极支前，照顾伤员，为抗日战争作出了贡献。1944年2月，晋察冀边区第一届群英会授予她"北岳区拥军模范——子弟兵的母亲"光荣称号。在1944年12月至1945年1月召开的晋察冀边区第二届群英会上，她荣获"劳动英雄"光荣称号。1949年，她参加全国第一次政协会议，出席"开国大典"，多次受到党和国家领导人接见，是拥军爱民的一面旗帜。宣传她的事迹的有各类书刊影视戏曲，2009年，中华人民共和国成立60周年之际她还被评为"双百"人物。

◎ 冀热辽军区群英会上军区领导与拥军模范合影

◎ 根据地人民向八路军赠送 "模范子弟兵" 锦旗

◎ 晋察冀边区平西县各界拥军大会

◎ 晋察冀边区被称为 "子弟兵母亲" 戎冠秀在给伤员喂水（石少华 摄）

◎ 1944年，晋察冀边区群英会上军区政治部主任朱良才送别子弟兵母亲戎冠秀（汪洋　摄）

三大紀律八項注意

中國人民解放軍
三大紀律八項注意

【新華社陝北九日電】中國人民解放軍總部為各地實行多年之三大紀律八項注意，內容略有出入，特於發十餘年新頒佈，以求統一。原文如下：

中國人民解放軍總部訓令

中國人民解放軍各級軍政首長同志們：

本軍三大紀律，八項注意，實行多年，其內容各地各軍略有出入。現在統一規定，重行頒佈。望即以此為標準，嚴格執行。至於其他處常注意事項，各地各軍最高首長可根據具體情況，規定若干項目，以命令實行之。

三大紀律如下：（一）一切行動聽指揮；（二）不拿群眾一針一線；（三）一切繳獲都歸公。

八項注意如下：（1）說話和氣；（2）買賣公平；（3）借東西要還；（4）損壞東西要賠；（5）不打人罵人；（6）不損壞莊稼；（7）不調戲婦女；（8）不虐待俘虜。

中國人民解放軍總部
一九四七年十月十日

◎ 中国人民解放军总部的发布"三大纪律，八项注意"通告

【参考资料】

[1] 陕甘宁特区政府颁布抗日军人优待条例（1937年）[M]// 陕西省档案馆，陕西省社会科学院.陕甘宁边区政府文件选编：第一辑.北京：档案出版社，1986：41-42.

[2] 陕甘宁边区政府关于拥护军队的决定（1943年1月15日）[M]// 《中国人民解放军历史资料丛书》编辑组.八路军·文献.北京：解放军出版社，1994：890-892.

[3] 留守兵团司令部及政治部关于拥护政府爱护人民的决定（1943年1月25日）[N].解放日报,1943-02-01.

[4] 留守兵团政治部关于拥政爱民运动月工作指示（1943年1月25日），[N].解放日报，1943-02-01.

[5] 开展根据地的减租生产和拥政爱民运动（1943年10月1日）[M]// 毛泽东选集：第三卷.第2版.北京：人民出版社，1991：910-913.

[6] 中共中央书记处关于拥政爱民拥军运动的指示（1943年12月10日）[M]//《中国人民解放军历史资料丛书》编辑组.八路军·文献.北京：解放军出版社，1994：955.

把日军战俘改造成为日本八路

　　在抗日战场上，曾有这样一群人，他们本是拿枪对准中国人民的"日本鬼子"，后来却与日本帝国主义兵戎相向；他们虽曾"效忠天皇"，却最终选择站在正义一方；他们曾信奉武士道精神，却转变为坚定的反战勇士。这群日本士兵被中国军民亲切地称为"日本八路"（也包括"日本新四军"）。

◎ 日军士兵随身携带的本人信息证明——手帐

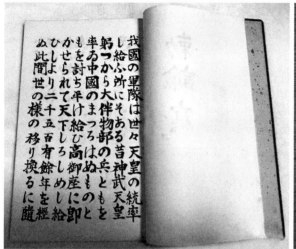

　　日本士兵在国内深受军国主义毒害。明治维新后，日本军队由号称日本陆军之父的军阀头子山县有朋捉刀，并以明治天皇名义颁布的《军人敕谕》五条准则作为军人行为的标准，并要求陆军兵营每个士兵背诵，以强化对天皇的忠诚，对忠勇的信仰，对赴死的追求，以及所谓的宁战勿降的灌输。这就成了军营法西斯传统，从日俄战争直到日军在二战中战败投降。它如同魔咒一般，把日军从一个人，变成一个失去个体意识的行尸走肉、杀人机器。

第二次世界大战爆发前，当时的日本不仅是军队乃至整个社会都充斥着"应当护国之鬼，不受生俘之辱"和所谓的"七生报国"这样的教育。再加上1941年初日本军国主义者东条英机以陆相身份签发了《战阵训》，更是鼓吹全军和全体"皇国臣民"应向天皇效忠，每个人都要有"献身奉公"的精神，要视战败被俘为耻辱而必须自杀，以彻底献身精神来实现"大东亚新秩序"。日本官兵很担心被俘，这样不仅自己被抛弃，自己在国内的亲人还要受到连坐影响。因此，在太平洋战场上，美军在多次夺岛战斗中很难俘虏到日本官兵，即使俘虏也很难转化改造。特别是在太平洋战争末期的诸如塞班岛、冲绳岛战役中，大量的日军官兵和平民发生集体自杀的悲剧也就不难理解了。

但令美国等同盟国惊奇的是，抗日战争期间，中国共产党及其领导的八路军、新四军通过卓有成效的战俘工作，将大量冥顽不化的日本士兵转变为正义之士。据统计，8年全国抗战，八路军、新四军共俘虏日本士兵6200余人。其中主动投降的日本士兵在整个日军俘虏中所占比例逐年增加。1940年为7%，1942年为18%，1943年猛增至48%，1944年为85%。通过改造，有数百名日本士兵奔赴抗日前线，其中有36名在战场牺牲。

中国共产党认为，大部分日本士兵只是受日本军国主义侵略政策蒙蔽和欺骗而被迫穿上军装的普通劳苦民众，也是侵略战争的受害者，因此始终秉持"优待俘虏"的政策，对他们进行耐心的人道主义感化和反法西斯教育。当时，八路军的生活条件异常艰苦，部队主要吃小米、黑豆等杂粮，有时只能靠野菜充饥。而对日军战俘，不仅供应大米、白面，还想方设法弄些鸡鱼猪肉、水果白糖等，彭德怀还注意到日军洗澡的习惯，要求部队积极创造条件解决日军战俘的洗澡问题。

在物质上优待的同时，八路军、新四军敌工人员通过对战俘们进行反战和平教育，使得他们明白了日本军阀发动侵略战争不仅给包括中国在内的亚洲人民带来深重的灾难，而且也逼得日本普通人民妻离子散，家破人亡。

从思想教育到生活各方面的悉心关照，使顽固的日本士兵从最初的抵抗、排斥到通过亲身感受逐渐相信再到发生转变。中央军委一局1944年《抗战7年来日本俘虏总结》显示，中国共产党领导的抗日武装自七七事变后从最初1名日本俘虏都没有，至1944年这7年间，共收纳日本俘虏2407人，其中从第3年开始共有自动投降者115人。[①]

◎ 1941年在华日人反战同盟的津田秀委员长、宫本哲治等四人合影

---

① 香川孝志，前田光繁．八路军中的日本兵：延安工农学校纪实 [M]// 聂春明，译．北京：学苑出版社，2019.

◎ 在华日人反战同盟晋察冀支部成立大会，宫本哲治支部长带领全体成员诵读宣言

在转化战俘工作中，中国共产党不仅制定宽待俘虏政策，同时汇聚日本反战力量，积极支持日本共产党及反战和平人士组成反战组织，借助日本反战组织瓦解和改造日军。在中国共产党的支持下，抗日敌后根据地先后成立了多个主要由日军战俘组成的反战组织。其中在1939年11月7日创立的"华北士兵觉醒联盟"是华北第一个日本人反战团体，由日本战俘前田光繁（杉本一夫）等人创建。1939年1月，日本人鹿地亘在重庆建立了"在华日本人反战同盟"，其成员主要由国民党军队俘虏的日本士兵组成。1940年在延安建立起了"在华日本人反战同盟"的支部。除了延安反战同盟还在华北各地建立了多个支部。

◎ 延安日本人工农学校学员在宝塔山下合影，后排右2是前田光繁（杉本一夫）

到了 1941 年，"华北士兵觉醒联盟"在山西太行山地区、河北冀南地区以及河北、山东、河南三省交界的冀鲁豫地区等也建立了支部，冀南支部开展活动中发挥核心作用的有秋山良照等人。到了 1942 年，在华北地区就有 8 个反战团体，分散各地进行活动。为统一活动以产生更大的力量，反战同盟延安支部号召召开一个"全华北反战大会"，以便将各团体统一起来。为响应这一号召，各地反战团体代表齐聚延安，于 1942 年 8 月召开了全华北反战团体大会和华北日本士兵代表大会，这两个大会的召开极大地推动了华北反战运动的发展。

1942 年 8 月 15 日至 8 月 29 日，华北日本士兵代表大会暨华北日本反战团体大会在延安召开，历时 14 天。前 5 天为日本士兵代表大会，后 9 天为反战团体大会。两会代表合一，而会议按阶段分开。会址主要选择在陕甘宁边区参议会大礼堂和日本工农学校两地。几百名八路军官兵、来自陕甘宁边区政府和民间的代表以及在延安的外国友人列席大会。其中出席士兵代表大会的代表，包括日军的士兵下士和下级军官等 53 人，从其原所在日军部队番号来看，几乎囊括了当时华北日军的所有部队，从一个侧面反映出华北八路军敌后抗战的广泛性和战斗威力。

在日本士兵代表大会上，通过了《日本士兵的要求书》，这一要求书共计 228 条，其中核心要求 121 条。包括"不准为了试胆量而强迫士兵杀害没有反抗行为的中国人"，"军官不得命令士兵去进行掠夺、暴行、杀人、放火等反人道的非法行为"，这些都是日本士兵在被迫执行三光政策的实际体验中提出来的要求。同时要求书还提出了日本士兵反对长官虐待和经济剥削的迫切要求。如"禁止侮辱士兵、打士兵耳光，对违反者予以严惩"，"不得强制士兵储蓄"，酒保（日军小卖店）交由士兵负责管理经营等。士兵代表大会最后一天，全体代表一致通过了《抗议日本军部暴行的宣言》，旁听大会的中外朋友立即以热烈的掌声表示了支持。闭幕的时候，大家还一起唱起了国际歌。士兵代表大会结束后，紧接着召开全华北反战团体大会。这次大会决定将各地分散的觉醒联盟和反战同盟的组织进行合并创立"反战同盟华北联合会"，并制定了联合会的纲领和章程。大会通过了反战同盟华北联合会的活动方针报告。在长达4万多字的报告中，明确了反战同盟今后的任务和活动的基本方针。报告中对日军宣传的内容方法、对同盟成员的教育和训练、对待新俘虏的措施以及协助八路军活动等都进行了极为详细的表述。

在延安召开的这两个大会相继结束后，华北的对日反战活动变得更加有组织和更加活跃。据秋山良照的回忆，晋冀鲁豫根据地在延安大会的次年即1943年3月，也召开了日本士兵代表大会和觉醒联盟大会。刘伯承及近千名八路军官兵也参加了大会，刘伯承还以来宾身份致辞。大会上对延安两次大会通过的《日本士兵的要求书》和反战同盟华北联合会活动方针进行了深入学习讨论，并从组织发展的角度将觉醒联盟改名为"反战同盟"。到1944年4月，反战同盟华北联合会已经拥有13个支部，成员达223人，支部遍布延安、晋西北、晋察冀、晋冀鲁豫、山东等解放区。1944年5月还成立了冀东支部。

1940年6月9日，八路军总政治部在《关于对日军俘虏工作的指示》中指出："各师、各纵队、各军区、各战略单位应力求训练出几个进步的俘虏，帮助我们对敌工作，这是很重要的，不应轻视。""对俘虏之训练，应注意多分配事情给他们做，如参加敌军工作训练队之日语教授，参加宣传品之起草，参加对俘虏之训练，自愿地写信回国给其亲友等等。过去对俘虏工作之困难，是因为没有日本人帮助我们，假如我们能训练出几个同情我们的俘虏，则今后对俘虏工作及一般敌军工作将有很大的帮助。"为了唤醒被日军蒙骗的日本士兵，反战同盟开展了丰富多彩、生动活泼的反战宣传活动。盟员们与日本士兵通信，他们在信中揭露日本军部的法西斯本质，同情士兵的疾苦，启发士兵的觉悟，激励日本士兵到八路军中来，并保证其生命安全，仅山东的滨海支部一年中就

◎ 新四军军长叶挺（左）与日本战俘合影

写了247封信。

反战同盟不断扩大他们工作的主要方法，一是散发传单和送慰问袋，另一种是接电话和喇叭，直接向日军士兵喊话。三年中散发的传单总数华北地区为83万张，华中达20万张。每个月各地制作的传单有五六种，冀南更是达到了每月14种之多。传单是通过日军的傀儡军队伪军直接交给日军士兵，或者通过农民传到日军手中，也有的是通过武工队在日军碉堡附近散发。"不许打耳光"这样的传单散发之后，那里的日军就会受到教育，军官被要求不得打士兵的耳光，军官们变得老实了许多。日本士兵最喜欢反战同盟送的慰问袋，如果在慰问袋中装食品的话，他们可能因担心是否有毒不敢食用，后来就装了肥皂、毛巾、日记本、内衣等日用品，反战同盟还开始通过慰问袋与日军士兵相互通信。反战同盟甚至收过这样一封信，别处碉堡都收到慰问袋了，我们碉堡却没有，请给我们也送吧。有时候日军士兵也会送回黄酱和海带作为慰问袋的答谢，后来随着关系变得密切，反战同盟还会送去酒和鸡等食品。

◎ 加入新四军的日本士兵举行宣誓仪式

盟员们在前线对日军喊话，冲锋在离日军100米，甚至50米的前沿阵地，大声用喇叭唱反战歌曲，喊反战口号，制作反战宣传品。有时他们甚至把电话机直接接在日军电话线上，同士兵通话，用拉家常的方式进行反战宣传。通过电话进行宣传，是在日本电话线上搭线实现的，这样一次可以同时对五六个碉堡讲话，因为通话时间可以较长，所以效果很好。反战同盟掌握碉堡内部情况后，就可以叫着对方的名字进行通话，一开始他们并不相信，但是随着对话的深入，尤其是当反战同盟成员用流利的日语喊着"斋藤""大岛"等名字时，他们逐渐相信说的是事实，甚至提出交换慰问袋。

　　通过反战同盟的不懈努力，日本士兵思想趋于理性，在日军部队中，经常有反战同盟的宣传品秘密流传。如1943年7月，驻潞安附近的一日军分遣队得到太行支部发行的《同胞新闻》，全班竞相传阅。仅反战同盟山东滨海支部，在1944年一年中，向日军散发传单2.22万张，小册子2.5万册，送慰问袋146个。后来日军部队还对老百姓说："八路军有很多我们的朋友"，并主动问："你们还有这类的宣传品吗？"不少日本士兵还常向老百姓购买反战同盟的报纸等。反战同盟给日军发出的信中，每3封可收到1封回信，鲁豫支部书记水野就经常接到日本士兵向他们索取报纸的函件。有的士兵在回信中说："我的身体虽在日军中，但我的思想是八路军的思想。"某据点的日军队长与盟员喊话时说："你们说得很对，希望你们常来，我保证不做坏事，不抓老百姓。"事后，被抓的老百姓果真被放回。日本士兵接受了反战同盟的宣传后，逐渐认清了侵略战争的本质，再也不愿充当炮灰，想方设法逃离日军部队。

　　不仅是在华北的敌后战场，在广大江南的新四军活跃地区，同样建立了反战同盟，进行了对日本军人的反战工作。反战同盟先后在华中成立了4个支部，即苏中支部、苏北支部、淮北支部和淮南支部并建立了华中地区协议会。在对日军战俘进行改造后，这些"日本新四军"也在抗日前线进行了大量的对敌工作。取得了瓦解敌军甚至争取日伪军投诚的战果。在一线对日军反战工作中，一些"日本八路军、新四军"为此还献出了宝贵的生命。

炮火硝烟的战场使侵略者泯灭了人性、埋葬了真情，但在中国共产的党领导下，亿万抗日军民用博大的胸怀融化了一颗颗被战争扭曲的冰冷的心。血债血还换不来逝去的生命，用心感化却可以使无数迷途的灵魂重获新生。中国共产党人及其所领导的八路军、新四军用最真诚的方式呼唤和平，通过对日军官兵的感化教育，使他们由顽固的魔鬼变回了常人，直至成为光荣的反法西斯战士。

【参考资料】

［1］中国延安干部学院.延安时期大事记述［M］.北京：中央文献出版社，2010.

［2］常改香.一种特殊形态的统战：延安日本工农学校研究［M］.北京：人民出版社，2016.

［3］香川孝志，前田光繁.八路军中的日本兵：延安工农学校纪实［M］.聂春明，译.北京：学苑出版社，2019.

新式整军运动

　　1947 年冬至 1948 年夏，中国人民解放军利用作战间隙普遍开展以"诉苦"和"三查三整"为主要内容的、有领导有秩序的大规模民主整军运动。1948 年 3 月 7 日，毛泽东写的《评西北大捷兼论解放军的新式整军运动》一文中，将其概括为新式整军运动。

◎ 解放战士诉苦（高宏　摄）

◎ 整军运动中学习的官兵们

　　1947年7月，人民解放军由战略防御转入战略进攻，中国革命进入夺取全国胜利的重要阶段。战争形势及解放区土地改革和整党运动的发展，要求人民解放军更加英勇作战，更好地执行党的路线和政策。但是，由于部队扩编，新成分增加，特别是补入大批从国民党军中解放过来的士兵，部队在组织上、思想上、作风上存在许多不纯的现象。例如部队中出现了阶级观念模糊，解放战士不知为谁当兵，为谁扛枪，为谁打仗，惧怕艰苦，违反群众纪律，甚至在战斗中贪生怕死等现象。为了解决这些问题，经中央军委批准，在西北野战军前委和彭德怀的直接领导下，

◎ 刘四虎翻身诉苦的木刻画

西北野战军从 1947 年 2 月上旬至 1948 年 2 月中旬，结合根据地的土地改革运动，率先在各部队集中的米脂、绥德、清涧和志丹以及山西曲沃地区开展了以诉苦和三查为主要内容的新式整军运动。此后，全国各解放区人民军队也试点开始进行整军运动。

1947 年 9 月 28 日，毛泽东批转东北民主联军第三纵队诉苦教育的经验报告，并提出了具体要求。1947 年 12 月 22 日，毛泽东又对《西北野战军独立第一旅政治部关于阶级教育经验总结》作出批示："此件很好，下发到各部队。"① 随后，全军部队普遍开展了以"诉苦""三查"（查阶级、查工作、查斗志）为中心内容的整军运动。其目的是为保持人民军队的本质，提高官兵对党的土改政策的认识和战斗积极性。许多部队结合地方土地改革运动，先后开展多种形式的诉苦教育，解决部队存在的思想认识问题，提高官兵的阶级觉悟，鼓舞斗志，激励士气。

诉苦就是诉旧社会和反动派所给予劳动人民之苦。诉苦教育的步骤：一是进行深入的诉苦动员，提高诉苦的自觉性。通过忆苦、引苦、访苦、比苦等方式，使诉苦运动很快开展起来；二是发挥诉苦典型的示范作用。如东北民主联军的房天静、陕甘宁晋绥联防军的刘四虎、华东野战军的魏来国、晋察冀军区的王鸿禧、晋冀鲁豫军区的王克勤，都是当时影响比较大的诉苦典型；三是全面展开诉苦。无论是野战部队还是地方部队，无论是战斗单位还是后勤部门，从班排到连营、到团，都召开各种诉苦会，官兵同诉，军民同诉，把积存在内心深处所受的苦难尽情倾诉出来；四是挖苦根，找苦源。这使得全体指战员的认识发生了飞跃，由个人苦归结到整个阶级的苦，由地主恶霸的罪恶归结到蒋介石反动统治的罪恶，最后认识到"总苦根是老蒋"，"前方打蒋军、后方挖蒋根"，只有打倒蒋介石，解放全中国，劳动人民才能彻底翻身。

---

① 西北野战军独立第一旅政治部关于阶级教育经验总结（1947 年 12 月 22 日）[M]// 中国人民解放军第一野战军战史编审委员会.第一野战军文献选编：第 1 册.北京：解放军出版社，2000：35-41.

◎ 由俘虏兵而成为爱兵爱民模范和战斗英雄的王克勤

◎ 王克勤在保卫延安的动员大会上发言

　　用诉苦的方式教育部队，是中国人民解放军的一大创造。一位美国学者把它称之为"世界上任何一支军队都没有过的政治手段"。他认为，"这样的集体诉苦比指挥员或是政委的任何说话都更有感染力，这样的教育是绝对不可以低估的，更是任何人也模仿不到的，倘若蒋介石也让他的士兵起来诉苦，士兵恐怕会起来反抗他们的长官"。

经过新式整军运动，人民解放军官兵为解放被剥削的劳苦大众，为消灭国民党反动派而战的政治觉悟大为提高，战斗力和纪律性大为增强，官兵关系和军民关系更加密切。毛泽东在1948年3月2日为中共中央军委起草的给西北野战军司令员兼政治委员彭德怀、副司令员张宗逊和赵寿山的电报中评价：用诉苦和三查方法整训部队收效宏大。

经过整军运动，部队的纯洁性提高了，纪律整顿了，群众性的练兵运动开展了，完全有领导地、有秩序地在部队中进行的政治、经济、军事三方面的民主发扬了。部队万众一心，克服困难，群威群胆，英勇杀敌。新式整军运动是人民解放军"打倒蒋介石，解放全中国"的战略动员，对人民解放军的巩固扩大和作战胜利起了重大作用。正如毛泽东所说："这样的军队，将是无敌于天下的。"新式整军运动，不仅是解放战争时期军队政治工作的重大发展，也是人民解放军政治建军史上极其重要的一页。

【参考资料】

［1］中国延安干部学院．延安时期大事记述［M］．北京：中央文献出版社，2010.

［2］西北野战军独立第一旅政治部关于阶级教育经验总结（1947年12月22日）［M］//中国人民解放军第一野战军战史编审委员会．中国人民解放军第一野战军文献选编：第一册．北京：解放军出版社，2000：35-41.

［3］用诉苦和三查方法整训部队收效宏大（1948年3月2日）［M］//毛泽东军事文集：第四卷．北京：军事科学出版社，中央文献出版社，1993：409-410.

装备建设篇

陕甘宁边区的人民兵工事业

　　从 1937 年七七全国抗战爆发到 1945 年日本投降为止，在延安成立的军委兵工局和其下辖的陕甘宁边区和各抗日根据地兵工企业，在极其简陋的条件下，艰苦奋斗，先后建立了 130 个兵工厂，拥有近 2 万名职工，生产了一大批武器装备。同前方的八路军、新四军战士浴血奋战一样，敌后兵工战士的生产同样艰苦卓绝，可歌可泣。从今天中国作为世界最大制造工厂和制造业大国的现代化的制造装备和技术来看，是难以想象当年八路军、新四军武器生产是何等简陋，何等艰难，又是何等不可思议。正是这些近乎原始的兵工制造，不仅给前方的抗战将士送去了宝贵的杀敌利器，也为新中国军事事业创下了坚实的发展基础，为新中国的现代化军工企业孕育了独有的红色基因。

◎ 陕甘宁边区机器厂旧址

◎ 李强——陕甘宁兵工事业的创始人之一

　　1935 年 10 月，中央红军长征到达陕北后，随同长征的红军官田中央兵工厂同陕北红十五军团修械厂会合组成新的兵工厂，归中央革命军事委员会总供给部领导。合并后的兵工厂随军活动流动性很大，先后驻扎在柳树店、清涧、延川、吴起、延长等地，后迁回延安柳树店。七七事变爆发后，抗日民族统一战线建立，根据国共两党协议，中共中央将陕甘宁根据地改称陕甘宁边区。1938 年 3 月，中央革命军事委员会根据毛泽东的指示及革命战争的需要，决定迅速创建陕甘宁边区的军事工业，成立了中央军委军事工业局（简称军工局），统一管理边区军事工业。李强任首任军工局局长。毛泽东对军工局工作非常重视，曾亲笔为李强题词"坚持到底"。1938年9月29日至11月6日，中共召开六届六中全会，在作出的决议中专门对此提出，要把"提高军事技术，建立必要的军火工厂，准备反攻实力"作为"全中华民族的当前紧急任务"之一。"游击战争的军火接济是一个极重要问题……每个游击战争根据地都必须尽量设法建立小的兵工厂，办到自制弹药、步枪、手榴弹等的程度，使游击战争无军火缺乏之虞。"

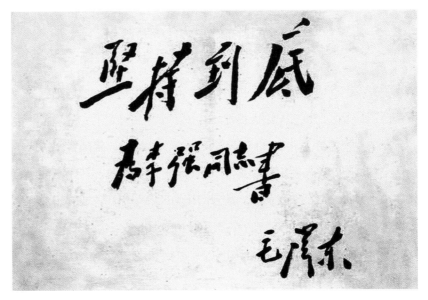

◎ 毛泽东在延安时期为李强题词：坚持到底

◎ 李强在延安军工局院内授课

　　中央军工局成立后，首先将中央红军兵工厂由延安柳树店迁到安塞县茶坊镇，改名为陕甘宁边区机器厂。按照军工局确定的"先设备、后步枪"的生产方针，从1939年起按照生产作业性质，将陕甘宁边区机器厂分拆、整合，先后组建军工局一厂、二厂、三厂、五厂（石油）、六厂（军鞋）、八厂（皮革）、紫芳沟化学厂等军工厂，成立了八路军通讯材料厂。另有马家沟修械所、制药厂和修理部各一个。1942年，组建八路军留守兵团第一兵工厂。1940年至1944年，在八路军晋绥抗日前线的大后方，晋绥军区工业部一厂、二厂、四厂等兵工厂先后在陕北榆林佳县组建投产。

一九四〇年十二月军工局各厂、所分布示意图

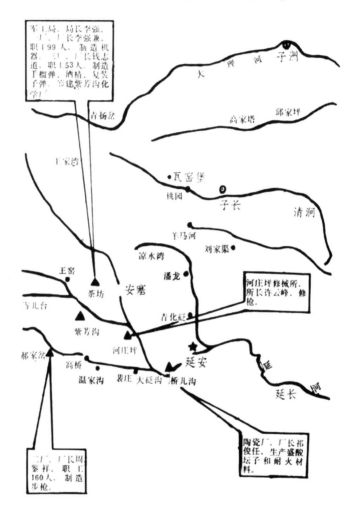

军工局。局长李强。
一厂厂长李强兼。
职工99人。制造机
器。三厂长钱志
道。职工53人。制造
手榴弹、酒精、复装
子弹。筹建紫芳沟化
学厂。

河庄坪修械所。
所长许云峰。修
枪。

二厂。厂长周
鉴祥。职工
160人。制造
步枪。

陶瓷厂。厂长祁
俊任。生产盛酸
坛子和耐火材
料。

◎ 1940年12月军工局各厂、所分布示意图

经过几年的发展，陕甘宁边区初步形成机械制造、子弹复装、机械修造、火炸药制造、手榴弹及掷弹筒制造、通讯设备生产等较为完整的武器装备生产体系。在大生产运动中，军工局还先后创办了陶瓷厂、玻璃厂、焦炭厂、水力发电厂、炼铁部等为边区经济服务的工厂，陕甘宁边区的工业呈现出蓬勃发展的局面。

◎ 毛泽东在延安高级技术干部会议上，右2戴眼镜者为李强

◎ 中央军委军工局局长叶季壮（右2）在延安向朱德、叶剑英介绍军工生产情况

　　当时由在延安的中央军委军事工业局管辖的主要兵工厂有：

　　陕甘宁边区机器厂，其前身为中央红军兵工厂。由延安柳树店迁到安塞县茶坊镇，改名陕甘宁边区机器厂，也称茶坊兵工厂。工厂分为东厂和西厂两部分，东厂为枪械修造部，西厂为机器制造部。该厂是一座既制造机器又生产手榴弹、枪榴弹和火炸药的综合性兵工厂。

◎ 用拆卸下的汽车发动机作为机床动力

    1939年5月，陕甘宁边区机器厂西厂改建，成立军工局一厂。先后为军工局三厂生产了制造子弹和手榴弹的专用设备，为前线提供了便于转移携带的小磨床、小铣床、小钻床等金属机床，为边区政府设计制造了磨纸浆机、碾纸机等专用机器，为医疗部门生产了血清离心分离器、大型消毒锅、手术刀等器械。

    1939年4月，军工局根据中央指示，将陕甘宁边区机器厂东厂迁往较为隐蔽的安塞县与志丹县交界处的郝家岔，组建军工局二厂。军工局二厂以生产步枪为主，兼修机器设备。还利用靠近林区的天然条件生产通讯设备旋钮和刻度盘、纺织厂用绢纱轴、制药压药机等产品。

◎ 钢铁厂（吴印咸 1943 年摄）

　　1939 年 5 月，陕甘宁边区机器厂东厂迁往郝家岔后，在其旧址上重建新厂，命名为军工局三厂。军工局三厂主要复装子弹，生产子弹、底火、拉火管及手榴弹装配和黑火药导火索等。

　　1942 年年初，八路军留守兵团成立留守兵团第一兵工厂。该厂由军工局二厂设备和部分人员与陕甘宁边区农具厂合并组建而成，因位于延安温家沟，又称温家沟兵工厂，主要任务是生产手榴弹和复装子弹。1944 年，第一兵工厂在炼出精铜的基础上，成功试制出铜弹壳，生产新子弹 1 万多发，结束了陕甘宁边区不能生产子弹的历史。

◎ 利用老虎钳等简单工作台修复枪械

1942 年在安塞县茶坊镇紫芳沟建立了紫芳沟化学厂。这是陕甘宁边区的第 1 座化学工厂，规模虽然不大，但比较正规，主要承担发射药和黑火药的生产任务。1945 年 8 月抗日战争胜利后，该厂仍继续发展生产硝酸硫酸硝化棉、双基药等兵工生产必备的化学化工药品。

陕甘宁边区的军事工业设备十分简陋，规模虽小却相互配套，形成比较正规的军工体系。军工局所辖各兵工厂创造条件，克服困难，保持了较高的生产能力。据统计，1940 年共生产步枪 3360 支、手榴弹 7.4 万枚、子弹 12 万发、燃烧弹 200 个、地雷 95 颗。1941 年因日军扫荡，华北前线向延安供应军工原材料减少，生产能力严重受限，但仍完成步枪 1736 支、子弹 41 万发、炸弹 6 万枚、刺刀 1.2 万把、炮弹 4 万发、地雷 2358 颗。1943 年生产步枪 400 支、掷弹筒 350 个、手枪 1432 支、掷弹筒弹 4883 发、迫击炮弹 4253 颗、子弹 68 万发、手榴弹 4 万枚。

全国抗战时期，陕甘宁边区的军事工业为保卫中共中央、保卫陕甘宁边区、发展边区经济、支援其他根据地的军事工业建设，作出了很大贡献。抗日战争胜利后不久，国民党军队大举进犯陕甘宁边区，党中央实施战略大转移。根据中央军委的命令，从 1947 年 3 月开始，在陕甘宁边区的兵工一厂、紫芳沟化学厂、八路军留守兵团第一兵工厂等，东渡黄河并入晋绥兵工部。晋绥军区兵工部的工厂大部分迁往山西省境内，陕甘宁边区人民兵工事业完成了它的阶段性历史任务。在这一历史时期中国共产党领导的兵工事业奋斗历程中，广大军工人充分体现了把一切献给党，自力更生、艰苦奋斗、无私奉献的精神，其历史贡献载入了史册。

【参考资料】

[1] 兵工地图编委会．兵工地图 [M]．北京：人民出版社，2019.

延安时期自主研制的制式步枪

◎ 中央军委军工局从延安柳树店迁到安塞县茶坊镇

1938 年，中央军委为了发展陕甘宁边区的军事工业，同时考虑工厂的安全，将原设在柳树店的中央军委军工局一厂，迁到安塞县的茶坊镇。茶坊镇距离延安仅 36 公里，交通比较方便。军工局一厂在迁往茶坊前，已经拥有了 10 余部机器和 100 余名工人。迁往茶坊后，分为东、西两个分厂，其中东厂主要负责修枪，也负责研制符合我军需要的新式步枪。由于延安的工业基础很薄弱，制造步枪所需的大部分设备都是军工局一厂工人自行制作的，他们因陋就简、自力更生，开发生产机器加工设备。例如：在枪管上钻孔需要深孔钻床，工人们便在普通车床上装上一根长钻杆进行钻孔；没有拉来复线的设备，工人们就制造出手动拉线机进行拉线。

机器准备齐备后，就需要枪械设计人员拿出符合工业水平和部队需要的设计了。从清末洋务运动开始，中国几乎囊括了全世界各个国家设计制造的步枪。抗战前后，中国军队同时装备了国产的中正式、汉阳造、老套筒、日制的三八式、苏制的莫辛－纳甘式等一大批步枪。当时，军工一厂并没有专门的军工研发单位，于是动员经验丰富的老工人参加设计工作。刘贵福、孙云龙等一批工人，此前曾在国民党的兵工厂里担任技术工人，拥有比较丰富的生产经验。他们通过与老红军交流，学习《论持久战》等著作，较好地总结了人民军队的作战特点，认为马枪（短步枪）的轻巧比较适合我军特点，但应该适当将枪管延长，发挥我军战士射击准确的优势。为了加强拼刺中的杀伤力，同时满足在根据地较为恶劣的环境中生产的要求，刘贵福和孙云龙选择了俄国莫辛－纳甘，即"水连珠"步枪的折叠式三棱刺刀设计。考虑到当时陕甘宁边区的弹药主要来自于缴获和复装，因此选择了国民党军制式的7.92毫米口径。

◎ 军委军工局一厂的工人在车间制造各种机器零件

◎ 军委军工局一厂工人操作铣床加工类似机匣槽的零件

　　这样一来，工人们最终决定要制造一款长度介于马枪和步枪之间的新式步枪。新设计的步枪枪管较长，采用折叠式三棱刺刀的 7.92 毫米新式步枪。值得一提的是，工人们自行总结出的对新式步枪的设计，与 20 年代刘伯承和刘鼎在苏联曾经讨论的山地作战更需要短步枪的想法不谋而合。

◎ 兵工厂工人在调试车床

有了设想，还要将这些细节在图纸上呈现出来。刘贵福自告奋勇，负责绘制设计草图。很快，军工局一厂的制图员便根据刘贵福的草图绘制了新步枪的设计图纸，送交军工局和厂领导，大家都认为这一设计是可行的，便要求军工局一厂立刻组织试制。

由于工厂的各种工具和机械都较为简单，只能抽调一批技术过硬的工人，一点点将新步枪的零件"抠"出来。当时，陕甘宁边区还没有建立冶金工业，只能以铁轨作为主要原料，工人们细心地将铁轨切成几段，上部做机匣，中部做枪机等零件，底部做刺刀，边角料则收集起来熔化做成小备件。制造枪管的材料是陕北油井废弃的钻杆，制造弹簧的钢丝，则是派专人从西安秘密购买的。

1939 年 4 月 25 日，经过军工局一厂 200 余名工人齐心协力攻关，终于完成了根据地第一支自行设计制造的步枪。在 1939 年陕甘宁边区第一届工业展览会上，这支新步枪被命名为"无名式马步枪"，并被评为甲等奖。参与设计制造这支步枪的刘贵福、孙云龙被陕甘宁边区授予劳动英雄称号。

在"无名式马步枪"问世后，中央军委军工局决定将军工局一厂东分厂迁往安塞县郝家岔，扩建为"军工局二厂"，对外称"边区机器二厂"，专门生产"无名式马步枪"。

截至 1941 年年底，军工局二厂共生产了 130 支"无名式马步枪"。作为人民军队自力更生发展军事工业的代表之作，这种新型马步枪优先装备了中央警卫团。直到 1947 年胡宗南部进犯延安时，中央警卫团仍

◎ 延安时期著名的军工生产模范　赵占魁

◎ 八一式马步枪

装备有部分"无名式马步枪"。战斗中，该枪同我军缴获的大量敌军武器一起，为保卫党中央立下了汗马功劳。"无名式马步枪"的问世，也培养了人民军队第一批轻武器专家。然而，让人无比惋惜的是，中央军委军工局兵工厂制造的"无名式马步枪"，虽然在中国军工史上留下了浓重一笔，却没能留下照片，使后人无法一睹其真容。

　　但是后来衍生出来的"八一式马步枪"却大名鼎鼎。"无名式马步枪"设计者之一、八路军总部军工部技师刘贵福，在1939年冬由延安调往太行根据地后，主持设计了著名的"八一式马步枪"，成为我军在战争年代自制武器的代表之作。

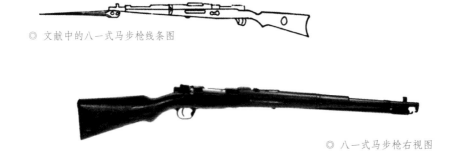

◎ 文献中的八一式马步枪线条图

◎ 八一式马步枪右视图

八一式马步枪是一种手动式步枪。该枪的特点是体积小、射击精准、外观漂亮。枪管上的瞄准星被彭德怀誉为"天下第一准星"。

最突出的是枪上可自动展开又能固定的三棱刺刀，其凹进样式易使血外流，刺杀后容易拔出，经过淬火后增加了强硬度，不用时反贴在枪管上，肉搏时按动键钮一甩就可迅速自行固定，这样对争取时间、争取白刃战的胜利至关重要。而且在行军时，不会有明显的反光，有利于隐蔽。八一式马步枪随后作为制式步枪在八路军黄崖洞及其他兵工厂大批生产并装备部队，由于质量好、轻便适用，大受指战员欢迎，总产量达到上万支。这样的产量在抗战时期中国共产党领导的军工事业中是绝无仅有的。它不仅装备了八路军主力野战部队，为抗战作出贡献，而且也装备了延安的中央警卫团，并作为边区军民自力更生武装自己的象征赠送给了来延安考察的美军观察组。

【参考资料】

［1］瞄的准来打得远：根据地的步枪制造[J].兵器，2015（09）.

［2］徐纪林.八一式马步枪：八路军最大量产的步枪[J].轻兵器，2015（11）.

延安的防空武器

◎ 延安八路军兵工厂技术人员正在修理重机枪

    日军飞机在延安上空肆虐的景象，极大地刺激了我军的干部战士。我军当时装备的机枪无法有效打击日军飞机，中央军委军工局立刻向军工局一厂即著名的茶坊兵工厂下达命令，利用现有资源，尽快制造出防空武器，装备部队，保卫延安。

    在领受任务后，工人们首先对库存枪械进行了清点。目的是寻找任何可供改造的速射武器。根据刘贵福的回忆，他们最终在仓库中找到了两挺"马克沁废机枪"，作为改造高射机枪的基础。刘贵福回忆道，工人们对机枪的改造，主要集中在三个部分。首先是制作了专用的高射托架。马克沁机枪的枪身固定在托架上，再与三脚架连接。为了保证机枪可做大角度射击，刘贵福等人设计了"带有刻度的扇形平齿涡母轮，它与三脚架连成一个升降体，可固定角度射击"。

刘贵福　1948年5月1日

◎ 毛泽东为刘贵福题词：生产战线上的英雄

◎ 1938 年 11 月刘贵福等利用马克沁机枪改造的高射机枪

　　完成高射托架后，刘贵福等工人又在机枪上增加了专用的高射瞄准具。刘贵福回忆："瞄准装置为三连环型的瞄准具，它装置在马克沁机枪前上部及瞄准表尺上。"根据留存下来的图片，这种高射瞄准具的尺寸很大，也难怪老乡会把它说成"笊篱"。

由于"马克沁废机枪"的握把和扳机已经缺损，他们不得不重新制作发射机构。马克沁的经典设计是在枪尾设有两个垂直握把，工人沿用了这一设计，但是将原有的片式拨动扳机改为了铁丝绕成的弹簧。而对于高射机枪较为关键的高射枪架，也采用了简便的方法，直接用铁条打制了一个三脚高脚架。由于不考虑收放功能，三脚架的结构十分坚固。

据陕甘宁边区军工史料记述，从接受任务，到完成样枪，仅花费了六天时间。在这六天六夜中，刘贵福和大部分参与的工人几乎没有合过眼。样枪完成后，被送到靶场进行试射。由于设计简洁，部件可靠，这两支高射机枪连续发射 200 枚子弹后，各部分工作仍相当正常。这两支高射机枪完成验收后，几乎立刻被送到了清凉山和宝塔山顶的防空阵地，并且参加了 1938 年 12 月 12 日及以后历次对来犯日机的防空作战。在1939 年 5 月 1 日开幕的陕甘宁边区第一届工业展览会上，改造的高射机枪与"无名式马步枪"一起展出，受到了包括毛主席在内的与会领导的高度评价。

【参考资料】

［1］无坚不克的重武器：根据地的机枪制造[J].兵器，2015（09）.

各抗日根据地的人民兵工事业

　　土地革命战争后期，红军在各根据地兵工厂原有的产能几乎全部丧失。全国抗战开始后，随着八路军和新四军深入敌后，各地利用红军时期的人员重建了一批修械所。部分根据地在建立了巩固的核心区后，开始重建根据地军事工业体系。

◎ 著名的晋冀鲁豫刘伯承兵工厂

◎ 山东根据地兵工厂正在生产迫击炮炮弹

    1937 年至 1940 年，是各抗日根据地军事工业的重建和发展时期。1937 年 11 月，延安八路军总部发出指示，要求各师旅团、游击支队、地方政府和自卫队都要招募技术工人，修械所和负责手榴弹及地雷生产的炸弹厂，以解决迫切的修械问题和地雷手榴弹制造问题。在这一时期，一大批知识青年和曾在兵工厂工作过的熟练技工，从山西等地投奔延安及其他敌后抗日根据地。1939 年初，以太行军区的军工企业为基础，集中太岳、冀南、冀鲁豫等地的部分技术力量，在山西榆社县韩庄建立了"韩庄修械所"（后称"黄崖洞兵工厂"）。到 1942 年，晋察冀边区拥有兵工厂 12 个、一二〇师有兵工厂 7 个、太行区拥有 4 个。

◎ 著名的新四军四师兵工厂生产的利器——"雪枫刀"唯一影像资料

　　八路军和新四军在部分进步人士的支持下，从国统区和沦陷区获得了一批机械设备。这一时期，八路军一一五师、一二九师，新四军第四支队等单位分别建立了随军修械所。1938 年，山东人民抗日救国军建立了黄县圈杨家兵工厂。八路军总部在榆社县建立了可以制造步枪的总部修械所。到 1940 年，晋察冀等数个根据地拥有了年产 10 万发子弹的弹药制造能力。大部分根据地的炸弹厂每年能够制造几万枚甚至十几万枚手榴弹。除了生产弹药外，华北的根据地还建立了一系列可以生产步枪的工厂，其中山东圈杨家兵工厂每月可以制造 50 支步枪。到 1941

年 11 月，仅八路军总部兵工一所就生产了 3000 多支步枪。八路军在战争中学习战争，汲取对日作战中日军掷弹筒的作战优点，总部军工厂从 1941 年开始制造掷弹筒。为配合局部反攻需要，1944 年 9 月，八路军总部军工部将分散的兵工厂组合调整为五个较大的兵工厂。各根据地除了制造中口径迫击炮外，1943 年至 1944 年，冀鲁豫根据地还制成了九二式步兵炮和四一式山炮的炮弹。各根据地研制了迫击炮平射设备，新四军兵工部门也研制了 37 毫米和 45 毫米平射炮。

◎ 八路军装备的自己生产的掷弹筒

◎ 自力更生造手榴弹（1940年，杨国治摄影作品，发表于1942年7月《晋察冀画报》创刊号）

◎ 山西武乡柳沟兵工厂生产研制炮弹

　　全国抗战时期，各敌后抗日根据地共建立 130 个兵工厂，拥有近 2 万名职工。各根据地兵工厂生产了大批武器装备。

◎ 新四军一师军工部生产的 73 毫米迫击炮

◎ 新四军六师十六旅兵工部生产的 62 毫米迫击炮

据不完全统计，至1945年年初，各敌后根据地直属兵工厂就生产了1.1万支枪械，450万枚手榴弹，20万个制式地雷，780万发子弹，6300具榴弹发射筒和6300多具掷弹筒，各种口径的迫击炮近1000门，为坚持抗战、打击日伪军，建立、巩固和扩大敌后抗日根据地，夺取抗日战争的伟大胜利，作出了重要而独特的贡献。

◎ 工人们在化铁水浇注手榴弹壳体

【参考资料】

［1］兵工地图编委会.兵工地图［M］.北京：人民出版社，2019.

［2］起步于绝境 辉煌于强盛：人民兵工80年的伟大历程简述［J］.兵器，2015（09）.

［3］打击日寇的主战兵器：根据地的手榴弹制造[J].兵器，2015(09).

［4］炸他个人仰马翻：根据地的地雷制造［J］.兵器，2015（09）.

兵工泰斗、统战功臣刘鼎

◎ 20世纪20年代在德国留学的刘鼎

刘鼎（1902—1986），新民主主义革命时期著名的军工和机械制造专家。他是人民军工的创始人和杰出领导人之一，也为党的统一战线工作作出过特殊的贡献。

刘鼎原名阚思俊，1902年生于四川南溪县，1920年考入浙江省立高等工业学校电机科学习。1924年赴德国勤工俭学，由朱德介绍加入中国共产党。1925年在组织安排下到苏联莫斯科东方大学和空军机械学校学习并兼任教官，系统学习了兵器构造、爆破原理、无线通讯等军事技术课程。1929年奉调回国，后应方志敏要求，出任洋源兵工厂政委，在极其艰苦的条件下，组织工人制造出机关枪和迫击炮及炮弹等，得到了方志敏的赞叹，"他们用少得可怜的机器，居然造出了花机关和轻机关枪，更不可思议的是，居然还造出了好几门小钢炮"，成为红军中为数不多的军工专家。后来刘鼎随方志敏红十军团离开闽浙赣苏区到外线作战，在怀玉山红十军团失败后刘鼎脱险辗转到上海寻找党组织，并经宋庆龄介绍到东北军工作。

◎ 左起聂荣臻、刘鼎、罗瑞卿、杨尚昆在陕北

　　1936 年，刘鼎任中共驻东北军党代表，对张学良进行了深入细致的思想工作，消除了张学良对中国共产党的误会并加深了对中国共产党倡导的抗日民族统一战线的认同。刘鼎还协助张学良在东北军中加强"停止内战、一致对外"的抗日爱国思想教育。西安事变爆发后，在保安（今

◎ 1945年刘鼎和夫人易辉在延安合影

志丹县）中共中央在第一时间就收到了刘鼎的报告，他提供的情报对于党中央掌握西安事变和国民党各派系对西安事变的态度，以及西安事变的和平解决起到关键和重要作用。毛泽东曾多次指出："西安事变，刘鼎同志是有功的。"

◎ 给地雷装药（福尔曼 摄）

◎ 炸他个人仰马翻（福尔曼　摄）

◎ 民兵地雷大王（福尔曼　摄）

抗战全面爆发后，刘鼎到延安任抗日军政大学特科大队大队长兼政委。特科大队主要培养无线电通讯、测绘、参谋、兵工等特种技术人才，在延安极其艰苦的物质特别是技术条件下，他做了大量工作。同时，他领导工人制造枪炮、弹药，成为延安时期人民兵工的创建人之一。

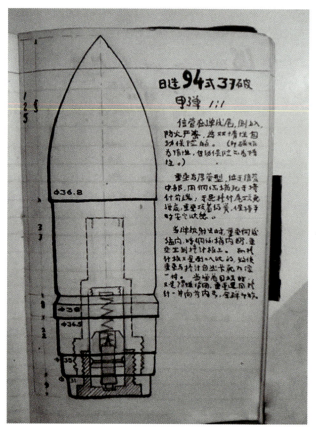

◎ 刘鼎研究炮弹和炮弹引信时画的图和笔记

1940 年 4 月底，经朱德提议，八路军总部任命刘鼎为八路军总部军工部部长，并在 5 月 1 日由彭德怀、左权、杨立三亲自护送到晋冀鲁豫边区山西黎城县上赤峪村上任。一路上，几位领导一再嘱咐刘鼎，要克敌制胜，必须具备两个条件：一是发动群众，二是要有武器。敌人之所以敢于发动侵华战争，主要是凭借他们有精良的武器装备，企图用武力来征服中国。而八路军武器从哪里来？靠国民党政府发给，希望渺小；靠缴获敌人的，代价太大，往往为夺取一支枪要付出重大牺牲。最好的办法是自己制造。几位首长还再三叮咛，要他抓紧把军工生产搞起来。

◎ 太行兵工职业学校教职员合影

刘鼎到职以后立即到太行各兵工厂调查研究整体的和具体的情况，根据中共中央和中央军委提出的坚持持久战、游击战思想和战争需求，改善八路军的技术装备。他提出了一系列发展、壮大太行兵工生产的方案。

刘鼎上任后，接连带领和组织人员进行了制式步枪试制生产、子弹生产、五〇炮和炮弹研制、烈性炸药研制，以及提高管理技术、培训军工技术、创办军工学校等工作，使太行军工发展进入到一个鼎盛时期，为改善我军技术装备作出了突出贡献。特别是解决了步枪生产标准化和制式化问题。他大力培训工人，改变他们在手工作坊养成的习惯，组织工人学文化，学会识字算数、看图纸、认量具、英制公制换算，了解车、铣、刨、磨、钻、焊、锻、铸等各类车床使用和工种操作。他率领 3000 多名兵工职工，狠抓步枪生产制式化。他提出了一种枪身短、刺刀长、重量轻的新型步枪设计方案，并交由"造枪能手"刘贵福组织试造。1940年 8 月 1 日定型造出第一支新型步枪，后由彭德怀定名为八一式步枪，也称为八一式步马枪。当时，刘鼎背着第一支新枪到八路军总部汇报，彭德怀、左权等首长看后都十分高兴，拿着枪边看边做刺杀动作，不住夸赞。遵照彭德怀的指示，军工部按照工业化生产要求，将八一式步枪的图纸和生产工艺分发到各造枪厂统一生产，使之成为根据地质量最好，产量最大的步枪（前后生产一万支），在太行区第一次实现了步枪制式化。此后又根据山地游击战需要研制出了掷弹筒和适用的炮弹。1941年4 月，这种掷弹筒在黄崖洞兵工厂和高峪兵工厂投入批量生产，被正式命名为五〇炮。5 月起，军工部组织生产的五〇炮和五〇炮弹成批源源不断地运往前线装备部队，使八路军主力部队有了可以与日军抗衡的可靠的近战支援火力，经常打得日军措手不及。日军震惊之余惊呼："八路军在太行山上兴建了现代化兵工厂，拥有先进设备与外国专家。"接着他又领导改进了边区制造的手榴弹，统一了制作分工、工艺和流程，增大了手榴弹杀伤威力。1941年初，刘鼎根据中央军委发出"关于普遍设立炸弹制造厂"的指示，向彭德怀提出地方政府以县为单位，组织地雷生产，由军工部负责技术指导、培训骨干并供应雷管，在全区普及地雷制造，发动民众开展爆破运动。彭德怀高兴地采纳了这个建议。2月6日，八路军总部召开后勤工作会议，决定各军分区制造地雷、手榴弹，军工部负责技术指导；未经军工部同意，各军分区不得更改手榴弹的式样和质量标准；军工部各厂主要生产枪炮及其弹药。彭德怀亲自进行动员，并以总部名义发出通知，在全太行山区开展爆破运动。当月，军工部在黎城县东崖底村和武乡县温庄村分别开办地雷训练班，分期分批培训武委会主任和民兵队长。刘鼎除主持外还亲自到东崖底培训班授课，并专门印发了《地雷制造与使用法》《各种地雷触发装置法》等教材给学员。他领导军工部门研制成功烈性炸药，并推广生产。1941年夏秋，遵照朱德、彭德怀"关于大量制造地雷的训令"，以这些学员为骨干，在各地层层开办训练班，很快在根据地掀起了"村村碾炸药，户户造地雷"的群众性爆破运动。根据地人民还从当地实际条件出发，大量制造石雷。"一块青石蛋，当中钻个眼，装上四两药，安上爆发管，黄土封好口，线子在外边，事先准备好，到处都能安，鬼子来'扫荡'，石雷到处响，炸死大洋马，留下机关枪，保卫老百姓，保卫公私粮，石雷真顶事，大家赶快装。"那时，华北抗日根据地的成年人几乎人人学会了制造地雷的技术，开展了群众性爆破运动。晋东南民兵李海元、王彦才还发明了制雷机，每天能制石雷30多颗。由此涌现出众多"造雷英雄"，掀起了轰轰烈烈的"地雷战"。

刘鼎还在太行山区积极兴办军工学校，培养军工人才。在他的大力推动下，边区建立了兵工职业学校，他亲任校长为学校制定教育规划和教学方案，并亲自给学员上课。按照工作需要和文化水平，学校将学员编成机械专科两个班、文化补习两个班和会计一个班，学制为两年或三年。之后又成立了化工专科、采矿冶金专科以及工会干部班、政工干部班等。班设班主任，由教员兼任。班建立党支部，支部书记由学员担任。班主任和党支部配合，管学习、管思想、管生活，保证了学习任务的顺利完成。

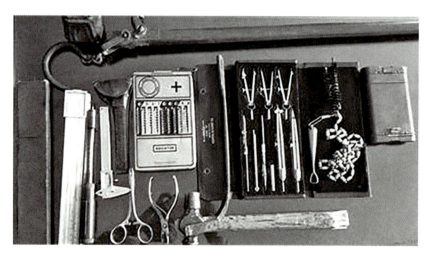

◎ 刘鼎研制军工装备使用的一组器具（中国人民抗日战争纪念馆馆藏）

◎ 习仲勋为刘鼎题词

　　太行工业学校成立后，彭德怀兴奋地致电毛泽东："我军在太行山已经有了一个小规模的工业学校。"毛泽东得知后十分高兴："太好了。你们一定要珍惜这个机会，为我军培训出一大批军事管理人才和军工技术人才，这对我们赢得最后的胜利十分有利。"1942年7月到1943年6月，这一段时间是工校最兴盛时期。校址迁到武乡县温庄，靠近柳沟铁厂，条件较好。全校教职员工达270余人。1943年9月，总部后勤部杨立三部长根据中共中央北方局会议精神，向军工部宣布，太行工业学校原则上开赴延安。学校办了两年多，共培养了各种专业技术干部400余名，解决了当时军工战线上技术骨干不足的问题。同年9月，由于日寇残酷扫荡，兵工职业学校停办。在校学员根据彭德怀"工校学员不准调出军工部门"的指示，大部分被分到军工部下属太行各军工厂，余下分赴延安、太岳军工厂。抗战胜利后，1946年2月，太行工业学校在长治恢复，改称长治工业学校。中华人民共和国成立后，学校迁至太原，并多次更名，规模不断扩大。2004年6月，更名为中北大学。刘鼎在抗战时期中国共产党领导的军工事业上作出了卓越贡献，他率领太行兵工不断为抗日前线输送枪炮弹药，并培育出一代兵工职工。2001年，习仲勋同志为刘鼎一生的革命功绩题字"兵工泰斗，统战功臣"。这充分体现了刘鼎一生对人民兵工事业发展及和平解决西安事变作出的卓越贡献。

【参考资料】

[1]中国人民抗日战争纪念馆.抗日战争文物故事[M].北京：中共党史出版社，2018.

军事教育篇

中国人民抗日军事政治大学

  中国人民抗日军事政治大学，简称"抗大"，是党中央和中央红军到达陕北后最早创办的一所专门培养抗日军政干部的学校。抗日战争时期，它是中国共产党领导的人民军队兴办的规模最大、人数最多、成就最高的军事学府。

◎ 红大一期一科学员留影

抗大的前身是1931年11月中共中央在江西瑞金创办的中央军事政治学校（由原闽粤赣边的彭杨红军学校第三分校、红一方面军教导总队合编而成）。1932年春，改称中国工农红军学校（简称红校）。1933年10月，中革军委下令分编红军学校，以高级班、上级干部队组成中国工农红军大学（简称红大）。1934年秋，中革军委决定将红大、特科学校和两个步兵学校合并组成中国工农红军学校。长征开始时，该校被命名为干部团。1935年10月，红一方面军干部团一部与陕甘红军军政学校会合，组成中国工农红军学校。1936年6月1日，中革军委决定以西北红军大学为基础，在瓦窑堡组建"中国人民抗日红军大学"。

◎ 延安时期抗大总校校门（童小鹏　摄）

◎ 抗大校长林彪

　　12月2日，决定红二、四方面军的红军大学与抗日红军大学合并，仍称"中国人民抗日红军大学"。1937年1月19日，"中国人民抗日红军大学"改名为"中国人民抗日军事政治大学"（简称抗大）。1937年1月20日，"红大"及一期学员随中共中央机关迁至延安，改称为中国人民抗日军事政治大学，红大一期学员转为抗大一期学员。1月21日，抗大成立教育委员会，毛泽东兼任抗大教育委员会主席，委员有林彪、刘伯承、傅钟、罗瑞卿、刘亚楼、杨立三、莫文骅。在学校成立后具体分工上，林彪任校长，刘伯承任副校长，罗瑞卿为教育长，刘亚楼为训练部长，杨至成为校务部长。

◎ 抗大校长林彪的办公室

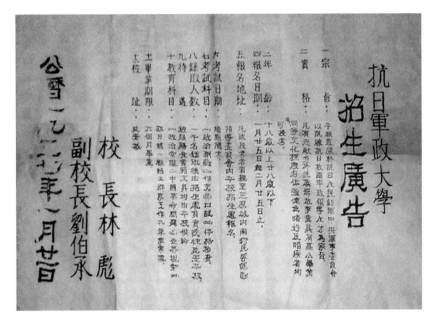

◎ 抗大二期招生广告

　　抗大的学员开始主要是中国工农红军中高级干部，后来也招收从陕甘宁边区外奔向延安的爱国青年。全国抗战爆发后，延安成为全国人民瞩目的革命圣地和抗战的政治指导中心，抗大也随之成为全国人民心目中的抗战堡垒，成为进步青年向往的革命熔炉。一批又一批的爱国青年纷纷奔赴延安。至1938年底，有1.5万名爱国青年进入抗大学习。投奔抗大的除了青年学生外，还有东北军和第十七路军的进步军官及抗日志士。国民党一些重要将领的亲属子女也曾在抗大学习。

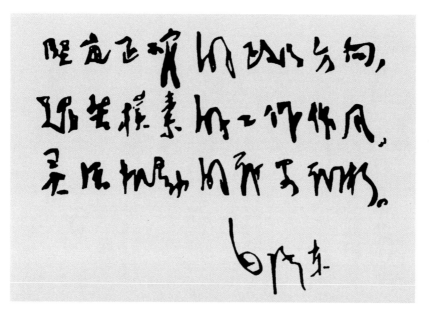

◎ 毛泽东为抗大题写的教育方针（校训）

　　抗大学制灵活，一切为了适应战时培养干部的需要。例如抗大一期和抗大二期的学制都只有半年左右，最长的第八期为 3 年多。这些毕业生很快就成为新组建的八路军和新四军的主要骨干。为提高办学质量并体现政治建军、听党指挥原则，毛泽东亲任抗大教育委员会主席，他为抗大规定了"坚定正确的政治方向，艰苦朴素的工作作风，灵活机动的战略战术"的教育方针和"团结、紧张、严肃、活泼"的校风。

◎ 抗大教职员合影

　　抗大办校近 10 年间，坚持毛泽东为抗大制定的教育方针和校风，实行"少而精""理论联系实际""教育与生产劳动相结合"等教学原则，创造了多种形式的教学方法，收到了很好的教学效果。

　　抗大创办初期，教员奇缺，只有 3 名专职教员，难以胜任繁重的教学任务。为解决教员不足的状况，更为了理论联系实际学以致用，抗大经常请中央领导同志讲课作报告，当兼职教员。

毛泽东亲自为抗大学员讲授《战略学》和《论持久战》，体现了党的领袖对这所军政学校的高度重视。1938 年 9 月，抗大利用各地区、各部队负责人齐集延安参加六届六中全会之际，先后邀请周恩来、刘少奇、朱德、邓小平、彭德怀、贺龙、罗荣桓、聂荣臻、李富春、彭真、博古、萧克、程子华、潘汉年等作报告，介绍全国抗日战争的形势和各根据地的情况。抗大的历届领导干部不仅办学而且也兼任教学任务。如刘伯承、徐向前、罗瑞卿、莫文骅、张际春、滕代远、何长工、李井泉、许光达、彭绍辉等，都有较高的理论修养和丰富的作战经验。

◎ 毛泽东在红大作报告（绘画　何孔德）

中央领导、专家学者在红大授课及作报告统计表

(1936、5—1936、12)

姓 名	时 间	讲 授 内 容
毛泽东	1936.10.12 1936.12.28	《中国革命战争的战略问题》 《关于和平解决"西安事变"》
张闻天	1936.	《中国革命基本问题》
周恩来	1936.5.27	《关于国际形势》
博 古	1936.	《政治经济学》
杨尚昆	1936.	《各国论》（主要是英美法德日意）
徐特立	1936.	《新文字》
李维汉	1936.	《党的建设》
李 德	1936.	《兵团战术》
林 彪	1936.	《战役学》
斯 诺	1936.7	《英美对华政策》
朱 德	1936.12	《中国近代革命运动史》

◎ 中央领导、专家学者在红大授课及作报告统计表

◎ 毛泽东给抗大学员讲课

◎ 胡乔木的抗大教员任命书

　　抗大办学期间，始终面临物质匮乏、生活艰苦等困难。毛泽东评价抗大的学员："你们过着石器时代的生活，学习当今最先进科学——马克思列宁主义。"学员们以苦为荣、以苦为乐，物质生活极度匮乏，精神生活却蓬勃向上，文体活动丰富。他们高唱"人类解放救国的责任，全靠我们自己去担承"的抗大校歌，刻苦学习军政知识，整个校园充满勃勃生机。

◎ 抗大校舍

◎ 抗大学员出操

◎ 抗大操场大门

◎ 英姿飒爽的抗大女学员

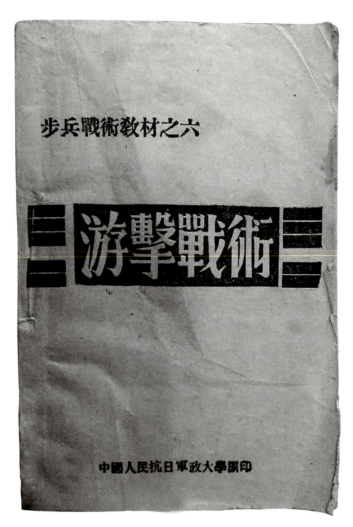

◎ 抗大学员用军事课教材

◎ 抗大学员在宝塔山下打排球

◎ 1939年抗大二分校学员在纪念抗战两周年运动大会上进行训练表演 （沙飞　摄）

◎ 欢迎抗大总校学生来到抗日前线办学

　　抗大学员越来越多，为了解决住宿问题，1938 年 7 月 10 日，抗大1000 多名教职学员开始了挖窑洞建校舍的劳动，历时半个月，挖窑洞175 孔。抗大学员还修筑了 3000 米的盘山公路，同学们称其为"抗大公路"。

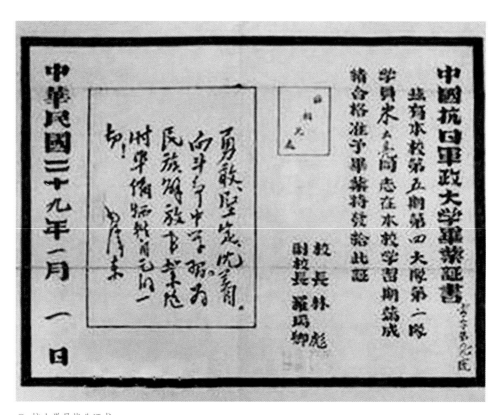

◎ 抗大学员毕业证书

抗大办校近10年间，在艰苦复杂的战争环境中，抗大总校辗转迁移，校址几经变更。据统计，抗大总校先后在陕北瓦窑堡、保安（今志丹县）、延安、山西武乡（蟠龙镇）、黎城（西井镇），河北邢台浆水镇和陕北绥德等地坚持办学，总共八期。1939年7月10日，根据中共中央《关于抗大陕公等学校迁到晋东南的决定》，抗大总校及联合大学近7000人在罗瑞卿、成仿吾率领下从延安出发，挺进华北敌后办学。

直到1943年1月抗大总校才返回陕甘宁边区在绥德办学，3月，徐向前出任抗大代校长。

抗日战争进入战略相持阶段，中共中央决定改变抗日军政大学的建制，把抗大分散到各抗日根据地，到敌后办学将课堂开在前线，"使教育为民族自卫战争服务"。其中抗大第五期是抗大大发展的一期，不仅学员人数多，更开始创办分校，更直接地为前线培养大批的抗日军政人才。1939年5月7日，抗大分校成立组织教育委员会，傅钟任主任，委员为陆定一、杨尚昆、何长工、周纯全、黄欧东、左权。抗大总校挺进敌后之后，相继在陕北、华北和华中抗日根据地创办了10多所抗大分校、陆军中学和附属中学，一般由根据地负责人兼任校长。这对于坚持持久抗战，争取抗日战争的最后胜利，作出了重要贡献。对此，罗瑞卿曾评价道"抗大抗大、越抗越大"。

◎ 抗大第四期四大队直属队毕业留影

    1945 年 8 月，抗日战争取得了伟大胜利，抗大也完成了伟大而光荣的历史使命。8 月中旬，毛主席对何长工说：中央决定你带领抗大开往东北办学校，培养当地人才；建议你当副校长、代理校长兼教育长；军政大学的名字不要改，只改前二字即可，叫东北军政大学。同年 10 月在延安的抗日军政大学总校遵照中央军委命令，于 10 月离开陕北前往东北改建为东北军事政治大学。其他战略区在此前后也都遵照中央军委指示，以原抗大分校为基础先后建立军政大学或军政干校。1949年初，三大战役胜利结束，解放战争形势迅猛发展，第四野战军挥师南下参加渡江战役，东北军大随行进驻武汉。1949年8月，四野兼华中军区命令：经中央军委批准，原东北军大改称华中军大（校址：汉口硚口），并在商邱、信阳、长沙、南昌、广州、桂林等地设立分校。9月，华中军大第十二期学生举行开学典礼（继续沿用抗大学期编序）。

◎ 1945年秋，抗大总校部分教职学员东渡黄河，向东北挺进

◎ 东北军政大学校旗（校旗风格上继承了抗大校旗主要元素）

在艰苦卓绝的抗日战争中，抗大从 1936 年创立到 1945 年结束的近 10 年办学期间，总校共培训了 8 期干部，创办了 12 所分校、5 所陆军中学和 1 所附设中学。总校和各分校为民族解放战争培养了 10 万余名军政干部，成为抗日战争不可或缺的中坚力量，为中华民族夺取抗战胜利作出了不可磨灭的历史性贡献。

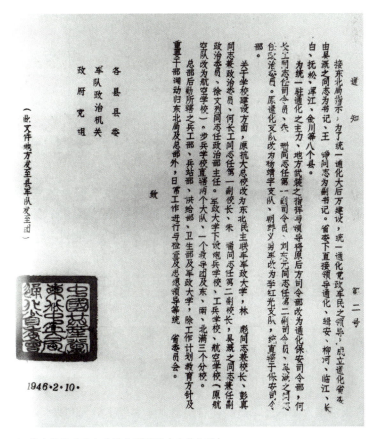

◎ 抗大总校改为东北民主联军军政大学的通知

◎ 华中军大招生广告

　　今天中国人民解放军最高学府国防大学继承了抗大的光荣传统，成为抗大事业的继承人。抗大的办校方针（校训）和校风，成为中国人民解放军部队建设和院校建设的优良传统，也是中国共产党优良传统和政治优势的具体体现，在新时代依然焕发出勃勃生机。

【资料链接】抗大的校旗与徽章

　　抗大校旗，长 196 厘米，宽 130 厘米，旗底为红色，右侧是一个白色的旗杆套。旗面右上方有一个图形标志：在一个由白色线条组成的五角星上面，叠压着一个八路军战士背枪骑马奔驰的黑色图案。其上方是呈弧形的抗大校风"团结、紧张、活泼、严肃"八个字。旗帜中部向左是用仿宋体写的"抗大"两个白色大字。旗帜中下部有三条横贯旗帜的白色波浪纹。整个旗帜的设计体现了抗大为民族解放而英勇奋战的精神。抗大校旗随着抗大的成立而诞生，又伴随抗大的发展而不断地指引师生们前进。

◎ 抗大校旗

◎ 抗大学员集会

◎ 抗大四期学员毕业证章

◎ 抗大校徽

　　抗大的教职员证章造型轮廓为中华民国地图。该校徽造型上将我国被日本帝国主义侵占的东三省即伪满洲国列为敌占区。徽章上校名用全线框了后，形成一个锐利的箭头，直指被日本帝国主义占领的伪满洲国，加上校名中有"抗日"二字，这就充分指明战斗的方向。

八路军军政学院、军事学院

◎ 八路军军政学院院长王稼祥

1940 年 5 月 21 日延安《新中华报》报道，八路军为造就高级军政干部，在延安设立军政学院。并建成一座雄伟的大礼堂，可容四五千人。7 月，八路军军政学院开始筹建和招生。1941 年 1 月在延安正式开学典礼。8 月 1 日，学院正式开学。1941 年 1 月 1 日，八路军军政学院开学典礼在延安文化沟村隆重举行。开学典礼上，毛泽东、朱德、王若飞、徐向前等出席祝贺。开学典礼会场悬挂一条横幅，书写着毛泽东为学院规定的办学方针"军事性、学院性、党校性的统一"，另外还有毛泽东的题词：抗战到底。军政学院院长由八路军总政治部主任王稼祥兼任，副院长由总政治部副主任谭政兼任，教育长张如心。八路军军政学院建成一座雄伟的大礼堂，可容四五千人，这也就是延安时期著名的八路军大礼堂。据 1941 年 8 月统计，共有学员 500 多人，全是中共党员。军政学院共分为三队，第一队为高干队，

◎ 军政学院大礼堂模型

第二队为文化队，第三队为经理队。军政学院的课程有文化基础课、军事指挥课和政治理论课。文化课开设语文、算术，军事课学习初、中级战术、军事学等，教员有曾任七一六团团长的宋时轮，八路军总参谋部一局局长郭化若。王若飞、陆定一、徐特立等领导人都为军政学院讲过课。学院主要开设的课程有哲学、政治经济学、中国问题、马克思主义理论常识、联共（布）党史、日本问题和学习党中央作出的一些决定、毛主

◎ 学员在军政学院留影

席的重要报告等。1942年4月4日，军政学院举行了第一队学员毕业典礼，朱德出席并表示祝贺，勉励毕业的学员到抗日前线去，为把日本侵略者赶出中国而努力工作。根据总政治部意见，在第一队学员毕业后，将第二队（文化队）划归军事学院继续学习，将第三队划归总政后勤部领导。总政成立了由萧向荣、胡耀邦等5人组成的军政学院结束委员会，料理善后事宜。5月，军政学院结束工作。

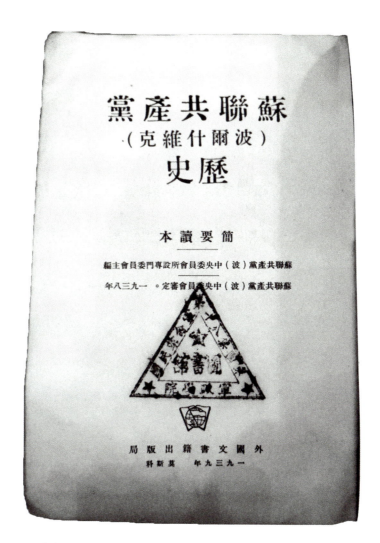

蘇聯共產黨
（波爾什維克）
歷史

簡要讀本

蘇聯共產黨（波）中央委員會所設專門委員會主編

蘇聯共產黨（波）中央委員會審定。一九三八年

外國文書籍出版局
一九三九年　莫斯科

◎ 军政学院所用教材

◎ 军事学院院长朱德在延安军事学院毕业典礼上讲话

1941年11月21日，中共中央、中央军委发布《关于成立军事教育委员会和军事学院的决定》。决定以朱德、叶剑英、萧劲光、谭政、许光达、郭化若、叶季壮、王斌、王诤等9人组成军事教育委员会，由朱德负责领导。1941年12月1日，中共中央决定八路军军政学院一分为二，原校址改为八路军政治学院，在抗大三分校基础上组建八路军军事学院。抗大第三分校是 1939 年 7 月在抗大总校离开延安，以留在该地区的部分教职员和第一、第二、第五大队各一部为基础组建而成的。当时三分校留在延安是因为该校主要为抗日大反攻培养和储备军队技术干部。三分校任务一是培养军事俄语人才，二是培养航空、机械、工兵、

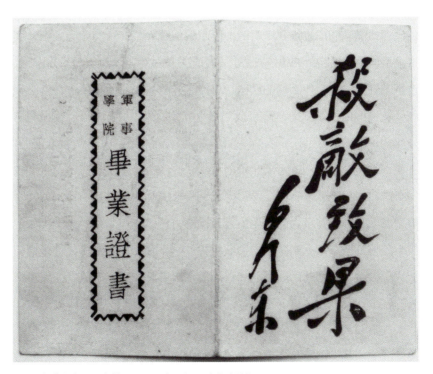

◎ 军事学院毕业证书封面，毛泽东题词"杀敌致果"

炮兵等技术兵种学员。许光达、陈奇涵、郭化若等担任过抗大三分校领导工作。1941年10月，八路军工程学校和炮兵团教导营并入抗大第三分校。同年12月1日，抗大三分校改称八路军军事学院。1941年12月17日中央发出《关于延安干部学校的决定》规定："军事学院为培养团级以上具有相当独立工作能力的军事工作干部的高级与中级学校。"

军事学院于1942年1月1日正式成立，校址在延安东关黑龙沟。朱德任院长，叶剑英任副院长，教育长郭化若，政治部主任黄志勇。全院分为高干队与特殊队两部分。高干队训练旅、团级干部，特殊队下设五个队：两个炮兵队，一个工兵队，一个参谋队，一个俄文队，学制为一年。1942年11月16日，朱德在军事学院第一期学员毕业典礼上讲话说："同学们出去是要干事的。要想做成几件事，只有老老实实、实事求是，这是八路军的传统方法。一切最好的战略战术，都是实事求是、合乎辩证法的。有什么样的武器，有什么样的敌人和地理条件，就必须打什么样的仗，调皮是不行的。"他还指示：革命是群众干的，没有群众什么也干不成。因此，必须深入到群众中间，才能团结和领导群众前进。并说，目前革命胜利的希望比以前更大了，我们政治上要坚定，永远做一个革命者，使革命成功。1943年2月，中共中央军委任命徐向前为军事学院院长，李井泉为政治委员兼政治部主任。同年3月，党中央决定抗大总校从晋东南返回陕甘宁边区绥德办学，并令军事学院迁往绥德与抗大总校合并。合并后一段时间仍沿用军事学院校名，不久就恢复了抗大的名称。

八路军军政、军事学院仅存在了一年多时间，都培训了一期学员。虽然时间不长，但学院认真贯彻了党中央和中央军委的指示，坚持以教育为中心任务，培养了一批人才，尤其是特种兵人才，为迎接抗日大反攻和人民军队的建设作出了应有的贡献。

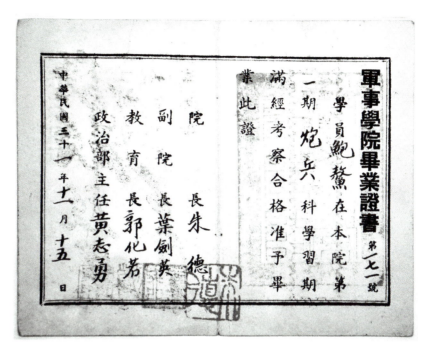

◎ 军事学院学员的毕业证书

【参考资料】

［1］中国延安干部学院.延安时期大事记述[M].北京：中央文献出版社，2010.

［2］中共中央军委关于成立军事教育委员会和军事学院的决定[M]//《中国人民解放军历史资料丛书》编辑组.八路军·文献.北京：解放军出版社，1994：724.

"人民军队炮兵的摇篮"
——延安炮兵学校

◎ 位于延安南泥湾桃宝峪炮兵学校大门

    延安炮兵学校是八路军在艰苦岁月中根据毛泽东、朱德等中央领导迫切要求筹建的人民军队第一所炮兵学校。它是全国抗战时期历史客观发展的产物，也是八路军在战争中发展壮大的必然结果。斯大林曾说过："炮兵是战争之神。"机械化战争时代炮兵是陆战胜利的决定性力量。

◎ 红军抗日先锋军炮兵

如果说炮兵是战争之神，那么炮校就是炮兵之母，延安时期创建的八路军炮校就是人民军队炮兵的摇篮。

1938年，经中央军委和毛泽东主席批准，我军历史上第一个正规炮兵团——八路军总部炮兵团在山西临汾宣告成立，朝鲜人武亭为炮兵团团长，邱创成为炮兵团政治委员。当时的火炮主要源自抗战初期晋军败退中扔在河里后，被八路军下河打捞起的十几门旧山炮。1939年1月，在炮兵团诞生一周年的时候，毛泽东欣然为炮兵团题词："要造成抗日战争中的有力兵团，达到战无不胜攻无不克之目的，为民族争光荣，为八路军争模范！"

抗战进入相持阶段后，八路军在华北的主要战斗模式以游击战为主，为保存炮兵这支种子部队，中央军委命令设立炮兵司令部直属军委，八路军炮兵团返回延安附近训练，这为日后八路军炮兵学校的建立奠定了坚实基础。[①]

1944年，世界反法西斯战争转入战略反攻阶段。中共中央、中央军委预见到我军即将由分散游击战转入攻坚战和夺取交通要道的正规战，急需加强炮兵力量，必须加速训练炮兵干部，大力发展炮兵部队。同年11月，陕甘宁晋绥联防军司令员贺龙和副司令员徐向前代表中革军委同郭化若谈话，要他组建延安炮兵学校及领导班子，郭化若任校长，邱创成任政治委员，匡裕民任副校长。

延安炮兵学校虽然依托八路军炮兵团的家底，但从工作、教学到生活，都遇到许多困难。郭化若带领全体工作人员发扬自力更生的延安精神，艰苦创业，从受领任务到延安炮兵学校宣布成立，只用了1个月，到完成招生、编队及开课准备工作，只用了3个月。

---

① 设立炮兵司令部直属军委（1941年2月7日）[M]//毛泽东军事文集：第二卷.北京：军事科学出版社，中央文献出版社，1993：631-632.

1945 年 2 月，延安炮兵学校开始正式编班，加上总部炮兵团的同志，一共编成 10 个炮兵学员队，1 个工兵科，1 个迫击炮教导队，学制 8 个月。为了尽快开课，教材要靠自己编写，教具要靠自己制作。单就教具一项，制作任务就相当繁重。从炮兵团转交过来的旧火炮只有 18 门，1 个学员队平均不到 2 门。炮兵射击指挥器材更是缺乏，即使能收集到一些观测器材，由于产自不同的地区或国家，规格不统一，操作方法也不尽一致。更多的器材，小到水平仪、米尺、三角板，大到山炮，都要设法制作代用品或模型。除了准备教学用品外，还要开荒种粮、种菜。这些困难的克服，只有靠拼搏，靠艰苦奋斗。

◎ 炮兵学校木质门匾（现藏于军事博物馆）

◎ 炮校学员进行迫击炮操作训练

郭化若是留苏炮校毕业，精通炮科，但在组建炮兵学校的过程中，还虚心向黄埔高级炮校郑新潮等教员了解观测通信知识，并向来自国民党军高级工程师沈毅虚心学习造炮知识等等。在这种氛围中延安炮校教学水准是相当精尖的。1945年3月15日，延安炮兵学校正式开课，人民军队的第一所炮兵专业学校在南泥湾宣布诞生。

　　延安炮校在组建过程中，始终坚持从实际出发，紧紧依靠群众，克服重重困难。为搞好炮兵专业训练，结合实际情况，按照集体研究、少讲多做、实验教育、按步前进、各科配合、典型推动、组织教育和经常考绩的炮兵军事教育教授八法教学。为解决训练中人员多、器材少的矛盾，制定了"人闲炮不闲"的训练方法，即把科目、人员、器材、时间适当地加以分配，定期进行轮换，从而大大提高了训练效率。尽管延安炮兵学校装备落后，器材缺乏，但十分注重提高训练质量。炮校经常组织演练，每个学期结束前夕，还组织实弹射击，让学员轮流担任指挥员和炮手。有时还选择在恶劣气候和夜间进行训练，以培养学员适应抗日游击战的能力。

◎ 炮校学员使用炮队镜训练

◎ 延安炮校学员使用炮用测距机观测距离

◎ 延安炮兵学校学员进行迫击炮野战训练

◎ 炮校学员演练无支架依托迫击炮射击

◎ 八路军炮兵学校大门旧址

延安炮校重视培养严谨求实的校风。学校对学员的要求十分严格，从学员入学的第一天起，就从严格军事生活入手，培养他们雷厉风行的战斗作风。每天从起床、出操、上课、讨论、演习到晚点名，生活既紧张又有节奏。当时的居住条件和着装都很差，但内务整齐清洁，让来参观的中外人士齐声称赞。

◎ 朱德在开学典礼上发出号召，"革命战士上炮校来"

◎ 朱瑞和毛泽东在延安的合影

1945年4月，针对郑新潮等几名炮兵专职技术教员总是急于上战场，总想用炮火抗战，存在不能安心教学的心态，毛泽东接见了炮兵学校的教员和干部，他勉励大家努力钻研炮兵学科，让学员们真正掌握炮兵专业知识，将来像种子一样到各部队去生根开花结果。在谈到炮兵教员所发挥的作用与价值时，毛主席与朱德在大会上幽默地说：教员是办校之本，三军可夺帅，炮兵教员绝不能丢哇！虽然早在1945年3月15日延安炮兵学校就在南泥湾桃宝峪开课，但因为党的第七次代表大会正在举行，到了8月1日才举办延安炮兵学校的开学典礼仪式。典礼上，朱德、林彪、叶剑英、萧劲光等出席。朱德发表重要讲话，要求学员们干一辈子炮兵，并发出"模范战士上炮校来"的光辉号召。

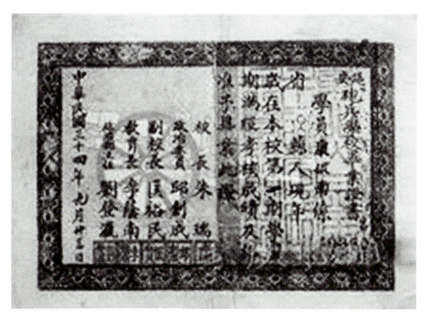

◎ 延安炮校第一期学员毕业证书，时任校长为朱瑞

延安炮校孕育了大批的军事人才，是八路军炮兵的摇篮。延安炮兵学校培训的第一期 1000 名学员，分配到八路军五个炮兵团担任各级骨干。由于过度劳累，没等到七大开完，郭化若就病倒了。1945 年 8 月，本已被中央军委拟任命为八路军副参谋长，并曾留苏学习过炮科的朱瑞，自告奋勇接任延安炮校校长。

◎ 1948 年东北民主联军炮兵司令部政治部制发的炮兵学校毕业证及功劳证

随着抗战胜利和炮兵发展的需要，中央军委决定："延安炮兵学校立即迁往东北，加快炮兵建设。"1945年9月19日，炮兵学校从延安出发，同行的有中央东北工作干部大队、日本工农学校（日本反战同盟）等单位，朝鲜支队武亭、金行素、鲁迅艺术学院闫吕（女）等人。

9月20日，中央军委发出《关于加强炮兵建设的指示》，决定将延安炮兵学校迁往东北，作为建立东北炮兵的基础，炮校的部分干部和学员分配到其他一些战略区组建炮兵部队。炮兵学校1069人分三个梯队，在邱创成等首长的率领下（朱瑞乘飞机先抵达沈阳等候），迅速北上进入东北，11月份到达沈阳东郊后，就奉命改称为东北人民自治军炮兵学校。炮校的另一部分教员：郑新潮、沈毅、林千、邵清廉等十几名带着教案和教学仪器随胡耀邦率领的北上部队出发，出延安，东渡黄河，向晋察冀、晋热辽挺进。当教员们跟随胡耀邦率领的部队沿太行山脉、燕山山脉进入张家口宣化时，受到国民党部队的猛袭，前进受阻。

1945年10月，他们又接到朱瑞校长的指示：令延安炮校受阻的北迁部队在宣化休整待命，并筹建宣化炮校。在晋察冀炮兵团团长高存信、参谋长林千的支持下，延安炮校教员们迅速投入宣化炮校筹建，他们在最艰苦的岁月着手创建宣化炮校，庭院当课堂，石板作黑板，老木匠拿来门板，雕刻上"宣化炮兵学校"木牌，挂在门前。此后，他们开设了几期培训班教学炮兵知识，之后继续北上至沈阳东郊与炮校学员会合。

1946年6月之后，由于东北战场的紧迫需要，延安炮校迁至通化、牡丹江。1946年10月后，延安炮兵学校先后改名为"东北人民自治军炮兵学校""东北民主联军炮兵学校"。朱瑞在辽沈战役义县前线不幸踏雷牺牲后，为纪念这位不计名利、甘于奉献的我军炮兵事业开拓者，将炮校又改名为"朱瑞炮兵学校"。

在延安炮兵学校的办学过程中，始终贯穿着自力更生、艰苦奋斗的"延安精神"。从创建延安炮兵学校开始，沿途又创建宣化炮兵学校、

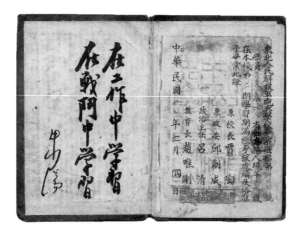

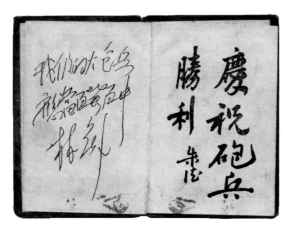

◎ 毛泽东、朱德、林彪题词

东北人民自治军炮兵学校、东北民主联军炮兵学校、朱瑞炮兵学校，共五个炮校。延安炮兵学校可谓是硕果累累，大批炮兵军事人才后来在抗日战争、解放战争和抗美援朝中发挥了作用，大部分成为我军炮兵中、高级指挥官，有的成为军委、各野战军、各大军区炮兵正副司令员。延安炮兵学校为抗日战争和解放战争作出了不可磨灭的贡献。同时，也为中国人民解放军此后的炮兵事业发展奠定了基础。

【参考资料】

［1］中国延安干部学院.延安时期大事记述[M].北京：中央文献出版社，2010.

［2］佟雪辉.郭化若与延安炮兵学校的筹建[N].人民政协报，2019-11-07.

［3］潘泽庆.历史转折时期的延安炮兵学校[J].党史博采2005(10).

［4］史新德.起始于南泥湾的轮辙：延安炮校的创建与东进历闻[J].党史纵横，1996（01）.

［5］李维英、李涵.我在延安炮兵学校的日子[J].军事历史，2018（07）.

［6］设立炮兵司令部直属军委（1941年2月7日）[M]//毛泽东军事文集：第二卷.北京：军事科学出版社，中央文献出版社，1993.

延安时期其他军事学校

延安军委通信学校

延安时期中央军委无线电通信学校（简称延安军委通信学校）的前身是 1933 年在中央苏区成立的中国工农红军通信学校。1934 年 10 月，红军通信学校整编为红军通信团通信教导大队，代号"红星第三大队"，义无反顾地跟随党中央踏上了万里征途。1935 年 5 月，通信教导大队师生随中央红军强渡大渡河，于 6 月在四川省西部懋功地区与红四方面军成功会师。上级决定，将红四方面军通信训练班并入。8 月，"红星第三大队"恢复红军通信学校番号，继续在行军中办学。1935 年 10 月，该校随着党中央和中央红军陕甘支队长征到达陕北，11 月迁至瓦窑堡镇湫沟台村。中革军委三局决定将随长征的原红军通信学校部分人员与陕北红军无线电通信训练班合并，成立新的"军委无线电通信学校"，并开始招收学员。该校校长吴泽光，政委曾三（后改由王诤兼任），教务主任沈毅力。1939 年 3 月，学校迁至保安县；6 月迁至延安，暂住抗大旧址；同年 7 月，学校师生开始在延安枣园镇川口村修建校舍；8 月入住新校址。1944 年底，该校再迁至军委通信局所在地延店子村，学校原校址由八路军总部一台进驻。1945 年 8 月，该校延安时期最后一期学员毕业后，干部、教员均回军委通信局工作，校长吴泽光前往晋冀鲁豫军区，任军区通信局局长兼军区通信学校校长。延安时期的军委通信学校办学工作基本结束，但学校名称和内设建制保留。延安时期通信学校共办学17 期，培养学员近千名。

◎ 延安川口村的军委无线电通信学校旧址

◎ 延安时期的王诤（左2）

　　1937年7月7日全国抗战爆发后，这所学校承担了为各敌后抗日根据地培养侦察、情报、通信技术人才的任务。为适应战争需要，王诤等校领导决定学校办学实行集中与分散相结合、报务与机务相结合、新生教育与老干部培训相结合，分出一部分到前方办校，调遣干部分别到大后方统战区和抗日前线电台工作。

1941 年 11 月后，学校的工作重点开始转移到对通信领导干部和技术干部的轮训上。在教员中，有从国民党军队争取过来的电台培训教师、技术人员，有中共派去苏联学习无线电技术归来的教员，也有当时奔赴延安的进步青年教员，还有一些国外的教员。该校培养了我党我军一大批优秀通信工作者，对冲破敌人对我各敌后根据地的封锁、分割，加强党中央与各地党组织的联系，对敌情侦和大部队之间的通信起了至为关键的作用。学员中如黎东汉、曾庆良、钟夫翔、罗沛霖等一批优秀的通信、情侦和科技工作者，为中国革命和中华人民共和国成立后的电信事业发展起到了奠基和骨干作用。1940 年 1 月，军委三局出版了《通信战士》杂志。1941 年 1 月，在创刊 1 周年之际，王诤请毛泽东为刊物题词，毛泽东欣然提笔写下："你们是科学的千里眼，顺风耳。"

◎ 中华人民共和国成立后曾任总参通信兵部副主任的黎东汉在延安（举手示意者）

解放战争爆发后的1948年，中央军委三局电讯队创建。后中央军委无线电通信学校、晋冀鲁豫军区电讯工程专科学校、晋冀鲁豫军区通信学校、中央军委气象队、中央军委三局电讯队合并组建华北军区电讯工程专科学校（简称"华北电校"），执行师级权限，下分三个大队。

◎ 曾任中华人民共和国邮电部党组书记、部长的钟夫翔在延安时期照片

◎ 毛泽东为《通信战士》杂志题词

◎ 在前线执行野战通信任务的通信学校干部

　　1949 年春，当人民解放军百万大军即将渡江南下时，中共中央根据毛泽东的提议，决定将"华北电校"扩建为中央军委工程学校，校址选在当时的察哈尔省省会张家口。1949 年 7 月，学校从河北省获鹿县搬到张家口，11 月 27 日举行了开学典礼。毛泽东为庆祝该校开学典礼题写了"全心全意为人民服务"九个大字。朱德题写了"学习科学技术，巩固人民国防"的题词。聂荣臻的题词是："树立埋头苦干、实事求是的优良作风。"这些领导人题词均在当时该校的校刊上刊登。延安时期的军委通信学校是我党我军兴办的一所正规工程技术学校，也是我军电子通信技术研究和红色通信人才培养的摇篮。今天的西安电子科技大学就是该校的传承者。

军委摩托学校

　　1937年4月，中革军委在延安建立了摩托学校。这所学校的主要任务是培养摩托化特种兵干部，刘鼎任校长。延安摩托学校设立在背倚清凉山、面对延河边的延安东关飞机场。

◎ 延安东关飞机场

　　学员来自红军优秀干部战士，共编为一个大队，下设两个学员队。其中第一队30多人，都是从前方调来的科长、干事、参谋、警卫人员；第二队50多人，全部是由抗大调来的连营团干部。学习的课程，除了马列主义和文化课外，主要是学习装甲和航空两个专业方面的汽车、坦克方面技战术知识，同时兼学一些航空机务修理知识。延安摩托学校的教员是从全国各地奔向延安的知识分子，其中有不少是清华大学的学生，也有来自国民党军队、军校中的技术人员。而学员的文化水平在当时部队里算是比较高的，但普遍也仅是高小毕业水平。为了打好基础，学校决定在专业学习开始前先补习文化，主要学习数学、物理和地理知识，达到初中水平后，才转入专业学习。毛泽东始终关注着延安摩托学校的生源问题。

1937 年 5 月 7 日，毛泽东给庆阳步兵学校校长周昆、政治委员袁国平等人发电报，要求学校选调 20 名学生，于当月 12 日"动身来延安"摩托学校学习。其条件为：政治坚定，党团员；年龄 18 至 30 岁；能看普通文件及会加减乘除；身体健康，五官俱全，有战斗知识或机械知识。

学校创办之初白手起家，办学条件十分简陋。中央军委把仅有的 5 辆破旧汽车集中到学校供教学使用。学校设立 1 个小实习工厂，内有三四名技术工人，工具只有 1 个铁匠炉和几把钳子、锉刀、铁锤、老虎钳、扳手。教学计划规定先学习汽车，在掌握驾驶、修理技术的基础上，再开始学习坦克技术。那时的学员基本没见过坦克，教员就用画图和汽车比较的办法，使大家在想象中有了坦克外形的概念。然后，进一步学习坦克的构造、性能以及如何配合步兵作战等。为了体会了解坦克的作战队形，学校在东关飞机场飞机跑道上造起假坦克进行战术演习，并以 5 辆旧汽车改造的"坦克"，参加了 1937 年 9 月抗大学员举行的第一次"步坦协同"的战术演习。学习航空技术困难更大，教员先讲飞机的技术性能和构造原理，待苏联偶尔有飞机来延安时，再抓紧时间参观见习。后来，凡有飞机来延安，便把保养、上水、加油、加温和飞机起落的地面指挥等工作都交给学员去做，以便增多见习的机会。1937 年底，延安摩托学校有 19 名学员被派往新疆航空队学习。1938 年 1 月，中央军委从新疆调来了 10 多辆汽车，全部由摩托学校抽出学员执行驾驶任务。1938 年 4 月第一期学员毕业，同时招收第二批学员 450 名，但由于敌后抗战全面展开，急需大量干部投入一线作战和开辟抗日根据地的斗争，摩托学校组建一年多就停办了。延安军委摩托学校前后共培养了 150 名红军战士出身的学员，其中先后有 50 多名优秀学员分配去了新疆，再转到苏联学习飞机或坦克的修造。他们后来大多成为中国人民解放军建设技术兵种的骨干力量，中华人民共和国成立后不少人成为空军和装甲兵等军兵种领导干部。

军委航空学校

　　1940 年，被中国共产党派去苏联学习航空技术的王弼和常乾坤从苏联莫斯科茹考夫斯基航空工程学院毕业后，历尽艰险，耗时两年，转新疆迪化（今乌鲁木齐）回到延安。到延安后，他们积极筹划创建红色空军，并得到党中央、中央军委的支持和批准。王弼等人在王家坪的中央军委总部制定了航空学校的教育大纲、教学方案等，王弼首先率领刘风等同志开始勘察飞机场和校址，最后决定校址设在安塞县城西 10 公里侯沟门村一所中学的旧址。1941 年 3 月 10 日，在党中央和中央军委统一领导部署下，军委航空学校暨十八集团军工程学校在今延安市安塞区侯沟门村正式成立。3 月 6 日，毛泽东、朱德、王稼祥、叶剑英签署了中央军委任命王弼为工程学校校长的任命书，丁秋生任政治委员，常乾坤任

◎ 王弼在苏联学习时的照片

教育长。王弼、常乾坤等同时兼航空教员，并负责编写教学计划和教材。创办航校的目的是为了培养航空技术人才，当时选拔学员的具体条件：一是具有 3 年以上军龄、党龄，表现好的；二是高小以上文化程度；三是身体健康。从 3 月 10 日开始，航空学校陆续接收了一批年轻、身体好、文化程度较高的连、排级干部近百人为首批学员，抽调原来学过航空技术和文化程度较高的干部刘风、王连、熊焰等组成高级班并兼任文化教员，开设了航空基本原理、航空机械知识和政治、语文、数学、物理、俄文等课程，因陋就简，制作了飞机模型等教具。4 月 6 日正式开课，学员 40 余人。学校严格保密，对外称第十八集团军工程学校，对内称军委航空学校。1941 年 10 月改组为工程队，隶属于延安抗大三分校。

◎ 常乾坤（左1）与战友们的合影

◎ 常乾坤（中）、王弼（右）

后来，抗大三分校又改编为八路军军事学院，工程队改为军事学院的一个俄文工程大队。1943年11月，根据中央军委的决定，在第十八集团军参谋部下成立作战部航空组，王弼任组长，常乾坤任副组长。1945年8月日本无条件投降，这支队伍奉命在绥德集结向东北进发，后来成立了东北民主联军航空学校（东北老航校），常乾坤任校长，王弼任政委。

这所在窑洞里创办的航空学校是中国共产党独立创办的第一个航校，它和我党领导的新疆航空队、东北老航校都成为中国人民解放军空军的摇篮。

◎ 1946年在新疆航空队学习航空的部分干部学员合影

延安留守兵团部队艺术学校

　　八路军延安留守兵团部队艺术学校简称"部艺"。这是抗日战争时期中国共产党在延安创建的人民军队第一所正规部队艺术学校。它是抗战文艺的重要阵地，军队文艺教育的早期先驱。"部艺"的创建始于1941年。1941年元旦，中央军委总政治部和中央文委联合发出《对部队文艺工作指示》中明确指出："部队文艺工作，是指部队中的戏剧、音乐、美术、文学等等活动而言。部队文艺工作，是部队政治工作的一个重要部门，因其不仅在于能够帮助部队的政治教育，调节部队生活，提高战斗情绪，而且是密切部队与群众联系及扩大我军影响的有力工具。"《对部队文艺工作指示》中回顾了我军文艺工作的发展并指出："我党的部队，远在国内战争时期，对于文艺工作就相当注意。因此在文艺工作上，有自己的传统，部队中的文化娱乐工作，就包含着各种文艺活动，这是我党部队的优点。"在谈到部队文艺工作在当时的新任务、新要求时，《指示》特别指出："首先要把部队中对文艺工作有专长和特殊兴趣的人，尽可能地选拔出来，专门做文艺工作。同时注意文艺工作干部的相当固定化，不要把有能力有经验的文艺工作干部随意抽调到另外的工作部门去，应该抽调一些干部到鲁艺或师一级的艺术训练班去受训。"根据这一精神，留守兵团党委决定创办陕甘宁边区八路军留守兵团部队艺术学校（简称"部艺"）。该校以鲁艺艺术干部培训班和留守兵团烽火剧团为基础，抽调了边区部队的许多文艺骨干和晋绥边区的五六个剧社，共450多人。1941年4月10日在鲁艺大礼堂举行了隆重的开学典礼。朱德在典礼上代表中央军委讲话。他指出："部队文艺工作要从打仗着手，方法要艺术。八路军天天打仗，离不开对敌人和群众的宣传。因此，部艺的学员应练习战斗生活与宣传的才能。"他还说，打日本有两件武器不能少，一是枪，二是笔，有了这两件武器，就一定能打败敌人。鲁

◎ 延安时期的莫文骅（右1）、宋时轮（中）、陈赓（左1）

艺就在你们身边，要向他们学习，学好艺术本领，用文章、歌曲、美术、音乐、戏剧作武器，参加抗战。开学典礼上，校长莫文骅作了《部艺办学问题》的专题报告，鲁艺副院长周扬代表鲁艺讲话，"部艺"学员彦克代表学员讲话。总政治部副主任谭政，总政治部秘书长陶铸，总政治部宣传部部长萧向荣，留守兵团司令员萧劲光，留守兵团参谋长曹里怀等首长出席了开学典礼。晚上，新成立的"部艺"举行了庆祝晚会。

"部艺"直属于八路军留守兵团政治部，校长为留守兵团政治部主任莫文骅兼任，政治委员先后由刘禄长、肖元礼担任，副校长为剧作家王震之。"部艺"校部设有教务处、研究室、政治处、总务科、校部办公室等精要机构。校址先是设在延安的北门，后搬到桥儿沟的东山，与鲁艺毗邻。"部艺"按文化程度编成三个队：专科队、综合学习队和儿童队。在"部艺"的二期，又根据需要增设了实验话剧团，音乐研究班，美术研究班，文学研究班，儿童队。"部艺"教员由原留守兵团烽火剧团成员和"鲁艺"调进的教师构成。除去这些自身的教师，"鲁艺"的教师，延安文艺单位的人士，都经常受聘来"部艺"讲课。设立的课程有专业课、创作课、理论课、文艺门类史课、作品评论课、外国文学课等。

时任八路军留守兵团政治部主任并兼任"部艺"校长的莫文骅在《部队艺术学校50周年纪念感言》里回忆道："几年来，这个学校边训练、边演出，面向部队，也面向工农群众，创作和演出了人民喜闻乐见的音乐、戏剧、歌舞等节目，短小生动，富有部队特色，也排演了少量有意义的历史名剧，深受群众的欢迎，还得到党中央、毛主席、朱总司令等领导的赞赏。总的说来部艺的方向是正确的，政治和艺术的结合也是比较完美的。毛主席《在延安文艺座谈会上的讲话》发表之后，部艺又得到进一步提高，从而完成了兵团所给予的光荣任务。"

"部艺"重视学习的联系实际和学以致用，因此十分重视结合抗战形势的文艺创作实践，并以此形成自己的独有特色。据不完全统计，仅

◎ 1938 年 8 月八路军——五师战士剧社青年队在晋西演出时留影

是戏剧方面的创作与演出，"部艺"在1941年至1943年间，先后配合反法西斯的国际形势，抗战与大生产的国内形势，创作和演出了《反法西斯大活报》《妮迪卡和两个德国兵》《第五个》等独幕话剧，排演了法国著名戏剧家莫里哀的《悭吝人》，陈白尘创作的大型话剧《太平天国》，乔振民编剧的《挂号信》，翟强创作的歌剧《打狗》《治病》，集体创作的大型歌舞剧《保卫边区》，广场歌舞剧《向劳动英雄看齐》，大型歌舞活报剧《无敌红军》等剧目。在该校实验剧团排演《太平天国》时，朱德还亲自到校解答有关太平天国的历史问题，给以具体指导。这些话剧、歌剧和广场剧，以其思想性与艺术性的较好结合，成为延安文艺界的一道亮丽风景，也有助于学员经由创作的实践与舞台的演练，迅速成为部队文艺骨干。在富有"部艺"特色的艺术实践中，最具代表性的，是部队歌舞剧的创作与演出。1944年，由"部艺"与"青艺"联合组建的联政宣传队赴南泥湾、金盆湾的大生产前线慰问359旅等部队指战员时，领队翟强在与连队战士的接触中，了解到连长刘连顺的先进事迹，创作了七场歌舞剧《刘连顺开辟南泥湾》（张林皶作曲）。歌舞剧以连长刘连顺带领战士开荒种地创造大生产奇迹为内容，以独唱、对唱、合唱并结合各种舞蹈形式，艺术地表现八路军战士的革命精神和乐观情绪，给人们以极大的精神鼓舞与艺术感染。《刘连顺开辟南泥湾》在延安演出时，在部队与群众中引起很大的轰动。

1942年11月19日，"部艺"由艺术学校改为部队艺术工作团性质，由王震之任团长，下分剧社、文艺社两部分，成为延安艺术单位中的一支轻骑部队。至1943年11月，延安的八路军留守兵团由陕甘宁晋绥联防军替代后，部队工作团与青艺工作团合并组成联政宣传队，由此结束了"部艺"为期近三年的历史。"部艺"的历史只有短短的三年，但在其三年的办学历程中，却以服务抗战的办学理念和培养实用人才的育人路线，开创了政治与艺术相结合、专业与普及相结合、理论与实际相结合的文艺教育方针。他的存在和发展既丰富了部队政治工作，强化了抗战的政治宣传，也为革命事业和人民军队培养了大批文艺骨干。"部艺"以它重要的地位、独特的作用，在抗战时期和解放时期，乃至整个当代文学时期，都发生了重要的影响。其中所蕴含的军队文艺教育的基本经验，对于今天的中国人民解放军部队文艺工作依然具有借鉴与指导意义。

【参考资料】

［1］陕西省军区军事志编纂委员会.陕西省志·军事志［M］.西安：陕西人民出版社，2000.

［2］白烨.延安"部艺"：军队文艺教育的先驱［J］.解放军艺术学院学报，2016（01）.

［3］何立波.延安"部艺"：部队艺术干部的摇篮［J］.湖北档案，2015（11）.

［4］熊焰.从延安到东北——人民航空事业创建初期的片断［M］//程不时.搏击长空：熊焰纪念文集.湖北：［内刊］.1998.

日本工农学校

◎ 延安日本工农学校校门

日本工农学校是一所在延安成立的由中国共产党领导的，对日本战俘进行教育改造的学校。学校经过坚持不懈的努力，教育转化了大量日军战俘，把他们培养成为"日本八路"，为抗日争取了一支特殊的反战力量。它的成功创办巩固扩大了国际反法西斯统一战线，培养了一批为

◎ 日本工农学校学员合影

◎ 日本工农学校校长野坂
参三（林哲）

◎ 学员回到日本后进行的纪念活动

◎ 日本工农学校分校旧照

◎ 王震与日军俘虏谈话（沙飞　摄）

日本人民解放事业奋斗的革命志士。大批曾经深受日本法西斯和武士道
教育的顽固战俘，在这里被教育改造成坚强的反法西斯甚至是共产主
义战士，这不仅在世界各国的战争史上是绝无仅有的，而且在国际共产主
义运动史上也无此先例。1944 年来到延安的美军观察组参观宝塔山脚下
的日本工农学校后，亲眼所见这些曾经的日军战俘巨大变化后，感到了
极大的惊诧和震撼。

◎ 被八路军俘获的日军（沙飞　摄）

◎ 被八路军俘获的日军（沙飞　摄）

◎ 日本工农学校学员

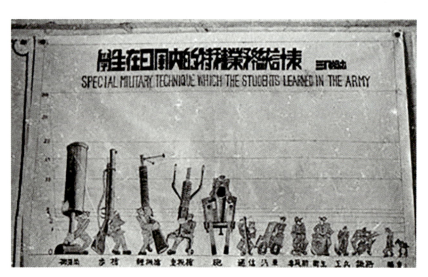

◎ 日本工农学校的学员来源军兵种示意图

七七事变爆发后，日本发动了全面侵华战争。中国共产党领导的八路军、新四军出师敌后广泛开展游击战争，开辟抗日根据地。在随后三年时间里，八路军、新四军俘获了越来越多的日本士兵。据八路军抗战三周年的统计，仅八路军就俘虏日本官兵1074名，投诚19名。

　　为了改造这些深受日本军国主义思想影响的日本战俘，使得他们深刻认识到日本统治者发动侵华战争的罪恶并成为反战战士，由当时从共产国际来到延安工作的日本共产党领导人野坂参三（化名冈野进，中国名字叫林哲）提议，1940年10月中共中央、中央军委经反复讨论后决定，由八路军总政治部在延安筹备建立一所改造日军战俘的特殊学校。

　　该校由八路军总政治部敌军工作部领导，日本解放同盟参与建校。校长由1940年春从共产国际来到延安的日本共产党中央委员会领导人野坂参三担任。教员是从延安各界调来的精通日语的人员，教员除野坂参三外，还有王学文、李初梨、赵安博、何思敬、江右书等人。王学文等中国教员，早年都留学日本，都会讲日语，具有较高的马克思主义水平，已经是研究日本问题的专家了。这些教员都是兼职。此外，还有一些教员由较早转变思想的日军战俘如吉积清、川田好长、杉本一夫等担任，校址就在延安宝塔山下。1942年后还开设了晋西北、华中、山东分校，分校校长和工作人员，都是从延安日本工农学校毕业生中派去的。

　　关于学校的校名的确定，一开始有过各种各样的建议。本来这是一所教育改造日本战俘的学校，但是却完全不用这样的含义来确定校名。为什么要定名为日本工农学校？主要因为入学的日本士兵大多是工农出身，在日本军国主义的统治下，他们被迫服兵役，被灌输"武士道"精神，继而被推上了侵华战争的前线；而在被俘后经过八路军的短期教育，都有了不同程度的觉醒。日本工农学校的校名，是由冈野进同总政治部、敌工部领导人研究后提出，征得毛泽东的同意后确定的。该校的目的是教育日军被俘士兵和下级军官，提高学员的政治觉悟，帮助他们认清日本帝国主义的本质，抛弃敌视中国人民的心理，成为反战的战士。

1941年5月15日在延安八路军大礼堂举行了隆重的开学典礼。大礼堂内座无虚席，主席台上悬挂着毛泽东的肖像，两旁挂满了延安各界送来的贺旗和毛泽东、朱德等领导人的题词。来自延安党政军的两千多人和许多日本人欢聚一堂。毛泽东为该校开学亲笔题词："中国人民与日本人民是一致的，只有一个敌人，就是日本帝国主义。"朱德的题词是："我们是国际主义者，赞成世界无产阶级及革命人民团结起来，联合起来，消灭当前的帝国主义大战，建立真正的、友好的、和平的、自由平等的新世界。"出席开学典礼的，除了日本工农学校的学员、工作人员外，有延安各机关、学校、团体的代表，总政治部、敌工部所属单位的全体人员两千多人。八路军总司令朱德、总政治部副主任傅钟、西北青年救国联合会主任冯文彬出席典礼并讲话。

◎ 日本工农学校成立大会现场

根据毛泽东的倡导，学校制定了"和平、正义、友爱、劳动、实践"的十字校训。学校教育进程大致分三个阶段。刚到延安为第一阶段，约一个月，对学员进行入学资格审查。然后，进行为期两个月的预科生教育课程，接着实施十个月的本科生教育。学员入学完全采取自愿原则。《日本工农学校总则》规定："本校以对日本士兵施行政治教育为主要目的。"施行政治教育的根本要求是转变世界观。开设的课程主要有：时事与日本问题、日本资本主义发展史、社会发展史、政治经济学、中国问题讲座、自然科学、特别问题恳谈会、听写及练习中文（文化课）。

由于为日本工农学校授课的中国教员日语水平都很高，很快拉近了与学员的距离，消除了他们的敌视感。何思敬当时是抗大教员、延安大学法律系主任、中央党校研究室研究员。江右书是敌军工作干部学校教员。有的一周讲一次课，有的两周讲一次课，有的一个来月讲一次课。讲课一般都用日语讲。这些中国教员的日语水平和对日本文化的了解，倾倒了日本学员们。有位学员回忆说，江右书的"日本语极为流利"，"在延安，教我唱北原白秋《枸桔之花》的正是江右书氏。在此之前，我都不知道这首著名的歌。枸桔之花盛开了，开出了雪白，雪白的花。"[①]

鉴于每期学员入学前，虽然也都听到了八路军的俘虏政策，看到了八路军的战斗生活和作风，但思想认识和觉醒程度是参差不齐的。所以课程讲授，首先要引导学员逐步明确战争的性质，分清正义战争和非正义战争、反侵略战争和侵略战争，破除俘虏观念，转变世界观。随着战俘思想觉悟、理论水平的提高，教育内容也逐步由浅至深，各门课程的教学，在讲授基本知识、基本理论的同时，都能紧密联系实际，有针对性。

---

① 香川孝志.在延安的日子里[M]//香川孝志，前田光繁.八路军内日本兵.赵安博，吴从勇，译.北京：解放军出版，1985：48.

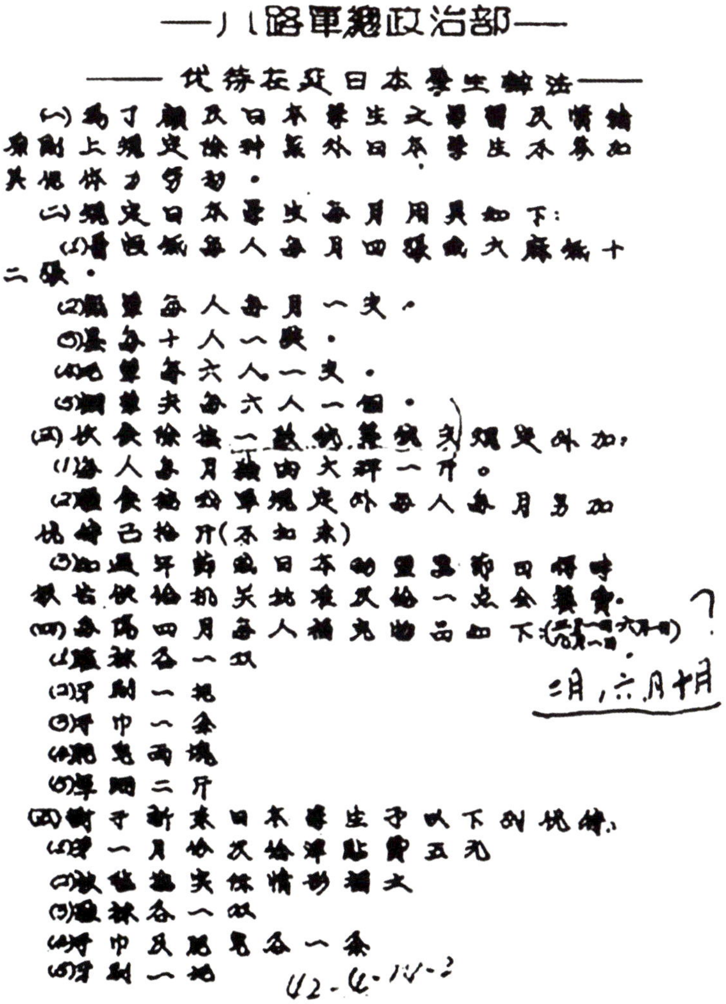

—八路軍總政治部—

——优待在延日本學生辦法——

(一)為了顧及日本學生之學習及情緒,兼顧上級規定,除科長外日本學生不參加其他体力勞動。

(二)規定日本學生每月用具如下:

(1)書寫紙每人每月四張,大麻紙十二張。

(2)鉛筆每人每月一支。

(3)墨每十人一塊。

(4)毛筆每六人一支。

(5)墨盒夾每六人一個。

(三)伙食除按一般機關標準規定外加:

(1)每人每月猪肉大秤一斤。

(2)伙食按照標準規定外每人每月另加[illegible]拾斤(不加米)

(3)如遇年節或日本的重要節日,得臨時[illegible]及給一定会餐費。

(四)每隔四月每人補充物品如下:(二月、六月、十月)

(1)鞋襪各一雙

(2)牙刷一把

(3)手巾一条

(4)肥皂兩塊

(5)草紙二斤

(五)對于新來日本學生予以下列优待:

(1)第一月給發津貼費五元

(2)被服按實際情形補充

(3)鞋襪各一雙

(4)手巾及肥皂各一条

(5)牙刷一把

二月,六月十月

42-4-18-2

◎《关于延安日本工农学校教育及工作的决定》中"优待在延日本学生办法"

无论是社会发展史还是政治经济学的内容，都特别注意联系日本的具体实际或战争中的事实，通过通俗易懂、深入浅出的教学，引导学员认清日本社会制度的性质，它是怎样由资本主义演变到帝国主义、对内剥削压迫对外掠夺扩张的；通过揭露德、意帝国主义在战争中的罪恶，联系到日本军国主义者发动的这场和中国人民为敌的战争是非正义的、侵略性的战争。有的学员领会了这些道理后，用朴素的语言说，过去统治我们头脑的种种谎言，如什么神国、万世一系，就是这样被破除的。

延安日本工农学校的生活供给，在整个陕甘宁边区财经困难的形势下，不仅有保障，而且相对于八路军总部和政府其他部门的生活更优越。在延安，军队、政府机关、学校都实行供给制。陕甘宁边区政府在1942年就作出了十分细化的生活供给标准制度，共分10类40余种。在延安的日本、美国、苏联、朝鲜等外国友人列为第一类，日本战俘也被视为外籍朋友来对待。如每人每月大米15斤、面粉15斤、猪肉3斤、蔬菜30斤等。对外宾客灶更是优先，每人每月细粮36斤、猪肉15斤、清油4斤、猪油1斤、粉条2斤、鸡蛋30个、豆腐30斤、杂支每人每月50万元边币。奶费、灯油费、洗澡用炭均一一列出，按量供应，衣服不限。日本工农学校新来的学员，给予特殊优待：第一月份发给津贴5元，被毡按实际情况补充，毛巾及肥皂各一条，牙刷一把，牙粉及烟各一包，旱烟袋一根，碗筷各一份，单衣单裤、衬衣衬裤各一套，鞋袜各一双。以后每隔四个月，每人补充：牙刷一把，毛巾一条，肥皂两块，烟草二斤，鞋袜各一双。

日本工农学校的文娱体育活动也开展得生动活泼，充满着团结友爱的气氛，强健体魄、陶冶情操，寓教于乐。一口大窑洞作为俱乐部和图书室。课外活动，平时有扑克、围棋、象棋等项目，还有排球、棒球。学员中有不少人多才多艺。文娱节目中除了唱日本歌曲外，大多是自编自演的歌剧、舞剧和话剧，很有情趣。每个月有一次娱乐晚会。

欢乐的气氛使得学员们消除了在异国他乡寂寞抑郁的感觉。每逢延安举办群众性大型集会，日本工农学校都有节目登台演出，而且都博得观众的赞赏。学员们演出了不少短剧，有滑稽剧《弥次喜多旅行记》（弥次喜多，日本的唐·吉诃德）、《希特勒的威风》《某中队长》等。演出的这些剧目，正如1944年10月12日《解放日报》报道中所说，"都非常精彩而又有很好的政治内容"。1944年冬演出的《岛田上等兵》，更是在延安轰动一时。剧本是根据发生在晋东南地区日军独立混成第四旅团某中队内部的情节改编而成的，岛田上等兵是被八路军俘虏后释放回去的，他厌战反战、痛恨日军内部森严的等级制度，动员另外两名士兵和他一起勇敢地同中队长开展面对面的反战斗争。全剧演出时间约两个小时。导演是鲁迅艺术学院的颜一烟女士。经过一个多月紧张排练后，原定在边区大礼堂公演3天，因为很受欢迎，延长到一个星期。又在抗日军政大学、延安大学演了5天。结果，前前后后共演了将近一个月。初次公演时，毛泽东也前往观看。该剧演出之际，正赶上美军观察组来到延安，组长包瑞德在内的观察组成员应邀观看了演出。他们对以学员自演方式展示改造成果表示出极大的兴趣和关注。

1944 年 6 月，日本工农学校举办了一个日本问题展览会。展览会分三个部分：第一部分是日本国内和日军士兵的生活状况，第二部分是在华日人的反战活动和日本人民解放联盟的组织状况，第三部分是日本工农学校学员的工作、学习和生活状况。展览的主题和内容都是经过学员们精心策划、精心选编的。资料翔实，既有统计图表又有漫画、模型，生动具体，借用中央党校礼堂展出 5 天。正式展出前，毛泽东、周恩来等中央领导人都曾前来参观，给予了肯定的评价，认为很不错，很有收获。展出期间，"观众拥挤，极得各界好评，中外记者亦分别前往参观，其内容之丰富、新颖，尤为外国朋友所惊赞"。"在反映该校生活情形的许多图表中，有一张是值得特别注意的，即该校学生和日本国内人民的伙食比较表，从中可明显地看到无论在食物的质量和数量上均远超过日本国内人民数倍以上。"[①]整个展览还加上了英文说明，主要是为了便于当时在延安的外国人参观。学习、劳动、实践，由觉醒到逐步转变世界观，发展成为中日两国人民对日本军国主义并肩作战的战友，这就是日本工农学校这座熔炉的威力。

---

① 穆青.记日本工农学校展览会 [N].解放日报，1944-06-20（02）.

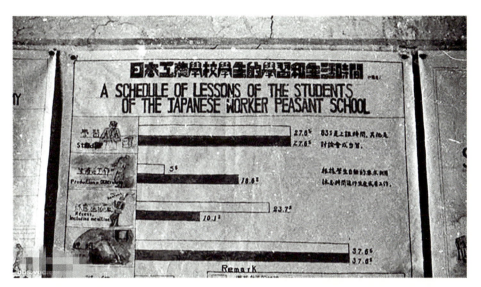

◎ 延安日本工农学校学生学习生活示意图

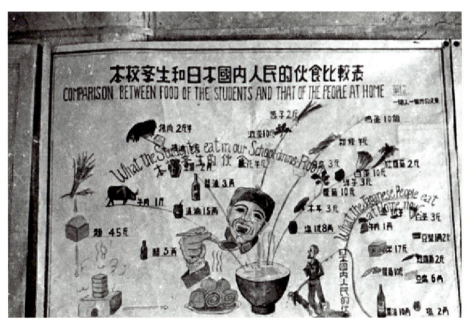

◎ 延安日本工农学校学生和日本国内人民的伙食比较表

◎ 日本工农学校毕业的学员在前线做对敌瓦解工作

　　据统计，从 1940 年到 1945 年，先后有近 500 名日军战俘在延安日本工农学校接受学习和改造。在晋西北、华中、山东的日本工农学校分校还培养了 300 余人。进入这所学校学习的学员在中国共产党反法西斯和国际主义教育政策的感召下逐渐觉悟，从思想上发生了根本性转变，由侵略者演变为"日本八路"。学员毕业时都纷纷要求走上前线，参加八路军、新四军，直接从事对敌工作。他们大多成为反战同盟各支部的骨干和主要负责人，在抗战前线开展形式多样的反战活动，逐渐成为一支特殊而重要的反战力量，谱写了反对日本帝国主义侵华战争和世界反法西斯战争史上的特殊篇章。

【参考资料】

[1] 中国延安干部学院.延安时期大事记述 [M].北京：中央文献出版社，2010.

[2] 常改香.一种特殊形态的统战：延安日本工农学校研究 [M].北京：人民出版社，2016.

[3] 香川孝志，前田光繁.八路军中的日本兵 [M].张慧才，韩凤琴，译.北京：长征出版社，1985.

[4] 铃木传三郎.日本俘虏在延安 [M].刘国霖，译.北京：学苑出版社，2000：18.

[5] 野坂参三.延安回忆 [M]// 野坂参三选集：战时篇.北京：人民出版社，1963.

[6] 香川孝志.在延安的日子里 [M] // 香川孝志，前田光繁.八路军内日本兵.赵安博，吴从勇，译.北京：解放军出版，1985：48.

[7] 徐则浩.从俘虏到战友：八路军、新四军的敌军工作 [M].合肥：安徽人民出版社，2005.

朝鲜军政学校

　　延安是中国革命的圣地，亦是中国抗日战争的政治指导中心，是中共中央所在地，很多仁人志士对延安有着向往与景仰之情，朝鲜革命者也在其中。在抗日战争后期，延安也是朝鲜独立同盟总部与朝鲜革命军政学校的所在地。朝鲜军政学校是接受中国共产党领导和八路军总司令部管辖的朝鲜独立同盟开办的，目的是为培养朝鲜反对日本殖民统治和实现民族革命解放事业的军政干部。它先创办于太行山抗日前线，后来来到延安办学。

　　抗战全面爆发后的 1938 年，在武汉的朝鲜革命团体举行联席会议，以朝鲜民族联合战线的名义，经国民政府军事委员会批准成立朝鲜义勇队。在 10 月份的成立大会上，中共中央领导人周恩来作了题为《东方被压迫民族与解放斗争》的讲话，强调了国际联合与统一战线作为东方被压迫民族的基本战略方针在谋求民族解放事业中的重要性。郭沫若等也参与组建朝鲜义勇队的工作。朝鲜义勇队以"唤起不愿做殖民地奴隶的千百万朝鲜同胞"，打倒日本军阀，"以完成东亚真正永久的和平"为宗旨，动员所有在华朝鲜革命力量，参加中国抗战；推动朝鲜革命运动，争取朝鲜民族的自由解放。

　　朝鲜义勇队成立之后，用了 13 天时间在武汉的道路与墙壁上用日文刷写了许多抗战标语，进行了保卫大武汉的抗日宣传工作。10 月 23 日武汉沦陷后，属于共产主义派的朝鲜青年前卫同盟去了洛阳、延安等地，主要任务是：对敌宣传，瓦解敌军；对中国军民进行抗日的鼓动宣传，动员广大军民积极参加抗战；争取众多的朝鲜同胞参加抗日，并扩增自己的武装力量；进行马列主义教育等。在短短半年时间里，其第一支队在第九战区、第二支队在第五战区训练了 5000 名能用日语对敌喊话的官兵。他们在火线上对敌士兵喊话，瓦解敌军。文正一率一分队在洛阳利用河南省广播电台用日语、朝语进行反战的宣传，不断揭露日军的罪行。

中国共产党及其领导的人民军队高度赞扬了朝鲜义勇军的英勇斗争，对他们付出的牺牲表示了崇高的敬意。1941 年 12 月 9 日，中共中央在太平洋战争爆发后颁发《关于太平洋反日统一战线的指示》，更是明确指出，太平洋各民族反日反法西斯的广泛统一战线，"应当包括反对日本侵略的一切民族的政府、党派及一切阶层的人民，日本国内的反战人民和日本殖民地朝鲜、越南的人民在内"，"没有这些，战胜日寇是不可能的"。

◎ 朝鲜义勇军书写抗日标语

◎ 河北涉县八路军一二九师师部

　　1939 年，中国共产党在朝鲜义勇队第二支队建立了党支部，该党支部教育和培养了大批立志献身于朝鲜解放事业的革命者。从这年下半年开始，中共中央根据形势的需要，决定有计划地将朝鲜义勇队各部陆续调往敌后抗日根据地。1940 年，原在国民党第五战区活动的朝鲜义勇队一部跨过黄河辗转来到河北涉县（中华人民共和国成立前属河南省）八路军一二九师三八五旅驻地，两天后，转到一二九师师部工作。从此在太行山区有了一支几百人的朝鲜抗日部队。其领导人武亭是中国工农红军时代的炮兵团长。1941 年 1 月 10 日，在中国共产党同意和组织下，在太行山根据地成立了华北朝鲜青年联合会。

1941年春，朝鲜义勇队各支队在洛阳进行为期3个月的整训整编后，在八路军洛阳办事处的引导下，分批北渡黄河，进入华北敌后抗日根据地。6月，朝鲜义勇队华北支队在山西辽县桐峪镇上武村成立，支队长朴孝三，副支队长李益民，政治指导员金学武，下辖一、二、三支队及留守队。该支队驻在上武村洪福寺，直接受八路军统辖。

◎ 山西辽县朝鲜义勇军总部旧址

◎ 华北朝鲜青年联合会代表大会会议现场

　　1942年7月11日，华北朝鲜青年联合会在晋冀鲁豫根据地太行山清漳河畔举行代表大会，八路军副总司令彭德怀到会祝贺。根据太平洋战争爆发后的新情况，决定将联合会扩大为朝鲜独立同盟，将朝鲜义勇队华北支队扩编为朝鲜义勇军，受辖于八路军总司令部。

　　其主要任务是：（1）开展宣传活动，鼓励根据地的中朝人民积极参加抗日斗争；（2）瓦解日军，尤其争取日本军中的朝鲜籍士兵反正；（3）审问与教育日本俘虏；（4）与八路军、新四军配合，直接在前线打击日本侵略军；（5）深入敌占区，从事地下活动。会议上选举朝鲜资深革命家金白渊（金科奉）为委员长，崔昌益、韩斌为副委员长，文正一为秘书处处长，任命武亭为朝鲜义勇军司令，朴一禹任政委，朴孝三任参谋长。朝鲜独立同盟是当时在华朝鲜人的政治团体，朝鲜义勇军则是朝鲜独立同盟领导下的一支武装力量。朝鲜义勇军与朝鲜独立同盟均受中国共产党的领导，在很多场合是两块牌子、一套人马。罗瑞卿在1942年朝鲜义勇军成立四周年纪念祝词中说："朝鲜义勇军是朝鲜民族解放的劲旅，而且是中华民族解放斗争的一支生力军。"

◎ 延安时期的郑律成

朝鲜独立同盟成立后，很快接受中共中央"保存实力，培养干部，为解放朝鲜做准备"的建议，在河北省涉县中原村普定寺大庙内创办了"朝鲜青年革命干部学校"，由武亭担任校长。1942 年 12 月 1 日，"朝鲜青年革命干部学校"举行开学典礼。一二九师政治部、司令部、抗大六分校等送来贺辞。1943 年 1 月 6 日，学校正式开学。在敌后抗日根据地逐步形成了朝鲜独立同盟、朝鲜义勇军、朝鲜青年革命学校以及各根据地的分盟、支队、分校三位一体的朝鲜反日独立运动的新体制。此后的 1943 年 9 月，又在河北省涉县南庄村成立"朝鲜革命军政学校"，郑律成任教育长。南庄是八路军一二九师在邯（郸）长（治）公路上的重要兵站，也是一二九师参谋训练队、炮兵训练队、干部轮训队等训练机构的驻地和训练基地。成立当天，八路军一二九师司令部赠给该校一面用幕布做成的锦旗，上书"朝鲜革命础石"六个大字。这两所学校的成立，很快便显示出巨大的生命力。尽管当时条件很差，但朝鲜的学员们学习热情很高，一面坚持学习革命理论、军事技术知识，一面坚持打仗、生产。学校还结合我党我军的整风运动，也开展了整风。[①] 1944 年 1 月，"朝鲜革命军政学校"迁往延安，经过 3 个月的行军，于 4 月 7 日到达延安，驻原延安县委、县政府旧址川口村（今为延安市川口乡政府所在地）。

　　到延安后，该校在边区政府和延安大学的大力支持下，开办了农场、陶窑、糖坊、纺纱组、木工组、菜园等，实行生产自给。同年 9 月，该校开始在罗家坪（今属延安市桥沟乡）新建校舍。12 月 10 日，新校舍落成，共挖土窑洞 17 孔，盖平房 17 间。在建校劳动中，金白善、黄石、崔凤禄、金学农、崔东光、朴成浩等朝鲜同志和张有金、傅时德、陈长亭等中国同志被评为学校的劳动英雄。1945 年 2 月 5 日，朝鲜革命军政学

---

① 太行朝鲜革命青年学校开始整风[N].解放日报，1943-03-18.

◎ 朝鲜独立同盟、义勇队和革命军政学校离开延安前的合影（一排中间为怀抱女儿的郑律成）

校在罗家坪新校址举行了开学典礼。林伯渠、吴玉章、徐特立出席表示祝贺。朱德在大会上发表了讲话，指出："希望朝鲜同志学习怎样建立民族统一战线，团结全朝鲜人民，建立自己的武装，争取民族的独立解放。要学习军事、政治，还有经济和生产。"朱德还说："中共的丰富经验是值得朝鲜同志参考的。"该校校长金白渊（金枓奉），副校长朴一禹，以培养军政干部，完成朝鲜民族的解放为宗旨。开设的课程有马列主义、哲学、政治经济学、日本问题、朝鲜问题、军事学等。该校副校长朴一禹应邀列席了中国共产党第七次全国代表大会，并在5月21日的全体大会上作了讲演。8月10日，日本政府在中国、美国、苏联等盟国的联合打击下致电中立国瑞士、瑞典政府准备接受《波茨坦公告》宣布投降。11日，八路军总司令朱德在延安总部发布第6号命令："为配合苏联红军进入中国及朝鲜境内作战，解放朝鲜人民，我命令：现在华北对日作战之朝鲜义勇队司令武亭、副司令朴孝三、朴一禹立即统率所部，随同八路军及原东北军各部向东北进兵，消灭敌伪，并组织在东北之朝鲜人民，以便达成解放朝鲜之任务。"

朝鲜革命军政学校旋即停办，朝鲜义勇军和朝鲜独立同盟的全体人员3000余人随同中共中央编组的首批"东北干部工作队"一起，8月下旬，从延安出发，直奔东北，走上了解放东北、光复祖国的征程。

中国共产党致力于建立最广泛的抗日民族统一战线，尽一切可能力量支持朝鲜独立运动。特别是为朝鲜革命者提供更多学习机会，培养了大批朝鲜革命军政干部，推动了朝鲜民族解放事业的发展，"朝鲜军政学校"的成立与发展就是一个鲜明的例子。据统计，仅在山西涉县中原、南庄办学三年中，两所学校就为朝鲜革命培养和造就了党政军领导骨干300余人。朝鲜建国后曾任内阁副首相的崔昌益，朝鲜人民军副总司令武亭，朝鲜最高人民会议议长金枓奉，朝鲜人民军副总参谋长朴政德上将、朴金波中将等，都曾在这些学校学习或工作过。这里特别值得一提的是担任过朝鲜军政学校教育长的郑律成，他是延安时代走出来的文化音乐战线的优秀战士，人民音乐家，是延安时代著名的歌曲《延安颂》的曲作者，是《中国人民解放军进行曲》的曲作者，也是《朝鲜人民军进行曲》的曲作者。他是延安时代继冼星海之后又一位杰出的优秀作曲家、中国无产阶级革命音乐事业的开拓者，被誉为"军歌之父"。

【参考资料】

[1]邵雍.朝鲜义勇军在中国抗战始末[J].世纪风采,2015(9):42-45.

[2]王建宏.朝鲜革命者在延安活动述论(1935-1945)[J].延安大学学报(社会科学版),2018,40(06).

[3]石源华.中国抗战洪流中的朝鲜志士[J].世界知识,2007(19).

从延安走出的东北老航校

◎ 东北老航校校门

◎ 东北老航校飞机

老航校四次大搬迁

1948年3月航校
由密山搬回牡丹江

密山

1946年11月航校
由牡丹江搬到密山

牡丹江

哈尔滨市

长春

1946年4月航校
由通化搬到牡丹江

1949年3月校都
由牡丹江迁到长春

通化

沈阳市

1946年3月1日东
北老航校在通化成立

苏联

日本海

朝鲜

◎ 东北老航校搬迁历程

1946 年 3 月 1 日，中国人民解放军第一所航空学校——东北民主联军航空学校（简称东北老航校）在吉林省通化市成立，并先后辗转至牡丹江、东安（今黑龙江密山）、长春等地。在短短的 3 年 9 个月里，东北老航校培养出了一百多名飞行员和四百多名各类航空技术人员，为人民空军和新中国航空事业发展建立了不朽的功绩，成为人民空军的摇篮，是中国航空事业发展史上的一座丰碑。

◎ 航空总队成立大会

抗日战争结束后，侵华日军在东北遗弃飞机和航空器材较多，具有创办航空学校的物质基础。中共中央决定，抽调 30 余人，由十八集团军总参谋部航空组负责人王弼、常乾坤带队，于 1945 年 10 月，分批从延安去东北，收集航空器材和人员，为创办航空学校做准备。1945 年 9 月底，原驻辽东侵华日军航空大队 300 余人，在大队长林弥一郎（后改中国名字林保毅）率领下，归降东北人民自治军。10 月中旬，东北人民自治军总部决定，将其改编为东北人民自治军航空队。12 月上旬，航空队移驻通化。12 月下旬，选调 110 人到航空队。1946 年 1 月 1 日，航空队扩编为航空总队。14 日，改称东北民主联军航空总队。

　　3 月 1 日，由中共中央从延安选派的航空技术干部和东北民主联军航空总队合编，在通化成立东北民主联军航空学校，归东北民主联军总部建制，常乾坤任校长，东北民主联军后方司令部政治委员吴溉之兼任政治委员。

◎ 常乾坤在通化老航校成立大会主席台上（右1）

◎ 在荒漠深山里发现了被日寇破坏掩埋的航材

◎ 林弥一郎

　　学校机关设训练处、政治部、校务处、供应处，辖1个学生大队。全校共631人，有30—40架经过修理可以使用的飞机。当航空学校准备开始飞行训练时，国民党军队占领沈阳、铁岭，直逼四平，国民党空军飞机频繁轰炸通化机场。1946年4月，全校转移到牡丹江市。1946年3月航空学校成立后，即着手制定教学计划，从各野战部队抽调学员训练。经过艰苦不懈的努力，到1947年底，航校有学员300人。至1948年底，已训练飞行员63名，领航员24名，机务人员97名，场站技术人员22名，为人民空军的创建和发展培养了一批急需的难能可贵的人才。

◎ 林弥一郎（右）回中国与昔日中国战友合影

按照飞行训练常规，要按初级教练机、中级教练机、高级教练机顺序进行。当时，航空学校只有4架破旧"英格曼"式初级教练机和一些日制"九九"式高级教练机，没有中级教练机。在这种情况下，学校领导提出，越过初、中级教练机，直上"九九"式高级教练机。通过反复试验和严格训练，取得成功。

◎ 马拉飞机的艰苦办学条件

◎ 机务人员在改装适合使用酒精的发动机喷油嘴

　　随着飞行训练时间增加，面临缺乏油料的严重困难。航校教职工从资料查到，日本投降前，曾因缺乏油料，一度用无水酒精代替汽油进行飞行训练。学校通过反复试验，以酒精代替汽油作飞机燃料获得成功。在中共中央东北局和东北民主联军总部关心和支持下，1946年9月，生产出可用作飞机燃料的酒精。10月，马文任航空学校第一政治委员，王弼任第二政治委员。由于国民党军队对东北解放区再次发动大规模进攻，国民党空军飞机经常到牡丹江地区侦察、扫射，11月，全校迁至东安（今密山）。

1947 年 2 月，飞行第一期乙班克服技术和后勤保障方面的困难，开始飞行训练。飞机上没有无线电设备，编队飞行时，采用晃动机翼的办法互相联络；飞机上没有时钟，转场飞行时，学员把闹钟绑在腿上计时；没有航空地图，学员们对照普通地图进行描绘；飞机轮胎和螺旋桨不够用，机务人员就在前一架飞机着陆后，将轮胎、螺旋桨拆下来装到后一架飞机上；没有充气设备，用自行车气筒给飞机轮胎打气；没有棉衣，自己动手用面袋缝制；细粮和蔬菜不足，自己开荒种菜、养猪、磨豆腐，改善生活。

◎ 用自行车气筒为飞机轮胎打气

◎ 东北老航校毕业学员合影

9月，为加强对航校的领导，东北民主联军参谋长刘亚楼兼任航空学校校长，东北军政大学副政治委员吴溉之兼任航空学校政治委员。

作为建立人民空军的种子部队和摇篮，党中央和中央军委极其重视。1947年12月5日，毛泽东在周恩来为中共中央军委起草的给中共中央办公厅东北局电报上加写了一句话，即"建设空军已经成为我党的迫切任务，你们对此有何计划？"周恩来在这份电报中指出：你处关于建立空军的准备工作，如飞机集存的数量、种类，修理装制的能力，机件汽油的储备，空军人员的训练和数量，空军基地，航空站及工厂的准备以及可能性发展的条件等等，统望电告。①

1948年1月1日，学校改称东北人民解放军航空学校，归东北军区建制。3月，形势好转，全校由东安迁回牡丹江市。4月—10月，机械第一、二期学员，飞行第一期甲班、乙班学员相继毕业，共毕业飞行员43名、领航员24名、机械人员97名，全部留校工作，为学校进一步发展奠定了人才基础。

辽沈战役结束后，1949年3月，学校迁到长春市，训练规模扩大，除开办第二、第三期飞行班和第三、第四期机械班外，还创办通信班、气象班、场站班，全校发展到3500人，在校学员320余名。5月，改称中国人民解放军航空学校。学校机关设训练处、政治部、机务处、供应处、卫生处、管理科、通讯科、场站科、队列科，辖第一、第二飞行大队，第三、第四大队（机械）和警卫营。

---

① 建设空军已成党的迫切任务（1947年12月5日）[M]//毛泽东军事文集：第四卷.北京：军事科学出版社，中央文献出版社，1993：340.

◎ 东北老航校毕业学员合影

◎ 东北老航校一期甲班 12 名学员，全部来自抗日军政大学各分校

1949 年 10 月 1 日国庆大典，天安门上空飞行的 17 架飞机就是东北老航校的飞机。参加空中阅兵的 23 名飞行人员均来自于东北老航校。

1949 年 12 月 13 日，该校停办，老航校"一分为七"——相继在各地扩建为 7 所航校。这些航校不断完善、发展，内部分工、分级也越来越细，逐渐形成了宝塔式的结构。该校先后共培养各类航空人员 560 名，其中飞行员 126 名，机务人员 322 名，领航员 24 名，场站、气象、通信、参谋人员 88 名。这些人员后来大多成为建设人民空军和创办、发展新中国航空事业的骨干。

1950 年 10 月，中国人民志愿军赴朝鲜作战，抗美援朝开始。根据党中央和毛主席的命令，同年 12 月空四师十团二十八队被空军司令部确定为首批参战的部队，飞行员全部是东北老航校毕业，是新中国空军的精华。在朝鲜上空，年轻的中国空军就有了与强敌美国空军第一次交锋，初战告捷。随后，老航校的飞行员们发扬空中拼刺刀精神，不断在朝鲜战场上创造战争奇迹，涌现出像王海、刘玉堤、李汉、赵宝桐等一大批志愿军空军空战英雄，威名远扬。

【参考资料】

［1］建设空军已成党的迫切任务（1947 年 12 月 5 日）[M]// 毛泽东军事文集：第四卷 . 北京：军事科学出版社，中央文献出版社，1993：340.

军事文体与卫生篇

郑律成与《八路军进行曲》

向前！向前！向前！

我们的队伍向太阳，

脚踏着祖国的大地，

背负着民族的希望，

我们是一支不可战胜的

力量。

我们是工农的子弟，

我们是人民的武装，

从无畏惧，绝不屈服，

英勇战斗，

直到把反动派消灭干净，

毛泽东的旗帜高高飘扬。

……

◎ 郑律成

这首《中国人民解放军军歌》，曲调气势磅礴，坚毅豪迈，热情奔放。它词曲浑然一体，表现了人民军队一往无前、无坚不摧的革命精神，反映了中国人民解放军的性质、任务、革命精神和战斗作风，塑造了中国人民解放军肩负历史重托为中华民族的解放英勇奋战的英雄形象。但很少有人知道这首歌曲诞生在延安时期，原曲名叫作《八路军进行曲》。它的曲作者就是被誉为"军歌之父"的郑律成。

郑律成（1914—1976），原名郑富恩，出生于朝鲜（现韩国）全罗南道光州。他是延安时期继冼星海之后又一位杰出的优秀作曲家，人民

◎ 郑律成在延安抗大教唱歌曲

音乐家，他是延安时代著名的歌曲《延安颂》《八路军进行曲》的曲作者，
也是《朝鲜人民军进行曲》的曲作者。郑律成出生在朝鲜的抗日家庭。
从少年时期，他就深受朝鲜独立和反日教育，三个哥哥先后为朝鲜和中
国的革命事业献出了生命。1933年，19岁的郑律成随着一批进步的朝
鲜青年来到中国，进入朝鲜在华抗日团体开办的南京"朝鲜革命干部学
校"学习，并参加朝鲜革命组织"义烈团""朝鲜民族解放同盟"等抗
日组织。1936年，郑律成经罗青介绍加入抗日救亡组织"五月文艺社"，
并任理事。同期谱写了自己的处女作《五月之歌》。

◎ 郑律成在乡间采风

1937 年七七事变后，郑律成结识了冼星海，并与其长期合作，出电影歌曲、灌制唱片。同年 10 月，郑律成怀着满腔热情奔赴延安，先后进入陕北公学、鲁迅艺术学院音乐系学习。1938 年，郑律成任中国人民抗日军政大学音乐指导、鲁迅艺术学院声乐教员。随后郑律成创作了大量的革命歌曲：《延安颂》《延水谣》《保卫大武汉》《生产谣》《寄语阿郎》《十月革命进行曲》《八路军进行曲》等。1939 年 1 月，郑律成正式加入中国共产党。1942 年春，在周扬主持下，郑律成与从四川来延安参加革命的抗大女生队队长丁雪松举行了婚礼。丁雪松后来成为新中国第一位女大使，先后出使荷兰、丹麦。1942 年 8 月，郑律成被派往太行山八路军总部工作，任华北朝鲜革命军政学校教育长。1945 年，郑律成携夫人回到朝鲜后，历任朝鲜劳动党黄海道委宣传部部长、朝鲜人民军俱乐部部长、朝鲜人民军协奏团团长、朝鲜国立音乐大学作曲部部长等职，为朝鲜军民谱写了《"8·15"颂歌》《朝鲜人民军进行曲》《朝鲜解放进行曲》《歌颂新中国》，大合唱《图们江》《东海渔夫》等十余部作品。其中《朝鲜人民军进行曲》后更名为《朝鲜人民军军歌》，郑律成是世界音乐史上唯一一位写出两个国家军歌的作曲家。

　　1949 年年初，郑律成与夫人调到中国东北行政委员会驻平壤商业代表团任代表，党的关系也由朝鲜劳动党转回中国共产党。1950 年，朝鲜战争爆发，在周恩来总理的批准下，经朝鲜领导人金日成同意，郑律成同妻子回到中国，并加入中国国籍。后被分配到北京人民艺术剧院工作。1950 年 12 月，作为中国人民志愿军创作组的成员，郑律成和刘白羽、

◎ 郑律成夫妇合照

欧阳山尊、凌子风、李瑛等人一道去了朝鲜。他和刘白羽合作写了《歌唱白云山》，他和魏巍同志合作谱写了具有浓郁朝鲜风情的《亲爱的军队亲爱的人》，并与欧阳山尊合作谱写了《中国人民志愿军进行曲》和《志愿军十赞》。

1956年，郑律成调到中央乐团（现中国交响乐团）创作室作曲。他深入工厂、农村、边防，足迹踏遍了中国大地，到处寻找新的创作素材，

◎ 郑律成夫妇参加国庆观礼

◎ 郑律成夫妇在平壤合影

◎ 延安时期的莫耶

为工农兵创作，谱写了大量的音乐作品。1976 年 12 月 7 日，郑律成在北京逝世。

在延安既生活艰苦又精神充实的岁月中，郑律成创作的大量革命歌曲中最为著名的是《延安颂》和《八路军进行曲》。传唱一时的《延安颂》，词曲作者分别是当时鲁艺戏剧系第一期学生莫耶和音乐系第一期学生郑律成。莫耶本出生于富裕的归侨家庭，全国抗战爆发后她来到延安，进入鲁艺文学系第一期学习。到延安后，莫耶走路想跳，张口想唱。她想以自己的激情、自己的心声，写一支歌颂延安的歌。一天下午，鲁艺的学生到城里开大会。散会以后，鲁艺的队伍走出城门，爬上校舍所在的半山坡。莫耶和几个同学站在窑洞前的土坪上，远望着一队队抗大的同学从城里走出来，他们的歌声和口号声清晰可闻。这时，她感到自己身上热血沸腾，音乐系同学郑律成站在她的身边，看出了她的心情极不平静，就对她说："给我写个歌词吧！"这句话引发了莫耶心中积蓄已久的激情，她迫不及待地掏出笔来，写好了歌词，又写上了题目"歌颂延安"，然后交给了郑律成。

郑律成很快就把曲子谱好了。几天后，在城里举行的一次晚会上，第一个节目就是郑律成和唐荣枚的男女声二重唱《歌颂延安》。歌一唱完，参加晚会的毛泽东便带头鼓起了掌。第二天，中央宣传部就要走了《歌颂延安》的词曲。又过了几天，鲁艺院部秘书处主任魏克多，拿着一张印好的歌篇找到了莫耶。她接过一看，就是她写的那首歌，不过题目已改成《延安颂》。从此，《延安颂》的歌声便唱遍了延安和各抗日根据地。《延安颂》歌词唱道："延安你这庄严雄伟的古城，到处传遍了抗战的歌声。"它用形象化的歌词描绘了抗战中流砥柱的中国共产党人，表达了广大人民群众对革命圣地的敬仰和向往，极大鼓舞了革命气势，激励无数的进步青年奔赴延安、投身革命。

延 安 颂

1= C 3/4 2/4

莫　耶词
郑律成曲

中速 稍慢

$\underline{3\ 4}\ 5\ \underline{0\ 5}\ |\ \dot{3}\cdot\ \underline{\dot{1}}\ \dot{2}\ |\ \dot{1}\ \underline{7\ 6}\ \underline{7}\ \dot{1}\ |\ \dot{1}\ -\ 0\ |\ \underline{7\ 3}\ 5\ \underline{0\ 5}\ |\ 5\cdot\ \underline{5}\ 2\ |$
夕　阳　辉　耀　着　山　头　的　塔　影，　　　　月　色　映　照　着　河

$\underline{3\ 4}\ \underline{3\ 2}\ 3\ |\ 3\ -\ 0\ |\ \underline{3\ 4}\ 5\ \underline{0\ 5}\ |\ \dot{3}\cdot\ \underline{\dot{1}}\ \dot{2}\ |\ \dot{1}\ \underline{7\ 6}\ \underline{7}\ 6\ |\ 6\ -\ 0\ |$
边　的　流　萤。　　　春　风　吹　遍　了　坦　平　的　原　野，

$5\cdot\ \underline{5}\ 6\ |\ \dot{2}\ \underline{\dot{1}}\ \underline{7\ 6}\ \underline{7}\ |\ 6\cdot\ \underline{5}\ \dot{1}\ |\ \dot{1}\ -\ 0\ |\ \dot{3}\ -\ -\ |\ \dot{2}\ \dot{1}\ -\ |\ 3\ 5\ \dot{1}\ \dot{1}\ |$
群　山　结　成　了　坚　固　的　围　屏。　　哦，　　　延　安!　你　这　庄　严

$7\ \underline{6\ 5}\ 7\ |\ 6\ -\ 0\ |\ 5\cdot\ \underline{5}\ 5\ |\ \underline{6\ 7}\ \dot{1}\ \underline{6\ 5}\ |\ \dot{1}\ \dot{2}\ -\ |\ 3\ -\ -\ |$
雄　伟　的　古　城，　　到　处　传　遍　了　抗　战　的　歌　声，　　哦，

$\dot{2}\ \dot{1}\ -\ |\ 3\ 5\ \dot{1}\ \dot{1}\ |\ 7\ \underline{6\ 5}\ 7\ |\ 6\ -\ 0\ |\ 5\cdot\ \underline{5}\ 6\ |\ \dot{2}\ \dot{1}\ \underline{7\ 6}\ \underline{5}\ |$
延　安，　你　这　庄　严　雄　伟　的　古　城，　　热　血　在　你　胸　中　奔

稍慢　有力

$\dot{1}\ -\ 0\ |\ 1\ \underline{1\ 3}\ |\ 5\ \underline{3\ 5}\ |\ \dot{1}\ -\ |\ \dot{1}\ 0\ |\ 6\ \underline{6\ 5}\ |\ \dot{1}\ \underline{7\ 7\ 6}\ |\ 5\ \underline{\dot{1}}\ |\ 3\ -\ |$
腾。　　千　万　颗　青　年　的　心，　　埋　藏　着　对　敌　人　的　仇　恨，

$2\ \underline{2\ 1}\ |\ 2\ 3\ |\ \underline{5\ 5\ 5}\ \underline{3\ 5}\ |\ 6\ -\ |\ \underline{5\ 3\ 5\ 5}\ |\ 6\ \underline{5\ 5}\ |\ \dot{1}\ \dot{2}\ |\ \dot{1}\ -\ |\ \dot{1}\ -\ |$
在　山　野　田　间　长　长　的　行　列，　结　成　了　坚　固　的　阵　线。　看!

$\dot{1}\cdot\ \underline{\dot{1}}\ \dot{1}\ |\ 1\ \underline{1\ 3}\ |\ 5\ 0\ |\ \dot{2}\ -\ |\ \dot{2}\cdot\ \underline{\dot{2}}\ \dot{2}\ |\ 2\ \underline{3\ 4}\ |\ 5\ 0\ |\ 7\ \underline{6\ 5}\ |\ 3\ 5\ |$
群　众　已　抬　起　了　头，　看!　群　众　已　扬　起　了　手。　无　数　的　人　和

$7\ \underline{6\ 5}\ |\ 6\ 0\ |\ \dot{1}\ \underline{5\ 5}\ |\ 6\ \underline{5\ 5\ 5}\ |\ 3\ 5\ |\ 2\ 0\ |\ 1\cdot\ \underline{3}\ |\ 5\ \underline{3\ 5}\ |\ 6\ -\ |$
无　数　的　心，　发　出　了　对　敌　人　的　怒　吼。　士　兵　瞄　准　了　枪

稍慢

$5\ 0\ |\ 3\ \underline{5\ 5}\ |\ 6\ 5\ |\ \dot{1}\ -\ |\ \dot{1}\ 0\ |\ \dot{3}\ -\ |\ \dot{2}\ \dot{1}\ \dot{1}\ |\ 3\ 5\ \dot{1}\ \dot{1}\ |$
口，　准　备　和　敌　人　搏　斗。　哦，　延　安，　你　这　庄　严

$7\ \underline{6\ 5}\ 7\ |\ 6\ -\ -\ |\ 5\cdot\ \underline{5}\ 6\ |\ \underline{6\ 6}\ \underline{7\ 6}\ \underline{5}\ |\ 6\ \dot{2}\ -\ |\ 5\ \dot{3}\cdot\ \dot{3}\ |\ \dot{2}\ \dot{1}\cdot\ \dot{1}\ |$
雄　伟　的　城　墙，　　筑　成　坚　固　的　抗　战　的　阵　线。　你　的　　名　字

$7\ \underline{6\ 5}\ 7\ |\ 6\ -\ 0\ |\ 5\ 6\ \dot{5}\ |\ \underline{7}\ 6\ \dot{1}\ |\ 4\ -\ \underline{4\ \dot{3}}\ |\ 3\ -\ 0\ \|$
将　万　古　流　芳，　　在　历　史　上　灿　烂　辉　煌!

◎ 公木（右）夫妇合影

　　1938年8月，诗人公木（原名张松如）带着在晋绥抗日前线创作的革命诗稿，回到了革命根据地延安，与作曲家郑律成合住一个窑洞。两个革命文艺工作者立志为人民军队谱曲。二人商定，立即动手创作《八路军大合唱》。公木一气呵成，不到一周时间就写下包括《八路军进行曲》在内的共八支歌曲的歌词。

　　进入谱曲阶段后，郑律成对词曲进行反复推敲和琢磨。他为了不影响公木读书和工作，有时就跑到外面去思考。他为了谱好曲子，双手各执石子边想边敲，反复琢磨，忘情之下把手指敲破了。郑律成还对节奏工整的《八路军进行曲》的开始部分，加上了冲锋号般的"向前！向前！向前——！"这一神来之笔，呐喊出一往无前的气势，令这首军歌八十余年传唱不竭。1939年秋，郑律成和公木合作创作的《八路军进行曲》

最终完成。同年冬，这首歌由延安鲁迅艺术学院油印出版，首演于延安中央大礼堂。由于歌曲旋律刚劲有力，歌词斗志昂扬，生动地表现了人民军队排山倒海、压倒一切敌寇的战斗气势，迅速传遍了延安和陕甘宁边区。1940 年夏，《八路军进行曲》在《八路军军政杂志》刊载后便在各抗日根据地广泛流传。1941 年 8 月，该歌曲获延安"五四青年节"奖金委员会音乐类甲等奖。解放战争期间，根据革命形势变化，又对歌词进行了修改，更名为《人民解放军进行曲》。英勇的人民解放军高唱着"向前向前，我们的队伍向太阳，脚踏着祖国的大地……"的旋律，以一往无前、摧枯拉朽之势，取得三大战役的决定性胜利，百万雄师过大江，解放了全中国。

中华人民共和国成立后的 1951 年 2 月 1 日，《中国人民解放军内务条令（草案）》以《中国人民解放军军歌》之名刊登了该曲。1953 年 5 月 1 日，中央人民政府人民革命军事委员会总参谋部颁发试行的《中国人民解放军内务条令（草案）》，又将其改名为《人民解放军进行曲》。1965 年更名为《中国人民解放军进行曲》。1988 年 7 月 25 日，经党中央批准，中央军事委员会决定，由中央军委主席邓小平签署命令（中央军委第 24 号命令），将这支歌曲正式定名为《中国人民解放军军歌》。

郑律成一生谱写了 360 余首不同形式、脍炙人口的音乐作品。2009 年，曾任国家副主席的王震在《作曲家郑律成》序言中写道：他是当代继聂耳、冼星海之后，又一位杰出的优秀的作曲家，是中国无产阶级革命音乐事业的开拓者之一。同年，郑律成被中央宣传部、中央组织部等 11 个部门评为"100 位为新中国成立作出突出贡献的英雄模范人物"。

每当中国人民解放军千军万马洪流滚滚整装行进时刻，威武雄壮的《中国人民解放军军歌》奏响之时，人们就会想起它的曲作者郑律成。他的名字将伴随中国军队威武的前进步伐而永载史册。

中国人民解放军军歌

1 = C 2/4

公 木 词
郑律成 曲

进行速度 勇往直前

向前 向前 向前！ 我们的 队伍 向太阳， 脚踏着

祖国的 大 地， 背负着 民族的 希 望，

我们是 一支 不可 战胜的 力 量。 我们是 工农的 子

弟， 我们是 人民的 武 装， 从无 畏惧， 绝不 屈服

英勇战斗，直 到把 反动派 消灭干净， 毛泽东的 旗帜 高高飘

扬。 听！ 风在 呼啸 军号 响；听！ 革命 歌声多 嘹

亮！ 同志们 整齐 步伐 奔向解放的 战场，同志们 整齐 步伐 奔赴祖国的

边 疆，向 前向前！我们的 队伍 向太阳，向 最后的 胜利， 向 全国的 解放！

注：此歌作于1939年冬，原名《八路军进行曲》。在解放战争时期，歌词作了一些
修改，称为《中国人民解放军进行曲》。1988年7月25日，经党中央军委决定将此曲
定名为《中国人民解放军军歌》。

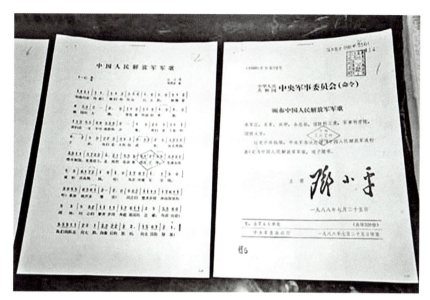

◎ 邓小平签发中国人民解放军军歌命令

【参考资料】

[1]李惠善.郑律成评传[M].李玉花,译.北京:作家出版社出版,2014.

[2]《中国大百科全书·军事》编委会.中国大百科全书:军事[M].北京:中国大百科出版社,2007.

[3]叶研.向着太阳:写在《中国人民解放军军歌》诞生70周年、郑律成纪念馆落成之际[N].中国青年报,2009-09-01.

抗日军政大学校歌

凯　丰　词
吕　骥　曲

注：此歌曲创作于1937年。

◎ 凯丰（1906—1955），原名何克全，江西萍乡人

　　"黄河之滨，集合着一群，中华民族优秀的子孙……"这首慷慨激昂、充满抗日救国情怀与担当的歌曲，就是抗战时期在延安创作并广为传唱的抗日军政大学校歌。

　　1936年12月底，西安事变和平解决，抗日民族统一战线基本形成。面对全国抗战即将到来的新形势，为培养更多的军政干部，根据党中央和毛泽东同志的指示，1937年春，中革军委决定把抗日红军大学正式改名为"中国人民抗日军事政治大学"，除继续培养红军干部外，还把培

◎ 吕骥（1909—2002），我国新音乐运动的先驱者之一，中国音乐家协会名誉主席，音乐理论家

养革命知识青年作为抗大的一项重要任务。校部也由保安县（今志丹县）迁到党中央所在地延安。林彪任校长，罗瑞卿任教育长，毛泽东亲自担任抗大教育委员会主席。

为鼓舞广大师生的抗日士气，唤醒更多的热血男儿，1937年11月，毛泽东经过深思熟虑，决定让时任中共中央宣传部代部长的凯丰为抗大谱写一首新的校歌，以取代原来的《红大校歌》。

◎ 延安时期的吕骥（右1）

◎ 1947年冬在佳木斯，时任东北鲁艺音工团总团团长的吕骥（中）与东北文艺界的部分领导合影

才华横溢的凯丰受领任务后兴奋不已，夜不能寐，每天在身边发生的一幕幕感人情景，让他的才思涌泉而出。他根据党中央和毛泽东赋予抗大的任务，望着一群群热血青年感慨万端。全国抗战爆发后，延安成为全国人民瞩目的革命圣地和抗战的政治指导中心，成为进步青年向往的革命熔炉。自抗大创办后，除来自红军部队和抗日前线的将士外，大批爱国之士特别是青年学生加入这所大学校。他们不甘心做亡国奴，放弃了优越的家庭生活，从海内外汇集于宝塔山下，寻找抗日救国的真理，探索民族救亡之道。当时，"抗大"的学员们以窑洞为教室，石头砖块为桌椅，石灰泥土糊的墙为黑板，在毛泽东亲自为抗大制定的"坚定正确的政治方向、艰苦朴素的工作作风、灵活机动的战略战术"的教育方针和"团结、紧张、严肃、活泼"校训的熏陶和影响下，夜以继日学习苦练杀敌技能，伏案苦读，他们过着虽如石器时代艰苦的生活，却学习着人类最先进的思想——马克思列宁主义。

歌词很快写完，送到了在抗大从事音乐工作的青年作曲家吕骥手中。吕骥生前回忆："词写得很精美，内容很精深，立足点很高，看得很远，且有鲜明的形象；文字很精练，形式也很完整，符合谱曲的要求。"

难掩激动的心情，吕骥用了两天时间完成创作。谱曲时，吕骥考虑到红军干部的特殊情况，要让他们能唱能学，易于接受，同时又要表现出红军干部的精神气质。由于歌词中有"黄河之滨"的语句，他便以黄河的形象完成音乐构思，将抗日的激情表现出来。

◎ 罗瑞卿陪同外国友人参观抗大

　　"成曲后，父亲唱给凯丰，他没有提出任何修改意见，立即让父亲把歌谱交给抗大教育长罗瑞卿同志。在给罗瑞卿同志唱了一遍后，罗瑞卿什么都没说就把原稿接了过去，也没说什么时候教同学们试唱。不料两天后，父亲就听见同学们在唱这首歌。"在一篇回忆文章中，吕骥之女吕英亮这样写道。

　　"同学们，努力学习，团结、紧张、严肃、活泼，我们的作风……向着新社会前进，前进，我们是抗日者的先锋！"振奋心灵的歌词，慷慨激昂的曲调，振奋了全体抗大教职员工。抗大校歌一经问世，立刻突破了校园的界限，在各抗日根据地军民中广为传唱。

◎ 抗大学员席地就餐

　　当年的抗大学员在晚年纷纷回忆道：抗大校歌慷慨激昂的曲调、以
民族解放为使命的担当感染了每一个歌唱者和听众，歌声嘹亮直上云霄。
从抗大总校到位于全国各地的十余所分校，从国民党统治区、沦陷区到
海外，大批有志青年和革命仁人志士就是唱着这首歌，冒着生命危险，
历尽千辛万苦赶赴延安找寻民族的光明与前途。他们中有母女相约、夫
妻相约、姐妹相约、兄弟相约、亲友相约、师生相约、长官与部属相约，
成群结队地来到了抗大。更多的热血青年，高唱着抗大校歌开往前线奋
勇杀敌。

◎ 1964 年，革命音乐舞蹈史诗《东方红》中的抗大校歌表演

中华人民共和国成立后，抗大培养的大批革命干部被分配到新的岗位，成了建设新中国的中坚力量。1955年，在被中华人民共和国授予军衔的军人中，有7名元帅、8名大将、26名上将、47名中将和129名少将是曾在抗大工作、学习的干部和学员。1964年9月，为庆祝中华人民共和国成立15周年而拍摄的革命音乐舞蹈史诗《东方红》公映，其中一节就是反映抗大学员高唱抗大校歌奔赴抗日前线。而今，抗大这个曾经的"窑洞大学"，也早已发展成为中国赫赫有名的高等学府——中国人民解放军国防大学，抗大校歌也成为了国防大学的校歌，长久传唱而生生不息。

【参考资料】

[1] 中国延安干部学院.延安时期大事记述[M].北京：中央文献出版社，2010.

《八路军军政杂志》

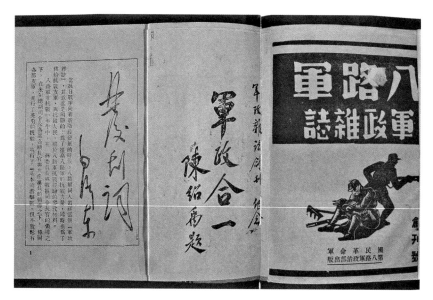

◎ 《八路军军政杂志》创刊号及毛泽东为其题写的发刊词

    《八路军军政杂志》是八路军总政治部机关刊物，是延安时期中国共产党领导的人民军队在军事文化建设上的重要阵地。该杂志 1939 年 1 月 15 日在延安创刊，1942 年 3 月 25 日终刊，由八路军军政杂志社编辑，为月刊，24 开本，采用白报纸铅印，印刷精美，每期都配有套色木刻画页、铜版照片、图画、题词等，发行数约 3000 份。该军政杂志共出 4 卷 39 期，其中 1—3 卷各 12 期，第 4 卷 3 期，发表文章 590 篇。1 卷 1 期至 3 卷 8 期，每期 11 万—12 万字。第 3 卷第 9 期后，每期为 5 万—6 万字。

1938年10月，日军占领广州、武汉后，抗日战争进入相持阶段，由于英美等国对日本实行绥靖政策，日本也开始对国民党实行诱降策略，蒋介石集团反共倾向与日俱增。面对国际国内复杂的抗战形势，为了宣传八路军的抗战事迹，交流有效的对日作战经验，并为抗日友军提供战略战术指导，"把八路军的经验贡献给全国"（王稼祥语），《八路军军政杂志》由是创刊。在毛泽东、郭化若、王稼祥、萧劲光、萧向荣五人组成的编委会领导下进行工作。创刊之初，由中央军委主席毛泽东、军委副主席兼总政治部主任王稼祥和总政治部副主任谭政署名，向八路军、新四军和各抗日游击队发出出版《八路军军政杂志》的通知。在华北前线的萧向荣奉命调回延安军委总政治部任宣传部部长，主编《八路军军政杂志》。

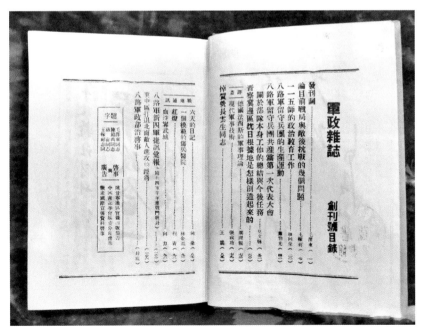

◎ 《八路军军政杂志》创刊号目录

《八路军军政杂志》是中国共产党领导的武装力量诞生以来的第一本向军内外和国内外发行的正规刊物。毛泽东对此高度重视，专门撰写了发刊词。发刊词指出："当抗日战争向着新阶段发展的时候，八路军同仁出版这个军政杂志，其意义是明显的：为了提高八路军的抗战力量，同时也为了供给抗战友军与抗战人民，关于八路军抗战经验的参考材料。"该刊物以"一切为了抗战"为办刊主旨，具体体现坚持抗战国策，提高军队作战能力，收集抗日军事、政治工作经验，研究抗战军队建设诸问题，指导部队的各项工作。撰稿人主要为直接参加战斗的干部和八路军政治部向各部队派出的前线记者以及一些特约著名作家。他还专门为杂志题词："一面战斗，一面学习，百折不回，再接再厉"。

◎ 萧向荣发表的文章

本刊徵稿條例

一、徵稿內容：

A、研究八路軍軍政治供給衛生各部門工作的論文，及上述各部門工作的通訊；

B、戰爭的通訊，部隊生活的通訊，戰區民眾參戰及後方民眾動員之通訊。

C、附釋國外關於軍事政治工作方面之論著及可供參考之敵軍文件，可供戰士閱讀之小品文，詩歌，諺語，故事，木劃畫等。

D、......

二、論文以五千字左右為限（特別稿件例外）。譯文須將原文一併寄來，或註明譯自何書及該書之出版地址。

三、來稿經採用後，略致薄酬。

四、來稿請寄第十八集團軍政治部轉「八路軍軍政雜誌社」。

八路軍軍政雜誌

第四卷 第二期

中華民國三十一年二月廿五日出版

編輯者：國民革命軍第十八集團軍（八路軍）軍政雜誌社

出版者：國民革命軍第十八集團軍（八路軍）政治部

發行者：延安新華書店

總經售處：......

本刊定價

零售：每冊實價一元

預定 半年六冊 六元

定 全年十二冊 十二元

國內郵費在內 國外連郵照定價加倍

◎ 《八路军军政杂志》的征稿条例

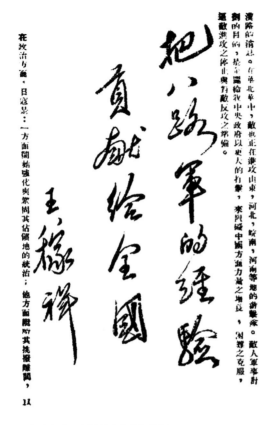

溃路的消灭。在华北军中，敌也正在进攻山东，河北，皖南，河南等地的游击队。敌人军事计划的目的，是乘国给予中央政府以更大的打击，来阻碍中国方面力量之增长，削弱之克服，逗敌进攻之停止与对敌反攻之准备。

在政治与经济上，日寇另一方面开始强化与紧固其占领地的统治；他方面则对于其抚慰离间，

11

把八路军的经验
贡献给全国

王稼祥

◎ 王稼祥为《八路军军政杂志》提词

　　该杂志作为八路军政治部编辑出版的军事、政治综合性刊物，杂志刊登中国共产党和八路军对于抗日战争的主张和抗日战争中军政建设的意见，研究抗日战争经验，报道前方将士英勇抗战的事迹，揭露日军和汉奸的暴行。刊物每期有木刻画页、铜版照片、图画、地图、题词等，读者对象主要是营以上干部。在杂志 39 期中，毛泽东总共发表了 10 篇文章。包括指导性的《发刊词》，阐述中国抗战依靠国内外力量的《抗

战与外援的关系》《关于目前国际形势与中国抗战的谈话》，明确团结
抗战、坚决反对妥协投降的《当前时局的最大危机》《相持阶段的形势
与任务》《团结到底》，关于军队建设的《中国应当学习苏联红军经验》，
以及关于当时世界形势的论述《第二次帝国主义战争的讲演提纲》《毛
泽东同志与记者谈话》等。这十篇文章每篇都各具特色，每一篇都及时
适应世界反法西斯战争特别是抗日战争发展形势的需要，并且突出当时
的形势特点。

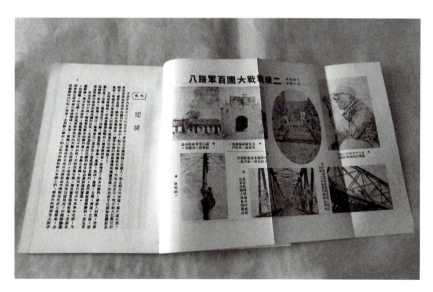

◎ 刊登的百团大战报道

目前八路軍部隊中建設黨的幾個問題　胡耀邦

共產黨是八路軍的核心，是八路軍一切政治工作的靈魂，八路軍之所以能夠在抗戰中創下了許多光輝的戰績，成為全國軍隊之模範，最主要的原因之一，就是因為八路軍有共產黨的組織與領導。因此在八路軍中建設黨（共產黨），對于八路軍部隊的鞏固，戰鬥力的提高，以及一切政治工作的進行，都有決定的意義。

抗戰以來，我們在八路軍中建設黨的工作，有了許多新的進步，新的經驗，可是我們不能滿足這些成績和進步。目前八路軍的任務是更加艱巨了，要使八路軍能夠完成所負擔的使命，必須首先使八路軍中黨的工作，更加強化起來。根據目前部隊中黨的狀況和工作經驗，在這裏我提出幾點關於目前建設黨的意見，以供部隊中政治工作與黨的工作同志的參考：

（一）

共產黨是八路軍的核心，表現在共產黨不僅任八路軍中有龐大的數量，而且更有堅強的質量。沒有龐大的數量，則質量雖強，也還只是一支小的力量；沒有堅強的質量，則數量雖多，也不能發揮它偉大的力量。一般說來，由於新戰士之增加，目前部隊中黨的數量，確有了大的發展，因此提高黨的質量，是目前部隊中建設黨的一個重要工作。

提高八路軍中黨的組織的質量，主要的方法是加強黨的教育，教育黨員有高度的政治認識和工作能力，因此黨的教育的內容，應該有這樣三個：（一）馬列主義和黨的基本知識的教育；（二）黨的觀念（思想意識）的教育；（三）黨的策略路線及如何運用黨的策略路線的教育。

◎ 胡耀邦在《八路軍軍政雜誌》上發表的關于八路軍黨建文章

当时坚持抗战最重要的任务就是巩固抗日民族统一战线，中国共产党愿意尽一切努力来维护统一战线，毛泽东在《八路军军政杂志》上指出，"我们共产党人公开宣称：我们是始终站在主战派方面的，我们坚决反对那些所谓主和派。我们仅仅愿意和全国一切爱国党派、一切爱国同胞一道，巩固团结，巩固抗日民族统一战线，巩固国共合作，实行三民主义，抗战到底，打到鸭绿江边，收复一切失地，而不知其他。"中国共产党借此向全国人民深刻表达了抗战的决心及维护抗日民族统一战线的诚意，指出团结抗战的重要性。同时他一针见血地指出反动派、投降派的丑恶嘴脸，"投降是主要危险，反共即准备投降"。而中国共产党就是用尽一切努力维护统一战线，包括和平手段和斗争手段，坚决反对投降主义与分裂主义。

　　毛泽东在《八路军军政杂志》的文章精辟阐述了当时的国内国际形势，并为今后的抗战提出指导性方针。让广大人民深刻了解中国共产党的英勇抗战，批判反动投降政策，扩大了党的影响，依靠人民，团结人民，取得最后胜利。

◎ 威严的炮兵（1940年，赵烈摄影作品，发表于1940年7月25日延安《八路军军政杂志》第2卷第7期）

◎ 《八路军军政杂志》刊登的抗大学生生活

　　《八路军军政杂志》不仅内容丰富，而且编排形式多样生动。刊物文风朴实，视野开阔，总结抗战经验、宣传游击战争，号召团结、反对分裂，研究敌情、探讨对敌对策。主要内容有：中国共产党和八路军的宣言、通电以及领导人的文章；军事、政治、供给、卫生工作的研究；战斗、工作、部队生活、战区群众参战和后方群众动员的通讯；苏联红军的军事、政治工作论著的译文；敌军情况和敌军工作的探讨；古今中外军事著作和战例的分析；重大战役的报道；八路军、新四军各部队的战绩月报；部队生产运动的指导；揭露日、伪军残暴罪行和国民党顽固派阴谋活动的文章等。设有许多专栏，主要有"抗战言论""实战经验与战术研究""战斗总结""政治工作""对敌研究""近古战争与古代战术研究"。每期都有"专载"（刊载评论或党政军负责同志的军事论著）、"战地通讯""八路军、新四军捷讯汇报"（从第3卷4期改为"八路军、新四军战报"，从第3卷10期开始改为"一月国内军事动态述评"，放在首页）。朱德、彭德怀、叶挺、项英都发表过坚持团结反对分裂的文章，王稼祥、项英、彭雪枫都发表过对日游击战的文章。

另外，还有"译丛"一栏，介绍和研究外国特别是苏联的军事现状。在当时物质条件和工作环境十分困难艰苦的情况下，仍力求印刷精美，每期都有套色木刻画页、铜版照片、图画、地图、题词等。为了更深入地反映现实，反映各地八路军英勇抗战的可歌可泣的事迹，八路军政治部还特地组织了一个前线记者团，分4组，前往一一五师、一二〇师、一二九师及晋察冀军区等地，进行火线采访，参加记者团的记者有：戈里、雷烨、范瑾、普金、林朗、王向立等21人。这一杂志较之于同时期国民党政府军办的各类刊物而言，内容更加生动，抗日不妥协观点非常鲜明，时事新闻报道丰富，在国统区和国民党军内部也产生了很好的影响，宣传了八路军抗战，是在艰苦抗战时期延安出版的一本军事政治兼优的杂志。

◎ 刊载的《日本军队研究》文章

截至 1942 年 4 月停刊，该杂志共出版 39 期。该杂志深受各抗日根据地军民的欢迎，在国民党统治区的机关、团体、人民群众中也深有影响。在各抗日根据地，"每个干部都人手一本"，各处的抗战友军也争相订阅，后方的团体、机关、学校等也要求订阅，甚至有书店要求代为印刷发行。连三民主义青年团中央团部训练处也高度评价了《八路军军政杂志》："夙仰贵社出版之八路军军政杂志内容丰富，良足为青年之圭臬。"并请求"按期交换一份，以资借镜"。影响及于国外，日内瓦中国国际图书馆、南洋槟榔屿《现代周刊》等也要求交换赠阅。

【参考资料】

[1] 中国延安干部学院 . 延安时期大事记述 [M]. 北京：中央文献出版社，2010.

[2] 贾晓明 . 萧向荣主编《八路军军政杂志》[N]. 人民政协报，2018-07-19.

[3] 时世平 .《八路军军政杂志》：为抗日服务 [N]. 中国社会科学报，2015-09-08.

延安"九一"扩大运动会

　　全国抗战进入相持阶段后，侵华日军为了稳定后方并达到以战养战的目的，加紧对中国共产党领导的敌后抗日根据地进行所谓的"治安作战"。1941年12月7日，日本偷袭珍珠港，太平洋战争爆发，侵华日军更是加紧对华北、山东抗日根据地进行更为疯狂、残酷和频繁的扫荡。我敌后抗日根据地军民遭遇到全国抗战爆发以来前所未有的困难，进入最为艰苦的时期。为增强坚持敌后抗战的军民信心，强健军民的体魄，毛泽东在延安发出了"锻炼体魄、好打日本"的号召。广大敌后抗日根据地军民纷纷响应，克服各种困难，开展群众性练兵和各种军事体育活动。

◎ 毛泽东为新华日报题词"锻炼体魄 好打日本"

为推动常态化体育运动开展并振奋根据地军民士气，1942 年 6 月，朱德总司令、凯丰、李富春、邓发、贺龙、冯文彬等 19 位同志在《解放日报》上发出筹备召开运动会的启事，号召边区各界人士积极参加，并广泛开展国民体育运动。朱德总司令提出使每一个国民应该有强壮的体魄，方能担负起繁重的抗战救国工作，建立自由幸福的新中国。他号召为支持反法西斯残酷的战争与繁重的革命工作而加强人民群众的体育锻炼。延安的青年联合会决定于当年 9 月 1 日至 7 日在延安举行运动大会来检验陕甘宁边区军民开展体育锻炼成果，并欢迎附近的抗日根据地、友军友区的运动代表队也积极参加。该运动会召开之日时值国际青年节，因此被命名为"国际青年节扩大运动会"（也称延安"九一"扩大运动会）。决定一经公布就受到陕甘宁边区各界积极响应，运动会各项筹备工作在紧张节俭有序的原则下开展起来。各机关、学校、工厂、部队都积极准备，选拔出了体育运动健将参加运动会，同时在广大军民中掀起了日常健身强体活动热潮。到运动会报名截止之日，各地区及单位组织了党中央直属机关的红旗队、中央军委直属机关代表队、陕甘宁边区政府系统代表队、延安市机关代表队、延安市学校代表队、延安工厂工人代表队，还有来自陕甘宁边区的三边、绥德、米脂代表队和晋西北边区一二〇师代表队等，参赛运动员共 1388 名，创造了根据地运动会规模和范围之最。

　　1942 年 9 月 1 日，运动会在延安北门外青年运动场隆重开幕，延安市民参观者人涌如潮。参加运动会的各代表队运动员来自各个阶层、各个民族，有中央首长、军队干部战士、工人、机关干部、学校师生、文艺工作者；有朝鲜族、蒙古族、回族、苗族、藏族的代表。还有反法西斯同盟的日本人士。

◎ 参加运动会的运动员入场

朱德总司令首先致开幕词，他在指出了运动会目的意义后，特别强调将来运动的发展方向"应着重于军事方面"，以便"把许多人都锻炼成为坚强的人"，具有"健全体格"。运动员们在开幕式上宣誓："提倡体育，普及运动；强健身体，战斗准备；打倒法西斯，革命精神；遵守纪律，团结作风；胜不骄傲，败也不馁。"

◎ 朱德在延安"九一"扩大运动会上致开幕词

运动会主赛场设在延安北门外的青年体育场和延安东关机场，赛场场地虽提前经过整修符合基本竞赛条件，但条件依然简陋，这并没有影响运动员参赛和延安军民的观赛热情。延安《解放日报》在对开幕式报道中写道："这里没有大理石砌成的司令台，简陋的土台子，不是同样庄严肃穆吗？这里没有钢筋水泥建筑的会场大门，用野草扎成的门楼，不是同样严肃吗？这里没有整齐排列的看台，那铺着青石板和草褥子的山坡，不是坐着成千成万的看客吗？清新的河湾，不是我们漂亮的游泳池吗？"

这次运动会受到党中央和陕甘宁边区政府高度重视，朱德亲自担任会长，贺龙等任副会长。正副总裁判是李富春、萧劲光，裁判委员会委员有徐向前、曹里怀、王震、刘景范、徐特立、吴玉章、邓发、谭政等。资格审查委员会主任是叶剑英。比赛分男子、女子、少年三组，比赛项目比较丰富，分为两大类。球类项目包括篮球、排球，田径包括跳高、跳远、推铅球、50米、100米、800米、1500米、越野跑等。其中军事项目有武装负重爬山、武装翻越障碍、掷手榴弹、射击、刺杀等。游泳包括50米自由泳和50米蛙泳等。在训练、营养、设备等都不足的条件下，参会运动员们依然在赛场上生龙活虎、奋力拼搏，赛出了男子100米12秒、跳远6.1米、铅球18.24米的好成绩，这在当时的条件下已经实属难得。

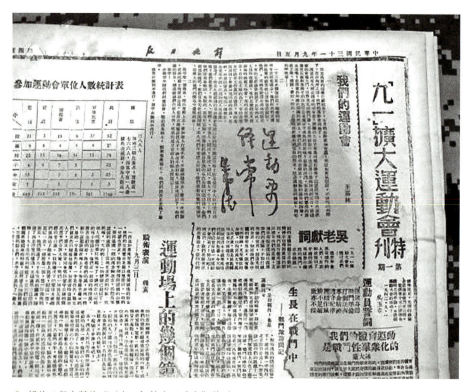

◎ 解放日报出版的 "'九一'扩大运动会" 特刊

◎ 男子篮球比赛

除了正规的比赛项目，运动会根据敌后军事斗争和普及现代体育运动知识并增强运动会观赏性的需要，还特别设立了武装泅渡、举重、网球、足球、棒球、小足球、赛马、跳水、单双杠和体操等表演项目。这些表演项目获得了极大的关注，尤其是鲁迅艺术学院的武术表演、骑兵团的骑术表演、民族学院蒙古运动员的摔跤表演更加精彩纷呈，给现场观看的延安市民和边区群众留下了深刻的印象。他们评价真是饱了眼福，大开了眼界。

◎ 男子游泳比赛

◎ 跳水表演

◎ 男子跳远比赛

◎ 女运动员短跑冲刺

◎ 女子排球赛

◎ 女子铅球赛

◎ 1942 年 9 月，延安"九一"扩大运动会上的马术表演

◎ 朱德（1 排左 2）王震（1 排左 3）在赛场观看比赛

◎ 贺龙（1排左2）观看比赛

整个比赛进程激烈紧张，会场内外是一片激情活力场面。这一期间，由延安陕甘宁边区作曲者协会安波作词、马可作曲的专门为运动员填写的《九一运动会歌》在会场唱响："民族的健儿，革命的勇士。来！咱们一显好身手。叫国际强盗血腥的法西斯，在我们面前发抖！爬山的登高峰，赛跑的占前头，射击的瞄好准，投弹的猛力投，看司令台上朱、贺将军指挥我们前进！民族的健儿，革命的勇士。来！咱们一展好身手，让国际青年反侵略的战友，向这里欢呼拍手。在水里像蛟龙，在陆上像猛虎，看司令台上朱、贺将军指挥我们前进！"从这首慷慨激昂的会歌中，我们看到了八路军战士练好身体打击日本侵略者的决心、饱满昂扬富有青春活力的精神面貌、坚持抗战不妥协的战斗意志。

　　运动会期间，朱德在《解放日报》发表了题为《祝九月运动大会》的社论。他在论述了体育竞赛与体育普及的关系之后进一步指出："体育运动，这是一件移风易俗的大事……务求使之普及到军民之间。造成风气、养成习惯、经常进行。"

　　运动会于9月7日闭幕，大会通过了"定九九为体育节"的提议和成立边区体育总会等决议。朱德和王震分别在闭幕式上发表重要讲话，希望运动会闭幕后大家都要重视经常性体育锻炼。毛泽东亲切接见了战斗篮球队全体队员。他说："你们除了坚持锻炼身体以外，还要好好工作，为革命事业献出自己的力量。"

　　延安"九一"扩大运动会是全国抗战时期在中国共产党领导的抗日根据地举行的最大规模运动会。它振奋了边区军民的精神、鼓舞了部队士气，体现了广大军民不屈不挠的抵抗意志和革命乐观主义精神。以举办运动会方式推动体育运动的推广和普及，对强壮军民的体魄，提升军人的军体素质，有着深远影响，也为后来人民军队军体事业的常态化开展打下坚实的基础。

【参考资料】

[1] 何立波．延安"九一"扩大运动会 [N].人民政协报，2017-07-20.

[2] 马宣建．中国体育通史：第四卷 [M].北京：人民体育出版社，2008.

延安时期医疗卫生事业与
中国医科大学的创建

全国抗战爆发后，为适应抗战需要和解决边区军民缺医少药、防病就医困难问题，党中央、中央军委和陕甘宁边区政府在非常艰苦的条件下大力改善延安和边区的卫生事业，一方面建立了各级各类医疗机构，另一方面积极发展卫生教育事业。

当时延安的医疗卫生体系总体格局包括以下三个系统：一是直属于党中央的卫生系统，由中央卫生处领导，主要有延安中央医院、中央门诊部、学生疗养院等单位。二是由中央军委总卫生部领导的中央军委卫生系统，这是属于军队系统的医疗机构，主要包括原第一后方医院发展而成的第二兵站医院，第三、第四后方医院，八路军军医院(1939年改名为"白求恩国际和平医院")、八路军门诊部、八路军制药厂，抗大卫生处及第一、第二医院，中国医科大学及附属医院，延安药科学校，八路军留守兵团卫生处及野战医院等。三是陕甘宁边区政府卫生部门领导的边区政府卫生系统，主要有陕甘宁边区医院、边区门诊部、结核病疗养院、边区医专、干部休养所、光华制药厂（卫生材料厂）、荣军疗养院，以及保健药社、卫生合作社、国医研究会（中医）等。为解决基层群众看病困难，毛泽东提出要"提倡卫生，要使边区一千多个乡每乡设立一个小医务所"。[①]这三个系统的医疗卫生机构，除了各自侧重本系统的医疗卫生工作外，还要动员自己所属的医院和基层单位的卫生科室及卫生所，负责周边村庄、城镇的防疫以及医疗工作。经过艰苦努力，中国共

---

① 毛主席在延大开学典礼大会上的讲话 [N]. 解放日报，1944-05-31.

产党人在"一穷二白"的基础上，在延安初步构建起近代化的医疗系统，很大地改善了陕甘宁军民的医疗条件。

中央医院是延安时期规模最大和医疗水平较高的医院。1938年冬，党中央委派傅连暲负责组建中央卫生处，中央卫生处负责中央机关的保健卫生工作。时任中央卫生处处长的傅连暲向中央提出建立一所正规化的医院的建议。1939年3月份，党中央接纳了傅连暲处长的提议，决定在延安修建一所正规化的医院。毛泽东要求该医院除了为中央领导人看病，还要面向社会开放，为延安的党政军干部和人民群众解决就医用药问题。中央医院地址选在距离延安城西北方向大约10公里处的李家坬村一个山沟里。1939年9月，中央医院开始接收病人。同年11月7日举行了开院典礼，毛泽东为医院题写院名。傅连暲、何穆、魏一斋先后任院长。医院的医生有刘允中、金茂岳、阿洛夫等人。医院创办初期，有病床30张，到1943年底病床增加到170张。医院先后设有内科、外科、妇产科、结核科、小儿科、传染科、药剂室、检验室、X光室、手术室和护理部等科室，这是当时延安科室基本配套、设备较为齐全、规模最大、条件最好的医院。据统计，医院从创办至1945年底，共收治病员12677人。

◎ 中央医院开院典礼照片

◎ 延安时期中央医院外景

　　全国抗战进入相持阶段后，中央军委决定在延安设立总卫生部。总卫生部在陕甘宁边区设有的下属单位有白求恩国际和平医院（原八路军医院）、八路军门诊部、中国医科大学、联防军医院、第二兵站医院、直属疗养院等。总卫生部的部长先后为黄克诚、姬鹏飞、姜齐贤、饶正锡、孙仪之等。在军队医疗机构方面，医疗设备较为齐全，医疗技术力量较强的是白求恩国际和平医院（原八路军医院）。

◎ 白求恩国际和平医院

　　而在卫生教育事业方面，隶属军委总卫生部的中国医科大学具有十分重要的地位和作用。中国医科大学前身是八路军卫生学校。八路军卫生学校的前身是红军卫生学校，该校是在二万五千里长征中坚持办学到达陕北的红军学校之一，具有光荣的革命传统。1937年7月，红军卫生学校改名为八路军卫生学校并开赴抗日前线。

◎ 八路军卫生学校毕业证章

    1938 年，学校从抗战前线迁至延安南面富县的张村驿，1940 年 3 月，该校迁到延安东门外的柳树店。1940 年 8 月毛泽东来到学校向师生们作了一次报告。毛泽东讲道："你们在党的领导下，从江西中央苏区的'卫生小学'，经过二万五千里长征的锻炼，现在成长为'卫生中学'了。我们的革命军队从无到有，从小到大，是因为我们能为群众谋利益，为全国广大工农群众所拥护，我们一定能够战胜敌人，建设一个新中国。你们卫生学校也是这样，将来一定会发展成为一个'卫生大学'。"1940年9月，在毛泽东的提议下，在延安办学的八路军卫生学校正式更名为"中国医科大学"。据中国医科大学校史记载：1938年秋，陕甘宁边区政府根据当时形势发展的需要，从抗日军政大学、陕北公学、青训班调800余名知识青年来八路军卫生学校学习，分别编为军医13、14、15、16期和调剂8、9期及两个护士班。此时学员近900人，编成3个大队、7个分队。当时学制是：军医班一年半，调剂班一年，护士班半年。在教学上，一方面坚持并重视思想品德教育，另一方面注重临床各科及技

◎ 延安中国医科大学校门

◎ 医大学员在上解剖课

术操作，还增设有军事常识课，以适应战伤救护之需要。为鼓舞士气并树立正确的校风，校长王斌亲自填词，由延安鲁迅艺术学院谱曲，创作了中国医科大学校歌。歌词唱道："站在卫生工作的最前线，我们是新医学的技术工作者，我们是新中国救护的先锋。在艰苦的斗争中，学习紧张、朴素、仁慈、谨慎的作风，创造政治坚定、技术优良的干部，为革命工作，为大众服务。我们正是社会的治疗家，使受伤的祖国走向健康，走向新生。同学们努力学习，勇敢前进建设新医学的责任，担落在我们双肩。"如今，这首歌作为位于沈阳的中国医科大学的校歌依然经久传唱，激励着一代一代的医务工作者。

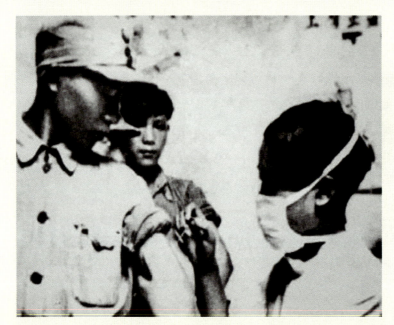

◎ 八路军护士在为八路军战士注射

◎ 延安中国医科大学旧址

中华人民共和国建立后相当长的一个历史时期，全国各地各级医疗卫生机构都悬挂毛泽东同志为医疗战线做出的重要指示"救死扶伤，实行革命的人道主义"。而这一段话源自毛泽东同志在延安时期为中国医科大学首届毕业生的题词。1941年即将毕业的八路军卫生学校14期61名学员（即中国医大首届毕业生）热切地希望毛泽东同志能为他们题词。当时的14期期长林春芳将同学们的期望反映给校长王斌，王校长将此

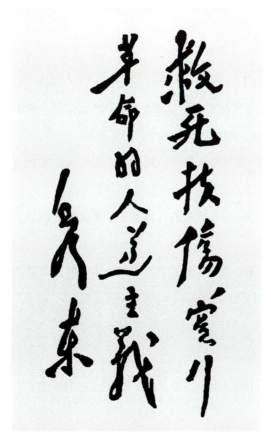

◎ 毛泽东为中国医科大学题词"救死扶伤 实行革命的人道主义"

事汇报给毛泽东，他高兴地答应了这一请求。不久，毛泽东同志就指派工作人员送来了其手书的十四个苍劲有力的题字即"救死扶伤，实行革命的人道主义"。1941年7月15日，医大61名毕业生得到了与以往不同的毕业证书，他们的毕业证书上用鲜红的字体印有毛主席题词。

中国医科大学是我军历史上第一所正规军事医学院校，是我国最早进行西医学学院式教育的医学高校之一。它在延安时期为中国共产党和人民军队培养了一大批专业医疗技术人才，为抗日战争和解放战争的胜利作出了重要贡献。这一时期的医大师生后来都成为医疗卫生战线的中坚力量。

【参考资料】

［1］陕西省军区军事志编纂委员会.陕西省志·军事志[M].西安：陕西人民出版社，2000.

［2］金星.亲历延安岁月：延安中央医院的往事[M].北京：中国人民大学出版社，2015.

［3］周小丽.一枚珍贵的八路军卫生学校毕业章[N].人民政协报，2019-06-20.

［4］张启安.陕甘宁边区的医疗卫生工作和医德建设[J].中国医学伦理学，2001（03）.

军事统战篇

军事统战工作的逐步开展

◎ 延安城南门悬挂着欢迎国民党中央考察团大标语，城楼上站满了欢迎人群

中共中央到达陕北后不久的瓦窑堡会议上就确定了建立抗日民族统一战线的政策和任务。1936年6月初"两广事变"爆发后，还在瓦窑堡的中共中央，就派出熟悉两广情况和桂系军政要员的红军大学政治部组织科科长云广英，作为红军代表赴广西见李宗仁，宣传中国共产党的抗日民族统一战线政策和"逼蒋抗日"的方针，从而获得李宗仁的认可。这有力地促成了蒋、桂双方谈判，避免了内战的发生。在对东北军、西

◎ 1937年4月20日云广英、陈英夫妇（后排左1、左2）和曾为红七军干部的莫文骅（后排左3），张云逸（后排左4）等人在延安枣园合影

北军问题上，通过一系列政治、军事统战工作，中国共产党人成功促成了红军、东北军、西北军"三位一体"的大联合，为西安事变和平解决奠定了力量基础。1937年5月28日，国民政府向中共中央驻地延安派出涂思宗为首的以"国民政府军事委员会委员长西安行营考察团"为名的考察团。经过实地考察，双方增进了相互了解，促进了以第二次国共合作作为基础的抗日民族统一战线的建立。抗战全面爆发后，中国共产党高举抗日民族统一战线的伟大旗帜，推动全民族抗战的兴起，推动国民党政府改变攘外安内政策而转向抗击日本侵略者。

军事统一战线是中国抗战的主要组成形式，是中国共产党领导的多层次、多方位、多渠道的立体网络式的抗日民族统一战线的重要组成部分，具有非常特殊的意义。1940年8月15日作出的《中共中央关于开

◎ 坚持抗日民族统一战线（福尔曼 摄）

◎ 延安城内宣传拥护国共合作的标语（福尔曼　摄）

展统一战线工作的指示》中明确指出：根据七七中央决定必须广泛地开展统一战线工作，而在友军中则需扩大交朋友工作以便争取二百万军队继续抗日。对于这种交朋友的工作毫无成绩的地方需受到党的严重责备。你们必须根据这一决定检查你们自己的工作。[①]

　　同年 8 月 19 日《中共中央关于对友军扩大交朋友工作的指示》中指出：要让全党党员深刻认识争取二百万友军的继续抗战，是今天巩固与扩大抗日民族统一战线最中心的工作。而扩大交朋友的方式，是今天友军工作最主要的方式。该指示特别指出：要对全国有正确的认识与正确的策略。应该看到，在今天抗日环境与共产党八路军强大的力量面前，坚决仇视我、积极与我摩擦的友军只是极少数。该指示进一步指出：为

---

　　① 中共中央关于开展统一战线工作的指示 [M]// 中央档案馆 . 中共中央文件选集：第十二册 . 北京：中共中央党校出版社，1990：454-456.

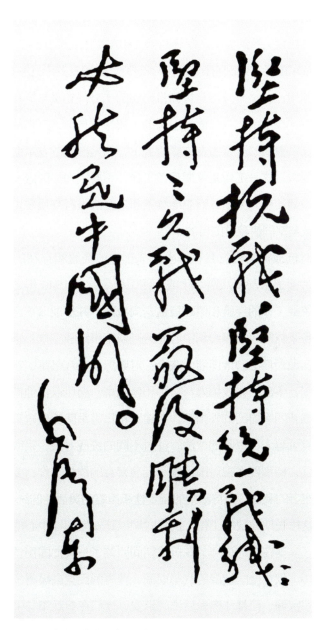

◎ 毛泽东为坚持统一战线题词

了有计划地进行扩大交朋友的工作，各级统一战线部一定要尽力做好两件事：第一要与组织部协作，详细了解每个党员的社会关系，并充分利用与友军有社会关系的党员，指导他们去和友军做交朋友的工作。第二，要对周围友军的各种情况有详细的调查研究。交朋友的形式有以下几种，都要充分利用：一是公开用党员面目出现的（公开党员与党和军队所派出的代表），二是用非党员面目出现的（秘密党员），三是间接地交朋友（经过友军首长的至亲密友去影响他），四是部队的友军联络工作。指示最后要求：这一工作是长期艰苦工作，不要因为一时或一地不能获得预期的成绩便感到失望，而应继续不断地坚决进行交朋友工作以达到争取大多数友军同情我党的目的。[①]

经过对抗战初期我党我军军事统战工作的经验和存在的问题总结（主要是片面追求友军八路军化或新四军化），在 1940 年之后，我党我军军事统战工作的经验和策略日益走向成熟，并形成以下经验：始终围绕、服务于党的政治路线和中心任务开展军事统战工作；坚持求同存异原则，实现最广泛的大团结大联合；对愿意接受八路军、新四军改编的抗日友军，不应一律改编为八路军和新四军，而可以把他们看作环绕在八路军或新四军周围的外围军，在建军和日常军队管理政策上不能机械照搬我党领导人民军队的做法。针对不同的统战对象，采取有针对性的统战方式，特别要重视对国民党军上层军官的统战工作；要充分考虑和照顾同盟者的利益；坚持原则的坚定性和策略的灵活性的统一等。

经过这样长期细致的工作，抗战时期以延安为领导中心的军事统战工作取得了实实在在的进展，在抗战期间团结了一大批国民党官兵坚决抗日不妥协，仅在全国抗战的八年期间，就有国民党高级将领卫立煌、赵寿山、邓宝珊、何基沣等先后访问延安，他们在参观和与中国共产党

---

①中共中央对友军扩大交朋友工作的指示 [M]// 中央档案馆. 中共中央文件选集：第十二册. 北京：中共中央党校出版社，1991：454-456.

领导人交谈中，深刻地认识到中国共产党及其领导的人民军队在抗战中的中流砥柱作用，看到了中华民族的希望在延安。这些将领及其所影响的国民党军后来都成为共产党人的友军，有的人还加入中国共产党。他们在持久抗战阶段特别是后来的解放战争中，均发挥出了意想不到的作用。中国共产党领导的军事统战工作威力得到彰显。

【参考资料】

［1］赵南成，梁念钊.云广英密会李宗仁成功化解"两广事件"[N].羊城晚报，2015-01-08.

［2］毛泽东、萧劲光、谭政关于扩大和巩固统一战线原则的若干规定致留守部队电（1937年12月24日）[M]//《中国人民解放军历史资料丛书》编辑组.八路军·文献.北京：解放军出版社，1994：122-123.

邓宝珊三访延安

◎ 邓宝珊

邓宝珊（1894—1968），名瑜，字宝珊，甘肃天水人。民国时期率部纵横西北几十年，被誉为"儒将"。早年投身陕西靖国军、冯玉祥的国民军，1924年任国民二军师长，后代理甘肃省主席。1932年起，任西安绥靖公署驻甘行署主任、新一军军长等职。抗日战争期间，任第二十一军团军团长、晋陕绥边区总司令。1948年8月，任华北"剿总"副总司令，年底代表傅作义同人民解放军代表谈判，达成和平解放北平（今北京）协议。邓宝珊一生爱国爱民，追求光明进步，待人处世以国家、民族利益为重，与中国共产党亲密合作，中华人民共和国成立后曾任甘肃省人民政府主席、省长，民革中央副主席。1968年11月27日在北京病逝，终年74岁。

全国抗战时期，邓宝珊将军坐镇榆林，在陕北、山西方面与中国共产党合作共事，在绥远境内团结蒙古族和其他各族人民，同心协力，一致抗日。他当时的武装力量并不多，凭其崇高威望屏障了陕西、甘肃、宁夏大西北后方的安定，为抗战胜利建立了功勋。他在抗战时期率国民党军驻榆林期间，以团结抗战大局为重，拥护和支持中国共产党抗日民

◎ 邓宝珊与于右任（1排右1）、杨虎城（2排左1）在一起

族统一战线政策，顶住国民党的巨大压力，多次到延安与共产党领导人会晤，联合八路军阻击日军渡过黄河，抵制了三次反共高潮。

在榆林上任伊始，邓宝珊在绥德设立了办事处，任命开明绅士刘绍庭为办事处主任，负责与延安方面的联络工作。当时，他指挥的范围包括八路军后方留守处驻在吴堡县宋家川的军渡到神木县贺家川一线的河防部队。初到榆林，他即派人与陈奇涵司令员商谈协防事宜。接着，留守处主任萧劲光等到榆林，双方达成了和平相处的默契。1938 年春后，他一直派有兵力驻鱼河堡，叮嘱带队军官的任务是："维护陕甘宁边区到榆林这一段公路的交通安全，保护来往车辆和人员顺利出入！"二十二军军长高双成在邓宝珊的影响下，始终与陕甘宁边区保持相互信任和密切配合，维护了稳定和友好的关系。蒋介石曾三令五

◎ 抗战时期的邓宝珊

General Teng Pao-shan, commanding the frontier defense force, speaking at the welcome meeting.
Le général Teng Pao-chan, commandant général de l'armée en garnison à la frontière.
Генерал Баошань, командующий местным гарнизоном, на митинге созванном в честь делегации.
榆林通区军德司令邓宝珊将军。

◎ 抗战时期的邓宝珊

◎ 邓宝珊第二次访问延安时受到八路军部队的欢迎

申封锁进入陕甘宁边区的物资，但邓宝珊总部和二十二军对陕甘宁边区往来人员给予方便，不仅货运无阻，还尽量利用私人关系，从蒋管区转购一些陕甘宁边区急需的短缺物资。1941 年 2 月，国民党政府军委会西安办公厅主任熊斌，电令邓派兵协助陕西保安十三团，给其阎家寨子部队"送粮"，意在制造摩擦。他看破了这点，复电说："阎家寨子乃弹丸之地，深入陕甘宁边区一百五十多里，在我无足轻重，派兵送粮，定要与友军起衅，影响国共团结，不如将部队撤出。"他拒绝执行该命令。被后人传为佳话的"三访延安"更能生动地体现邓宝珊将军与中国共产党的真挚友谊，也成为中国共产党在抗战时期对国民党高级将领开展统一战线工作的典范。

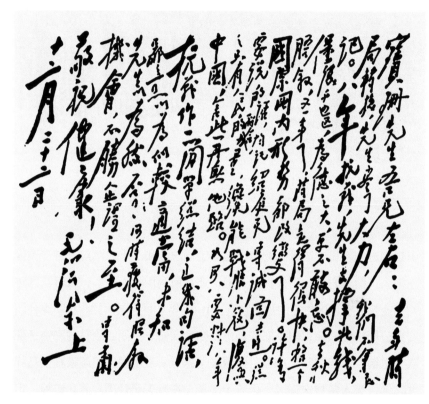

◎ 1944 年 12 月 22 日毛泽东写给邓宝珊的信

◎ 北平和平解放后邓宝珊（左4）与周思来（左3）、傅作义（左5）合影

　　第一次访问延安是在 1939 年 4 月，邓宝珊赴武功参加胡宗南召集的军事会议，经过延安时与毛主席会面并作长谈，这对邓后半生所选择的方向起了促进作用。第二次访问延安是在 1943 年 6 月，邓宝珊奉国民党中央电召去重庆开会，蒋介石指定他绕道宁夏赴渝，不必途经延安。邓宝珊对此极为反感，他说："不指定路线便罢，指定了，我偏要走延安这条路。"毛泽东对邓宝珊不惧高压，仍然取道延安的做法给予高度赞赏，指示边区政府沿途为邓宝珊举行了隆重热烈的欢迎仪式并在杨家岭中共中央礼堂为邓宝珊接风洗尘，朱德、贺龙、林伯渠、李鼎铭、续

范亭等十几位党内外知名人士作陪，抗战中，中共中央在延安如此隆重礼迎一名党外友人，实为罕见。此次延安之行，更加坚定了邓宝珊团结抗日、争取民主建国的决心。第三次访问延安是在 1943 年 11 月中旬，邓宝珊回榆时再度访问延安，参观了边区军民大生产成果展览。留守兵团司令员萧劲光与邓宝珊是老朋友了，便在联防军司令部热情接待了他。用餐后，萧劲光提议去看一看边区生产成果展览会，邓宝珊欣然前往。王家坪军委小礼堂里琳琅满目，在农副产品陈列处，白花花的稻米、黄澄澄的谷子、尺把长的豆角、几十斤重的南瓜；在工业品陈列处，马兰草制的纸、细纺的布匹、粗纺毛呢、泥烧陶瓷，还有猎取的虎豹皮。邓宝珊惊叹不已："真没想到你们在这样短的时间里就渡过了经济难关。如今延安是今非昔比了，毛主席真有办法呀！"他走到一个"南瓜王"旁，边摸边看，发自内心地说："毛主席真是领导有方啊，延安的南瓜长得都比别的地方大！"萧劲光会意地笑了。之后他又和续范亭两人出席了边区劳动英雄大会，会上，邓宝珊说："我是大家的朋友！"续范亭在毛泽东、周恩来住处又赠了一首诗给邓宝珊，诗曰："三十年来土与尘，欣君五十刃尚新。半生革命总同路，一世交情有几人？"

由此，邓宝珊将军与毛泽东、周恩来、朱德、习仲勋等老一辈革命家保持了持久的革命情谊，保障了西北大片国土的安全，为中华民族独立和解放事业作出了重要历史贡献。毛泽东于 1944 年 12 月 22 日致邓宝珊的信中对其作了高度评价："去年时局转换，先生尽了大力，我们不会忘记。八年抗战，支撑北线，保护边区，为德之大，更不敢忘。"王震将军曾评价邓宝珊是"中国共产党的忠实朋友"。

解放战争三大战役的平津战役中，邓宝珊将军作为傅作义部和平谈判代表在促成北平和平解放和城内国民党军和平整编中作出重要贡献。北平《新民晚报》曾发表文章，标题是：北平和谈的一把钥匙——邓宝珊将军。北平和平解放后，毛泽东、周恩来等在西柏坡和北平多次会见邓宝珊，共商建国大计。而国民党立即宣布开除他的党籍。此后，他乘铁甲火车头前往绥远，协助董其武完成了"九一九"绥远起义。在绥远期间，邓宝珊还为宁夏马鸿宾部队的起义作出了贡献。

【参考资料】

[1] 王劲.抗日战争时期的邓宝珊将军 [J].档案，2005（02）.

[2] 莫默.和平将军邓宝珊 [J].新西部，2005（11）.

[3] 黄英.邓宝珊将军传奇 [M].兰州：甘肃人民出版社，2011.

[4] 王志荣.邓宝珊将军 [M].兰州：甘肃人民出版社，2004.

赵寿山秘密访问延安

◎ 赵寿山

赵寿山（1894—1965），原名赵生龄，1894 年农历十一月二十一日生于陕西户县北乡（现西安市鄠邑区渭丰镇）定舟村。赵寿山从小就树立了精忠报国的志向，16 岁时考入陕西陆军小学堂学习，后转入陆军测量学校。毕业后先在冯玉祥部队任职，1924 年春参加杨虎城部队，历任排、连、营、团、旅、师、军长，集团军总司令，逐步成长为十七路军的主要将领。1947 年进入解放区，1948 年 1 月任西北野战军副司令员。中华人民共和国成立后，先后任青海省人民政府主席，陕西省省长。1965 年 6 月 20 日因病在北京逝世。

1936 年春，蒋介石调赵部到陕北进攻红军，赵寿山非常苦闷，以到外地看病为名，观察形势。他到北京、南京、上海等地，目睹一二·九救亡运动，深感国难迫在眉睫。回陕后，遂向杨虎城上书，提出停止内战，一致抗日，联合共产党与红军，联合东北军等主张。

西安事变中，赵寿山和孔从洲、许权中受命指挥了西安方面的战斗，并任西安市公安局局长，维持社会秩序，曾多次受到中共中央代表周恩来、叶剑英的帮助和教育。为准备对南京"讨伐军"作战，赵率部驻军三原、

◎ 杨虎城（1排左2）与赵寿山（左1）等部属合影

泾阳，与红军配合时，又与彭德怀、任弼时等多次会晤。他曾邀请左权
等红军将领给十七路军讲演游击战。同时，他又协助红军在渭北各县筹
集粮草，并派150多辆大车送往陕北。在与红军将领的交往中，彭德怀
给赵寿山留下了深刻的印象，彭德怀性格直爽，敢说敢做，值得信赖和

◎ 任弼时（1排左2）、彭德怀（1排左3）、赵寿山（1排左4）等在云阳合影

敬仰。两人经常谈心，几乎无话不谈。后来，赵寿山在《自传》中写道："曾忆为放蒋事，彭曾不惜费时三日以为说明，忠诚感人，至今难忘。"[1]从此，赵寿山一直将彭德怀当成良师益友。在与周恩来、彭德怀等红军将领交往中，赵寿山深感受益匪浅，思想逐渐发生了飞跃，提出了加入中国共产党的要求。

赵寿山与彭德怀等在云阳合影后，彭德怀笑着对他说，这下把你"通匪"的证据弄下了。赵寿山坦然一笑，认真地说："我不怕，我还准备上山入伙呢。"

西安事变和平解决后，杨虎城部十七路军缩编为三十八军，赵任十七师师长。抗日战争爆发，三十八军开赴华北抗日前线，赵率部于

---

① 中国中共党史人物研究会.中共党史人物传：第67卷[M].北京：中国人民大学出版社，2017：268.

◎ 十七师在山西抗战前线办公用笺

1937 年 7 月 21 日到达河北保定，先后参加了新安镇一线阻击战和漕河、阜河等战役。10 月，赵部扼守山西娘子关正面阵地。在关外雪花山阵地夺取陉井车站，退守砑驴岭战斗中，十七师伤亡惨重，赵寿山临危不惧，亲率官兵与日军血战 15 个昼夜。11 月 8 日太原失守，国民党军队纷纷溃退，赵寿山接受中国共产党的建议，转移到离石县碛口一带补充整训。12 月，赵回西安途中秘密到延安参观访问三天，受到毛泽东、叶剑英等中央领导人的接见。毛主席在接见赵寿山之时，还向他进一步阐释了抗日民族统一战线的内涵，以及"培养干部，改造军队"的建议。延安之行，让赵寿山更坚定了加入中国共产党的决心。

◎ 1947 年秋，赵寿山回到陕北绥德县义合时，受到中共中央西北局和陕甘宁边区政府负责同志的热烈欢迎并合影留念。前排左起：林伯渠、贺龙、赵寿山、习仲勋、张邦英、曹力如。后排左起：王维舟、贾拓夫、杨明轩、马明方、马文瑞、霍维德、常黎夫

◎ 任第一野战军副司令员的赵寿山

　　1938 年夏，赵寿山升任三十八军军长，进驻平陆县茅津渡一带。张茅公路一仗，打得日寇牛岛师团溃不成军。嗣后，三十八军在中条山坚持抗战达两年半之久。据统计，八年抗战期间，赵寿山部与日军大战 11 次，小战数十次。双方经常短兵相接，白刃格斗，赵部不惜伤亡，连续作战。日军称中条山是他们侵华的"盲肠"，国民党第一战区司令长官卫立煌，称三十八军为中条山的"铁柱子"。虽然赵寿山得到了蒋介石的提拔，但他"身在曹营心在汉"，一心想加入中国共产党。在当时的第三十八军中，有很多干部是共产党员身份。蒋介石曾经要求赵寿山交出这些人，但赵寿山果断拒绝。

1940 年冬，蒋介石下令调三十八军开赴河南，不久中条山失陷，赵寿山深感国共合作无望。1942 年，赵寿山命令秘书郝克勇（范明）去延安报告第三十八军的情况，还由他转告自己入党的意愿。郝克勇（范明）是党的老同志，他到延安后介绍了赵寿山足以入党的三个条件：第一，赵寿山是最早响应《八一宣言》的爱国将领，还按照党的思想对军队进行了改造。第二，赵寿山与我党有着共同的利益追求，都是主张抗日、反对内斗。第三，赵寿山对于我党在第三十八军中的存在一清二楚，还为了保护这些同志不惜和蒋介石撕破脸皮。毛主席听了郝克勇（范明）的话，说："中央原则上同意赵寿山的入党申请，但鉴于目前的形势，不能为他举行入党仪式，他的党员身份最好也不要公开。等以后时机成熟后，再追认党籍，党龄可以从西安事变算起。"赵寿山遂于 1942 年 10 月经彭德怀介绍秘密加入中国共产党。蒋介石对赵寿山倾向共产党极为不满，1943 年冬调赵到重庆将官团受训，后又以调虎离山、明升暗降的伎俩，调其到胡宗南控制下的甘肃武威任第三集团军总司令。赵离部队后揭露了蒋介石的阴谋，三十八军 3000 余人分两批于河南起义，来到解放区。1946 年 8 月，国民党当局撤销他的总司令职务，以派其出国考察水利为名，调他到南京。在此期间，经地下党组织董必武的精心安排，摆脱了国民党特务监视，乘坐救济总署"和平"轮辗转上海、天津等地，于 1947 年 3 月由天津静海进入解放区。在邯郸，他受到刘伯承、邓小平、薄一波的热烈欢迎。毛泽东闻知赵寿山已经进入解放区，深感欣慰。他曾对三十八军工委负责同志高兴地说："对 17 路军的工作，是统一战线的典范。"[①]

到达陕北后，毛泽东、周恩来在延安接见了他，给予他很高评价，并任命他为中国人民解放军第一野战军副司令员、前委委员，他协助彭

---

① 中国中共党史人物研究会.中共党史人物传：第 67 卷 [M].北京：中国人民大学出版社，2017：278.

德怀指挥了围宜（川）打援战役，揭开了解放大西北的序幕，在毛泽东、周恩来等人领导下，赵寿山参与了收复延安、解放西安和进军陕、甘、宁、青的战斗，对解放大西北作出了不可磨灭的贡献。

1949 年 9 月，赵寿山为第一届政协全国委员会委员。中华人民共和国成立后，他曾任青海省人民政府主席和陕西省省长、中共陕西省委常委、全国人民代表大会代表和常务委员会委员、国防委员会委员等职。赵寿山一生忠诚爱国，思想进步，生活俭朴，平易近人，深得军内干部、战士信赖。1965 年 6 月 20 日，赵寿山因病在北京逝世。

【参考资料】

［1］赵寿山 [M]// 中国中共党史人物研究会 . 中共党史人物传：第 67 卷 . 北京：中国人民大学出版社，2017.

佩剑将军何基沣延安行

何基沣（1898—1980），
河北藁城人。童年读书时，受
抗金名将岳飞的影响，立志报
国。辛亥革命成功，受到鼓
舞，青年时期投笔从戎，1919
年考入保定军官学校。毕业后
在冯玉祥的西北军手下冲锋陷
阵，参加了北京政变中的驱逐
满清废帝溥仪出宫。由于屡立
战功，他由连长逐级攀升至旅
长、副师长。九一八事变后，
日本帝国主义加紧向华北侵
略。 宋哲元部二十九军负责
喜峰口一带的防务。1933 年 3

◎ 何基沣

月 8 日，何基沣率所部赶到喜峰口，面对强敌压境，何基沣激励官兵士
气与入侵日军展开浴血奋战。11 日晨，何基沣与援军针对日军怕近战、
夜战的弱点，制定了出其不意的迂回战术。当日深夜中国官兵手持大刀，
趁日军熟睡之机，突入其营地猛砍猛杀，并将日军的火炮和辎重粮秣烧
尽。这是自九一八事变以来中国军队抗击日军的首次胜利，极大地鼓舞
了中国军民的抗战信心。不久，何基沣因功晋升为一一〇旅旅长。

◎ 威震喜峰口的二十九军大刀队

　　1937年7月7日晚10时，驻丰台的日军借口在卢沟桥附近演习时一名士兵失踪，蛮横地要求进入宛平县搜查，遭到中国驻军的严正拒绝，日军向宛平的中国驻军发起攻击。第二一九团吉星文部奋起还击，何基沣于8日黎明即亲临前沿阵地指挥，并向所部官兵发出了与卢沟桥共存亡的命令。战斗开始不久，平汉线铁路桥及其附近龙王庙曾被敌人攻占，8日下午何基沣亲率突击队从长辛店以北及八宝山以南一齐向敌人发起反攻，并与敌人展开白刃战，终于打退了敌人，夺回了铁路桥及龙王庙等地。当日军诡称和谈以待援军时，何基沣受命与日军谈判。会上，日方代表樱井等公然提出让中方撤出宛平县城等蛮横无理要求。何基沣听了拍案而起，拔出手枪往桌上一拍，樱井等人面面相觑，再不敢开口。

1937 年 7 月 21 日，日军后续部队到达，日军攻占北平。二十九军余部撤至长辛店一带。1937 年 8 月初，何基沣升任七十七军一七九师师长，率部沿津浦线边打边撤，阻滞了日军的推进。11 月上旬，何基沣率部退守大名府，与大举围攻的日军展开三天两夜的殊死搏斗。何基沣亲临前线，将士们视死如归，终因弹尽援绝而失守。何基沣悲愤已极，在被部下强拽上马撤到南乐县城后，拔枪自戕，不惜一死以谢天下。当时何基沣左胸中弹倒在血泊中，幸得部属及时抢救方得脱险，这一事迹轰动全国。

1938 年，何基沣离军养伤期间思想苦闷，认真思考探索救国之路。当时经中共地下党员李萨南介绍，何基沣了解到了八路军和解放区的真实情况，并阅读了斯诺的《西行漫记》，产生了到"共区"去看看的念头。何后在武汉经朋友的介绍，会见了西北军的故旧，当时已是共产党员的赖亚力。在赖亚力的协助下，何基沣于八路军武汉办事处见到了他当年南开中学时的同届校友周恩来。周恩来热情地接待了他，并答应了他去延安参观的要求。之后，何基沣以养伤暂不见客隐居为名躲过了公众视线，在周恩来精心安排下于 1938 年 2 月秘密到达延安。

何基沣到达当晚，毛泽东去探望何基沣，赞扬了他抗日的功绩。何基沣向毛泽东详述了喜峰口、卢沟桥、大名府等各次战役。何基沣在与毛泽东的讨论中，将久藏心底的困惑托盘问出：中国会不会亡国？谁能挡得住日军的攻势？靠国民党还是共产党？共产党在抗战宣言中承认三民主义是不是放弃共产主义？

在平等自由的氛围中，毛泽东解答了何基沣的问题。在和风细雨般的谈话中，何基沣开始大彻大悟。他说："我过去总以为不问政治是作为军人的美德。现在我才懂，不问政治的军人只是一只可怜的无头苍蝇，一杆没有准星的枪。"毛泽东点头同意。最后，毛泽东建议何基沣："不要光听我一个人说，希望你在延安多住些日子，多看多听，延安也有猪八戒、动摇派还有反对派，会帮助你了解共产党的。"

在延安一个月零五天的时间里，毛泽东、张闻天、刘少奇、朱德、林伯渠多次和何基沣交谈，还应毛泽东的邀请在抗大作了一次报告。这使他深受教益，感到自己终于找到了救国救民的真理，在中国共产党人身上看到了中华民族的希望。离开延安前夕，他递交了一份入党申请书，其中写道："我是国民党军队里的旧军人。过去，我总认为只要文官不爱钱，武官不怕死，人人廉洁奉公，国家就会富强起来。现在懂得，没有共产党，中国无望。我恳求收下我这个新战士。"离开延安的时候，何基沣对刘少奇说："我是一个国民党旧军人，我的一生都在寻求做一个有益于国家民族的人。……现在看来，没有共产党，中国前途无望。"刘少奇说："你回去后抓好部队，坚决抗战到底。"何基沣表示："请放心。我请求党给我们派一批干部，助我一臂之力。"1939 年 1 月，何基沣率部到了桐柏谷城。此时，李先念从延安回到了新四军竹沟留守处。李先念根据毛泽东的指示，派豫鄂边特委主任朱大鹏去会见何基沣。李先念对朱大鹏说："根据何基沣在延安的请求及表现，批准他为我党特别党员。"在谷城，朱大鹏对何基沣说："师长，还有一件事要祝贺你，李先念同志让我正式通知你，豫鄂边特委决定吸收你为特别党员。"何基沣激动地站起来，兴奋地在屋子里走了几圈，然后猛一转身，紧紧地握住朱大鹏的手说："请转告党，我决不会辜负党的信任，一定为党好好工作。"解放后任海军学院院长的朱大鹏回忆说：何基沣同志参加共产党的这件事是我亲手办的，至今记忆犹新。

何基沣入党后，在国民党军队中秘密从事兵运工作，逐步将自己所率的这支西北军旧部引导到抗日救国进步的道路上来。他任一七九师师长期间，在新四军向鄂、豫、皖等地的发展和建立大别山根据地过程中都起了重要作用。一七九师地下党组织被叛徒出卖，面临遭受严重破坏的危险。何基沣立即把这一消息报告党中央，并亲自布置已暴露身份的

◎ 淮海战役贾汪起义指挥部旧址

10 名地下党员撤退，无一人被捕。此事引起蒋介石对何基沣的怀疑，将他调到重庆，名为"受训"，实为软禁。何基沣在重庆受审了一年零三个月，国民党当局始终未抓住何基沣所谓"通共"的直接证据。由于他是抗战名将，蒋介石不得已放他回部队。离渝后，他出任七十七军军长。行前，蒋介石特别赠他一把"中正剑"，以示拉拢。这对于一般国民党军人来讲是莫大荣耀，因此何基沣后来也被称为"佩剑将军"。但何基沣内心不为所动，准备把握时机率部举义。经过长期准备，1948 年 11 月，在淮海战役刚打响之际，时任国民党军第三绥靖区中将副司令官的何基沣和张克侠一起率第五十九军全部，第七十七军大部共两万多人于 11 月 8 日清晨在贾汪、台儿庄地区战场起义。

对这次战场起义，1948 年 11 月 15 日《大众日报》报道：十一月八日在徐州起义的冯治安部两个军，系由敌第三绥靖区副司令张克侠、何基沣两将军所率领。参加起义的番号据已查明者为五十九军（三十八师及一八〇师全部），七十七军之一三二师全部及三十七师之一一一团，一〇九团一个营。五十九军及七十七军原为西北军宋哲元旧部。1937 年七七事变后，宋首率该部参加抗日战争，但因非蒋贼嫡系，甚受歧视，兵员武器均少补充，并常被处于危险地位。日寇投降后，蒋又驱其充当内战炮灰，曾先后遭我多次打击。该部原有一个师担任徐州城防。济南战役后，蒋贼对一切杂牌部队均存戒心，乃将该部完全驱至徐州以北运河沿线。山东我军南下后，该部官兵乃决心起义。

何、张的成功起义，是全国内战爆发以来规模最大的一次起义，它开创了国民党军大兵团起义之先河。这次起义，使得国民党军精心布置的徐州防线被撕开了一个80公里的口子。解放军华东野战军3个纵队迅速通过这个口子南下，割断了黄百韬兵团与徐州的联系，到11月22日，黄百韬兵团被围歼在徐州以东的邳县碾庄，淮海战役第一阶段胜利结束。

◎ 淮海战役前线起义的何基沣（左）和张克侠（右）

◎ 饶漱石（右）会见淮海战场起义的何基沣（中）、张克侠（左）

　　毛泽东在给淮海战役总前委的电报中高度评价第三绥靖区起义。他在电文中指出："北线何张起义是第一个大胜利。"1948 年 12 月 10 日，毛泽东、朱德向何基沣、张克侠发出贺电，祝贺他们起义成功。

　　率部起义后，何基沣先后担任中国人民解放军第三十四军军长、南京警备司令部司令员等职。中华人民共和国成立后，历任水利部副部长、国务院水土保持委员会副主任兼秘书长、农业部副部长等职。曾被选为人大代表，被邀为全国政协委员、常委。1955 年，荣获"一级解放勋章"。

何基沣一生充满传奇。他早年参加了对紫禁城内末代皇帝溥仪的驱逐，参与指挥了喜峰口长城抗战，在卢沟桥打响全面抗日战争第一枪，在淮海战役中他又率部起义。他身为国民党军中将副司令官，佩戴蒋介石赐予的"中正剑"实际上却是中国共产党特别党员，并在关键时刻和张克侠率部举起义旗。1982年，长春电影制片厂摄制的电影《佩剑将军》即以此事件为原型。从国民党的佩剑将军到成为忠诚的共产党员，何基沣以自己的行动实践了当年在延安申请入党的誓言。

【参考资料】

［1］叶青松.何基沣：从民国中将到共和国第三十四军军长 [J].党史纵览，2012（09）.

［2］刘家国."佩剑将军"何基沣 [J].党史天地，1995（07）.

［3］陈立人.百战将星何基沣 [M].北京：解放军文艺出版社，1988.

卫立煌访问延安

　　抗战初期，国民党将领一般途经延安时，是不做访问和参观的。1938年时任国民政府第二战区副司令长官的卫立煌，做出一个很惊人的举动，申请前往延安参观考察。

　　卫立煌（1897—1960），字俊如，安徽合肥人。青年时期曾在孙中山领导的广州大本营担任警卫营长，后历任国民革命军第一军师长、第十九军副军长、徐州戒严司令、首都卫戍副司令、第八军军长等职。抗日战争爆发后，他出任第十四集团军总司令兼第一战区前敌总指挥，率三个军团在山西忻口抗击日军精锐第五师团等约5万人的进攻，在忻口会战中，他指挥所部奋勇作战，坚持近20日，毙伤敌2万余人，力挫日本

◎ 卫立煌

侵略军的锐气。被日军华北指挥官香月清司称为"支那虎将"。在忻口战役中，八路军各师积极配合，接受卫立煌统一部署，并向日军两翼及侧后展开了积极主动的攻击，有力地配合了忻口中国守军的作战。忻口战役历时一个多月，歼敌2万余人。它是抗战初期华北战场上最大、最

激烈的一次战役，也是国共两党军队合作抗日、配合较好的一次战役。1938 年 2 月，他任第二战区副司令，4 月，访问延安，更增强了与八路军合作抗日的信念。1939 年 1 月任第一战区司令长官，5 月晋升陆军二级上将，9 月兼河南省政府主席。1940 年兼冀察战区总司令，与八路军友好相处，相互支援。

◎ 朱德（右1）与卫立煌（左1）在洛阳

◎ 1938 年卫立煌（右）和朱德总司令（左）在一起

　　卫立煌指挥的国民党军队在八路军配合下在忻口会战中取得重要战果。特别是对平型关大捷，卫立煌感到吃惊和振奋，认识到八路军是有力量的友军，最忠勇爱国的友军。这一时期，他逐渐和八路军总指挥朱德结下了深厚的友情。太原沦陷之后，他亲自为八路军总部安排驻地，还从八路军中引进了不少干部，加强抗日阵地宣传的工作。他曾经说过：八路军除了生活条件差点，就是不缺人才，能打仗，能演戏，能写文章，祖国的好青年都跑到中共那里去了。

1938年2月，日军集结了10余万兵力，由太原南下，企图一举侵占山西的南部，将中国军队逐过黄河以南以西，然后建立华北伪政权。为此，2月17日，阎锡山、卫立煌邀朱德到临汾附近的土门镇开会，讨论如何打好韩信岭战役，如何共同抵御日军由太原向晋南进攻的问题。这期间，朱德多次和卫立煌长谈，直至深夜。自从朱德和卫立煌一起参加洛阳军事会议并一起在临汾商讨如何御敌，便发现卫立煌接受了朱德很多意见，思想转变很大，谋求在灵石县韩信岭好好打一仗的意愿甚是坚强，所以，朱德尽力帮助他巩固坚持华北抗战的决心。

　　2月下旬，日军开始攻击韩信岭，卫立煌指挥部队与敌人展开了又一场恶战。一周后，日军一路从左侧包抄上来，卫立煌只得下令部队从韩信岭撤退，向中条山转移。转移途中，由于行踪不断被汉奸告密，卫立煌迭遭险情，几遇不测。起初，卫立煌打算先向晋东南移动，以便与主力会合，可汾河上的桥梁全部被日军炸毁，无法渡河。在进退两难中，卫立煌派人要八路军掩护。朱德知悉后，马上派部队在其东进的道路上等候接应，并命令部队要不惜一切地保证卫立煌的安全，但部队等了一天，不见踪影。后来得知卫立煌已向北转移，八路军又向北跟进接应，在石楼一带，才遇上被日军刚刚冲散，情势岌岌可危的卫立煌。八路军当即派一连人在白儿岭阻击日军，与2000多敌人展开了血战。日军还调来飞机大炮向白儿岭猛烈轰炸，都受到八路军的坚决抵抗，寸步不得前进。已经脱离险境的卫立煌用望远镜观察到这个场面，就问身边的八路军指挥员："前面是几个团？"答："只有一个连。"他很惋惜地说："那个连完了……"然而不多久，这个连不仅回来了，而且还牵着好几匹驮着大米、罐头的洋马，自己仅伤亡20余人。这使卫立煌非常惊奇，他钦佩地说："八路军真能干！"感激之情溢于言表，并致电朱德，表达他对八路军深深的谢意。这件事对卫立煌的影响极其深刻。他下决心直接向八路军总部提出访问延安的申请。

◎ 1938年4月，卫立煌（左2）访问延安时与毛泽东（左3）合影

　　此时，中国共产党对卫立煌的评价也很高，他坚持抗日被八路军当成真诚的朋友。为此延安八路军总部直接向他发出邀请，并派罗瑞卿等人，做好准备工作，迎接他的到来。1938年4月17日，卫立煌一行人通过延水关，路经延川县，直奔延安而来。在延安的郊外，从20公里外，乡亲们就贴出大量的标语"欢迎卫立煌副总司令""加强国共合作"，欢迎的群众绵延数里，可谓是锣鼓喧天、鞭炮齐鸣。

来到延安之后，毛泽东与卫立煌见面时亲切地说道：欢迎贵宾的到来，欢迎你们到延安来，我们是朋友，是友军。毛泽东称赞卫立煌说："卫将军是第一个来到延安的战区长官，抗日坚决，和八路军友好合作，我们要沿着这样一条路继续走下去。"在交谈中，毛泽东分析了日军的动向，指出目前山西抗战很重要，拖住了日军的"尾巴"，还谈了国共合作的重要性和反对投降主义的问题。毛泽东还特意询问第二战区的情况，并指出必须在山西拖住日军，让其无法从风陵渡过黄河，占领潼关，

◎ 卫立煌（右4）参观抗大

◎ 卫立煌、龙云检阅远征军部队

掐断陇海线。否则日本会直接截断中苏之间的运输线，就会进一步逼迫中国投降。谈话之时，毛泽东说到八路军遇到的补给困难，卫立煌也保证回去之后，一定会向国民党当局提出申请，给予八路军照顾和方便。

4月18日，卫立煌参观了抗大，从学员的教室到宿舍，都进行了详细的询问，只要看到比较感人的场面，他都会记录下来，或者拍成照片。之后很感慨地说：中国各地，都像抗大这样搞，日本鬼子算什么！晚上，延安还准备了文艺晚会，欢迎卫立煌。

◎ 1955年4月，毛泽东宴请从香港回内地的卫立煌（中）

第二天，卫立煌离开延安，并于 19 日赶到了西安。到西安后，卫立煌立即向第十四集团军总司令部驻西安办事处下达手谕："即发十八集团军步枪子弹 100 万发，手榴弹 25 万枚。"负责办事处工作的军官感到这批物资数量巨大，又牵涉到国共关系，表示难以落实。卫立煌立即严肃地指出："第二战区的军队都受我指挥，凡是打日本的我都一样看待，十八集团军仗打得很好，我们就要充分供给。"紧接着，卫立煌又询问牛肉罐头还有多少，得知还有几百箱后，立即下令："发给十八集团军 180 箱。"很快，这批数量巨大的军需物资就由西安装上卡车，运往延安。除去子弹、手榴弹和罐头外，还随车送去了 52 部电话、3 个师的夏装和大量医疗药品，这对物资补给非常困难的八路军而言，实在是雪中送炭。

卫立煌离开延安时随身携带了毛泽东的经典军事著作《论持久战》。后来他不仅自己研读，还转送给陈诚等国民党将领一起学习，这对国民党后来改进对日作战的战略战术发挥了作用。1941 年，卫立煌曾因主张国共合作抗战，与八路军建立友好关系而被撤本兼各职。1943 年奉命出任中国远征军司令官，率部打败盘踞于滇西和中缅边界的日军，与中国驻印军一起，打通了滇缅公路。4 月任同盟国中国战区中国陆军副总司令。史迪威在回忆录中称其为国民党军队中最能干的将领。抗战胜利后，他被美国《名人大辞典》以及美国发行量最大的《时代》周刊称为"常胜将军"。

解放战争后期，卫立煌在担任国民党东北"剿总"总司令时，因没有积极执行蒋介石的"反攻"命令，被蒋撤职软禁于南京。1949 年获释，随即出走香港，后拒绝去台湾。1955 年 3 月在香港发表《告台湾袍泽朋友书》，之后卫立煌夫妇经广州回北京。他是第一个从海外归来的国民革命军高级将领。回国后，他任国防委员会副主席，全国政协第二、三届常务委员，第二届全国人大代表，民革中央常委。1960年1月17日在北京病逝，终年64岁。

【参考资料】

[1] 方知今.爱国将领卫立煌 [M].北京：华文出版社，2006.

[2] 欧阳吉平，张春.毛泽东与卫立煌在延安的一次会谈 [J].福建党史月刊，2000（03）.

[3] 阚延华，王国华.朱德与卫立煌的赤诚交往 [J].党史文汇，2011（10）.

[4] 郝增，刘德燕.卫立煌延安之行 [J].文史春秋，2009（05）.

八路军办事处

抗日战争全面爆发后，中国共产党与国民党谈判达成协议，将中国工农红军主力部队改编为国民革命军第八路军。八路军在国民党统治区一些主要城市陆续设立了办事机构，一般称办事处，有的称通讯处或交通站，其主要任务是宣传中共的抗日主张，开展统一战线工作，推动群众性的抗日救亡运动，开展对敌情报工作，联络友军，采购与转运军需物资，接待中共过往人员，输送爱国人士参加八路军和新四军，掩护中

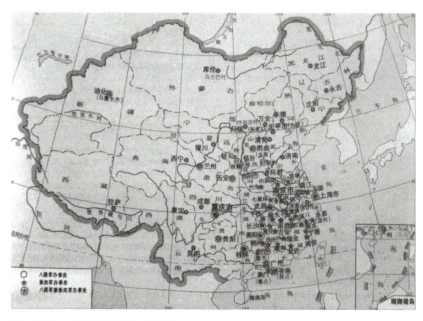

◎ 八路军、新四军办事处分布示意图

◎ 八路军驻西安办事处旧址

共地方组织的活动，营救被捕的共产党人和进步人士等。主要有：驻陕办事处、驻晋办事处、驻南京办事处、驻甘办事处、驻新疆办事处、驻武汉办事处、驻湘办事处、驻广州办事处、驻香港办事处、驻衡阳办事处、驻重庆办事处、驻贵阳交通站、驻豫北办事处、驻桂林办事处等。八路军改称十八集团军后，八路军办事处亦称十八集团军办事处，但通

◎ 1937年，红军将领叶剑英（右）和徐向前（左）在西安八路军办事处

常仍称八路军办事处。其中规模最大和最为重要的是八路军西安办事处、重庆办事处、武汉办事处等。此外，新四军也在南方部分城市设有办事处或与八路军共用一个办事处，如重庆八办在皖南事变前新四军重庆办也在此办公。

八路军西安办事处也称八路军驻陕办事处，位于陕西省西安市西五路北新街七贤庄一号，取魏晋时代"竹林七贤"的"七贤"二字，院落坐北朝南，共十所，现在建有八路军西安办事处纪念馆。办事处前身为

◎ 八路军驻武汉办事处旧址

◎ 红岩村重庆"八办"办公主楼

红军驻西安联络处，七七事变后更为现名，为全国 14 个八路军办事处中成立最早、坚持时间最长、影响最大，并直接负责服务于延安的党中央和八路军总部的办事机构，1988 年，国务院公布为全国重点文物保护单位。

1936 年年初，中国共产党在七贤庄一号院建立秘密联络处。1936 年 12 月西安事变和平解决后，第二次"国共合作"逐步形成，中国共产党为了便于与国民党商讨共同抗日事宜，在七贤庄一号设立了合法机构——红军驻西安联络处。1937 年，抗日战争爆发，根据国共两党合作的决议，中国工农红军改编为国民革命军第八路军。9 月，红军驻西安联络处改为国民革命军第八路军驻陕办事处，办公地点也从一号院扩大到三、四、七号院，叶剑英、林伯渠和董必武先后为八路军驻陕办事处党代表。党和军队的主要领导人周恩来、朱德、刘少奇、彭德怀、叶剑英、邓小平、博古、吴玉章等多次在此工作、居住，白求恩、柯棣华和巴苏大夫、美国进步作家史沫特莱也在此居住过。

在抗战期间，西安"八办"是中国共产党在国民党统治区设立的合法机关。其主要工作是宣传党的抗日民族统一战线的政策和方针，扩大统一战线，组织抗日救亡运动，同时为陕甘宁边区和前方领取、采购、转运战争物资，支援抗战。这一过程中，西安"八办"为大批沦陷区和国统区爱国仁人志士和热血青年去革命圣地延安提供了中转站和办事处，为抗战的胜利和培养革命英才作出了特殊贡献。1946 年 6 月，蒋介石发动全面内战，9 月，办事处奉命从西安撤回延安。

八路军武汉办事处是抗日战争初期中国共产党在国民党管辖区内设立的一个公开办事机构。1937 年 9 月，中共中央派董必武到武汉筹备八路军武汉办事处。10 月，八路军武汉办事处在汉口安仁里一号成立。12 月，南京失陷后，国民党政府的一些重要部门迁到武汉，各民主党派领袖、社会名流、文化界人士，全国著名抗日救亡团体也都云集武汉，武汉成为当时全国政治、军事、文化的中心。这时，原八路军南京办事处工作人员也随着转移到武汉，参加武汉办事处的工作，并正式成立第十八集团军驻武汉办事处（通称"八路军办事处"）。办事处迁到旧日本租界中街89号（现址），中共中央长江局成立后，其机关也设在办事处内。1938年1月，新四军军部迁往南昌后，由八路军武汉办事处代办新四军驻武汉办事处一切工作。这时的武汉办事处，对外作为我军驻国民党临时首都的公开机构，但实际上是我党在国民党统治区领导和联络的中枢。后因日军占领武汉，武汉"八办"撤销。

八路军重庆办事处位于重庆市榆中区红岩村13号。抗日战争时期，周恩来、董必武、叶剑英、博古、吴玉章、王若飞、邓颖超等中国共产党领导人曾在此生活、工作，历时8年，为中国抗日战争的胜利作出了卓越贡献。红岩村以它对中国革命的特殊贡献享誉海内外。1939年1月，中共中央在重庆组建南方局，周恩来任书记，董必武、叶剑英、秦邦宪、凯丰、吴克坚等为常委，全面领导中国共产党在国民党统治区的工作。因为国民党不允许中共党组织公开活动，所以南方局是秘密的，设在公开机关八路军重庆办事处内。抗日战争胜利后，1945年8月28日，毛泽东亲临重庆，与国民党谈判，就在红岩村度过了41个日夜。红岩村是中国共产党在国统区的指挥中心。当时周恩来、董必武等领导人或以中共代表，或以国民参政会参政员的身份进行活动，与国民党当局谈判，进行统一战线工作。1947年3月，国民党发动全面内战后，办事处的工作人员全部返回延安。

八路军驻洛办事处位于洛阳南关贴廓巷。为坐南向北的庭院式建筑，有房百余间，幽深雅静。办事处的主要工作任务是：开展党在中原地区抗日民族统一战线政策宣传和具体工作，掩护地下党的活动，动员民众投身抗日救亡运动，为党和八路军输送干部、青年及转运物资。办事处设有接待科、秘书科、机要科、电台室、救亡室、医务室、经委派、炊事班等。工作人员最多时达到一百余人。先后有刘向三、刘子久、袁晓轩三位处长在此主持工作。1942年2月，鉴于洛阳形势紧张、国共两党关系恶化，办事处全体工作人员撤离。

八路军桂林办事处，是中国共产党与国民党合作抗日初期，八路军设于国民党统治区桂林的一个公开合法机关。1938年10月25日，武汉失陷，在撤退途中，中共中央代表周恩来向国民政府军事委员会副参

◎ 八路军驻洛阳办事处旧址

◎ 八路军驻新疆办事处位于迪化市（今乌鲁木齐）八户梁大院的旧址

谋总长白崇禧提出在桂林设立八路军办事处。11月下旬，八路军总部秘书长李克农率八路军武汉办事处部分人员撤退到桂林，正式建立八路军桂林办事处，设在桂林中山北路14号"万祥糟坊"办公楼。办事处设秘书、交际、机要、总务、财务、交通运输等科和物资转运部，工作人员最多时达80多人。抗日战争期间，周恩来、董必武、叶剑英等多次到桂指导八路军桂林办事处的工作，胡志明同志化名胡光，也长期在八路军桂林办事处工作。办事处内有周恩来、董必武等同志的临时住房。桂林八路军办事处设立期间，在对桂系统战工作、筹运抗日物资、迎送中共重要过往人员、领导桂林抗战文化运动等方面开展了大量卓有成效的工作。1941年"皖南事变"后，该办事处奉命撤销。

◎ 八路军驻广州办事处德政北路旧址

八路军驻新疆办事处成立于 1937 年 10 月，在迪化市（今乌鲁木齐）八户梁大院，对外称"八户梁第三招待所"。陈云任中共中央代表兼办事处负责人。11 月陈云回延安后，邓发（化名方林）、陈潭秋（化名徐杰）先后继任。1942 年 9 月，国民党新疆省边防督办盛世才反共，将陈潭秋、毛泽民、林基路等逮捕入狱，办事处随之关闭。

八路军香港办事处，1938 年 1 月由廖承志创办，地点位于香港皇后大道 18 号，开设一家"粤华公司"茶叶商行作为掩护，而商号后楼就是八路军驻港办事处。1937 年 10 月，毛泽东在延安向廖承志部署任务，开设香港八路军、新四军办事处。完成三大任务：一是向海外宣传中国共产党和八路军、新四军主张和政策；二是把海外华侨和各国朋友提供的支援物资送到各抗日根据地；三是搜集国际最新动态情况供中共中央领导人参考。廖承志受领任务后，赶赴八路军南京办事处，实习、熟悉工作。1938 年 1 月，廖承志到香港，与在港的潘汉年、吴有恒、连贯、张唯一、李少石、廖梦醒等人商定具体开办事宜并很快成立（兼新四军办事处），负责人廖承志。办事处在争取港澳同胞、海外华侨和国际友人对抗战的支援等方面做了大量工作。1941 年 12 月，办事处与广东人民抗日游击队先后营救出何香凝、柳亚子、茅盾、邹韬奋等旅港文化界名人和爱国民主人士及其家属 700 余人，国际友人近 100 人。1942 年 1 月，办事处撤销。

全国抗战期间，中国共产党设立在全国各地的八路军办事处坚决执行了在延安的党中央与八路军总部的指示命令，很好地发挥了宣传党的抗战建国政策，巩固抗日民族统一战线，战时发动群众和情报传递，为共产党制定相应的抗日战略和作战计划提供准确的信息，物资组运中转和人员集散地等重要职能。它是在延安的中共中央和八路军、新四军的形象代表和对外政策窗口，对发展壮大中国共产党领导的抗战力量并领导全民族抗战，取得抗战胜利有着非常重要和特殊的历史贡献。

【参考资料】

[1]《中国大百科全书·军事》编委会.中国大百科全书:军事[M].北京:中国大百科出版社,2007.

[2]刘武生.陈云与中共党史重大事件[M].北京:中央文献出版社,2001.

[3]朱宪臣.陈潭秋与新疆抗日民族统一战线[J].新疆社科论坛,2012(02).

陕西出版资金
资助项目

延安时期

图志

军事卷

（下）

YAN'AN SHIQI TUZHI

李 路 编著

西安出版社

军事人物篇

毛泽东

◎ 毛泽东撰写《论持久战》

毛泽东（1893—1976），字润之（原作咏芝，后改润芝），笔名子任，湖南湘潭人。毛泽东同志是伟大的马克思主义者，伟大的无产阶级革命家、战略家、理论家，是马克思主义中国化的伟大开拓者，是近代以来中国伟大的爱国者和民族英雄，是党的第一代中央领导集体的核心，是领导中国人民彻底改变自己命运和国家面貌的一代伟人。

在新民主主义革命漫长的征途上，毛泽东同形形色色的错误倾向进行了艰苦卓绝的斗争，多次挽救了中国共产党和中国革命。他创造性地提出了完整的新民主主义革命理论，成功地开辟了以农村包围城市，最后夺取全国政权的中国革命道路。在军事斗争中，他正确解决了以少胜多、以弱胜强的战略战术原则问题，是人民军队建军理论和人民战争思想的缔造者。他带领全党全军打败了在装备上、数量上占优势的国内外敌人，最终推翻了三座大山的反动统治，创建了中华人民共和国。

1935 年 10 月 19 日，毛泽东率领中央红军主力抵达陕北吴起镇，结束了二万五千里的长征。他一到陕北，就倾注主要精力于领导粉碎敌人的"围剿"、巩固和扩大西北革命根据地（陕甘根据地）。1935 年 10 月 22 日，他在中共中央政治局会议上作了关于目前行动方针的报告。他指出：现在的形势是敌人围剿，而我们的任务是保卫和扩大陕北苏区，我们要建立西北苏区来领导全国革命。11 月 3 日，他又在中共中央政治局会议上提出应该在本月内粉碎敌人对陕甘根据地的第三次"围剿"，不能用整个冬天，否则会给敌人构筑堡垒的时间。同日，中国工农红军西北革命军事委员会成立，毛泽东任主席，周恩来、彭德怀任副主席。西北革命军事委员会当天发布命令宣布恢复红一方面军番号，彭德怀任司令员，毛泽东任政治委员，下辖红一军团和红十五军团。随后毛泽东等率领红一军团南下，在甘泉同红十五军团会合。两个军团会合后，毛泽东和周恩来、彭德怀立刻拟定了大的歼灭战计划，发动了直罗镇战役，从而粉碎了敌军的第三次"围剿"，使西北根据地出现了比较稳定的局面。毛泽东称这次战役给党中央把全国革命大本营放在西北的任务举行了一个奠基礼。

直罗镇战役以后，为打破国民党军对陕北革命根据地的封锁围堵并出师抗日，毛泽东根据中共中央《关于军事战略问题的决议》，制定了东征的方针和计划。红军发动东征后，他随红军主力东渡黄河进入山西

◎ 1936年，毛泽东在陕北保安（埃德加·斯诺　摄）

作战。在取得东征的一系列重要胜利后，1936年5月5日毛泽东发表回师通电，率部队回到陕甘根据地。东征结束后，毛泽东和彭德怀开始部署实施西征计划，至7月底红军西方野战军在两个月作战中开辟了纵横100余公里的新区，陕甘根据地发展成陕甘宁根据地并扩大了红军，组建了两个骑兵团，实现了毛泽东的战略意图。

1935 年 11 月中旬，参加共产国际七大的张浩（林育英）从莫斯科来到瓦窑堡，传达了共产国际关于建立世界反法西斯统一战线的精神。这对中共中央制定抗日民族统一战线政策，产生了积极影响。12 月 17 日，毛泽东出席了瓦窑堡举行的中共中央政治局会议，并在会上作了军事战略问题的报告。他指出：战略方针应是坚持民族革命战争，首先把国内战争与民族战争相联系，一切战争都在民族战争的口号下进行。会议讨论政治问题时，在对如何对待民族资产阶级的问题上发生了意见分歧。毛泽东认为中国民族资产阶级有两面性，是可以争取的。最终瓦窑堡会议上通过了《中共中央关于目前形势与党的任务决议》，确定了抗日民族统一战线的策略方针，解决了党的政治路线问题。

　　会后，毛泽东于 27 日在党的活动分子会议上作《论反对日本帝国主义的策略》的报告。报告系统地阐明了党的抗日民族统一战线的策略方针。报告批判了党内存在的"左"倾关门主义，强调党的基本策略是组织千千万万的民众，调动浩浩荡荡的革命军，建立广泛的抗日民族统一战线。毛泽东在报告中还着重说明了要在抗日民族统一战线中坚持无产阶级的领导权的问题。

　　在 1936 年整整一年中，毛泽东为建立抗日民族统一战线，促成国共第二次合作而倾注全部心血。直罗镇战役刚刚结束，毛泽东就派汪峰到十七路军杨虎城部去做统战工作，并让汪峰带去他给杨虎城、杜斌丞等的亲笔信，从而沟通了红军同十七路军及杨虎城的关系。1936 年 1 月 25 日，毛泽东领衔发出《红军为愿意同东北军联合抗日致东北军全体将士书》。同时，毛泽东和周恩来派被俘的东北军团长高福源回去见王以哲，向张学良转达中共中央关于联合抗战的诚意。2 月和 4 月，毛泽东两次发电报给张学良，派李克农和周恩来同张学良谈判。经过谈判，确立了红军和东北军的合作关系。为了联合一切可能联合的力量抗击日本侵略者，促成最广泛的抗日民族统一战线，他满怀抗日救国的热情给国民党

◎ 1939 年，毛泽东与美国记者埃德加·斯诺在延安

的党政军要员写了大量书信，向他们阐明救国图存的道理，主张国共两党、两军抛弃前嫌，以对付凶恶的日本帝国主义。

西安事变爆发后的第二天，毛泽东出席中共中央政治局会议，他在会上率先发言。他强调指出，"我们不是正面的反蒋，而是具体地指出蒋的个人的错误"，"又要反蒋、又不反蒋，不把反蒋与抗日对立"。同时他提出，我们应以西安为中心来领导全国控制南京，以西北为抗日前线，影响全国形成抗日战争的中心。在和张闻天、朱德等中共中央其他领导人反复研究后，中共中央确定了和平解决西安事变的方针，并派周恩来前往西安谈判推动事变的和平解决。而事变的和平解决，对国共两党再次合作团结抗日，对抗日民族统一战线的建立起了决定性作用。西安事变及其和平解决成为从内战到第二次国共合作、共同抗日时局转换的枢纽。

1936 年 12 月 28 日，毛泽东发表《关于蒋介石声明的声明》，希望蒋介石能够履行他在西安承诺的条件，即"改组国民政府、释放爱国领袖和政治犯、保证人民权利、联合红军抗日"等，做到"言必行，行必果"。1937 年 2 月，毛泽东出席中共中央政治局常委会，讨论通过了中国共产党致国民党五届三中全会电，提出"五项要求"和"四项保证"。这个文件实际成为国共合作谈判的基础性纲领。

此后，国共代表先后在西安、杭州、南京、庐山等地就两党重新合作实质性问题进行谈判。毛泽东除在原则上和具体步骤上对谈判工作进行指导外，还从多方面着手，努力推动抗日民族统一战线的形成，他多次致电蒋介石、阎锡山、杨虎城、王以哲、宋哲元、李宗仁、白崇禧、刘湘、何香凝等国民党各派代表人物，力陈抗日救国大义。1937 年 5 月，他亲自布置并接待十年来第一个肩负和平使命赴苏区的国民党中央考察团，提出了"拥护蒋委员长领导抗日"的口号。1936 年夏秋之间，他同斯诺谈话之后，又先后接见史沫特莱、范长江、尼姆·威尔斯、托马斯·阿瑟·毕森、拉铁摩尔等中外新闻界人士，广泛地宣传中国共产党关于抗日民族统一战线的主张。他告诫全党要反对"左"倾关门主义，要求各地的各级干部都去做统一战线工作。同时又及时提醒党员干部不能做无原则的让步和联合，注意防止右倾投降主义的倾向。他亲自起草祭黄帝陵文，并派陕甘边区政府主席林伯渠祭黄帝陵，表达中国共产党对中华民族始祖的敬仰和团结全民族共赴国难光大古邦的决心。

七七事变爆发之后的 7 月 11 日，毛泽东提议红军一部组成抗日先遣队，先期赴河北抵抗日军。同时，毛泽东加紧对各路红军的改编工作。他就红军改编后的组织序列、各级首长名单、装备等事宜连续电告在外谈判的周恩来和布防在各地的军政首长。为了加强领导，他亲自抽调一批干部和抗大学员充实各部队。他坚决回绝了国民党要求在各级红军中派设副长官、政训主任、常驻代表等无理要求。他明确指示红军各部队"国民党的政工人员不许跨进营房大门一步"，坚定维护了中国共产党对红军的独立领导。他派郑位三、方方等，奔赴鄂豫皖、闽浙赣等地，向坚持在南方进行斗争的红军游击队传达中共中央关于建立抗日民族统一战线的指示。他还认真研究红军开赴华北抗日前线的行军路线和作战区域，并致函电或派人同有关地区的国民党军政官员协商以征得他们的配合。

在毛泽东的积极主持下，红军的改编和抗战准备工作得以有条不紊进行。这为红军早日开赴抗日前线创造了条件。8 月 4 日，毛泽东和洛甫发电报给参加国民党召集的国防会议的周恩来、朱德、叶剑英提出关于国防的意见。电报指出总的战略方针暂时是攻势防御，应给敌人以歼灭的反攻，绝不能是单纯防御。要正规战争与游击战相配合，游击战以红军和其他适宜部队及人民武装担任之，在整个战略部署下给予独立自主的指挥权。担任游击战部队原则上应分开使用，而不是集中使用。依现实情况，红军一部兵力展开于晋察冀绥四省交界地区，向着沿平绥铁路西进即沿平汉铁路南进之敌实施侧面的游击战。电报特别强调发动人民的武装自卫战是保证军队作战胜利的中心一环，对此方针游移是必败之道。8 月 11 日，周恩来等将包含了毛泽东上述意见的中共中央关于对日作战战略计划及作战原则案提交国防会议，引起与会者的重视。毛泽东关于采取持久战的基本方针等相当一部分建议，实际上被南京国民政府军事委员会所采纳。

8 月 22 日，毛泽东在陕北洛川举行的中共中央政治局扩大会议上代表中央作军事问题和国共关系问题的报告。会议在毛泽东报告的基础上

◎ 毛泽东在抗大作报告

通过了《中共中央关于目前形势与党的任务的决定》，通过了《中国共产党抗日救国十大纲领》和毛泽东起草的宣传提纲《为动员一切力量争取抗战胜利而斗争》。为了加强党对军事工作的领导并更好地适应国共再次合作这一形势的变化，会议决定成立中共中央革命军事委员会来代替原中华苏维埃共和国中央革命军事委员会，毛泽东为主席，朱德、周恩来为副主席。8月25日，毛泽东以中革军委主席名义和朱德、周恩来联名正式发布红军改编命令。八路军按照毛泽东的军事战略谋划和部署出兵山西，沉重打击了日军的气焰，振奋了全国人民的信心和斗志，稳定了山西及华北的战局。

在抗日战争将进入相持阶段时，毛泽东及时总结抗战爆发以来的得失和形势，陆续发表了《上海太原失陷以后抗日战争的形势和任务》《抗日游击战争的战略问题》《论持久战》《中国共产党在民族战争中的地位》《战争和战略问题》等重要论述和谈话。这些论述和谈话全面系统而深刻地论证了关于持久战一系列正确战略思想，批判了战争问题中的唯心论和机械论，坚持了抗战的持久论和最后胜利论，并进一步论证了游击

◎ 1938 年 8 月 1 日，毛泽东在抗大四期学员毕业大会上讲话

战在抗日战争中的战略地位和作用。他的上述论著和思想不仅为中国共产党直接领导的人民武装所掌握和运用，而且在国统区和敌占区也得以广泛地传播。《论持久战》等著作在国统区公开发行，中共一些领导人还被友军请到各种训练班、训练团，讲授游击战争战略和持久战。这一思想成为全国军民坚持抗战的重要精神武器和战略指导原则。

在抗战进入相持阶段以后，毛泽东为中共中央和中央军委起草了大量的文件和指示，在他的部署和各级军政首长的指挥下，中国共产党领导的八路军、新四军和其他人民武装深入敌后，放手发动群众，开展游击战争，先后开辟了大小 19 块根据地，粉碎日寇无数次"扫荡"和"清剿"，成为民族抗战中的中流砥柱。

毛泽东还适时地提出了巩固和发展抗日民族统一战线的任务。他深刻地总结了大革命的历史经验，对抗日民族统一战线中各阶级的政治态度进行了认真分析，一再强调中国共产党对抗日民族统一战线的领导权问题。在 1937 年的中共中央政治局"十二月会议"上，毛泽东坚决抵制了王明提出的"一切经过统一战线"和"一切服从统一战线"的错误主张，使得这一右倾投降主义主张未能形成会议的决议。在 1938 年 9 月 29 日至 11 月 6 日于延安召开的中共六届六中全会上，毛泽东再次明确地批判了"一切经过统一战线"和"一切服从统一战线"的右倾投降主义口号，正确地论述了抗日战争中民族战争与阶级斗争的关系。他指出：在民主斗争中，阶级斗争是以民族斗争的形式出现的。因此在统一战线中保持党派和阶级的独立性，坚持党的独立自主原则，这才是发展和巩固统一战线的前提，否则就是将合作变为混一，必然牺牲统一战线。我们的正确方针是既统一又独立，又联合又斗争，要同国民党的限共政策作斗争，而不是用"一切经过统一战线"和"一切服从统一战线"口号把自己的手脚束缚起来。

在这次会议上，王稼祥传达了共产国际的指示，共产国际肯定了毛泽东和中国共产党关于建立抗日民族统一战线的政治路线,要求中共中央领导机关要以毛泽东为首解决统一领导问题,中央领导机关要有亲密团结的空气。六中全会基本上克服了党内以王明为代表的右倾投降主义错误,增强了全党在政治上思想上的统一,进一步巩固和确定了毛泽东在全党的正确领导。针对抗日进入相持阶段以后,国民党的"溶共、防共、限共、反共"方针和制造的一系列摩擦,毛泽东提出"坚决抗战、反对投降,坚持团结、反对分裂,坚持进步、反对倒退"的口号。在他和中央军委、八路军总部的领导部署和指挥下,八路军、新四军和党领导的山西新军先后打退了"晋西事变""皖南事变"引发的两次反共高潮,制止了国民党第三次反共高潮的全面发动。

1941 年 12 月 7 日,日本发动太平洋战争,各抗日民主根据地进入相持阶段最为困难的时期。毛泽东和中共中央领导各抗日根据地军民开展了多方面斗争,在兼顾实行其他政策同时,毛泽东集中主要精力抓了生产和整风这两个中心环节。通过大生产运动,根据地军民战胜了日本帝国主义的进攻、国民党顽固派的经济封锁及自然灾害所带来的严重困难,使经济得以恢复发展。各抗日根据地基本上解决了军需民用,大大提高了全军的战斗力,为迎接战略反攻阶段的到来和最后战胜日本帝国主义奠定了坚实的物质基础。

在延安整风学习过程中,全党上下一致认识到毛泽东提出的理论路线、方针和政策是被中国革命实践证明了的唯一正确的理论,一致认识到毛泽东是中国共产党最杰出的领袖。1943 年 3 月 20 日,中共中央政治局召开会议,推选毛泽东为中央政治局主席、中央书记处主席,并决定书记处由毛泽东、刘少奇、任弼时组成,根据政治局所决定的方针处理日常工作,毛泽东有最后决定权。1945 年 4 月 23 日至 6 月 11 日,毛泽东在延安杨家岭主持召开了中国共产党第七次全国代表大会。他在会议上作了《两个中国之命运》的开幕词、《论联合政府》的政治报告和《愚公移山》的闭幕词。大会通过了毛泽东提出的"放手发动群众，壮大人民力量，在我党的领导下，打倒日本侵略者，解放全国人民，建立一个新民主主义中国"的政治路线。大会确定"以马克思列宁主义的理论与中国革命实践之统一的思想——毛泽东思想作为自己一切工作的指针"。会后举行的七届一中全会选举毛泽东为中央委员会、中央政治局、中央书记处主席和中央军事委员会主席。

◎ 毛泽东在杨家岭

◎ 毛泽东在中共七大上作报告

抗战胜利后，针对蒋介石企图消灭共产党及其武装力量的现实，毛泽东提出"针锋相对"的斗争方针。他指出："反动派以军事镇压和政治欺骗的反革命的两手来消灭革命力量，我们就必须以革命的两手去反对反革命的两手，即一方面以主要精力准备用革命战争来消灭反革命战争，另一方面要揭露国民党假和平的阴谋，为争取真正的和平民主而斗争。"为争取国内和平，毛泽东决定亲赴重庆谈判。

◎ 毛泽东在赫尔利陪同下赴重庆谈判

1945 年 8 月 28 日，毛泽东、周恩来、王若飞在来延安迎接的国民政府军事委员会政治部部长张治中、美国驻华大使赫尔利的陪同下乘飞机抵达重庆，中共代表团受到重庆各界人士和群众的热烈欢迎。毛泽东在机场发表书面谈话指出：国内政治上军事上所存在的各项迫切问题，应在和平、民主、团结的基础上加以合理解决，以期实现全国之统一，建设独立、自由与富强的新中国。他不顾个人安危亲赴重庆同蒋介石谈判，这在当时是一件轰动国内外的大事，使许多人进一步认清中国共产党谋求和平的真诚愿望，受到舆论的热烈赞誉。

在重庆期间，毛泽东同中外各界知名人士进行了广泛接触，就争取国内和平、建立民主联合政府等问题广泛交换了意见。他还出席和举行了一系列的欢迎会、招待会、宴会、庆祝会、座谈会，向各界人士广泛宣传中国共产党和平、民主、团结的建国方针。他直接同蒋介石进行多次会谈，他指导周恩来、王若飞等同国民党方面进行具体谈判，在这一过程中他提出了许多原则性和建设性的意见，始终掌握着谈判的主动权。为了向全国人民表示中国共产党争取和平的诚意，保证谈判顺利进行，毛泽东做了一些必要的让步。但是对原则问题例如人民的武装问题，毛泽东则始终坚持一支枪、一粒子弹都要保存，绝不能交给蒋介石。经过历时 43 天的艰苦谈判，1945 年 10 月 10 日双方正式签署《政府与中共代表会谈纪要》，即《双十协定》。经过谈判，国民党当局口头上表示承认"和平建国的基本方针"，同意"长期合作、坚决避免内战，建设独立自由和富强的新中国"，同意结束国民党的"训政"，承认人民的某些民主权利，同意积极推行地方自治，实行由下而上的普选等等。最重要的成果之一就是在谈判中，国共双方同意召开由各党派代表和社会贤达出席、讨论和平建国方案的政治协商会议。尽管共产党方面做出同意撤退南方 8 个解放区的部队、大幅缩编人民军队等重大让步，但由于国民党当局执意要取消解放区人民政权和人民军队，这两个问题还是无法达成协议，只能作为悬而未决问题继续商谈，毛泽东本人于 10 月 11 日乘飞机返回延安。

重庆谈判最为重要的结果是国民党承认了和平团结的方针，尽管这种承认只是口头上，但这样一来国民党再要发动内战，就在全国和全世界面前输了理，在政治上陷入被动。这次会谈和达成的协议还有力地推动了国民党统治区的民主运动，这是人民力量的一个胜利。

◎ 赴重庆谈判飞机上的毛泽东

◎ 毛泽东飞抵重庆。左起：张治中、毛泽东、赫尔利、周恩来、王若飞

◎ 毛泽东与蒋介石会面

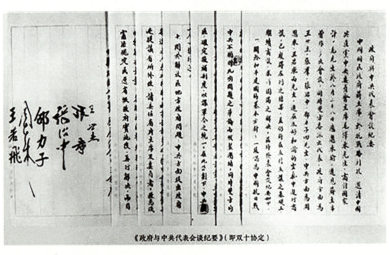

《政府与中共代表会谈纪要》(即双十协定)

◎ 《双十协定》影印件

◎ 1945年10月11日，毛泽东在张治中、王若飞陪同下返回延安，重庆各界人士前往机场
送行。左起：张澜、邵力子、郭沫若、傅学文（女）、张治中、毛泽东

10月17日，毛泽东在延安干部会上作了《关于重庆谈判的报告》，他指出：签订了《双十协定》以后，我们的任务就是坚持这个协定，要国民党兑现，继续争取和平。如果他们要打，就把他们彻底消灭。重庆谈判后，毛泽东继续立足于发展人民力量，来防备国民党挑起内战，争取实现和平。为了体现中国共产党履行《双十协定》的诚意，毛泽东指挥广东、浙江、苏南、皖南、皖中、湖南、湖北、河南8个解放区的部队，按照部署有条不紊地撤到长江以北。11月，他和中共中央提出了"巩固华北、争取东北、坚持华中"的战略思想，发展和完善了"向北发展、向南防御"的战略方针。为此他调集部队和大批干部进入东北，并要求其他各解放区部队开展交通作战，阻挡和迟滞蒋军从陆路进入东北，以利于人民军队在东北的全面展开。根据东北地区敌我力量和国内的形势，中共中央指示东北民主联军让开大路占领两厢。12月28日毛泽东为中共中央起草了给东北局的指示，明确指出："我党现时在东北的任务是建立根据地，是在东满北满西满建立巩固的军事政治根据地……是距离国民党占领中心较远的城市和广大乡村……在确定建立巩固根据地的地区和部署力量之后，又在我军数量上亦有广大发展之后，我党在东北的工作重心是群众工作。"① 毛泽东的这些部署和指示，使解放区人民军队及时地完成了战略调整，在即将爆发的全国内战中处于有利地位，特别是关于建立巩固东北根据地的重要决策，改变了解放区长期被包围的不利局势，这对于后来夺取全国解放战争胜利，投下了极为重要的一招棋。除了作军事上的战略调整和部署外，毛泽东把减租、生产和练兵作为1946年各解放区应特别注意的任务提了出来。根据毛泽东的指示，各部队广泛开展严格的军政教育和群众性大练兵运动，增强了斗志，提高了军事技术和战备水平，从各个方面做了防范和打退国民党发动全面内战的准备。

---

① 毛泽东选集：第四卷[M]. 第2版.北京：人民出版社，1991：1179-1180.

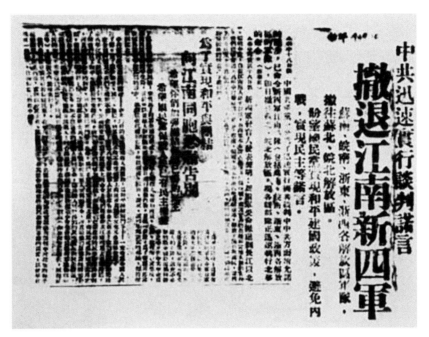

◎ 中国共产党履行《双十协定》撤退江南新四军的新闻报道

　　1946 年夏，蒋介石发动全面内战。在毛泽东的指挥下，解放区军民奋起反击，掀开了波澜壮阔的人民解放战争的序幕。毛泽东同朱德、周恩来领导人民军队进行积极防御，集中优势兵力各个歼灭敌人。

◎ 毛泽东转战陕北时在佳县朱官寨住所察看地图（程默 摄）

◎ 1947 年 7 月，毛泽东在陕北靖边县小河村主持召开中央前委扩大会议

1947 年 3 月，胡宗南大举进犯延安，3 月 18 日傍晚，以毛泽东为首的中共中央主动撤离延安，开始转战陕北。直到 1948 年 3 月 23 日，毛泽东、周恩来、任弼时率中共中央、人民解放军总部从吴堡县川口渡口东渡黄河，进入山西临县到达晋绥解放区，之后再前往河北平山西柏坡迎接中国革命的胜利。这一阶段共计行程 1000 余公里，历时一年零五天。"西北高原帅旗红"，在转战陕北的日日夜夜，党中央和毛泽东运筹帷幄，在最小的司令部指挥了最大的人民解放战争，彻底粉碎了国民党对陕北的重点进攻，有力地推动了各解放区由战略防御转入战略进攻。

◎ 《中国人民解放军宣言》

毛泽东在转战陕北中，总结十年内战、抗日战争、全国解放战争初期的经验，提出了著名的十大军事原则，起草了《中国人民解放军宣言》，《宣言》由中国人民解放军总部于 1947 年 10 月 10 日发布。这份由毛泽东起草，朱德、彭德怀署名的《宣言》提出了"打倒蒋介石，解放全中国"的口号，《宣言》概括了中国共产党在新民主主义革命历史阶段的基本任务和奋斗目标，反映了全国人民的愿望。这一时期，在毛泽东的同意和指导下，全军开展了用诉苦和"三查"方法进行的新式整军运动，进一步发展了军队内部的政治、经济和军事三大民主，人民军队军事素质和政治觉悟有了空前提高。

　　在全国战场形势发生根本性转变之后，为更好指挥大决战并迎接中国革命的胜利，1948 年 3 月 23 日，毛泽东率中共中央东渡黄河离开陕北。在以延安为中心的陕北战斗生活的十三年中，毛泽东以他大无畏的革命英雄主义气概，以伟大政治家、战略家、军事家的高瞻远瞩、决胜千里的英明决策，指挥中国革命取得一个又一个胜利。人民军队在他的统帅下，由小到大、由弱到强，在坚持敌后抗战中打败日本侵略者，最终以摧枯拉朽、排山倒海之势打垮了八百万国民党军队，推翻三座大山反动统治，建立了中华人民共和国。

　　延安时期，也是作为毛泽东思想重要组成部分的毛泽东军事思想走向成熟的时期。毛泽东军事思想所涉及的内容，不论在无产阶级的战争方法论、人民军队建设理论、人民战争的战略战术理论等方面，都走向科学、系统、成熟，并经受了战争实践的检验。其中在抗战期间，毛泽东军事思想就形成了完整的科学体系，在解放战争中他又进一步完善了战略进攻理论。这些思想，体现在毛泽东在这一时期的军事著作、起草的文稿电文和指示中。

◎ 《中国革命战争的战略问题》单行本

　　1935 年 12 月，毛泽东作《论反对日本帝国主义的策略》的报告，阐明了抗日民族统一战线政策。1936 年 12 月，他总结土地革命战争的经验，写了《中国革命战争的战略问题》一书。他运用辩证和历史唯物主义的基本原理，科学地阐明了无产阶级对待战争的根本观点和研究指导战争的基本方法，深刻地分析了中国革命战争的特点和规律，总结论述了中国革命战争的战略指导问题，特别是积极防御的基本原则。

◎ 《抗日游击战争的战略问题》单行本

1937 年 7 月 7 日，全国抗战爆发。毛泽东认为在新形势下，必须把过去的正规军和运动战转变为游击军和游击战，实行独立自主的山地游击战。在此前后，毛泽东相继发表了《实践论》《矛盾论》等包含着丰富军事内容的重要哲学著作。为了从理论上系统地回答中国革命战争，特别是抗日战争的战略和策略问题，毛泽东还运用马列主义的基本原理总结土地革命战争的经验和抗战初期的新鲜经验，研究当时面临的新形势和新问题，并于 1938 年相继发表了《抗日游击战争的战略问题》《论持久战》《战争和战略问题》等军事著作，阐明了抗日游击战争的重要战略地位及一整套进行人民游击战争的理论和战略战术原则，规定了持久战的总方针和我军基本上是游击战，但不放松有利条件下的运动战的作战指导原则。特别是《抗日游击战争的战略问题》一书的出版，标志着抗日游击战争理论的全面形成。

　　在对抗日战争的前途问题及指导方针的论述中，他不仅提出了中国共产党应坚持持久战战略的总方针，而且通过《论持久战》等文的发表，标志着持久战理论的系统化，并推动持久战理论在战略相持阶段的进一步发展。他提出了在坚持抗日统一战线的前提下反顽斗争的政策与策略。他丰富了民族解放战争中人民战争的理论，提出了全面的全民族的抗战路线，普遍动员武装民众的理论，以军事斗争为主、各条战线各种形式的斗争相结合的思想，特别是创建敌后根据地的理论。

　　全国抗战爆发后的实践证明，中国共产党和毛泽东在抗战初期制定的战争指导路线、战略、方针和作战原则是正确的。同时在八路军、新四军开辟敌后战场和抗日根据地的军事斗争实践中，又丰富和发展了毛泽东军事思想。

　　在抗战大背景下，他提出了在复杂环境中加强人民军队建设的思想，他特别强调坚持统一战线中的独立性和党对军队的绝对领导，要依据环境变化筹划军队建设，利用作战间隙整训部队，加强政治工作，用革命

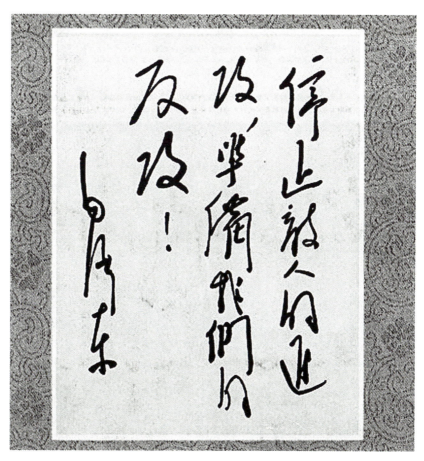

◎ 毛泽东为抗日大反攻题词

◎ 毛泽东与毛岸英在延安王家坪合影

精神贯注于军队之中。1944 年在毛泽东、周恩来主持下，谭政写成的留
守兵团政治部《关于军队政治工作问题》的报告，对党和军队在北伐战争、
土地革命战争和抗日战争三个时期的政治工作进行了历史性的总结，以
马列主义的观点从理论上进一步阐明了人民军队政治工作的性质方向、
任务地位和方法。1945 年 4 月 20 日，党的六届七中全会作出的《关于
若干历史问题的决议》中总结了革命战争的历史经验，对人民军队的建

设，军事战略的理论作了系统阐述。同年 4 月 23 日至 6 月 11 日党的七大上，毛泽东在《论联合政府》报告中专门谈了人民战争和人民军队问题，全面地阐明了人民军队建军宗旨和人民战争的基本内容。这是对于人民军队建设思想的理论系统总结。

抗战时期，毛泽东军事思想的发展还体现在毛泽东其他著作之中，如《和英国记者贝特兰的谈话》《论新阶段》等。同时也体现在其他老一辈无产阶级革命家的一些著作中。如周恩来的《目前抗战危机与坚持华北抗战的任务》《抗战军队的政治工作》、刘少奇的《抗日战争中的若干基本问题》、朱德的《论抗日游击战争》、彭德怀的《我们怎样坚持了华北 6 年抗战》以及刘伯承的《游击战与运动战》，等等。

抗日战争胜利后，面对错综复杂的国内外形势，他推动了中国共产党战略思想的演变，提出了和平谈判和武装斗争相互配合的理论和策略，要求全军实现由游击战向运动战的转变。在同蒋介石进行谈判以争取实现全国和平的同时，他领导全党全军认真做了以自卫战争粉碎蒋介石进攻的准备，使蒋介石玩弄假和平，挑动内战，企图消灭中国共产党和人民军队的阴谋未能得逞。全面内战爆发后，面对敌强我弱的严峻形势，毛泽东提出的"一切反动派都是纸老虎""蒋介石和他的支持者美国反动派也都是纸老虎"的著名论断。他强调指出决定战争胜败的是人民，而不是一两件新式武器。在作战指导上，他提出了以歼灭国民党有生力量为主，而不是以保守地方为主的正确的战略方针。

从 1946 年 6 月中原突围开始到 1948 年 3 月毛泽东东渡黄河为止，毛泽东为指导解放战争，总结斗争经验所写的《以自卫战争粉碎蒋介石的进攻》《集中优势兵力、各个歼灭敌人》《三个月总结》《大举出击，经略中原》《蒋介石政府已处在全民的包围中》《解放战争第二年的战略方针》《目前形势和我们的任务》《评西北大捷兼论解放军新式整军运动》等大量文章、指示和电文。毛泽东军事思想由此得到极大的丰富，不仅战略防御和运动战理论有了发展，而且创立了关于转入战略进攻、战略决战和战略追击的系统理论。

例如，在解放战争战略防御阶段，他提出了积极防御的思想。在转入战略进攻以后，他提出了战略进攻的思想并完善。同时他及时总结中国人民解放军在战略进攻时的作战经验，提出了"十大军事原则"，并且形成了战略决战思想和相关战略，追击清剿残敌的作战原则。他提出并发展了人民战争理论，强调坚定地依靠人民，敢于斗争、敢于胜利，通过深入开展土地改革，发动广大农民参军参战的思想；加强统战工作，以非武装斗争同武装斗争相配合取得决战胜利的思想。他进一步提出了巩固党对军队的绝对领导和加强集中统一领导的思想，在军队开展民主运动，创造性地发展军队政治工作的原则，实行以战养战，不断改善装备和技术条件，加强技术兵种建设，逐步向军队正规化过渡的政策原则和策略。

毛泽东同志作为党的领袖和人民军队的统帅，为中国革命胜利和人民军队建设建立的不朽功勋和丰功伟绩将永载史册。

【参考资料】

［1］毛泽东军事文集：第四卷 [M].北京：军事科学出版社，中央文献出版社，1993：409-410.

［2］毛泽东选集：第一卷 [M].第2版.北京：人民出版社，1991.

［3］毛泽东选集：第二卷 [M].第2版.北京：人民出版社，1991.

［4］毛泽东选集：第三卷 [M].第2版.北京：人民出版社，1991.

［5］毛泽东选集：第四卷 [M].第2版.北京：人民出版社，1991.

［6］中国延安干部学院.延安时期大事记述 [M].北京：中央文献出版社，2010.

［7］廖国良，李士顺，徐焰.毛泽东军事思想发展史［M］.第3版.北京：解放军出版社，2007.

［8］中共中央文献研究室.毛泽东年谱（1893-1949）：上卷［M］.北京：中央文献出版社，2013.

［9］毛泽东［M］// 中国中共党史人物研究会.中共党史人物传：第50卷.北京：中国人民大学出版社，2017.

［10］徐焰，薛国安.写给新一代人看的辉煌军史［M］.北京：解放军出版社，2012.

朱　德

◎　朱　德

　　朱德（1886—1976），字玉阶，原名朱代珍，曾用名朱建德，四川
仪陇人。伟大的马克思主义者，伟大的无产阶级革命家、政治家、军事家，
中国人民解放军的主要缔造者之一，中华人民共和国的开国元勋，中华
人民共和国元帅，是以毛泽东同志为核心的党的第一代中央领导集体的
重要成员。

1936 年 10 月，三大主力红军会师陕甘。11 月底，朱德随红军总司令部抵达陕北保安，与中共中央会合。1937 年 1 月 13 日，随中共中央进驻延安。此时，西安事变已经和平解决，国内形势正处在由国内革命战争转向抗日战争准备阶段。朱德将主要精力用在按照中央方针积极推动蒋介石和国民政府抗日和红军各项抗日准备工作上。

◎ 长征到达陕北后毛泽东与朱德合影

◎ 长征结束后朱德与关向应、王震合影

◎ 朱德著《论抗日游击战争》

为迎接即将到来的民族革命战争，并提高红军军事学识，中央军委决定成立由朱德、毛泽东、林彪、萧劲光、李德五人组成的军事研究委员会，朱德任主任。他很注重在抗日民族统一战线总方针下，研究对日作战战略战术。1937年6月，他在接见来延安访问的美国学者 T.A. 彼森时指出："中国要打败日本，必须靠全国的工人和农民的力量。唯有中国共产党才能开展这场群众运动。因此，南京必须跟我们合作。这场战争必定是一场总体战……"[①]他特别重视对抗日游击战的研究，1938年初，他发表的游击战专著《论抗日游击战争》，大致就完成于这一时期。

1937年7月8日，卢沟桥事变爆发第二天，朱德、毛泽东等二十九名领导人致电宋哲元、张自忠等，表示红军愿与第二十九军共同抗日，为国效命。14日，他慷慨激昂奋笔题词："我们誓率全体红军，联合友军，即日开赴前线，与日寇决一死战，复我河山，保我民族，保卫国家，是我天职。"

7月18日，朱德自延安出发前往陕西泾阳县云阳镇抗日红军前敌总指挥部。8月初，中共中央决定朱德、周恩来、叶剑英去南京同蒋介石谈判国共合作和红军改编的有关问题。11日，朱德在国民政府军事委员会军政部谈话会上发表重要讲话指出：抗日战争在战略上是持久的防御战，在战术上则应采取攻势。在正面集中兵力太多必受损失，必须到敌人的侧翼活动。敌人作战离不开交通线，我们则应离开交通线进行运动战，在运动中杀伤敌人。他进一步指出，抗战中发动民众甚为重要，在战区应由下而上及由上而下把民众组织起来，游击战是抗战中的重要因素。他建议国民党军事当局举办游击训练班，并预言日军为分散中国当局对华北的注意力，将会声东击西在上海发动战争。后来的局势发展正如朱德所预见的那样，日军在8月13日突然向上海发动了大规模的进

---

① T.A. 彼森.访问朱德（1937年6月23日）[M]// 中共中央文献研究室.文献和研究：1986.

◎ 朱德挥笔题写抗日誓词，在末尾写道：复我河山，保我民族，保卫国家，是我天职攻。20 日，朱德返回陕西云阳红军总部。到达云阳镇后，朱德和周恩来、博古等参加总指挥部召开的红军高级干部会议，重点讨论红军改编和开赴抗日前线等问题。同年 8 月红军改编为八路军后，朱德任国民革命军第八路军总指挥（不久改称国民革命军第十八集团军总司令）。完成红军改编工作后，与彭德怀率全体指战员发布了《留别西北同胞书》《为东下抗日告同胞书》《告抗日友军将士书》，表达了新改编的八路军与

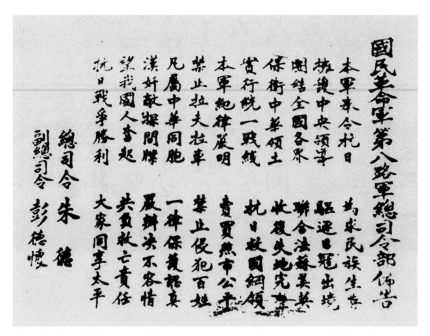

◎ 1937 年 9 月 6 日，朱德、彭德怀签发的《八路军总司令部布告》

◎ 1937年9月6日，朱德出席八路军总部在泾阳县云阳镇举行的出师抗日誓师大会并领誓

全国同胞和友军团结抗日的决心。8月22日至25日，朱德由云阳赶赴洛川县冯家村参加在那里举行的中共中央政治局扩大会议，即"洛川会议"。在会上，他对打败日军充满信心。在处理与国民党的关系上，他提出我们应争取独立性，我们是主导体。他主张出兵后要谨慎用兵以注意保存实力，同时只有积极活动才能发展群众战。他指出：持久战单凭消耗是不可能的，主要的是发动广大群众，军事上是发动广大游击战争。他在会议上对八路军出兵华北后的布局提出：我们争取重点太行山及其以东地区，局势变化后可能我们有一部分去绥东。这个设想比当时普遍

◎ 朱德（右2）与林迈克（左1）在延安

◎ 朱德与海伦·福斯特·斯诺在延安

认为红军主力应集中在恒山山脉的意见超前许多，后来随着形势的发展和八路军的努力实现了朱德这个设想。这反映出他作为一名军事家的远见卓识。

9月6日，他率八路军总部东渡黄河入晋，开赴华北抗日前线。21日朱德一行到太原会同周恩来一起应邀连夜驱车前往在代县太和岭口的第二战区司令长官部与阎锡山会晤，就八路军在晋绥的活动方针、配合作战等问题交换意见，并达成了协议。23日朱德与阎锡山会谈后，抵达五台县南茹村八路军总部驻地。此时，日军正向平型关攻击，他立即电令位于平型关东南冉庄附近的一一五师即刻向平型关、灵丘间出动，机动侧击向平型关进攻之敌。同时他把准备在平型关对日作战的安排电告毛泽东和蒋介石。一一五师接到总部电令后，于25日凌晨对敌发起攻击，激战一天，歼敌1000多人，取得了卢沟桥事变以来中国军队对日作战的第一次重大胜利。平型关战斗后的第2天，朱德赶赴战场视察并总结经验。他在八路军总部对慕名前来采访的史沫特莱、周立波、舒群等中外记者分析了日军的强点和弱点，之后不久，他在又一次讲话中指出，我们能够打败日本军队，这不仅出于自信，而且也有战略战术上的依据。

1938年3月15日，朱德率总部到达位于太行山区的沁县小东岭。此间他除了8月25日回到延安，参加党的六届六中全会，会后11月下旬即返回总部。直到1940年5月，他再次应召回延安前，八路军总部一直在沁县、武乡一带。朱德把八路军总部设在太行山腹地两年有余，他指挥八路军东进、北上、南下，在西起黄河，东迄大海，北至大青山，南接苏、皖的广大地区，纵横驰骋，建立起了晋绥、晋察冀、晋冀豫、晋东南、冀鲁边、冀鲁豫、山东等几十块根据地，将抗日的烽火燃遍了华北大地。

他曾先后兼任第二战区东路军总指挥和第二战区副司令长官，指挥八路军并管辖过部分国民党军队作战，维护了国共两党合作抗日的局面。

他对阎锡山、卫立煌以及第二战区的其他高级将领做了许多工作，以他的才能、胸襟、气度和诚挚的态度，赢得了友军将领的好感和钦佩，使他们中的许多人逐渐改变了多年形成的对共产党和红军的偏见，在政治上不断取得进步，坚持团结抗战。特别是他与第一战区司令长官兼二战区副司令长官卫立煌建立起了良好的统战关系。朱德和卫立煌曾经在临汾和洛阳两次会面长谈，二人谈得很投契。朱德朴素的外表，诚挚谦逊的态度，旧军队将领成为红军总司令的经历，以及所讲的关于抗日救国的道理给卫立煌留下了非常深刻的印象。朱德也很赞赏卫立煌积极抗日的态度和英勇作战的表现，也经常送一些进步书刊给卫立煌。除朱德外对卫立煌影响较大的，还有周恩来和毛泽东。卫立煌始终与八路军友好相处，合作抗日，并在力所能及的范围内给了八路军一些帮助。他甚至还提出了希望加入共产党的要求。[①] 在国民党顽固派发动反共高潮时，卫立煌仍未改变其要求进步的态度。

在华北抗日前线，朱德等领导人率八路军总部既要打击日本帝国主义，又要团结友军，并同国民党顽固派进行有理、有利、有节的斗争。他始终遵循中国共产党关于抗日民族统一战线的方针政策，坚持团结进步，反对反共摩擦，率领八路军和抗日根据地军民击退了国民党的第一次反共高潮。八路军在他和彭德怀领导下，先后对鹿钟麟、张荫悟、朱怀冰部制造的反共摩擦进行了坚决还击，领导和支援山西新军决死队打退了阎锡山发动的"十二月事变"，特别是打垮朱怀冰后，国民党发动的第一次反共高潮被打退，国民党在华北就再没有力量与八路军搞大规模的摩擦了。朱德说，打了朱怀冰，便确定建立了华北政权，实行独立自主，形势反而好转了。他认为，蒋介石最相信的是武力，如果你打不过他，他就让你下不了台，如果你打败了他，他也就老老实实一声不吭。

---

① 赵荣生.回忆卫立煌先生[M].北京：文史出版社，1985.

◎ 朱德与刘伯承（中）、邓小平（左）研究反九路围攻作战计划

◎ 1939年1月3日朱德仁马太行，所骑为缴获日军旅团长的东洋战马（罗光达　摄）

◎ 朱德在华北抗日前线

◎ 朱德与中央军委干部的孩子们在一起

◎ 1940年3月3日，朱德在山西沁县晋东南地区各界代表四万人参加的拥护抗战反对投降大会上

◎ 朱德在晋东南各界举行反对汪精卫投降大会上讲话

◎ 1944 年 11 月，海军上尉赫伯特·希契携带中共致美国海军司令部信函离延安赴华盛顿。左起：朱德、斯特尔、毛泽东、希契

在打退国民党顽固派发动的第一次反共高潮后，1940 年 4 月 12 日，中央书记处致电朱德，请他于见卫立煌后即经西安返回延安。5 月初朱德在河南济源县内的太行山峰，作《出太行》七律诗一首："群峰壁立太行头，天险黄河一望收。两岸烽烟红似火，此行当可慰同仇。"[①] 5 月上旬，他在洛阳与卫立煌会晤，在举行的欢迎会上致辞，强调国共两党和全国军队团结的重要性。5 月 17 日，朱德一行到达西安。在西安，朱德与 5 月 13 日先期到达的周恩来会面并交换了意见，他和陕西省政府主席蒋鼎文、第三十四集团军总司令胡宗南先后会晤。5 月 24 日，朱德和从新疆到延安参观的茅盾、张仲实等四五十人乘车离开西安赴延安，途中夜宿铜川市。25 日在中部县参观黄帝陵，于 26 日抵达延安。当日下午，延安各界人士闻讯自动列队前往南门外迎接朱德等人，边区政府副主席高自立致辞。朱德在陕甘宁边区各界举行的欢迎大会上讲话，指

---

① 朱德年谱 [M]. 北京：中央文献出版社，2006：964.

出华北广大的抗日根据地已经建立起来，这奠定了华北抗战胜利的基础。朱德强调今后应更加加强华北抗战，坚持统一战线，加强团结，由相持到反攻，争取最后的胜利。27日晚，延安各界又在中央大礼堂举行欢迎晚会，吴玉章致欢迎词后，朱德发表讲话，并观看了鲁艺演出的《黄河大合唱》、京剧《陆文龙》等。

朱德回到延安后，一方面给许多机关干部和学校讲述华北抗战形势，继续指挥前方八路军的重大战役，另一方面集中精力来抓陕甘宁边区的经济建设。屯垦南泥湾就是朱德在对延安附近充分考察基础上提出的。习近平同志指出：为克服陕甘宁边区的严重经济困难，他亲自指导南泥湾的开发工作，推动大生产运动，亲手培育和倡导了"南泥湾精神"。[①]

◎ 朱德在延安作关于抗战形势的报告

① 习近平在纪念朱德同志诞辰130周年座谈会上的讲话[N].人民日报，2016-11-30（02）.

朱德在抗战期间，在太行山八路军总部战斗生活了两年零八个月。在党的正确领导和他的前线指挥下，八路军从最早的三万人发展到三十万人，先后建立了十一个抗日根据地，为取得抗日战争的最后胜利作出了重大贡献。1945年4—6月在中国共产党第七次全国代表大会上，他作了《论解放区战场》的军事报告。1945年6月，朱德在党的七届一中全会上当选为中央政治局委员、中央书记处书记。当时书记处共有5位书记，他们分别是毛泽东、朱德、刘少奇、周恩来、任弼时，形成了中国共产党第一代领导集体。

◎ 朱德（右）和任弼时在延安合影

在解放战争中，朱德任中国人民解放军总司令。1947年3月29日，中共中央政治局在清涧县枣林沟开会，决定毛泽东、周恩来、任弼时留在陕北主持中共中央和中央军委工作，刘少奇和朱德等组成中共中央工作委员会，到华北担负中央委托的工作。他亲临华北前线指导作战，取得了清风店、石家庄战役的胜利，开创了攻克坚固设防城市的先例。在战略决战阶段，他协助毛泽东组织和指挥了辽沈、淮海、平津三大战役，为新民主主义革命取得最后胜利作出了重要贡献。

【参考资料】

［1］朱德［M］// 中国中共党史人物研究会 . 中共党史人物传：第 47 卷 . 北京：中国人民大学出版社，2017.

［2］毛泽东军事文集：第四卷［M］. 北京：军事科学出版社，中央文献出版社，1993：409-410.

［3］徐焰，薛国安 . 写给新一代人看的辉煌军史［M］. 北京：解放军出版社，2012.

［4］中国延安干部学院 . 延安时期大事记述［M］. 北京：中央文献出版社，2010.

周恩来

◎ 周恩来

周恩来（1898—1976），字翔宇，曾用名飞飞、伍豪、少山、冠生等，原籍浙江绍兴，1898年3月5日生于江苏淮安。1921年加入中国共产党，是伟大的马克思主义者，伟大的无产阶级革命家、政治家、军事家、外交家，党和国家主要领导人之一，中国人民解放军主要创建人之一，中华人民共和国的开国元勋，是以毛泽东同志为核心的党的第一代中央领导集体的重要成员。他身上集中体现了中国共产党人的高风亮节，一生相忍为党在中国人民心中矗立起一座不朽的丰碑。

◎ 长征到达陕北后的周恩来（斯诺 摄）

　　党中央和中央红军长征到达陕北后的 1935 年 11 月 3 日，中共中央常委会在陕北甘泉下寺湾召开，研究常委分工。会议决定：成立西北革命军事委员会，毛泽东为主席，周恩来、彭德怀为副主席。周恩来还负责组织局工作。1935 年 12 月中共中央瓦窑堡会议后，周恩来兼任中共中央东北军工作委员会书记，在对东北军统战特别是联合张学良逼蒋抗日方面作出重要贡献。1936 年 12 月 12 日，张学良和杨虎城发动武力拘禁蒋介石的西安事变。事变发生后，张学良立刻致电当时在保安的中共中央，希望听取中国共产党对事变处理的意见。当晚，毛泽东、周恩来复电张学良，表示"恩来拟来西安与兄协商而后大计"。周恩来任中共全权代表与秦邦宪、叶剑英等去西安同蒋介石谈判，和张、杨一起迫使蒋介石接受"停止内战、一致抗日"的主张，促使团结抗日局面的形成。

1937 年，周恩来代表中国共产党在西安、杭州、庐山、上海、南京等地同国民党、将介石谈判，促成抗日民族统一战线的建立。7 月，他负责起草《中共中央为公布国共合作宣言》。

　　全国抗战爆发后，周恩来代表中共长期在重庆及国民党控制的其他地区做统一战线工作，努力团结各方面主张抗日救国的力量，并先后领导中共中央长江局、南方局的工作。他作为中国共产党的代表，经常从延安前往国民党统治区的南京、武汉、重庆等地与国民党进行谈判。他坚持国共合作，积极团结民主党派、进步知识分子、爱国人士和国际友好人士，制止反共逆流，克服对日投降的危险。

◎ 毛泽东送周恩来赴西安解决西安事变（中间穿飞行服者为周恩来）

◎ 西安事变时的周恩来

　　1937 年 9 月，他到山西开展华北的抗日民族统一战线工作和对日作战工作。12 月，率中共中央代表团到武汉，为中共中央长江局领导成员。1938 年起，他参与领导长江局所属地区中国共产党的工作，推动国民党统治区抗日民族统一战线的组建和发展。3 月，任国民政府军事委员会政治部中将副部长。9 月，参加中共六届六中全会。

◎ 任国民政府军委会政治部中将副部长的周恩来

　　1938年10月,党的六届六中全会期间,周恩来于10月1日抵达武汉。武汉失陷后,他于12月中旬来到重庆准备主持南方局工作,南方局的任务是代表中共中央全面领导南方国民党统治区和部分沦陷区中共党的工作。1939年1月,中共中央南方局正式成立,他任书记,领导南方各省党的工作,推动国民党统治区抗日民族统一战线的巩固和发展。2月,到皖南新四军军部,传达中共六届六中全会精神,确定新四军的发展方向和战略、方针、任务等。

3月，回祖籍绍兴，并指导浙江等省中共地下党工作。由于国民党在各地制造的摩擦事件愈演愈烈，1939年6月18日，周恩来离开重庆返回延安，研究解决办法。在延安期间，他因骑马跌伤后于1939年8月去苏联治病。

1940年2月25日，他乘火车经苏联阿拉木图，3月抵达新疆。后搭乘苏民航班机飞兰州，再改乘汽车到西安，于3月25日回到延安。

◎ 1939年春，周恩来（2排右2）到安徽云岭新四军军部传达中共六届六中全会精神

◎ 右臂受伤的周恩来在延安与刘少奇的合影

◎ 在苏联治疗期间，周恩来和邓颖超看望在莫斯科学习的烈士遗孤，并同他们合影留念

1940年5月，周恩来从延安回到重庆继续主持中共南方局工作。1941年1月，皖南事变发生。国民党封锁消息，周恩来为《新华日报》书写题词和诗："为江南死国难者志哀"和"千古奇冤，江南一叶，同室操戈，相煎何急！"向国民党当局提出严正抗议，并在中共南方局内部署应变措施。1942年他组织中共南方局干部参加整风学习。1943年，他为配合整风教育，多次召开中共南方局、八路军重庆办事处和新华日报馆党员干部会议，讲述中共党史。7月，回延安参加整风学习和中共七大筹备工作。

◎ 周恩来自苏联回延安后进行臂力锻炼

◎ 周恩来夫妇在延安窑洞前合影

◎ 1943 年周恩来（前排右 1）由重庆回延安途中与林彪（前排左 1）合影

◎ 1946年11月，周恩来夫妇和李维汉（左1）、董必武（左2）在重庆梅园新村合影

　　1944年5月，周恩来在延安出席中共六届七中全会，为主席团成员。10月，在延安各界举行的双十节庆祝会上发表《如何解决》的演说，指出挽救当前国内危机的唯一正确方案是召开紧急国是会议，取消一党专政，成立联合政府。11月，赴重庆同国民党谈判。12月，回延安。1945年1月，周恩来再到重庆谈判，2月，回延安。4—6月，参加中国共产党第七次全国代表大会，在会上作《论统一战线》的发言，当选为中央委员。在七届一中全会上当选为中央政治局委员、书记处书记，仍任中央军委副主席。

◎ 中共七大上的毛泽东与周恩来

◎ 周恩来参加军调小组工作，右起：周恩来、马歇尔、张治中

◎ 周恩来在军调小组

　　8月15日日本宣布投降后，他和毛泽东、王若飞代表中国共产党赴重庆同国民党进行和平谈判。10月10日，和王若飞代表中国共产党在《会谈纪要》上签字。这一期间，为制止内战，他率中共代表团同国民党进行了艰苦的谈判，并领导了国民党统治区内党的工作、军调工作和统一战线工作。

　　1946年9月16日，周恩来为抗议国民党破坏和平谈判，愤然离开南京到上海。

　　1946年11月16日，周恩来在南京召开中外记者招待会，揭露国民党撕毁政协决议，单方面召开"国民大会"，关闭和谈之门，并宣布中共代表团即将撤回延安。

◎ 周恩来和李维汉（右）、郭沫若（中）在中共代表团驻上海办事处门前合影

◎ 1946年11月16日周恩来宣布中共代表团即将撤回延安

◎ 国共和谈失败后，周恩来等代表团成员搭乘美军飞机回到延安后与美军机组人员合影

◎ 1946年11月19日，周恩来率中共代表团部分成员飞回延安后和毛泽东、朱德在一起

返回延安后，他任中共中央军委副主席兼代总参谋长，协助毛泽东组织和指挥解放战争，同时指导国民党统治区的革命运动。他随同毛泽东转战陕北期间，化名"胡必成"，作为代总参谋长参与指挥解放战争，为全国战争胜利作出极为重要的贡献。

【参考资料】

[1] 周恩来 [M]// 中国中共党史人物研究会 . 中共党史人物传：第49 卷 . 北京：中国人民大学出版社，2017.

[2] 徐焰，薛国安 . 写给新一代人看的辉煌军史 [M]. 北京：解放军出版社，2012.

[3] 中国延安干部学院 . 延安时期大事记述 [M]. 北京：中央文献出版社，2010.

任弼时

◎ 任弼时参加长征后到达陕北

　　任弼时（1904—1950），原名任培国，湖南汨罗人。伟大的马克思主义者，杰出的无产阶级革命家、政治家、组织家，中国共产党和中国人民解放军的卓越领导人，以毛泽东同志为核心的中国共产党第一代领导集体的重要成员。

1935 年 11 月，任弼时与贺龙率红二、红六军团长征，在与红四方面军会师后，他拥护以毛泽东为代表的中共中央北上决策，同张国焘的分裂行为作了坚决斗争，力促红军三大主力胜利会师。

　　抗日战争爆发后，任弼时任中共中央军委华北分会委员、八路军政治部主任，和朱德、彭德怀等率八路军开赴山西前线抗战。1938 年 3 月，中共中央政治局会议决定派任弼时为代表去莫斯科，向共产国际交涉军事、政治、经济等问题。任弼时代表中共中央向共产国际提交了《中国抗日战争的形势与中国共产党工作与任务》的报告，向共产国际和斯大林实事求是地汇报了中国抗战形势与中国共产党的工作和任务、国共两党关系的情况。通过他细致耐心的工作，使斯大林和共产国际领导季米特洛夫等对中国共产党在抗日民族统一战线中的政策有了深刻了解。他们表示以毛泽东为首的中共中央的政治路线是正确的，这就从根本上剥夺了王明以共产国际"钦差大臣"自居，不断对党中央政治路线说三道四的资本，也为六届六中全会的胜利召开扫除了障碍。李维汉回忆六届六中全会时说："从此以后，我们党就进一步明确了毛泽东的领导地位，解决了党的统一领导问题。" 任弼时在这一问题上起到了特殊和关键的作用。

◎ 任弼时（中）与林彪（左）、聂荣臻（右）等，摄于平型关大捷后

◎ 在延安与家人合影

1940年3月，任弼时回国后参加中共中央书记处工作，除了分管中央组织部、青委、妇委、农委（情报部）工作外，负责参加筹备召开党的七大。1941年9月，他任中共中央秘书长，协助毛泽东领导"整风"运动和"大生产"运动，并受中央委托主持《关于若干历史问题的决议》的起草工作。1943年3月，与毛泽东、周恩来、刘少奇、朱德组成以毛泽东为首的中共中央书记处，成为党的第一代领导集体的重要成员。1945年在中共七届一中全会上当选为中央政治局委员、书记处书记，还当选中央秘书长。会后，根据中央书记处书记的分工，任弼时负责中央书记处日常工作，并分管工、青、妇群众团体及中央西北局和八路军驻西安办事处工作。他当时41岁，是中央领导集体中最年轻的。

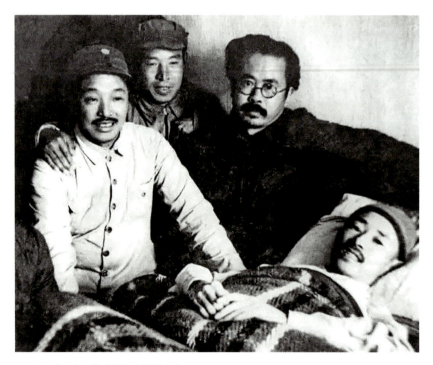

◎ 任弼时、贺龙等看望病中的关向应

◎ 任弼时在延安与毛泽东的合影

1947年3月，胡宗南部大举进攻延安，任弼时与毛泽东、周恩来一起转战陕北，协助毛泽东指挥解放战争，制定中国共产党的土地政策和开展土地改革工作，为中国革命胜利作出突出贡献。特别是在清涧的枣林沟会议决定中央留在陕北与敌周旋后，毛、周、任率中央机关和解放军总部留在陕北，指挥全国的解放战争。留在陕北的机关工作人员和警卫部队按军事编制分为四个大队共800人左右，统归"直属司令部"（代号"九支队"）指挥。任弼时任司令员，化名"史林"（司令的谐音）。任弼时担任中央纵队的司令，不仅要同毛泽东、周恩来一起研究部署全

◎ 转战陕北中的任弼时（周恩来后骑马者）

国战场人民解放军的战略行动，而且要直接负责党中央机关的居住、物资供应、安全警戒、敌情侦察等工作。任弼时坚持真理、对党忠诚，任劳任怨、不辞劳苦，关爱群众、廉洁奉公，被大家亲切地称为党的骆驼。他随中央和毛泽东东渡黄河后，参加了中国共产党土地政策的制定和领导开展土地改革工作。1949 年初，指导建立中国新民主主义青年团，被推选为团中央名誉主席。他患有高血压，对事业和工作恪守着"能坚持走一百步，就不该走九十九步"的准则，长期抱病工作导致病情加重，在建国之初的 1950 年 10 月 27 日就英年早逝于北京，年仅 46 岁。真正做到了"鞠躬尽瘁、死而后已"。28 日，任弼时生前的亲密战友毛泽东、刘少奇、朱德、周恩来等亲视任弼时遗体入殓，为他覆盖上中国共产党党旗。30 日上午 9 时，首都各界四万余人集会追悼。刘少奇代表中共中央讲话说："任弼时同志是一个模范的革命职业家，模范共产党员和中国共产党的最好的领导之一。中国人民的胜利，中华人民共和国的成立，与任弼时同志三十年努力工作和领导革命斗争的历史是分不开的。"叶剑英元帅在《哀悼任弼时同志》一文中写道："弼时同志终身都是勤勤恳恳，埋头苦干，心中只有党和人民的利益，从不计较什么名誉地位。不管人家知道不知道，他总是三十年如一日地为党为人民贡献出他的一切。他是我们党的骆驼、中国人民的骆驼，担负着沉重的担子，走着漫长的艰苦的道路，没有休息，没有享受，没有个人的任何计较。"任弼时的"骆驼精神"由此而来。

◎ 任弼时与陈琮英在延安的合影

◎ 1946 年任弼时
在延安

◎ 1940年年初在苏联，前排右起：蔡畅、任弼时、邓颖超、孙维世；
后排右起：张梅、陈琮英、周恩来

◎ 1947 年，毛泽东与任弼时在榆林佳县神泉堡

【参考资料】

　　[1] 任弼时 [M]// 中国中共党史人物研究会 . 中共党史人物传：第 8 卷 . 北京：中国人民大学出版社，2017.

王稼祥

◎ 王稼祥

王稼祥（1906—1974），原名嘉祥，又名稼啬，安徽省泾县桃花潭镇厚岸村人。他是忠诚的马克思主义者，杰出的无产阶级革命家，中国共产党和中国人民解放军的卓越领导人，中国共产党和新中国对外工作的开拓者之一。

王稼祥青年时期投身反帝爱国运动，成为学生运动的闯将。1925年5月，他领导同学参加反帝爱国运动。8月进入上海大学附中部学习，担任学生会主席。9月加入中国共产主义青年团，从而走上革命道路。同年冬，去苏联莫斯科中山大学学习。1928年进莫斯科红色教授学院读书。同年2月转为中国共产党党员。1930年3月回到上海，任中共中央宣传部干事。1931年1月，他任中共中央党报委员会秘书长和《红旗》《实话》总编辑。3月被派往中央革命根据地，后任中国工农红军总政治部主任。11月，在中华苏维埃共和国第一次全国代表大会上当选为中央执行委员会委员，任中华苏维埃共和国人民委员会外交人民委员、中央革命军事委员会副主席。

◎ 在中央苏区一苏大上的毛泽东（右2）、王稼祥（右1）等领导人合影

1933年4月，在第四次反"围剿"战争中负重伤。1934年1月，在中共六届五中全会上被增选为中央委员、政治局候补委员，10月参加长征。在长征中，王稼祥在毛泽东的帮助下认识到王明"左"倾教条主义给中国革命带来的严重危害，在遵义会议上为支持毛泽东的正确主张，投下了"关键一票"，被增补为政治局委员。会后，同毛泽东、周恩来一起组成中央三人军事指挥小组。9月任中国工农红军陕甘支队政治部主任。红一、红四方面军会合后，任中央革命军事委员会主席团成员。

作为长征中的中央领导人中唯一重伤员，他在中央苏区第四次反"围剿"中被炸弹炸伤，且留在腹腔内的一些弹片和腐骨始终无法取出。由于腹部一直流脓，只好插上一个橡胶管子，使脓液排出体外。由于没有止痛药，只能用盐水消毒，每天换药时往往疼得大汗直流。他的伤口溃烂演化成脓败血症并发起高烧，几经病危，都被抢救过来，身体略有好转又继续坚持工作。

◎ 长征到达陕北的王稼祥（右2）与毛泽东、周恩来、博古的合影（斯诺　摄）

◎ 王稼祥与夫人朱仲丽在延安合影

1936 年 10 月，王稼祥当选中央书记处书记（1934 年 1 月至 1956 年 9 月中央书记处书记相当于中央政治局常委）、中央政治局委员。1937 年 6 月，由于伤情恶化，而陕北苏区没有根治条件，他被秘密送到上海，又秘密搭乘轮船去了苏联莫斯科治伤。到达莫斯科后，医生打开王稼祥的腹腔，发现有掉进去的纱布、橡胶管等遗留物，他们为这位中国红军的领导人能在长征中坚持下来而感到惊讶和敬佩。1937 年 11 月，王稼祥任中共驻共产国际代表。1938 年 8 月回到延安，之后参加了六届六中全会。会后，王稼祥任中共中央革命军事委员会副主席、中央军委总政治部主任兼八路军总政治部代主任，主持中央军委日常工作。1941 年任中央研究组副组长。1942 年 6 月，同陈云负责领导中央军委直属系统的整风。

◎ 王稼祥在延安窑洞中读书

◎ 延安时期王稼祥与毛泽东

　　这一时期，由于一些政治局委员分散各地，王稼祥是常驻延安的为数不多的中央政治局委员之一，很多地区负责人和军队方面的高级干部，来延安时都向王稼祥报告工作。各根据地和八路军、新四军向中央、中央军委的报告、请示，大多数是先由王稼祥审阅后送给毛泽东批示的，有的电报、文件和指示由毛泽东阅批给王稼祥。根据现在公开的材料统计，当时代表中央经常向各根据地、八路军和新四军发电报，有时署名"毛、王"，有时署名"泽东、稼祥"，由毛泽东、王稼祥联名，或毛泽东、朱德、王稼祥联名，或同中央其他领导人联名，发给各抗日根据地和八路军、新四军的文电有100多件，仅从六中全会闭幕到1938年底的40多天里，王稼祥参与署名的就有十几件。

1938 年到 1943 年，王稼祥担任主持中央军委日常工作的副主席期间，对人民军队建设作出重要贡献，成为军队卓越领导人。当时中央军委主席是毛泽东，副主席是周恩来、朱德、王稼祥。而周恩来常驻重庆南方局，朱德经常来往于八路军前方指挥作战，只有王稼祥常驻延安协助毛泽东主持军委日常工作，积极筹划治军方略，加强军队思想政治建设，努力培养选拔德才兼备的军政干部。他还担任中央军委总政治部主任、中央华北和华中两个工作委员会主任兼八路军军政学院院长等职。毛泽东和他讨论处理党政军的重大问题时，王稼祥提出过许多独创性的意见，对军队建设作了杰出贡献。他直接参与了党中央的一系列重大决策，为中央起草了许多重要党内指示和文件。据统计，从 1938 年 9 月到 1943 年 2 月，他参加的政治局会议和书记处会议或书记处工作会议有 170 多次，其中有一半以上的会议，他作了发言。在政治局和书记处有些会议上，王稼祥还作主报告，经过讨论后形成中央决策。特别是1941 年后，王稼祥参与起草中央的指示文件就更多了，每年有三四十件，比如《建军的四号指示》《关于增强党性的决定》《党的一元化领导决定》《应对晋西事变》《华北华中的军事策略问题》《八路军和新四军的政治工作和行动方针问题》《军队的锄奸工作训令》《对待原四方面军干部态度问题的指示》等等。延安整风开始后，中央成立高级学习组，毛泽东任组长，王稼祥任副组长，协助毛泽东领导全党整风运动。他在担任中央军委副主席和总政治部主任期间，十分重视加强人民军队政治和军事理论建设。1939 年 2 月，在他的主持下，在延安出版了《八路军军政杂志》，以交流抗战经验，提高部队战斗力。他亲自为杂志撰稿，并邀请毛泽东等中央领导人撰写文章。他在文章中概括了中国共产党在军事理论和实践方面的伟大成就，指出这些成就是党"能够把马列主义与中国实际环境联系起来的结果"，"我们共产党不仅应当有前线指挥作战的将领,还需要有自己的军事理论家"。[①]1939年12月,在他的提议下,中央军委决定成立八路军军政学院,他担任院长。他为学员制定的教育方针是:以马克思列宁主义作为指导思想,培养具有理论修养,有高度觉悟和指挥才能的八路军军政干部,为抗日前线输送领导骨干。

遵义会议开始确立毛泽东的领导核心地位,六届六中全会则进一步确立了毛泽东的核心地位。王稼祥在这"两个重要关键的会议"上起到了关键性作用。六届六中全会前他在莫斯科期间,向斯大林、季米特洛夫做了大量汇报工作,取得了共产国际对中国革命和毛泽东的理解与支持,为后来接替他在苏联和共产国际的任弼时工作打下了坚实基础。1938年回国后,他在六届六中全会召开之前以筹备全会秘书长身份发电报通知在武汉一度拒不回延安参会的王明,要他迅速回延安参加全会听取共产国际指示,否则后果自负。这迫使王明不得不来到延安。在全会上他专门传达了共产国际的指示和季米特洛夫的意见,"中共的政治路线是正确的","在领导机关中要在毛泽东为首的领导下解决,领导机关中要有亲密团结的空气"。这就为维护以毛泽东为首的党中央统一领导和正确路线,加强党的团结奠定了坚实基础。毛泽东后来在七大上讲道,"六中全会是决定中国之命运的","如果没有共产国际指示,六中全会还是很难解决问题的。共产国际指示就是王稼祥同志从苏联回国带回来并传达的"。

---

① 中国共产党和革命战争:为八路军军政杂志一周年纪念而作[J].八路军军政杂志,1940(01).

◎ 王稼祥（前排左3）在六届六中全会上与中央领导人合影

王稼祥不但在实际工作中对确立毛泽东的领导核心地位发挥了独特而关键的作用，而且他在全党首次提出了"毛泽东思想"的科学概念。1943 年 6 月，王稼祥为了纪念中国共产党成立 22 周年和抗战 6 周年，受毛泽东委托，在身患重病的情况下，连续一个礼拜查资料、思考，写出了纪念文章《中国共产党与中国民族解放的道路》。就是在这篇文章中，他第一次提出了"毛泽东思想"的科学概念。他的警卫员张志回忆说，王稼祥写那篇文章的时候，几乎每晚都工作到凌晨两三点，有时熬通宵，经常伤痛发作，一边捂住肚子上的伤口，一边忍痛写文章。这篇文章从理论角度对毛泽东对革命战争和革命军队的伟大贡献，对毛泽东思想的

◎ 在抗大第二期毕业典礼上的毛泽东（右 3）、王稼祥（右 1）

产生及其伟大意义作了深刻阐述。他的见解很快被党内许多同志接受，为党的七大确立毛泽东思想的指导地位做了理论准备。同时，王稼祥充分发挥他的理论才能，对实际工作进行理论概括，写了《关于三民主义与共产主义》《中国共产党与革命战争》《中国共产党与民族解放的道路》《为中国共产党的巩固和坚强而斗争》等文章，在全党全军第一次明确提出"政治工作是我们红军的生命线"的重要论断，用通俗的语言把统一战线概括为"党外要多兵，党内要精兵"，并且对加强党性修养进行了独到的阐述。

1944 年 9 月，王稼祥的伤病复发，不得已脱离工作入院治疗。1945 年在中共七大上当选为中央候补委员，他不计较在党内身份地位的变化，依然为党积极工作。1946 年，他因病再次去苏联治病。1947 年 5 月回国后任中共中央东北局委员、城市工作部部长、宣传部代理部长。在 1949 年的七届二中全会上，他递补为中央委员。中华人民共和国成立之时，他被任命为外交部副部长，并首任驻苏特命全权大使。1951 年年初，他担任中共中央对外联络部部长。1956 年党的八届一中全会上，王稼祥被选为中央书记处书记。中华人民共和国成立后他长期担任中共中央对外联络部部长，为中国共产党和世界各国政党党际交流作出重要贡献。

【参考资料】

[1] 毛泽东军事文集：第四卷 [M].北京：军事科学出版社，中央文献出版社，1993：409：-410.

[2] 王稼祥 [M]// 中国中共党史人物研究会.中共党史人物传：第 33 卷.北京：中国人民大学出版社，2017.

[3] 中国延安干部学院.延安时期大事记述 [M].北京：中央文献出版社，2010.

［4］毛泽东、王稼祥关于收集抗战中之英雄事迹致第十八集团军总部等电（1939 年 5 月 22 日）[M]//《中国人民解放军历史资料丛书》编辑组．八路军·文献．北京：解放军出版社，1994：349.

［5］中国中央军委总政治部关于吸收与教育革命知识分子的训令（1939 年 6 月 25 日）[M]//《中国人民解放军历史资料丛书》编辑组．八路军·文献．北京：解放军出版社，1994：362.

［6］肖纯柏，侯晋雄．延安时期王稼祥的独特贡献 [J].党史文苑，2012（16）.

彭德怀

◎ 彭德怀在华北前线

彭德怀（1898—1974），原名得华，号石穿，湖南湘潭人。无产阶级革命家、军事家、政治家，党、国家和军队杰出领导人，中国人民解放军创建人和领导人之一，中华人民共和国元帅。抗日战争时期，担任八路军副总司令，中共中央北方局代理书记。解放战争时期，担任中国人民解放军副总司令、第一野战军司令员兼政治委员。

1935 年 9 月，他任中国工农红军陕甘支队司令员，10 月跟随党中央率部到达陕北，在他指挥红军勇猛打退敌骑兵的"切尾巴"战斗后，胜利结束长征。同年 11 月，他任西北革命军事委员会副主席、红一方面军司令员，参与指挥直罗镇战役。

1936 年 1 月，他补选为中共中央政治局委员，2 月任中国人民红军抗日先锋军司令员，与毛泽东等指挥红军东渡黄河，挺进山西，宣传抗日、扩大红军。5 月，他任西方野战军司令员，率部西征宁夏、陇东，扩大了苏区面积，迎接红二、红四方面军北上，实现了三大红军主力胜利会师。11 月，他指挥山城堡战役，歼国民党军胡宗南部 1 个旅又 2 个团，迫使其停止对陕甘苏区的进攻。12 月任中央革命军事委员会主席团成员。

全国抗战爆发后，他任中共中央军委委员、中央军委前方分会（1941 年改称华北军委分会）副书记、国民革命军第八路军副总指挥（1937 年 9 月 11 日改称第十八集团军副总司令），协助朱德指挥八路军开赴华北抗日前线，取得多次战役战斗的胜利，为开辟广泛的华北敌后抗日根据地作出重要贡献。1937 年 10 月，他与朱德、任弼时向中共中央建议，恢复在改编为八路军时取消的政治委员制度，加强部队的政治工作。11 月，他在延安抗日军政大学发表《争取持久抗战胜利的几个先决问题》的演说，阐述中日双方敌强我弱必然转化的依据，提出整个抗日战场应当采取的作战方针，详细论述了发动游击战争与全民动员的意义和方法。

◎ 彭德怀（右）与朱德在抗战前线

◎ 1939年，彭德怀和毛泽东、朱德、叶剑英在延安

◎ 1938年9月29日，彭德怀（左2）与六届六中全会主席团成员们的合影

1938 年起，他在华北敌后参与领导发动群众，创建抗日根据地，扩大抗日武装；指挥部队开展独立自主的游击战和有利条件下的运动战，挫败日军多次"围攻"和"扫荡"，同时与制造摩擦的国民党顽固派进行坚决斗争。

1940 年 3 月，他组织发起卫（河）东和磁武涉林战役，重创国民党顽固派石友三、朱怀冰部，打退了反共摩擦，维护了国共合作抗日的大局。8 月，为粉碎日军的进攻和防止国民党投降的危险，他在华北亲自指挥领导实施百团大战，对正太、同蒲、平汉铁路等重要交通线进行大规模破袭战，前后历时 3 个多月，进行大小战斗 1800 余次，毙伤俘日伪军 4 万余人，增强了全国人民争取抗战胜利的信心。

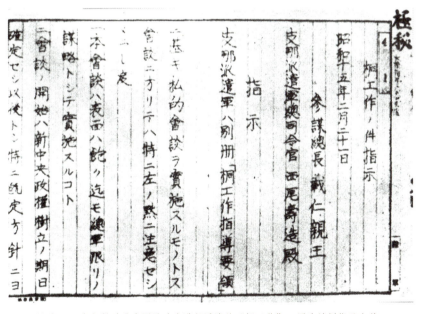

◎ 1940 年，日本加紧对重庆国民政府进行诱降的"桐工作"，图为计划指示文件

百团大战战绩统计

1940年8月20日—12月5日

作战地点	河北省、山西省、察哈尔省和热河省南部			
八路军参战兵力	晋察冀军区（39个团） 第120师和晋西北军区（20个团） 第129师（含山西青年抗敌决死队第1、3纵队）（45个团） 总部（1个团） 共计105个团			
日军参战兵力	日军华北方面军直辖部队、 第1军、驻蒙军等部队共20余万人。 伪军约15万人、飞机150余架。			
主要战果	**作战1824次**			
	毙伤日军	20645	人	缴获长短枪 5759 支
	俘日军	281	人	缴获轻重机枪 224 挺
	毙伤伪军	5155	人	缴获掷弹筒 866 个
	俘伪军	18407	人	缴获炮 53 门
	投诚日军	47	人	缴获马 1510 匹
	反正伪军	1845	人	
	破坏车站	37	个	缴获与击毁汽车 98 辆
	破坏铁路	474	公里	缴获装甲汽车 13 辆
	破坏公路	1502	公里	缴获火车机车 34 辆
	破坏桥梁	213	座	缴获车厢 449 节
	破坏隧道	11	条	缴获消防车 34 列（辆）
	破坏仓库	11	个	缴获坦克 5 辆
	破坏煤矿	5	所	缴获飞机 6 架
	收复县城	11	座	缴获船艇 86 艘

◎ 百团大战战绩统计表

◎ 百团大战中狮垴山阻击战八路军重机枪阵地

◎ 百团大战中彭德怀在关家垴前线的炮团
哨所观察敌情，距敌仅 500 米

1942 年 8 月，他任中共中央北方局代理书记，统一领导华北敌后的对敌斗争、整风学习、大生产和减租减息运动，巩固敌后抗日政权，实行精兵简政，领导军民度过抗日战争最困难的阶段。1943 年 9 月，他回到延安参加整风运动。

◎ 彭德怀与夫人浦安修在延安机场

◎ 1944 年彭德怀和毛泽东在延安

◎ 1944 年彭德怀与毛泽东和美军观察组成员在延安

◎ 1945年，彭德怀（2排右1）在延安杨家岭中央大礼堂参加中共七大

◎ 彭德怀在中共七大讲话，介绍华北敌后抗日的情况和华北根据地建设的经验和教训

◎ 彭德怀在延安

　　1945 年 6 月，他当选为中共第七届中央政治局委员。8 月被任命为中共中央军委副主席兼总参谋长，协助毛泽东、朱德指挥对日大反攻作战。

　　解放战争时期，他任中国人民解放军副总司令。1947 年 3 月起任西北野战兵团（后相继改称西北野战军、第一野战军）司令员兼政治委员，指挥仅 2 万余人的部队同进攻陕甘宁解放区的 23 万国民党军作战。在中共中央和解放军总部主动撤出延安后，根据毛泽东提出的作战方针，他采用"蘑菇战术"，拖着敌人兜圈子，并不断进行袭扰，使其屡屡扑空，陷于十分疲劳和十分缺粮的困境，并寻机集中优势兵力各个歼灭敌人。在一个半月内于青化砭、羊马河、蟠龙镇三战三捷，歼敌 1.4 万余人。同年 8 月指挥沙家店战役，歼敌 2 个旅，挫败国民党军对陕北地区的重点进攻，基本扭转了西北战局，保卫了中共中央机关的安全，有力地配合了人民解放军在其他战场的作战。

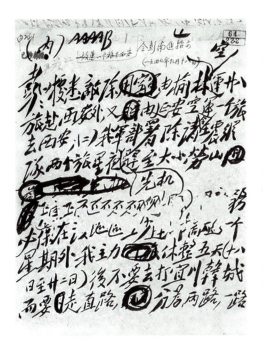

◎ 1947 年 9 月 18 日，毛泽东起草中央军委关于西北野战军主力南进部署给彭德怀的电报

◎ 1948 年 8 月 23 日，彭德怀为西北野战军某部题词

1948 年春在宜川战役中，以围城打援战法歼敌 5 个旅，并于 4 月 21 日在西府陇东战役中收复延安。

整个解放战争期间，彭德怀始终战斗在地瘠民贫的西北战场，在习仲勋等同志的配合下指挥只有几万人的西北解放军同胡宗南数十万大军周旋，保卫了党中央，完成了战略牵制任务并歼灭十余万人，最后解放了大西北，为中国人民解放事业建立了卓越的功勋。据统计，西北野战军解放全国领土五分之二以上，自身也壮大到三十余万人。

彭德怀热爱党，热爱人民，忠诚于伟大的无产阶级革命事业。他作战勇敢，耿直刚正，廉洁奉公，严于律己，关心群众，从不考虑个人得失。他不怕困难，勇挑重担，对革命工作勤勤恳恳，极其负责。他是国内和国际著名的军事家和政治家，一直受到广大党员和群众的怀念和爱戴。战争年代毛泽东曾为他赋诗：山高路远坑深，骑兵任你纵横，谁敢横枪勒马，惟我彭大将军。①他的同乡、早年同在湘军一个班当兵、后又一起长期战斗的陈赓大将曾评价说："他可算是我党我军内头号正直的人。"上将张爱萍有诗赞彭德怀："横刀立马为民谋，晚景凄凉千古忧。刚正不阿耻权术，万言上书誉神州。"

【参考资料】

［1］彭德怀［M］//中国中共党史人物研究会.中共党史人物传：第30卷.北京：中国人民大学出版社，2017.

［2］徐焰，薛国安.写给新一代人看的辉煌军史［M］.北京：解放军出版社，2012.

［3］中国延安干部学院.延安时期大事记述［M］.北京：中央文献出版社，2010.

［4］《中国人民解放军历史资料丛书》编辑组.八路军·文献［M］.北京：解放军出版社，1994：349.

---

① 彭德怀自述［M］.北京：人民出版社，1981：207.

林 彪

　　林彪（1907—1971），原名林祚大，字阳春，号毓蓉，曾用名育容、育荣，湖北黄冈人，中华人民共和国元帅，军事家。

　　1935 年 9 月，长征中的红一方面军改称陕甘支队，林彪任支队副司令员兼第 1 纵队司令员。到达陕北后，陕甘支队恢复红一方面军番号，林彪重任红 1 军团军团长，并当选为西北革命军事委员会委员。随后，他率部参加了直罗镇战役和东征战役。

◎ 林 彪

◎ 任红大校长时的林彪

◎ 中外记者参观团拍摄的林彪

　　1936 年 6 月，林彪被任命为中国抗日红军大学（简称"红大"）校长，后兼任政治委员。1937 年 1 月，"红大"从保安（今志丹）迁至延安并改名为中国人民抗日军事政治大学（简称"抗大"）后，他继续任校长兼政治委员，并兼任抗大第一分校校长和政治委员。

◎ 林彪与毛泽东的工作照

全国抗战爆发后，中国工农红军改编为国民革命军第八路军，下辖3个师，林彪被任命为八路军第一一五师师长和该师军政委员会书记。他是3位师长中最年轻的，并任中共中央革命军事委员会和军委前方分会委员。红军改编为八路军后，以师为单位分头开赴抗日前线，林彪率部挺进华北抗日前线。

◎ 林彪（持枪者）与贺龙（左2）等验看缴获日军的狙击步枪

◎ 抗战时期林彪（左）和李天佑在苏联

◎ 1940年春林彪（中）、周恩来、董必武在八路军驻重庆办事处

1937 年 9 月 25 日与聂荣臻指挥所部设伏平型关，一举歼灭日军精锐第五师团二十一旅团一部 1000 余人，击毁汽车 100 余辆、马车 200 余辆，缴获各种枪 1000 余支（挺）、军马 50 余匹及其他大批军用物资，取得华北战场上中国军队主动出击作战的首次大捷，打破了"日军不可战胜"的神话，提高了中国共产党和八路军的威望，同时使他成为名噪一时的抗日名将。由于平型关战斗的意义重大而深远，此战在全国成了重大新闻，被各报刊登载。林彪作为作战的指挥官在全国也成了知名人物。10 月 17 日，他以《平型关战斗的经验》为题在《解放》周刊发表文章，总结出 12 条与日军作战的经验。平型关战斗后，他率第三四三旅由五台地区南下，于 11 月初在广阳设伏，再歼日军近千人，缴获骡马 700 余匹以及大批军需物资。

1938 年 2 月他奉命率一一五师师部和三四三旅由晋东北南下到吕梁地区开辟根据地。3 月 2 日带师直属队途经隰县以北千家庄时，因身穿缴获来的日军大衣并骑着东洋马，被当地驻军阎锡山部第十九军警戒部队的哨兵误认为日军开枪打伤。后送延安治疗，师长职务由三四三旅旅长陈光代理。从 5 月开始，边休养边参加"抗大"工作，曾就"抗大"的教育方针、军队的领导问题等作过多次报告和讲演。同年冬经党中央批准，赴苏联继续就医，住在莫斯科郊外科尔斯基村的一所疗养院，由伏龙芝军事学院的将级教官授课。

1942 年 2 月，林彪经新疆返回延安，在途经迪化（乌鲁木齐）和兰州时，他做了国民党军政上层的统战工作。回到延安后，他任中共中央党校管理委员会成员，主持军事教育会议，参加整风运动。同年 8 月，蒋介石在重庆约见周恩来，提出要在西安会见毛泽东。周恩来从毛泽东的安全和斗争策略考虑，提议由林彪代表毛泽东到西安先见蒋介石，并得到毛泽东和中央书记处的同意。9 月中旬，他带着助手伍云甫在国民党当局驻延安联络参谋周励武陪同下乘汽车由延安赴西安，因天降大雨，路上阻隔，抵西安时蒋介石已返回重庆。林彪遵照毛泽东的指示，在西安住了一段时间。这期间，他与国民党的一些高级将领张治中、李宗仁、胡宗南、范汉杰等人见面交谈，宣传了中国共产党的抗日方针及与国共合作的意义。之后他由西安赴重庆。他于10月7日到达八路军驻重庆办事处。此后近10个月，与周恩来一起同张治中、蒋介石等就克服内战危机、继续合作抗日等问题进行谈判。1943年7月与周恩来等离开重庆返回延安，继续在中共中央党校工作。任副校长。

1945年4月，他参加了中国共产党第七次全国代表大会，当选为中央委员。8月在中央政治局扩大会议上当选为中央军委委员。

抗日战争胜利后，林彪奉派到山东拟任山东军区司令员、中共山东分局委员。1945年9月下旬，当其行至河南濮阳地区时接到中央电令，遂奉命兼程转赴东北，于10月底抵达沈阳，并组织东北民主联军反击国民党军的大举反攻，争取实现东北的和平局面。进入东北后，他历任东北人民自治军总司令，东北民主联军总司令兼政治委员，东北军区、东北野战军司令员兼政治委员和中共中央东北局书记，并兼任东北军政大学校长等职。1946年7月，他主持召开东北局扩大会议，讨论通过由陈云起草的《东北的形势与任务》（简称"七七决议"），强调发动群众、建立根据地的必要性。而后，在中共中央和东北局统一领导下，他具体指挥创建巩固的东北根据地，全面加强了军队建设。为粉碎国民党军"南攻北守，先南后北"进攻计划，他具体组织指挥了新开岭、西满及长春以北地区作战，指挥在北满的民主联军进行三下江南（第二松花江以南）战役，指挥南满民主联军组织的四保临江（吉林南部）战役，南北呼应，使国民党军首尾不能兼顾，疲于奔命，陷入被动，扭转了东北战局。随后，他指挥东北民主联军发动了夏季、秋季、冬季攻势，重创国民党军。在这一过程中，他和罗荣桓等组织了新式整军运动和军事大练兵，通过全面加强部队建设，有效提升了东北野战军正规化水平和大兵团、攻坚作战能力，为发动辽沈战役，解放东北全境奠定了基础。

【参考资料】

［1］林彪 [M]//《中国大百科全书·军事》编委会.中国大百科全书:军事.北京:中国大百科全书出版社，2007.

［2］中国延安干部学院.延安时期大事记述 [M].北京:中央文献出版社，2010.

［3］徐焰.从合作走向决战:中国共产党为什么能战胜国民党 [M].广州:广东经济出版社，2016.

［4］中共中央革命军事委员会关于红军改编为国民革命军第八路军的命令[M]//《中国人民解放军历史资料丛书》编辑组.八路军·文献.北京:解放军出版社，1994:19-20.

［5］朱德、彭德怀关于第八路军改为国民革命军第十八集团军的通令（1937年9月14日）[M]//《中国人民解放军历史资料丛书》编辑组.八路军·文献.北京:解放军出版社，1994:29.

［6］中共中央军委关于号召八路军坚决执行朱德等关于战区工作部署方阵的训练致林彪等电（1937年9月26日）[M]//《中国人民解放军历史资料丛书》编辑组.八路军·文献.北京:解放军出版社，1994:50.

［7］师哲，李海文.在历史巨人身边:师哲回忆录 [M].北京:九州出版社，2015.

贺　龙

◎　贺　龙

　　贺龙（1896—1969），原名贺文常，字云卿，湖南桑植人。无产阶级革命家、军事家，中国人民解放军的创始人和主要领导者之一，中华人民共和国元帅。中华人民共和国成立后，他长期担任国务院副总理和中央军委副主席等重要职务。他在半个多世纪的革命斗争生涯中，为中国的旧民主主义革命、新民主主义革命、社会主义革命和建设作出了重要贡献。

◎ 1939年，贺龙、关向应在冀中陈庄战斗中视察地形

1935年11月，贺龙、任弼时领导红二、六军团开始长征。他们突破国民党军队的重重围追堵截，转战湘、鄂、川、黔、滇、康、青、甘。1936年7月，根据中共中央指示，红二、六军团在甘孜组成红二方面军，贺龙任总指挥。他与朱德、刘伯承、任弼时、关向应等对张国焘分裂党、分裂红军的阴谋进行了坚决的斗争，维护了党的团结，促进了红军三大主力胜利会师。

抗日战争开始后，红军改编为国民革命军第八路军，贺龙任八路军第一二〇师师长。贺龙和任弼时参加了"洛川会议"。在洛川会议上，贺龙主动提出，为了保卫在延安的党中央和陕甘宁边区，红二方面军将一部分部队留下来。后来根据中央军委的安排，第一二〇师留下了三五九旅一个团及师直属四个营等共 40% 的兵力。1937 年 9 月，贺龙率师主力东渡黄河挺进敌后，配合国民党军队对日军发起忻口战役，取得了雁门伏击战等胜利。后转入晋西北管涔山区，率部粉碎日军对晋西北的进攻，接连收复岢岚、五寨等七座县城，开辟了晋西北抗日根据地。1938 年 1 月 4 日，贺龙、关向应、萧克在洪洞县马牧村八路军总部参加了八路军高干会议，听取了中共中央政治局会议（十二月会议）精神的传达。贺龙对王明提出的抗日战争"一切经过统一战线、一切服从统一战线"的鼓吹提出了鲜明的反对意见。他表示仍然要贯彻中央在洛川会议上的既定方针。毛泽东因此对贺龙作出很高的评价。他对关向应说："贺老总有三条：一、对敌斗争坚决；二、对党忠诚；三、联系群众。"[1]由于贺龙坚持独立自主，维护共产党对抗日民族统一战线中领导权的原则立场，为一二〇师在晋西北坚持抗战，创建巩固的晋绥抗日根据地提供了保证。1938 年底，他奉命率部挺进冀中，任冀中军政委员会书记，指挥第一二〇师和八路军第三纵队转战冀中平原，先后在大曹村、曹家庄、邢家庄、黑马张庄四战四捷。他指挥的河间齐会战斗，是抗日战争中平原歼灭战的范例。在这次战斗中，他身中毒气，仍坚持指挥，为部队作出表率。1939 年 9 月，他在晋察冀边区指挥了著名的陈庄战斗。

　　1940 年，贺龙率部返回晋西北，他领导晋绥人民进行政权建设和经济建设，使晋绥根据地不断扩大和巩固。由于晋绥根据地距离陕甘宁边区最近，自然就成为巩固和支援陕甘宁边区的前沿阵地。1940 年 2 月 10 日，中革军委指示："贺、关将整个晋西北及绥远，南起汾离公路，北至大青山脉化为巩固的根据地，建立西北与华北战略枢纽。"[2]贺龙认识到晋绥不仅是中共中央与各根据地联系的枢纽，而且是保卫陕甘宁边

---

①《当代中国人物传记》丛书编辑部 . 贺龙传 [M]. 北京：当代中国出版社，1993：230.

②《中国人民解放军历史资料丛书》编辑组 . 八路军·文献 [M]. 北京：解放军出版社，1994：461.

◎ 贺龙在延安留影

◎ 1937年5月，贺龙（右2）、叶剑英（左1）、周士第（右1）、萧致平在延安合影

◎ 贺龙与美国记者福尔曼在延安合影

区的屏障，战略地位极其重要。他遵照中央的指示，采取了一系列措施加紧对晋绥根据地的建设，成立了以贺龙为书记的晋西北军政委员会，统一领导该地区党政军各项工作，在政权建设、对敌斗争、军队训练等方面都作出了重要贡献。此时，延安党中央机关的经费十分困难，军委参谋长叶剑英、后勤部长叶季壮请一二〇师支援。贺龙同其他师领导商量后，决定从生产做买卖好不容易筹集的三四十万大洋中，拿出 2/3 支援中央。他说，"中央好比是我们的头头，是一点病也害不得的……""为了解决延安的财政困难，宁肯牺牲晋西北，就是晋西北垮了，也必须救延安，因为延安有我们的党中央"。[1]此后，他率部参加了百团大战，给

---

①总参谋部《贺龙传》编写组.贺龙军事文选[M].北京：解放军出版社 1989：241.

予日军沉重打击。1940年11月7日经中共中央批准，晋西北军区（1942年8月改称晋绥军区）在山西兴县正式成立，贺龙任司令员。他领导粉碎了日军1941年冬的分区大"扫荡"和1942年春全面"蚕食"进攻，保卫了晋绥抗日根据地，巩固了晋绥根据地这个战略枢纽和陕甘宁边区的屏障。

反"扫荡"刚结束，贺龙奉中央之命于1942年3月初赴延安，受到延安各界的热烈欢迎。5月13日，中央军委决定成立陕甘宁晋绥联防军，任命贺龙为司令员、徐向前为副司令员、关向应为政治委员，统一对陕甘宁和晋绥两区军队建设和军事指挥，准备应对突然事变。贺龙挑起了这样一副很重的担子，他狠抓军事训练，加强部队的军政素质。1943年冬，他组织了三个月的"冬季练兵"。1944年9月，联防军司令部召开了模范学习者代表大会，贺龙组织练兵尖子给中央领导做军事表演，毛泽东看了表示非常高兴，对贺龙说："你练兵练得不错呐！"贺龙也高兴地回答："本领是练出来的，只要苦练就会越练越精。"在担负保卫延安和陕甘宁边区任务的同时，中共中央于1942年6月8日决定成立由林伯渠、贺龙为正、副主任的财经委员会，统一陕甘宁和晋绥两区的财政经济，又成立了西北财经办事处，作为财经委的办事机构负责具体管理边区财经工作，贺龙兼财办主任。贺龙又临危受命，挑起主管边区财政工作的重任。在党中央和毛泽东统一领导下，他和林伯渠、陈云共同努力工作，领导边区通过大生产运动、开源节流、稳定金融、巩固边币等措施，边区财经工作终于渡过了难关。延安时期，贺龙为陕甘宁和晋绥两个根据地的安全和建设作出了杰出贡献。在党的第七次全国代表大会上，他当选为中共中央委员。

◎ 贺龙在晋西北各军分区参谋长会议上讲话

　　日军投降后，贺龙率领晋绥部队主力挥师北上，保卫抗战胜利果实，解放了晋中广大地区，并与聂荣臻指挥的晋察冀部队一起进行了绥远战役、晋北战役，协同晋冀鲁豫部队发起了吕梁、汾孝战役，打退了国民党军队向解放区的进攻，歼灭了敌人的有生力量。解放战争开始后，贺龙奉命协助彭德怀组织指挥西北战场部队。在胡宗南大举进犯延安后，中共中央召开的小河会议上，由毛泽东提议，贺龙统一领导陕甘宁、晋绥两地区工作。"解决统一后方、精简节约、地方工作三个问题"，"以集中一切人力、物力、财力，支援西北解放战争"。贺龙再次勇挑重担，他整合两区的党政军和财经工作，实行统一领导。他领导边区人民进行土地改革，千方百计动员和集中边区的人力、物力、财力支援前线部队作战，为保卫延安和党中央、毛主席，为西北解放战争的胜利作出了重要和特殊贡献。

【参考资料】

［1］当代中国人物传记丛书编辑部.贺龙传［M］.北京：当代中国出版社，1993.

［2］贺龙［M］//中国中共党史人物研究会.中共党史人物传：第2卷.北京：中国人民大学出版社，2017.

［3］中国延安干部学院.延安时期大事记述［M］.北京：中央文献出版社，2010.

［4］西北局通知：晋西北边区和陕甘宁边区两区联防司令部，及财政经济委员会办事处已成立（1942年7月23日）［M］//中央档案馆，陕西省档案馆.中共中央西北局文件汇集：一九四二年.西安：西安出版社，1994：161-162.

［5］毛泽东、萧劲光关于巩固河防的部署致贺龙等电（1937年11月17日）［M］//《中国人民解放军历史资料丛书》编辑组.八路军·文献.北京：解放军出版社，1994：104-105.

陈　毅

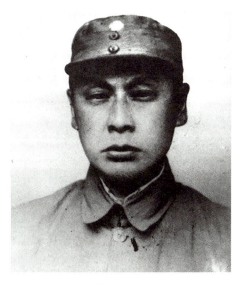

◎ 全国抗战爆发后穿着新四军军装的陈毅

　　陈毅（1901—1972），名世俊，字仲弘，四川乐至人。久经考验的无产阶级革命家、政治家、军事家、外交家、诗人。中国人民解放军的创建者和领导者之一，党和国家重要领导人。中华人民共和国成立后历任国务院副总理兼外交部长，中华人民共和国元帅，中共中央军委副主席，全国政协第三、四届副主席。

第五次反"围剿"失利后，陈毅作为留守中央苏区坚持游击战争的主要党政干部，在艰苦卓绝的南方三年游击战争中作出了极为重要的贡献。抗日战争时期，他驰骋大江南北，先后历任中国共产党中央军委新四军分会副书记、新四军第一支队司令员、江南指挥部指挥、苏北指挥部指挥、华中总指挥部代理总指挥、新四军代军长、新四军军长兼山东军区司令员。

1938年2月上旬，新四军军部及第一、二、三支队，奉命到皖南歙县岩寺集中。就下一步如何发展问题，陈毅经与项英商议后，于14日向延安的毛泽东发报建议：新四军"不宜全部集结岩寺"，应"尽可能向前伸出到浙、苏、皖之昌化、绩溪、孝丰、宣城、宁国"，到苏浙皖边广大地区就可以自由进退。

◎ 1938年陈毅（右1）在南昌与新四军主要干部罗炳辉（左1）、张云逸（左2）、项英（右2）合影

◎ 陈毅与毛泽东在延安

◎ 陈毅在延安与朱德、刘伯承合影

◎ 陈毅（右1）与叶挺合影

　　2月15日，毛泽东复电原则同意陈毅、项英之建议，力争在苏浙皖边发展游击战，并特别指出当前应赴江苏溧阳、溧水地区为中心开创茅山根据地。根据这一指示，陈毅率新四军一支队进军苏南，和第二支队一起创建苏南抗日根据地。在此期间，陈毅广泛开展抗日民族统一战线工作，他亲自同社会名流、开明绅士联络，壮大抗日政权和人民武装。1939年2月，陈毅返云岭向来新四军军部视察的中央军委副主席周恩来汇报工作，并在会后坚决执行了会议决定的"向南巩固，向东作战，向北发展"的方针，在与敌、伪、顽坚决斗争中，挺进苏北。之后又通过耐心细致又坚定的对国民党泰州"二李"军事集团的统战工作，于1940年6月15日亲率新四军江南指挥部机关及主力向北移动，拉开了"东进序曲"的大幕。7月8日新四军到达吴家桥地区，7月29日，陈毅部长途奔袭，解放了黄桥。

国民党江苏省政府主席韩德勤对新四军建立黄桥根据地极为仇视。1940年9月30日，国民党调集部队，对江苏省泰兴县黄桥地区的新四军苏北指挥部发动进攻。陈毅、粟裕以非凡的胆识和气魄领导指挥了黄桥战役。黄桥战役进行时，八路军第五纵队从淮阴地区南下，新四军江北指挥部部队东进至运河，在战略上起了策应作用。此役历时4天，共歼国民党军队1.1万余人，俘虏官兵4000余名，缴获军用品甚多，新四军伤亡900余名。这次战役以少胜多，成功反击了国民党顽固派的疯狂进攻，为苏中、苏北抗日根据地奠定了基础，打开了华中抗战新局面。

皖南事变后，陈毅临危受命担任新四军代军长。1943年11月25日早晨，他奉中共中央和毛泽东等命令赴延安参加党的七大。从军部临行前，作诗一首《赴延安留别华中诸同志》。在千里赴延安途中，他历经艰险，先后化名张老板、当家的。途经鲁南地区时，由运河支队护送越过运河封锁线，到达津浦铁路，再由铁道游击队护送过微山湖，后到河南安阳。1944年元旦以后，陈毅一行平安到达八路军前方总指挥部所在地——晋冀鲁豫解放区的中心左权县麻田和邓小平、滕代远等会合，受到了热情的欢迎。1月25日，正逢甲申年春节，陈毅有幸领略了太行军民节日的盛况和精神，挥笔写下了杂言古体长诗《过太行山书怀》。

陈毅一行在邓小平处住了近10天，接毛泽东电报："望动身来延，沿途请小平注意安全部署。"邓小平找来二分区司令员曾绍山，交代他一定要把陈军长安全护送到吕梁军区。他们行进到太谷县境南山根据地的水晶坡时，真像到了一个冰晶世界，大家不得不下马敲冰赤手攀登，费尽九牛二虎之力，才登上了山顶。之后，他们通过了第四条铁路封锁线——同蒲铁路。2月11日黄昏，踏过用高粱秸铺垫的汾河大桥，进入了吕梁山口。吕梁山比太行山更加林壑幽深，冰坚雪厚，气候寒冷，有

◎ 1944 年，毛泽东和陈毅、聂荣臻、李富春、王震在延安

的人脚冻坏了，只得以牛车代步。3 月初，陈毅一行胜利渡过黄河，再向西南行进，3 月 7 日，终于看到了延安宝塔。陈毅到达延安以后，被安排住在党中央和中央领导人的驻地杨家岭，离毛泽东的窑洞不远。陈毅受到分别近 10 年的中央领导人的热烈欢迎，感触极深，作《延安宝塔歌》以抒怀。

延安有宝塔，巍巍高山上。

高耸入云端，塔尖指方向。

红日照白雪，万众齐仰望。

塔尖喻领导，备具庄严相。

犹如坚战旗，敌军胆气衰。

又如过险滩，舵手平风浪。

……

在延安的生活安定下来后，陈毅静下心来，经过近两个月的撰写，给中共中央和中央军委递交了《1938年至1943年的华中工作总结报告》。他在结束语中写道："在华中六年工作的结果，使我党在华中敌后广大农村中确立了普遍的巩固的军政优势。由零星分散的小场面地区逐渐衔

◎ 黄华（左）、陈毅（中）、包瑞德（右）

接几个大片，由零星的武装建立大的集团部队，经过了反顽反'扫荡'、反'清乡'的艰苦锻炼，一般维持着向前发展的形势。"而日军是逐渐削弱，"配合国内外条件，这一削弱更是日益增长"。国民党虽有"正统"的优势，"但在敌后由于他们的反动政策自取溃灭"。所以陈毅充满信心，"坚持抗战，过渡新时代，迎接胜利"。此后，陈毅参加了延安整风，他思想上得到了进一步的解放。他根据党中央和毛泽东的要求，在延安从事了多方面的工作。8月10日，陈毅根据毛泽东的指示，会见了美军驻延安观察组成员包瑞德、谢伟思等。为全面了解新四军敌后抗战的真实情况，应包瑞德要求，陈毅连夜写了《苏北事件真相》《皖南事件真相》

◎ 陈毅（左 2）等与美军观察组谢伟思（左 4）

◎ 陈毅（右1）与朱德、彭德怀、聂荣臻、叶剑英在延安

两份材料，并写了一封给包瑞德的信，一并交给毛泽东审阅。8月22日，送出的当天就收到毛泽东的回信："各件均好。略有增改，请再酌。"

8月23日，毛泽东约见要求与他再次见面的史迪威总部政治顾问谢伟思，就国共关系长谈6个小时。在与毛泽东面谈之后的8月27日，谢伟思向史迪威总部作了报告，其中提到："许多迹象表明，共产党认为不久的将来他们对未来的行动将作出重大决定。现在大多数领导人正聚集在延安，其中不仅有党中央和军队的领导人，而且有基层的野战部队领导人。这些人包括……新四军代理军长陈毅……"

◎ 陈毅（左3）与薄一波（左1）、宋任穷（左2）、滕代远（左4）合影

◎ 党的七大后乘美军飞机回前方的陈毅（左4）在延安机场留影

9月12日，陈毅又到美军驻延安观察组与包瑞德、谢伟思交谈。后来，美国总统特使赫尔利来到延安，毛泽东也想到了陈毅，非常认真地听取了他的许多意见。为把中国共产党第七次全国代表大会开好，中央成立了筹备委员会，陈毅为委员之一。1945年春，他的主要工作是起草《建军报告》。陈毅以"中国人民在历史上的武装斗争的优良传统""我党建军的目的是为人民大众服务""论创造军队""论内战""论抗战""论毛泽东军事学派""驱逐日本帝国主义出中国"7大部分，7万余字起草成了这个《建军报告》。陈毅提出了"毛泽东军事学派"这一命题并作系统研究，相当深刻地反映了陈毅对毛泽东思想的认识和精深的见解。

　　1945年4月23日至6月11日，中共七大在延安隆重举行。陈毅和张鼎丞被公推为华中组的正副主任，陈毅又是大会主席团成员之一。他在开幕式之后欣然赋诗《七大开幕》，诗中写道：百年积弱叹华夏，八载干戈仗延安。试问九州谁作主？万众瞩目清凉山。根据大会筹委会的安排，由他代表华中和新四军的党员在大会上发言。他起草了一个发言稿，交华中代表团讨论通过后作书面发言。另外，他又起草了一个讲稿，于5月1日下午在大会上发了言。他在发言中强调：中国革命需要掌舵人。他说"船载千人，掌舵一人"，就要看那位掌舵的。掌舵先生并不是一天到晚都掌舵，而是在上滩下滩，转弯拐角时才扳它两下。不扳便会把船打烂，扳过劲也会碰到石头，所以要扳好。从"我们党的历史看，毛泽东是最会掌舵的"。

　　陈毅在这次党的全国代表大会上，被选为中央委员。8月25日，他同刘伯承、邓小平等一大批各大军区党政军高层负责人来到延安机场，登上了美国军用道格拉斯型DC-3运输机，飞往山西黎城。26日，陈毅即将取道冀鲁豫返回华中时，接到中共中央任命他为新四军军长、华中局副书记的电报。9月17日至19日这三天中，中共中央作出一系列安排，提出"为了控制热察、发展东北，必须调兵北上"，"山东主力及大部分干部迅速向冀东和东北出动"，"新四军江南主力部队，立即转移到江北"。根据中央的方针，中共山东分局书记、山东军区司令员兼政治委员罗荣桓迅速带领山东主力部队北上出兵东北，陈毅率领新四军军部及一部分部队北上接替山东工作。

解放战争时期他历任中国共产党华东军区司令员、华东野战军司令员兼政治委员、中国共产党中央中原局第二书记、中原军区和中原野战军副司令员、第三野战军司令员兼政治委员，为新民主主义革命的全国胜利作出了重要贡献。

【参考资料】

[1] 陈毅 [M]// 中国中共党史人物研究会 . 中共党史人物传：第 63 卷 . 北京：中国人民大学出版社，2017.

[2]《新四军工作的总方针》（1943 年 1 月 5 日）[M]// 毛泽东军事文集：第四卷 . 北京：军事科学出版社，中央文献出版社，1993：409-410.

[3]《新四军战史》编辑室 . 新四军战史 [M]. 北京：解放军出版社，2000.

徐向前

◎ 一二九师副师长徐向前

徐向前（1901—1990），原名徐象谦，字子敬，山西五台人，1927年3月加入中国共产党。忠诚的共产主义战士，坚定的马克思主义者，久经考验的无产阶级革命家、军事家，中国人民解放军的缔造者之一，中华人民共和国元帅，长期担任党和军队重要领导职务的卓越领导人。

1936年7月，红四方面军与红二方面军会师后，徐向前任中共中央西北局委员。8月，他再次率军北上，指挥了通（渭）庄（浪）静（宁）

会（宁）战役。会宁会师后，根据中华苏维埃共和国中革军委指示，红四方面军一部西渡黄河，执行宁夏战役计划。11月，奉军委命令任西路军军政委员会副主席兼西路军总指挥。

全国抗战爆发后，出席了中共中央在洛川召开的政治局扩大会议，被选为新成立的中共中央革命军事委员会委员。1937年8月，任八路军第一二九师副师长。1938年3月，徐向前指挥的响堂铺战斗，歼灭日军400余人，毁敌车辆180辆，缴获长短枪130余支、迫击炮4门，是一二九师挺进太行以来，继长生口、神头岭战斗后连续夺取的第三次大捷，被刘伯承师长誉为"伏击战斗的典型范例之一"。

◎ 任红四方面军总指挥时期的徐向前

1938 年 4 月，毛泽东给刘伯承、邓小平、徐向前发了电报，要他们在河北平原开展游击战争。徐向前接受了任务，告别了刘伯承、邓小平，率第一二九师和第一一五师各一部进入河北省南部，创建冀南抗日根据地。徐向前从戎十余载，多在山区转战，对山地作战指挥可以说已驾轻就熟。来到大平原后，没有了大山的依托，游击战争怎么展开是摆在徐向前和战士们面前的一个新课题。徐向前并没有被困难吓倒，他亲自调查冀南的民情、民俗，找干部、群众谈话，并与宋任穷、刘志坚等领导人研究如何开展平原游击战争问题。最终他提出了"人山"思想，即人民群众才是最高的山，最大的森林，只要坚持依靠人民群众，在平原上造"人山"，开展游击战争，就能立于不败之地。徐向前写了《开展河北的游击战争》一文，阐述了建立"人山"的思想。这是一篇开展平原游击战争的精辟论著，处处闪烁着毛泽东军事思想的光辉。它不仅对冀南有直接的指导作用，也为全党提供了坚持和发展平原游击战争的重要经验。

徐向前在冀南一年多的时间里，与宋任穷、刘志坚、杨秀峰等同志亲密合作，打开了冀南的抗日局面，妥善处理了许多复杂问题。根据地发展到西起平汉路、东至运河、南起豫北、北至滹沱河以南的广大地区，人口逾 800 万。

1939 年 6 月，徐向前到山东任八路军第一纵队司令员，统一指挥山东和苏北、皖北八路军各部队，坚持抗日游击战争。在此期间，他联合抗日民族力量，并与国民党顽固派展开摩擦与反摩擦斗争，广泛建立地方政权，有力地抗击了日寇对山东的新"扫荡"，为开创和巩固山东根据地作出了突出贡献。

后因接中共中央通知准备参加七大，他于 1940 年 6 月由沂蒙山区出发，历经半年时间的艰苦行程，终于在 12 月份到达延安，住在王家坪中央军委所在地。到达延安后，他一边治病，一边读书并撰写文章总

◎ 徐向前（右2）、杨秀峰（右1）视察冀南地区军政建设

◎ 延安时期的徐向前

结敌后抗战经验，先后写成了《敌寇在华北战略战术的演变及其特点》《在建军中怎样争取和团结地方武装》等文章。1942 年，他被任命为陕甘宁晋绥联防军副司令员，后任中国人民抗日军政大学代理校长。

1942 年延安整风期间，时任任弼时政治秘书的师哲负责联系西北局和联防司令部。师哲回忆，徐向前很重视整风工作，向他仔细了解中央的意图，全力帮助师哲了解联防司令部的学习情况，并领导整风学习。给师哲留下的最深刻印象是徐向前很像个大知识分子，他阅读文件非常仔细，对重点都做了摘录，还记录下自己学习的心得和体会。他领导整风学习的办法也很多，加上自己的表率作用，整个联防司令部的整风是

◎ 徐向前与夫人黄杰在延安

很认真的，取得了扎实的成效。

党的七大召开前夕，徐向前被调回延安并当选为第七届中央委员，搬到了枣园，一方面养病，也列席参加中央书记处的会议。七大结束后，正值对日军进行大反攻，代表们纷纷回到各自战略区的工作岗位上。紧接着日本投降，毛主席一连几天在枣园礼堂，坐在乒乓球台子前激烈地调兵遣将，徐向前眼看其他同志得到命令离去，却迟迟没有给他安排任务，忍不住走上前去提醒毛泽东说自己病已好，可以上前线工作了。毛泽东讲："你别着急，山西太原这一坨子给你留着呢。"后来，徐向前从延安出发奔赴晋冀鲁豫解放区，先后任晋冀鲁豫军区副司令员、华北军区副司令员兼第一兵团（后改为中国人民解放军第十八兵团）司令员兼政治委员。在刘邓率领大军南下后，他以极大的毅力克服困难，将留下的晋冀鲁豫军区兵力和有限的地方部队整合起来，重新组建野战兵团，在实战中锻炼新部队的作战能力。他指挥部队首先攻破运城，拔除了阎锡山的晋南屏障。1948年3—5月，徐向前指挥临汾战役，以大部分新组建部队，攻克设防坚固的临汾城，最终力克临汾，取得了攻坚作战的宝贵经验，为围攻太原打下了基础。6—7月他指挥晋中战役，以6万兵力歼国民党军10万余人，解放县城14座。1948年10月到1949年4月初，他带病组织指挥太原战役，任太原前线司令部司令员兼政治委员、中共太原前线总前委书记。1949年4月，他担任华北野战军第一兵团司令员，率部向太原发动总攻，在他和彭德怀的共同指挥下最终取得太原战役的胜利。此役共消灭敌人13.8万余人，盘踞山西达38年之久的阎锡山政权宣告灭亡。徐向前从延安出发走向晋中大地，领导晋冀鲁豫军民打运城、攻临汾、转战晋中、攻克太原，解放山西全境，为中国人民解放事业立下丰功伟绩。

【参考资料】

［1］中国延安干部学院.延安时期大事记述[M].北京：中央文献出版社，2010.

［2］徐向前[M]//中国中共党史人物研究会.中共党史人物传：第56卷.北京：中国人民大学出版社，2017.

［3］师哲，李海文.在历史巨人身边：师哲回忆录[M].北京：九州出版社，2015.

谭 政

◎ 谭 政

  谭政（1906—1988），原名谭世铭，号举安，1906年6月生于湖南湘乡。久经考验的共产主义战士、党和军队的优秀领导人，杰出的无产阶级革命家、军事家、中国人民解放军卓越的政治工作领导人，1955年被授予大将军衔。他1927年9月参加秋收起义。1927年10月加入中国共产党。土地革命战争时期，任红四军三十一团秘书，红四军军委秘书长、政治部训练部部长，红十二军政治部组织部部长。抗日战争时期，任八路军后方政治部主任、总政治部副主任、陕甘宁晋绥联防军副政委兼政治部主任等职。解放战争时期，任东北民主联军、东北军区兼东北野战军政治部主任、第四野战军副政委兼政治部主任、华中局常委等职。

◎ 谭政在陕北保安红大校园

中华人民共和国成立后，任中南军区暨第四野战军第三政委，中南局第一副书记，解放军总政治部第一副主任、主任，国防部副部长，中央监察委员会副书记，解放军监察委员会书记，中央军委常委等职。

1934年10月长征开始后，谭政任红一军团一师政治委员、红一军团政治部组织部部长，在所属部队开展学习文化活动。到达陕北后，根据新形势、新任务，他撰写了《关于红军中新的政治工作的意见》，对政治工作如何充实新内容、如何适应党的政策的转变，提出了许多有价值和指导意义的意见。

◎ 1937 年 9 月，参加秋收起义部分人员在延安合影。后排左 3 为毛泽东，左 8 为谭政

◎ 1936 年 7 月，谭政与夫人王长德在延安

　　抗日战争爆发后，谭政任中革军委总政治部副主任兼八路军后方政治部主任，参与组织领导八路军、新四军在坚持敌后武装斗争和开辟抗日根据地中的政治工作，撰写《论革命军队的政治工作》《论敌军工作的目的与方针》《八路军、新四军的干部政策》《论八路军政治工作的传统与作风》等多篇理论文章，有力地指导了部队在对敌斗争中的政治工作，对加强党的领导、提高部队战斗力、巩固抗日民族统一战线和保证其他各项工作的开展发挥了重要作用。1943 年，他调任陕甘宁晋绥联防军副政治委员兼政治部主任，后兼任留守兵团政治部主任。1944 年受中共中央委托，谭政起草《关于军队政治工作问题的报告》，经毛泽东、周恩来修改和中央书记处批准，在西北局高级干部会议上宣讲。

◎ 1938年初，萧劲光（左）、谭政（右）在延安

　　该报告全面总结了红军和八路军、新四军政治工作的经验，并结合抗日战争时期形势和任务的变化，论述了人民军队政治工作的性质、地位、基本方针和基本原则，提出改革政治工作组织形式和工作制度的意见，是继古田会议决议之后军队政治工作的又一重要指导性文件和历史文献。报告精神与古田会议决议一脉相承，强调党对军队的绝对领导。报告指出，"我们的军队，必须完全的绝对的无条件的放在共产党及其领导机关的政治指导之下，不能闹独立性"；继续强调军队政治工作重要性，"军事工作与政治工作之间的关系必须竭力改善，必须取得和谐和合作"。同时，报告也有很强的针对性和创造性。报告提出：政治工

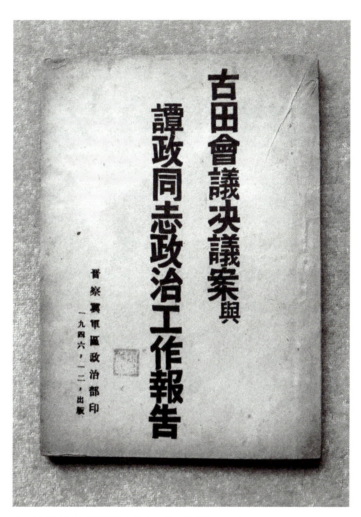

◎ 古田会议决议案与谭政同志政治工作报告合订本

◎ 在西柏坡参加七届二中全会的谭政（左）

作应有"适当"的地位，以"整个军队的方向"为方向，"用民族民主革命纲领教育群众，实现团结自己、战胜敌人、解放民族、人民的目的"。报告在党内军内产生了巨大反响，成为人民军队政治工作又一历史性文献，被称为"谭政报告"、抗战时期的古田会议决议。

中共中央宣传部和中央军委总政治部专门下发《关于学习和散发谭政〈关于军队政治工作问题的报告〉的通知》，要求全党干部以及"八路军、新四军连级以上一切政治工作、军事工作、后勤工作干部，应一律将此件作为整风文件和固定教材，加以研究讨论，并须联系实际，改造自己的思想与工作"。同年 10 月，总政治部又发出《对研究谭政同志政工报告的意见》，指出："谭政同志关于军队政治工作报告，给了各地总结与改进自己的工作以很大帮助。"要求各部队根据报告精神发现问题，总结经验教训。1983 年 3 月，中央军委和总政治部决定，将该文件再次印发全军学习。

在 1945 年召开的七大上，他以突出的军队政治工作成绩被全党认可，被选为候补中央委员。抗日战争胜利后被抽调到东北，谭政先后任东北民主联军和东北野战军政治部主任，参与创建和发展东北根据地的斗争。1948 年 1 月 30 日，中央军委指示全军，利用战争间隙，开展"三查""三整"为主要内容的整党运动。根据这一指示，谭政主持召开东北军区（兼野战军）政治工作会议，部署东北部队开展"五整一查"的整党整军运动。经过 40 天的政治整训，提高了广大指战员的政治觉悟和部队战斗力，为同国民党军的战略决战奠定了坚实的思想基础。辽沈战役中，他深入前线各部队，大力开展战时政治工作，对部队普遍进行孤胆作战和革命英雄主义教育，使部队士气空前高涨，保证了战役的顺利进行。尔后，他为迅速完成入关作战准备，主持召开紧急政治动员会议，要求部队不顾疲劳，立即行动起来，并提出"打到关里去，解放全华北，解放全中国""到北平、天津过年"等口号。

1948 年 12 月 7 日，东北野战军指挥机关入关后，他起草了《目前作战的政工动员》指示，以林彪、罗荣桓、刘亚楼、谭政名义于 12 月 11 日发出。第二天，又起草发出《关于平津作战政治鼓动的指示》。平津战役开始后，他提倡大力发扬军事民主，号召广大指战员"打响进关第一炮"，争创打仗好、团结好、政策纪律好的"三好"战斗连队，并深入进行了城市政策和纪律教育，宣布"约法八章"，提出争取"军政双胜""秋毫无犯、原封不动"的口号。平津战役中，针对北平是文化古都和天津是商埠大城市，以及外国使馆和领事馆多而容易引起涉外事件等特点，他注重抓了部队严格执行城市政策和严守纪律问题。主持制定了《入城须知》《约法八章》等规定下发部队执行。1949 年 1 月攻克天津后，他任天津市军事管制委员会副主任，参加改编国民党军傅作义部队的工作。亲自检查了部队在天津执行政策纪律情况，并向中央写了《关于攻津部队作战勇敢、纪律良好及战后情况》的报告，中央军委将此报告批转（用电报）各野战军。3 月任第四野战军副政治委员兼政治部主任，参与指挥四野渡江战役，向中南地区进军。谭政为党领导的军队政治工作水平的提高和战斗力的加强，作出了重要历史贡献。

【参考资料】

　　[1] 谭政 [M]// 中国中共党史人物研究会 . 中共党史人物传：第 48 卷 . 北京：中国人民大学出版社，2017.

萧劲光

◎ 抗日战争初期的萧劲光

　　萧劲光（1903—1989），湖南长沙人，久经考验的忠诚的共产主义战士，杰出的无产阶级革命家、军事家，国家和军队的优秀领导人，人民海军的主要创建者。中华人民共和国成立后长期担任中国人民解放军海军司令员、国防部副部长，曾担任第五届全国人大常委会副委员长，是九、十、十一届中央委员。1955 年被授予大将军衔。

◎ 红军东征时的萧劲光

　　1921年7月，他与刘少奇、任弼时一起到苏联莫斯科东方大学学习，成为东方大学第一批中国留学生。1922年加入中国共产党。之后在莫斯科初级军官学校学习一年。1924年春回到国内。这时正值国共第一次合作准备出师北伐，周恩来找他谈话，要求他接受党组织派遣去国民革命军工作。1925年底，他任国民革命军第二军第六师党代表，被授予中将军衔。北伐战争中，曾率部参加南昌、南京、鄂西等战役，接受了大革命的洗礼。 1927 年，大革命失败后，萧劲光再次奉派到苏联，入列宁格勒托尔马乔夫军政学院，系统学习了军事理论和政治理论知识。1930 年夏，他学成回国，12 月进入中央苏区，此后一直战斗在中央苏区直至参加长征。

1935 年 10 月，萧劲光跟随中央红军到达陕北后，任中共陕甘省委军事部部长兼红二十九军军长。1937 年 2 月，调任中革军委参谋长。

全国抗战爆发后，直至抗战胜利他奉命前往东北工作前，萧劲光一直在延安和陕甘宁边区工作，历任八路军后方留守处主任、八路军留守兵团司令员，在延安留守兵团工作成为其革命生涯中辉煌的一页。他领导留守兵团干部战士巩固了延安大本营，圆满执行了陕甘宁边区防务，清剿境内土匪、安定社会秩序任务，在人民军队建设上也创造性地作出了贡献。

1937 年 12 月，留守兵团召开了第一次兵团首长会议。毛泽东在会上做了热情洋溢的讲话，还风趣地拍着萧劲光的肩膀说："我在延安，就是靠留守兵团吃饭。"在会上，萧劲光提出将"任务重于生命"作为留守兵团的行动准则，号召留守兵团的全体指战员为保卫党中央、保卫毛主席、保卫陕甘宁边区而不惜牺牲自己的生命。随后，留守兵团便投入了紧张的剿匪战斗和军队正规化建设。

留守兵团成立之初，首先面临的任务就是肃清边区的匪患。从 1937 年 1 月开始，萧劲光指挥留守兵团官兵，对边区土匪进行大规模围剿。不到一年时间，就消除了边区匪患。共消灭土匪 36 股，击溃 10 股，生俘匪徒 900 余人。①

---

① 萧劲光 [M]// 中国中共党史人物研究会 . 中共党史人物传：第 57 卷 . 北京：中国人民大学出版社，2017.

◎ 萧劲光（右）与王维舟在延安

　　1938年开始，日寇从山西多次准备渡黄河进攻陕甘宁边区。萧劲光以积极防御的战略战术，指挥留守兵团依托黄河天险和野战工事，大胆采取迂回战术对日军半渡而击。在友邻部队密切配合下，挫败日军对黄河防线的多次进攻，保证了边区和中共中央的安全。据统计，留守兵团自成立后，在晋西北、晋西、晋西南八路军的配合下，先后对日作战达七十余次，给敌人以严重打击。

1939 年 12 月，在国民党发动的第一次反共高潮中，萧劲光以八路军留守兵团司令员名义致电蒋介石，揭露顽固派破坏团结抗战的罪行，呼吁停止进攻边区，防止事态扩大；同时指挥部队实施自卫反击，打退国民党顽固派军队的进攻。1940 年 2 月，萧劲光与王若飞到山西秋林同阎锡山谈判，达成和解协议。他与驻防榆林的国民党将领邓宝珊将军建立了良好的统战关系，确保了陕甘宁边区北部的安全。此后为打破国民党对边区实行的经济封锁，他根据中央的部署，组织留守兵团部队开展大生产运动，涌现出三五九旅等模范单位。1942 年 6 月，萧劲光所部与八路军第一二〇师合编为陕甘宁晋绥联防军。9 月，萧劲光任联防军副司令员。

◎ 张经武（左）、萧劲光（中）、贺龙（右）在延安

◎ 1942年贺龙（1排左3）、谭政（1排左4）、萧劲光（1排左5）等在陕甘宁晋绥联防军司令部门前

在担任留守兵团领导工作期间，萧劲光根据毛泽东等中央领导的要求，加强军队正规化建设。他带领留守兵团干部战士克服各种困难，加强政治建军，狠抓部队正规化训练，留守兵团开设军政干部研究班和各种训练班，在留守兵团干部战士中，倡导并安排普遍的文化学习，部队军政素质有了很大提高，受到来延安参观的中外记者参观团和美军观察组的一致好评。他主持研究起草了八路军留守兵团司令部、政治部《关于拥护政府爱护人民的决定》，具体开列了留守兵团各级军政机关必须

◎ 萧劲光（中）、萧华（左）会见在长春放下武器投诚的郑洞国（右）

执行的 12 个方面的内容，制定公布了人民军队历史上第一个《拥政爱民公约》。在这些文件精神指导下，1943 年的春节，陕甘宁边区"拥政爱民"活动、"拥军"活动开展得生动活泼、丰富多彩。萧劲光组织留守兵团机关部队的领导，分头到部队驻地群众中走访，送医送药，帮助群众解决困难。边区政府各级行政部门也全面检查各村镇优待抗属、烈属和退伍伤残病老革命军人的情况。

毛泽东充分肯定了陕甘宁边区的这些做法，号召各根据地军民普遍开展这一活动，"双拥"从延安迅速发展到各个抗日根据地，从而掀起了前所未有的"双拥"热潮。自此，"拥军优属、拥政爱民"成为中国人民解放军的光荣传统延续至今。

日本投降后，萧劲光从延安前往前线，被任命为山东军区副司令员兼参谋长。赴任途中，在河南濮阳奉命转赴东北。10 月，萧劲光到沈阳后，任东北人民自治军（1946 年 1 月改称东北民主联军）副总司令兼参谋长。1946 年 10 月，在东北国民党军大举进攻、南满根据地形势严重的危难时刻，萧劲光奉命同陈云一起前往南满，兼任辽东军区司令员。同年 12 月至翌年 3 月，萧劲光指挥南满部队实施四保临江作战，在北满部队"三下江南"配合下，三个半月内粉碎国民党军四次大规模进攻，挫败其"南攻北守，先南后北"的战略企图，彻底扭转了南满局势，为东北人民解放军转入攻势作战创造了条件。辽沈战役中，他担任第一兵团司令员，负责围困长春的战斗。通过采取军事包围、经济封锁、政治瓦解等手段，使国民党军长春 10 万守军走投无路，被迫于 10 月相继投诚，开创了人民解放军通过"久困长围"战法和平解放大城市的先例。此后，他奉命率一兵团（12 月改称第十二兵团）南下，日夜兼程一路急行解放沈阳。此后，他率部参加平津战役和南下作战，围北平、越华北、渡长江、占武汉、进长沙。

1949 年 8 月，萧劲光兼湖南军区司令员、湖南军政委员会代主任。10 月，在衡宝战役中，萧劲光指挥中路军围歼国民党军 4 个精锐师，解放湖南大部地区。中华人民共和国成立后，萧劲光长期担任海军司令员，为人民海军创建和发展作出了突出贡献。

【参考资料】

［1］萧劲光 [M]// 中国中共党史人物研究会 . 中共党史人物传：第 57 卷 . 北京：中国人民大学出版社，2017.

［2］萧劲光回忆录 [M]. 北京：解放军出版社，1987.

王 震

◎ 王 震

　　王震（1908—1993），湖南浏阳人。1924年参加工作。1927年加入共青团，同年转入中国共产党。1929年参加中国工农红军。1955年被授予上将军衔。中华人民共和国成立后曾任中共中央政治局委员、国务院副总理、中共中央军委委员、中央军委常委、中共中央党校校长、中华人民共和国副主席等职。王震一生为中国革命、建设、改革事业不懈奋斗60余年，立下了卓著功勋。他是土地革命战争中成长为英勇善战的"革命猛将"，为民族独立和人民解放勇挑重担的光辉典范，为社

◎ 到达陕北后的王震（后排左2）与战友们

◎ 王震在延安机场观看美军便携式发电机

　　会主义事业建立卓著功勋的"建设闯将"，是富有蓬勃朝气、昂扬锐气、浩然正气的老一辈革命家。[1]

　　在烽火连天的红军岁月中，王震政治坚定、有勇有谋、不惧牺牲，在军事指挥、政治工作等方面都作出突出贡献，是一名令敌人心惊胆寒的"革命猛将"。1934 年 7 月起，王震先后任红六军团军政委员会委员、政治委员。在任弼时领导下，他与军团长萧克一道率部西征。同年 10 月，红六军团与贺龙、关向应率领的红三军（不久恢复红二军团番号）会师后，

---

　　[1] 中共中央党史和文献研究院.忠诚为党 实干兴邦：纪念王震同志诞辰 110 周年[N].人民日报，2018-04-11.

王震同志任中共湘鄂川黔省委委员、中央军委分会委员、代理军区司令员等职。1935年11月，为摆脱国民党军重兵"围剿"，红二、红六军团主动转移，开始长征。1936年7月初，在四川甘孜地区与红四方面军胜利会师。不久，根据中央指示，红二、红六军团与红三十二军组成红二方面军。王震与任弼时、贺龙、关向应等同志一道坚决反对和抵制张国焘分裂红军、分裂党的行径，坚决执行党中央北上抗日的正确方针。他下令焚毁张国焘授意下发的鼓吹分裂党和红军的图书和宣传资料，表现出一名共产党员对党中央的忠诚，成为维护党和红军团结的一段佳话。

抗日战争全面爆发后，王震任八路军一二〇师军政委员会委员、一二〇师三五九旅副旅长，随一二〇师东渡黄河，奔赴山西抗日前线；1937年10月起，任三五九旅旅长兼政治委员。他指挥部队对日寇英勇作战，配合忻口战役有力打击敌军，参与创建晋西北抗日根据地的斗争。其后，按照党中央部署挥师向晋察冀边区挺进，创建了以恒山为依托的雁北抗日根据地。1939年初至8月，他指挥三五九旅进行上下细腰涧、作新村等战斗，连战连捷，予敌以重大杀伤。八路军总部和边区政府分别授予王震所部"模范党军""百战百胜的铁军"称号。杏树嘴战斗中，他在受到日军毒气弹攻击的情况下，仍率部冲入敌阵，获得胜利，受到朱德、彭德怀等的高度赞扬。1939年8月，王震奉命回师陕北，同年10月任绥德警备区司令员兼政治委员，为巩固陕甘宁根据地作出了特殊贡献。1941年初，他率部进驻南泥湾，守卫陕甘宁边区的"南大门"，参加了粉碎国民党顽固派第二、第三次反共高潮的军事、政治斗争。1942年，他兼任中共延安地委书记，延安军分区司令员、卫戍区司令员。

◎ 王震和边区劳模吴满有在一起

　　为克服根据地日益严重的物质生活困难，他率三五九旅部队在南泥湾开展了轰轰烈烈的大生产运动。在"一把镢头一把枪，生产自给保卫党中央"的口号激励下，他率领全旅官兵，一面参与回击国民党顽固派第二、第三次反共高潮的军事和政治斗争，一面为克服根据地日益严重的物质生活困难，开展轰轰烈烈的大生产运动。经过两年多的努力，三五九旅开荒耕地30余万亩，把"处处是荒山"的南泥湾建成"陕北的好江南"，树立起"自己动手、丰衣足食"的光辉旗帜，被中共中央西北局誉为"发展经济的前锋"。在大生产运动中，王震率领各级干部坚持在开荒第一线，担负与战士一样的生产任务。一位到边区采访的外国记者由衷赞叹道："王旅长的双手像他的部下一样，由于劳动而生满了老茧。"王震同志被选为陕甘宁边区劳动英雄，毛泽东同志为他亲笔题词"有创造精神"。三五九旅被中共中央西北局誉为"发展经济的前锋"。

1944 年 10 月，根据党中央部署，由三五九旅为主力组成以王震任司令员、王首道任政治委员的八路军南下支队，执行南下作战、开辟新根据地的战略任务。部队长途跋涉、英勇转战、艰苦卓绝，途经八个省份，跨越半个中国，行程两万余里，先后突破敌人一百多条封锁线，进行大小战斗三百余次，于 1946 年秋胜利返回延安，完成了党中央赋予的任务，谱写了一部革命英雄主义的壮丽史诗，被誉为"第二次长征"。

◎ 时任三五九旅旅长的王震

◎ 王震在延安

在率领部队"南征北返"期间，在中国共产党第七次全国代表大会上，王震当选为中共中央候补委员。抗日战争胜利后，王震任中原军区副司令员兼参谋长，协助李先念成功指挥了中原突围。

◎ 中原突围前的王震（右）与李先念（左）

◎ 毛泽东接见从中原突围后返回延安的三五九旅领导干部（前排右2为王震）

◎ 王震在西北战场指挥战斗

　　1946年11月，任中共吕梁区委书记、吕梁军区司令员兼政治委员，晋绥军区野战第二纵队司令员兼政治委员，先后参加指挥了吕梁战役和汾孝战役。1947年春，他率部从晋绥回师陕北，任西北野战兵团第二纵队司令员兼政治委员，参加保卫陕甘宁边区、保卫党中央的战斗，与兄弟部队一起取得了陕北三战三捷，继而展开陇东三边战役和榆林、沙家店等战役，粉碎了国民党军队的进攻，使西北战场的局面发生了根本转变。随后，率部参加和参与指挥西北战场人民解放军战略进攻的一系列重要战役战斗，取得重大胜利。

在澄郃战役中，他亲临前线指挥并第七次负伤；在永丰镇战斗中，他率部歼敌万余人，创造攻坚战中一个军歼敌一个军的模范战例。1949年，他相继担任第一野战军第二军军长兼政治委员、第一兵团司令员兼政治委员。在3月党的七届二中全会上，王震主动请缨进军新疆。9月，他率部进入西宁，解放青海。其后，沿西（宁）张（掖）公路北上，冒着风雨严寒翻越终年积雪的祁连山，直插张掖、解放酒泉、直逼新疆、促成新疆和平解放，为解放大西北、巩固祖国统一、创建新中国作出了重大贡献。

【参考资料】

[1] 中共中央党史和文献研究院.忠诚为党 实干兴邦：纪念王震同志诞辰110周年[N].人民日报，2018-04-11.

[2] 中国延安干部学院.延安时期大事记述[M].北京：中央文献出版社，2010.

[3] 积极推行南泥湾政策（1942年12月12日）[M]//《中国人民解放军历史资料丛书》编辑组.八路军·文献.北京：解放军出版社，1994：874-875.

[4] 徐焰.胜利回响：国防大学军史专家徐焰教授讲抗日战争[M].北京：解放军出版社，2016.

[5] 谭虎娃.历史的转折：中共中央在延安13年[M].北京：人民出版社，2018.

傅　钟

　　傅钟（1900—1989），四川叙永人。1920 年赴法国勤工俭学，1921 年冬加入中国共产党。在革命生涯中，傅钟历任支部书记、总支部局副书记、师政委、方面军政治部副主任、边区省委书记、八路军政治部副主任等职。中华人民共和国成立后，1955 年被授予上将军衔。他长期担任中国人民解放军总政治部副主任，长期参与领导全军的政治思想，特别是宣传、文化方面的领导工作，是中国人民解放军优秀的政治工作领导人。

◎ 傅　钟

　　1920 年，傅钟赴上海预习法文，参加工读互助会。同年 11 月赴法国勤工俭学。1921 年冬，傅钟与巴黎共产主义小组取得联系，随后参加筹建旅欧少年中国共产党的活动，并加入中国共产党，成为党的早期党员。1925 年，傅钟任中共旅欧总支部书记，曾在巴黎组织领导旅法华人集会，声援国内"五卅"运动。1926 年初，傅钟离开巴黎，到苏联莫斯科中山大学学习，并担任学生总支部局副书记，负责日常工作。在中山大学期间，他与邓小平、蒋经国成为同学。1927年秋，傅钟转入列宁格勒托尔马夫军事政治学院学习，曾列席联共（布）第十五次代表大会，参加共产国际执委会扩大会的工作。1929年底，傅钟从列宁格勒托尔马夫军事政治学院毕业。1930年春，傅钟回国在上海临时中央军事委员会任军事委员，专做人事和兵运工作，同时参与翻译了《苏军步兵战斗条令》和《苏军政治工作条例》。

1931年夏天，傅钟被派到鄂豫皖苏区，先后担任红四方面军政治部秘书长，红四方面军随营学校校长兼政委，彭（湃）杨（殷）军政干部学校政治部主任兼红十师政治部主任等职。在反"围剿"作战的艰苦紧张环境中，他编写了《红军须知》《连队指导员手册》等文件、教材，并亲自授课，为部队培养了大批骨干和基层干部。

1932年冬，傅钟随红四方面军入川，参加创建川陕苏区，任红四方面军（后兼西北军区）政治部副主任，同时主编《红军报》《干部必读》等报刊。傅钟随红四方面军参加了长征。红一方面军和红四方面军在懋功会师后，傅钟遇到了衣衫单薄、面容憔悴的同乡、同学、战友邓小平，他慷慨地送了邓小平一匹马、一件狐皮大衣、一包牛肉干。邓小平晚年依然念念不忘地对子女们说：过了雪山后，傅钟送我了三件宝，这三样东西可真是顶了大事呀。

长征到达陕北后，傅钟先后任中国人民抗日红军大学政治部主任、抗日军政大学政治部主任。1937年3月底，傅钟列席政治局扩大会议，积极参加揭露和批判张国焘严重错误的斗争。全国抗战开始后，傅钟出席了洛川会议，他按照会议精神起草了《中国共产党抗日救国十大纲领》。之后随八路军总部东渡黄河，先后任八路军政治部民运部部长、政治部副主任、八路军野战政治部主任，为创建华北敌后抗日民主根据地做了大量工作。1939年5月7日，抗大分校成立组织教育委员会，傅钟任主任。

◎ 傅钟（右1）在八路军总部与邓小平、黄克诚等合影

1940 年冬，傅钟回延安，任中央军委总政治部副主任。1943 年，傅钟兼任陕甘宁晋绥联防军政治部副主任。1938 年至 1940 年，傅钟提出了《政治整军方案》，参与制定并发布《政治整军训令》。按照训令要求，各部队普遍巩固和加强了党的领导，部队得到很大发展，指战员的军政素质明显提高，整个政治工作为保证这个时期对日作战与反顽斗争的胜利，发挥了重要作用。由傅钟执笔制定的"智勇坚定，排难创新，团结奋斗，不胜不休"的 16 字《军训》词谱曲后在部队广为传唱，起到了鼓舞斗志、壮军威和发扬优良传统作风的作用。他十分重视研究抗日民族统一战线形势下军队政治工作的新问题，重视总结在艰苦分散和持久作战环境中部队政治工作的新经验，他写的《八路军抗战中政治工作的经验》《论革命军队建设问题》等文章，及时指导了部队的政治工作。

◎ 傅钟（左 1）与朱德、薄一波在延安时的合影

1945年，傅钟作为正式代表出席了党的第七次全国代表大会，并在会上作了《增强党的团结，反对山头主义》的发言，总结历史的经验教训。他列举了张国焘在鄂豫皖苏区和红四方面军中拉山头、搞宗派主义的罪行，说明山头主义、宗派主义给党和革命事业带来的危害，阻碍和影响了党的团结。他强调要解决个人与党的关系，必须依靠党依靠人民，才能稳如泰山，万事好办，如果不是这样，只说大山头、小山头，其结果把山头背在背上，把自己压得又是驼子、又是瞎子，举步维艰，阻碍前进，这方面必须要警惕。傅钟的发言在七大会议上产生了广泛影响。它充分体现了延安整风中反对宗派主义以整顿党风的要求，充分反映了七大是团结的大会的主旨。傅钟的讲话获得与会代表的热烈掌声。毛泽东说："傅钟同志在这里讲了一篇很好的话，我全篇都赞成！"此后，毛泽东多次在各种场合赞扬傅钟的讲话。他的红四方面军老战友魏传统少将曾为此作诗评价："七大"会上为团结，奋把山头主义反，博众赞。

　　1946年初，傅钟随中共代表团团长周恩来赴重庆，任中共四川省委宣传部部长兼新华日报社社长。国民党发动全面内战后，他奉命回到延安，仍任中央军委总政治部副主任。由于原总政治部机关干部已调往解放区各战场，他负责重新组建精干的总政治部机关，在中共中央、中央军委副主席兼总政治部主任刘少奇主持下，参与领导解放战争中的总政治部工作。1948年春，傅钟为总政治部撰写了《新式整军初步总结》，随后协助刘少奇召开了全军敌军工作会议，对中国人民解放军在战略进攻阶段开展政治攻势、瓦解国民党军队作了重要部署。傅钟参与制订了《中国人民解放军党委员会条例（草案）》《支部工作条例》《革命军人委员会条例》。这些重要的法规性文件，对于加强共产党对人民军队的统一领导，健全中国人民解放军党委会制度，加强基层政治工作，密切官兵关系、军民关系及革命队伍内部团结，保证作战任务完成，起到了重要作用。

傅钟穷尽毕生心血从事人民军队政治工作，在军队政治工作队伍中资格最老、党龄最长。他从 1938 年 1 月担任八路军政治部副主任，到 1982 年 9 月从解放军总政治部副主任位置离任，从事军队政治工作长达四十五年零九个月，时间之长、职位之高无人能及。他先后与王稼祥、任弼时、刘少奇、罗荣桓、谭政等多位主任搭过班子共过事，都建立了很好的工作关系和私人感情。他们有一个共同的突出感受就是傅钟有思想、有水平、讲政治、顾大局，作风正派、做事干净，从不摆老资格、从不凭位擅权，体现出了一名从延安时代走出的老共产党人的优良品质和精神风貌。

【参考资料】

[1] 傅钟同志生平 [N]. 人民日报，1989-08-20（02）.

[2] 我军杰出的政治工作领导者：悼念傅钟同志 [N]. 人民日报，1989-9-28（06）.

张思德

◎ 张思德

　　张思德（1915—1944），四川仪陇人，共产主义战士，全心全意为人民服务的典范。

　　张思德出生在四川省仪陇县一个穷苦农民家庭。1933 年 12 月参加红军，不久加入共青团。1935 年，他随红四方面军参加了长征。1936年到陕北后，入云阳荣誉军人学校学习和养伤。1937 年抗日战争爆发，张思德所在部队在开赴前线前，留下老弱病残，编成了一个警卫连。张思德因有伤病也被编入警卫连，任副班长，负责云阳镇八路军留守处和荣誉军人学校的警卫。1937 年 10 月，张思德加入了共产党。从此，他更加严格地要求自己，一切服从党和人民的利益，党叫干啥就干好啥。

◎ 张思德（左）烧炭留下的照片

　　1938 年春，他被调到云阳八路军某部留守处警卫营担任班长。1940 年春，调中央军委警卫营任通信班长。工作中，他总是承担困难艰苦的工作。在他的带领下，全班战士出色地完成了各项任务。

　　1942 年 11 月，部队合并整编，干部精简下派，一些连排干部要去当班长，多数班长、副班长要当战士。张思德调中央警卫团一连当战士，他愉快地服从组织分配。

◎ 延安时期的中央警卫团战士

　　不久，他被调到延安枣园，在毛泽东等中共中央领导工作的地方执行警卫任务。他把全部心血都倾注在警卫工作中，为了保证毛泽东等中央领导有个好的工作和生活环境，他经常主动为驻地打扫卫生、铺石垫路、修补窑洞，出车警卫，兢兢业业地做好每一项工作。他还经常帮助战友补洗衣服、编草鞋、喂战马、挑水烧火、采药防病、站岗放哨，带头帮助驻地群众生产劳动，干好每一件革命工作。其生前战友陈耀评价说，张思德的生活十分艰苦朴素。他从来没有计较过个人得失，从没有过个人要求，更没有为个人什么事忧愁过。他时刻考虑着人民疾苦，热情关心着战友们的成长。他处处为别人着想，对同志诚恳热情，体贴入微。

　　1944年9月8日，毛泽东在张思德追悼会上发表讲演，高度赞扬他完全、彻底为人民服务的崇高思想境界和革命精神。这篇讲演，既是一篇悼念革命战士的沉痛悼词，更是一篇为人民服务的光辉宣言。图为《解放日报》(1944年9月21日第1版)关于这次追悼会的报道

◎ 《解放日报》报道毛主席亲致哀悼张思德同志

1944年初，张思德响应中共中央大生产运动的号召，主动报名参加中央组织的生产小分队，到离延安30多公里的安塞县生产农场，被选为农场副队长。同年7月，进安塞县山中烧木炭。他处处起模范带头作用，不怕苦、不怕累，哪里最苦最累，他就出现在哪里，每到出炭时总是最先钻进窑中作业。

9月5日，天下着雨，张思德带着突击队的战友们照常进山赶挖新窑。中午时分，炭窑在雨中发生崩塌。危急时刻，张思德一把将战士小白推出窑口，自己却被埋在坍塌的土里，战友得救了，张思德却献出了年仅29岁的生命。毛泽东得知张思德牺牲的简要经过后沉痛地说："前方打仗死人是没办法的，后方生产劳动死人不应该！"他明确指示三点："第一，给张思德身上洗干净，换上新衣服；第二，搞口好棺材；第三，要开个追悼会，我要去讲话。"

9月8日，中央直属机关和中央警卫团1000多人，在延安枣园后沟口的操场上举行张思德追悼会。警备团团长吴烈主持追悼会，政治处主任张廷桢致悼词。毛泽东亲自参加追悼会，献了花圈，亲笔题写"向为人民利益而牺牲的张思德同志致敬"的挽词。下午1时以后，毛主席迈着沉重的步子走上祭台，作了《为人民的利益而死，是死有重于泰山》的演讲。这篇演讲，既是对张思德全心全意为人民服务的革命精神和境界的高度赞扬，更是一篇教育全党全军为人民服务的光辉宣言。1953年编入毛泽东选集时改名称为《为人民服务》。

毛泽东在演讲中称赞："张思德同志是为人民利益而死的，他的死是比泰山还要重的。"毛主席由张思德进而要求全党："因为我们是为人民服务的，所以，我们如果有缺点，就不怕别人批评指出。""只要我们为人民的利益坚持好的，为人民的利益改正错的，我们这个队伍就一定会兴旺起来。""我们都是来自五湖四海，为了一个共同的革命目标，走到一起来了。我们还要和全国大多数人民走这一条路。""中国人民正在受难，我们有责任解救他们，我们要努力奋斗。要奋斗就会有牺牲，死人的事是经常发生的。但是我们想到人民的利益，想到大多数人民的痛苦，我们为人民而死，就是死得其所。"这些话，后来传遍了中国的家家户户，成为每个党员和要求进步的同志的座右铭。从此，"为人民服务"这句话流传开来，既为党和军队指明了方向，也为党和军队赢得了千千万万民众的信任。直至今天，在中国武装力量的队列中，仍有着这样标准的口号——"同志们辛苦了！""为人民服务！"

张思德是延安时期无数个普通党员、普通战士中的一员，但是在他的身上体现了中国共产党全心全意为人民服务的宗旨，体现了人民军队的性质和本色。正是坚持了这一宗旨，中国共产党和人民军队才能战胜一切敌人、克服一切困难。他的形象成了为人民服务的代名词、里程碑，革命军人的行动楷模。这位延安时期人民军队的普通一兵，在 2009 年 9 月 10 日，被评为 "100 位为新中国成立作出突出贡献的英雄模范人物" 之一。经中央军委批准，他的光辉形象作为中国人民解放军 10 位挂像英模之首，在人民军队连以上单位长久悬挂，让后世军人铭记不忘。①

---

① 全军十位挂像英模分别是：张思德、董存瑞、黄继光、邱少云、雷锋、苏宁、李向群、杨业功、林俊德、张超。

张思德——为人民利益而死重于泰山

张思德（1915－1944）实践我党我军全心全意为人民服务宗旨的光辉典范。四川省仪陇县六合场（今思德乡）人。中央警备团战士。1933年参加中国工农红军，共产党员。曾担任过警卫班长和毛泽东主席的内卫班战士，参加过长征。作战勇敢，多次负伤。1944年9月5日，在陕北安塞县山中执行烧炭任务时，因炭窑崩塌不幸牺牲。9月8日，毛泽东主席在中央直属机关为张思德同志举行的追悼会上，作了《为人民服务》的著名讲演，号召全党全军向张思德同志学习。

◎ 张思德成为全军英模挂像人物之一

【参考资料】

［1］中国延安干部学院.延安时期大事记述[M].北京：中央文献出版社，2010.

［2］毛泽东选集：第三卷[M].第 2 版.北京：人民出版社，1991.

白求恩

◎ 白求恩

白求恩（1890—1939），中文原译名伯琴，全名诺尔曼·白求恩（Norman Bethune），加拿大共产党员，国际主义战士，著名胸外科医师。1890 年出生于加拿大安大略省格雷文赫斯特镇，1935 年加入加拿大共产党，1936 年参加反法西斯西班牙内战，1938 年来到中国参与抗日革命，1939 年因病逝世。2004 年，加拿大广播公司评选"最伟大的加拿大人"，白求恩被评选为第 26 位伟人。2009 年，他被评为"100 位为新中国成立作出突出贡献的英雄模范人物"之一。

白求恩的父亲为牧师，母亲也是虔诚的长老会信徒，小时候家庭生活条件较优越。中学毕业后，他考入多伦多大学。当时学医很贵，他为了攒足学费而经常在课余时间打工。他送过报、当过侍者和轮船上的锅炉工，经受了生活的磨砺，也体验到了下层劳苦群众的艰辛。这为他后来投身共产主义事业奠定了生活基础。

◎ 青年时代白求恩

　　1914年第一次世界大战爆发，白求恩参军到欧洲前线，在医疗队当过担架员、副医官，曾负过伤。战争结束后，他花了五年时间在英国医院实习外科，主攻胸外科。由于专心于业务，他住房的冰箱里经常都装满人的器官，"像个血淋淋的肉铺子"。他所挚爱的妻子对这种情形感到难以忍受，加上他患上了当时还难治愈的肺结核，夫妻离婚。后来他发明了"人工气胸疗法"，并在自己的身上实验大获成功，治愈了肺结核。

经过刻苦钻研，白求恩业务日益精湛，其独创的胸外科医术在医学界享有盛名。他自己开设外科诊所，逐渐享誉欧美并成为美洲胸外科医生协会的五人执委之一。这样的资历，在当时不仅意味着社会对其医术的认可，而且意味着更高的收费标准。白求恩收入非常高，成为名副其实的"金领"。但他在行医过程中发现，易患重病的穷人看不起病，生活优裕的富人们却是诊所常客。他气愤之下采取了对富人故意多收费，对穷人少收费甚至免费治疗的方法，但仍解决不了社会问题。白求恩就此认为"富人复原穷人死亡，这个很简明的事实说明了经济学和病理学的关系"。

◎ 白求恩（右1）在西班牙反法西斯内战中

◎ 白求恩1936年在西班牙马德里西北的群山中度过圣诞节

　　1935年，他参加国际学术会议时参观了苏联，在苏联他看到了社会主义免费医疗的优越性，加上其早期个人经历，他的信仰转为马克思主义。同年11月他加入了加拿大共产党，决心不仅医治病人也要医治社会。1936年西班牙佛朗哥法西斯叛军在德、意支持下进攻共和国政权，白求恩参加医疗队前往马德里，在那里工作了半年。

随后他回加拿大讲演募捐，准备再返西班牙时突然看到中国全国抗战爆发和八路军平型关大捷的消息。白求恩曾看过埃德加·斯诺所著《西行漫记》、史沫特莱的《红军在长征》、贝特兰的《中国的第一步行动》，对中国共产党人十分钦佩。于是决定到中国去支援抗日。加共当时因经费不足，向美共要到一笔钱，确定由两国共产党共同派遣援华医疗队。

1938年1月，白求恩一行三人带着大量医疗器材乘"亚洲皇后号"邮船横穿太平洋，经过十三个昼夜，来到中国。他们先到武汉会见了周恩来。之后他们便北上山西前线，在临汾差点遭遇日军，由八路军掩护才脱险到达延安。1938年3月31日，白求恩率领医疗队来到中国延安，受到毛泽东亲切接见。在延安凤凰山的窑洞里，白求恩与毛泽东彻夜长谈。白求恩为毛泽东精辟的见解和深邃的思想所感染，当天便在日记上写道："他是我们世界上最伟大的人物之一。"

◎ 毛泽东与白求恩在延安大会上的照片。背面有白求恩亲笔签字：毛泽东和白求恩，延安，1938年5月1日。照片由白求恩自带的"柯达莱丁娜"相机拍摄，现由他的好友利廉之子比尔持有

从在武汉首次接触后，中共就给白求恩留下了很好的印象。到延安后，他又认为这里与国统区的武汉存在天壤之别。中共中央和八路军总部考虑到安全因素，希望白求恩留在延安中央医院工作。但他却提出"军医的岗位是在前线"。有的领导人说要"照顾"他留在这里，去敌后前线既不方便也不安全。白求恩气愤之下竟拿起一把圈椅向窑洞的窗户砸去，椅子直飞落到院外。他大喊："需要照顾的是伤员，而不是我。"他如此坚定的举动使得去前线的事马上得到批准。事后他说：我可以向大家道歉。但是，你们也应该向那些残疾的同志道歉。

1938 年 5 月白求恩来到晋绥边区，一路上检查了各个医院，对诸如放茶杯盖时口要朝上之类防菌的小事他也一一吩咐。6 月间他进入五台山区，会见了聂荣臻并担任了晋察冀军区卫生顾问。

◎ 白求恩率医疗队奔赴晋察冀抗日根据地

◎ 在晋察冀前线与聂荣臻等人的合影

　　他主持建立了医院，建立了军区流动医疗队，创办了军区卫生学校，亲自编写各种教材并讲课。他经常在火线进行手术，还一度化装成农民进入日寇后方的腹心地区冀中。为了适应战争环境，方便战地救治，他因地制宜组织制作了药驮子，这可装做 100 次手术、换 500 次药和配制 500 个处方所用的全部医疗器械和药品。为纪念抗战全面爆发，这被称为"卢沟桥药驮子"。他制作的换药篮，被称为"白求恩换药篮"。

　　在敌后一年半的时间里，他的工作量远超出常人的想象，却过着与八路军官兵一样艰苦的生活。1938 年 11 月至 1939 年 2 月，率医疗队到山西雁北和冀中前线进行战地救治，4 个月里，行程 750 公里，做手术 300 余次，建立手术室和包扎所 13 处，救治大批伤员。1938 年 7 月初，回到冀西山地参加军区卫生机关组织领导工作，创办卫生学校，培养了大批医务干部，编写了多种战地医疗教材。

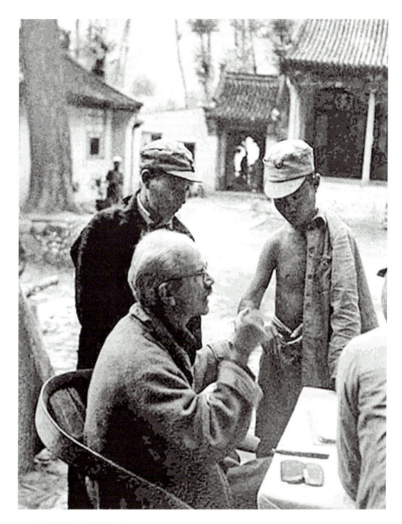

◎ 白求恩与八路军战士

1939 年秋，他在准备动身回国筹款前，因日寇开始冬季"扫荡"，战斗趋于激烈，便推迟行程投入抢救"黄土岭战役"中战场伤员。在抢救伤员时他左手中指被手术刀割破出现创口。随后他见一个生命垂危的伤员头部肿得很大，又用手探进去摸，为求得更好的感觉而未戴胶皮手套，不幸感染了细菌。他发着高烧，仍坚持治疗伤员，直至昏倒不起，于 11 月 12 日医治无效在河北省唐县黄石口村逝世。

　　白求恩终身未育子女，因此他对八路军伤员的态度非常和蔼，开口就是"我的孩子"，对医护人员的工作却严格到挑剔的程度。那时八路军卫生队伍中真正受过科班教育的很少，多数人由农村参军后边干边摸索，不太懂严格的医务规章制度，也存在马虎敷衍的习气。白求恩来到每个医院，都先要检查诸如包扎、消毒这些基本程序。他看到军医在手术间隙削梨吃，就一把抓过来扔出门外。一次发现医生竟忘了给伤员上夹板，这种会造成终身残疾的行为更使他怒不可遏，当场结实地给了那个责任人一巴掌！不过在发火之后，白求恩又会耐心地讲解医护要领，并亲自示范。受过他批评和训斥的人，事过多少年也怀着感激怀念之情，因为从他身上学到了真正的医德。

　　白求恩医治伤员时，确如毛泽东所赞誉的那样"技术精益求精"和"极端的负责任"。晋察冀边区几次对日大的战斗后，领导都要他留在后方，他却认为"医生在后方等待伤员的时代已经过去"，到火线救治才能挽救更多的生命。广灵伏击战时，他创造了连续手术 71 人、坚持 40 个小时的纪录。在齐会战斗中，他不顾周围同志劝阻亲临一线，日军最近时离其手术室不足两公里路。他连续三天三夜工作，又创下为 115 个伤员做手术，坚持工作 69 小时的纪录。为救伤员需要输血，他又是 O 型血的万能输血者，两次为伤员输血，每次 300 毫升，而此时的白求恩已年近 50 岁。他总说："你们要拿我当一挺机关枪使。"

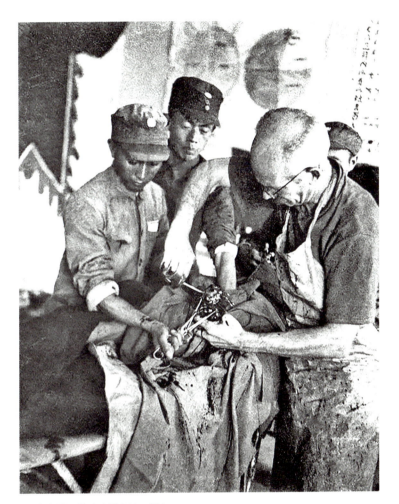

◎ 白求恩工作照（罗光达　摄）

◎ 以白求恩名字命名的白求恩医院（学校）

　　白求恩对信仰的追求是无比真诚和朴实的。在延安窑洞中见到毛泽东，他做的第一件事就是把自己加拿大共产党员党证交给毛泽东看。他显然要表达的，虽然两人曾远隔万水千山，语言不通、习俗不同，但是是为了一个共同的革命目标走到一起的同事，他们之间理想信念是相同的，这比任何事情都更为重要。在晋察冀抗日前线，让白求恩感到最为兴奋的一件事便是受邀参加了晋察冀边区党代会，他以中国共产党的同志们把自己视为革命队伍的一分子而无比自豪。

白求恩去世后，毛泽东为了悼念他，专门写了一篇文章《学习白求恩》（该文在编入《毛泽东选集》第二卷时改名为《纪念白求恩》），在 1939 年 12 月 21 日发表。其中写道："一个外国人，毫不利己的动机，把中国人的解放事业当作他自己的事业，这是国际主义精神，这是共产主义精神。白求恩同志毫无利己专门利人的精神，表现出他对工作的极端的负责任，对同志对人民的极端的热忱。白求恩同志是一个医生，他以医疗为职业，对技术精益求精；在整个八路军医务系统中，他的医术是很高明的。"毛泽东号召共产党人学习白求恩，争做"五种人"。即"一个高尚的人，一个纯粹的人，一个有道德的人，一个脱离了低级趣味的人，一个有益于人民的人"。这篇文章后来和毛泽东的另外两篇同一时期的文章《为人民服务》和《愚公移山》一起，成为著名的广大党员干部必

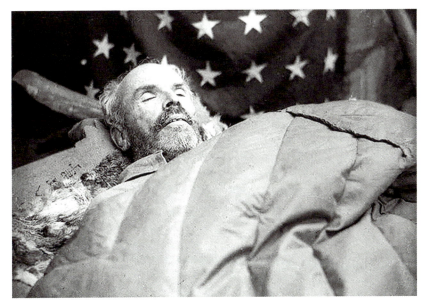

◎ 白求恩遗容

读的"老三篇"。白求恩的名字也因此而家喻户晓。

1940年的五一劳动节，晋察冀军区司令员聂荣臻率指战员致祭于河北唐县白求恩墓前，白求恩墓上题词"永远不变的光辉"。悼文云："呜呼，伯琴以天赋之英才，造医学之极峰；抱高尚远大之理想，献身革命。高爵不足羁其鸿志，厚禄不足系其雄心……日劳病榻之间，夜书膏火之房，行遇路人之疾，止子治疗之方，医术精于华佗，精神比于墨翟。非热爱乎人类，谁曾至于此极，革命未竟，英雄先亡。噩耗传来，云胡不伤。为君执绋，送葬军城。临穴涕泣，不知所云。"

白求恩虽然是加拿大共产党员，却为中国革命献出了生命，成为每个中共党员必学的光辉榜样。抗战期间，协助八路军、新四军抗战的外国友人很多，如柯棣华、巴苏华、罗生特、汉斯·希伯、马海德等。其中柯棣华、汉斯·希伯也都献身于中国人民抗战事业。正如白求恩在遗嘱中所说："人值得为一个目标生，也值得为一个目标死。请不要为我的死而悲伤，我正是为结束那些无聊的日子才来中国的。"发扬救死扶伤革命的人道主义，这正是对白求恩信仰和工作追求的最好阐释。

【参考资料】

[1]白求恩[M]//中国中共党史人物研究会.中共党史人物传：第9卷.北京：中国人民大学出版社，2017.

[2]中国延安干部学院.延安时期大事记述[M].北京：中央文献出版社，2010.

[3]毛泽东选集：第三卷[M].第2版.北京：人民出版社，1991.

军事会议与军事著作篇

瓦窑堡会议

◎ 瓦窑堡会议旧址（新华社发）

    1935 年 12 月 17 日，中共中央在陕北子长县瓦窑堡召开了一次重要的政治局扩大会议。史称瓦窑堡会议。出席会议的有毛泽东、张闻天、周恩来、刘少奇、秦邦宪、邓发、何克全、李维汉、张浩（林育英）、杨尚昆、王稼祥、彭德怀、郭洪涛等十余人。这次会议，是中国共产党在中日民族矛盾日益加深，大规模的抗日民主运动高涨的形势下，为制定正确的政治路线和革命策略而召开的。

1935 年，日本帝国主义继侵占中国东北后，又制造了"华北事变"，妄图把华北变成第二个伪"满洲国"。而南京国民政府屈服于日本帝国主义的淫威，继续实行不抵抗政策，先后与日军签订了《秦土协定》和《何梅协定》，实际上把包括京、津在内的河北、察哈尔两省的大量国家主权奉送给了日本。中国共产党积极领导了全国人民的抗日救亡运动。1935 年 8 月 1 日，中共驻共产国际代表团起草了《为抗日救国告全体同胞书》(即《八一宣言》)，10 月 1 日正式以中华苏维埃中央政府和中共中央的名义公开发表。这个宣言是根据共产国际第七次代表大会关于建立反法西斯人民统一战线的精神提出的。宣言呼吁各党派各军队和各界同胞停止内战，集中力量一致抗日，并建议组成统一的国防政府和在

◎ 瓦窑堡会议油画（绘画　沈尧伊）

◎ 在瓦窑堡会议上通过的《中共中央关于目前政治形势与党的任务决议》(部分)
(中央档案馆馆藏)

◎ 毛泽东《论反对日本帝国主义的策略》的报告

国防政府领导下的抗日联军。在中国共产党的影响和领导下，1935年12月9日，北平学生爆发了"一二·九"运动，1万多名学生举行抗日示威游行，推动了全国抗日救亡运动的发展。在此期间，长征中的中国工农红军于1935年10月胜利到达陕北。11月下旬，中共驻共产国际代表团所派代表张浩（林育英）回到陕北，向中共中央传达了共产国际关于建立广泛的反法西斯统一战线的精神和八一宣言的内容。在中华民族危机日益严重，抗日救亡运动重新高涨的形势下，迫切要求对日本进攻以来的国内形势作一次正确的分析，制定党在新形势下的策略和政策，纠正严重存在的"左"倾关门主义。为此，根据共产国际七大的决议，中共中央于12月17日至25日在陕北瓦窑堡召开了政治局扩大会议。会议分析了华北事变后国内阶级关系的新变化，讨论了抗日民族统一战线、国防政府和抗日联军等问题，批判了党内长期存在着的"左"倾关门主义，制定了抗日民族统一战线的策略方针。

12月25日，会议通过了《中共中央关于目前政治形势与党的任务决议》。《决议》指出，目前形势的基本特点，就是日本帝国主义要变中国为它的殖民地。这种形势给中国一切阶级和一切政治派别提出了该怎么办的问题。因此，党的策略任务就在于发动、团结和组织全中国和全民族一切革命力量去反对当前的主要敌人——日本帝国主义。党内主要危险是"左"倾关门主义。为了适应抗日民族统一战线的需要，《决议》提出将"工农共和国"的口号改为"人民共和国"，并相应地改变了党的若干政策。这次会议，是遵义会议后中共中央召开的一次重要会议。它科学地总结了两次国内革命战争的基本经验，解决了遵义会议没有来得及解决的政治策略问题，确定了建立抗日民族统一战线的政策。

毛泽东作了军事问题的报告。毛泽东在他的报告中，对于民族资产阶级的两面性和利用地主买办营垒内部矛盾的可能性问题，作了精辟的分析。他指出："国民党营垒中，在民族危机到了严重关头的时候，是要发生分裂的。"总之，"把这个阶级关系问题总起来说，就是：在日本帝国主义打进中国本部来了这一个基本的变化上面，变化了中国各阶级之间的相互关系，扩大了民族革命营垒的势力，减弱了民族反革命营垒的势力。"因此，党的基本策略任务，就是要建立广泛的民族革命统一战线，"组织千千万万的民众，调动浩浩荡荡的革命军，是今天的革命向反革命进攻的需要。"根据毛泽东的报告，会议通过《中央关于军事战略问题的决议》，提出红军行动的战略方针是：把国内战争同民族战争结合起来，准备直接对日作战力量和猛烈扩大红军。会后，毛泽东根据瓦窑堡会议决议精神，于12月27日在党的活动分子会议上作了《论反对日本帝国主义的策略》的报告，进一步从理论和实践上阐明了党的抗日民族统一战线策略方针。

瓦窑堡会议表明，中国共产党已经克服了长征前一段时期内的"左"倾冒险主义、关门主义的指导思想，不失时机地制定了抗日民族统一战线的政策，使党在新的历史时期将要到来时掌握了政治上的主动权。会议也表明，中国共产党在总结革命中的成功和失败的经验教训的基础上，已经成熟起来，能够从中国的实际情况出发，创造性地领导中国革命。

【参考资料】

［1］中国延安干部学院.延安时期大事记述[M].北京：中央文献出版社，2010.

［2］《中国大百科全书·军事》编委会.中国大百科全书：军事[M].北京：中国大百科出版社，2007.

［3］徐焰，薛国安.写给新一代人看的辉煌军史[M].北京：解放军出版社，2012.

［4］徐焰.从合作走向决战：中国共产党为什么能战胜国民党[M].广州：广东经济出版社，2016.

洛川会议

  洛川县位于陕西中部，延安地区南部，地处渭北黄土高原沟壑区，距省城西安 240 公里、距延安 135 公里。七七事变爆发后，中国抗战战局急剧变化。日军于 7 月底占领平津地区，8 月中旬，又在华北的平绥铁路东段和华中的上海地区，展开新的战略进攻。1937 年 8 月 22 日至 25 日，中共中央在陕北洛川冯家村召开了由毛泽东、张闻天、周恩来、朱德、任弼时、关向应、刘伯承、贺龙、博古、彭德怀、张浩、林彪、聂荣臻、罗荣桓、张文彬、萧劲光、林伯渠、徐向前、周建屏、傅钟、凯丰、张国焘、周昆等政治局委员、中央委员和各方面主要负责人，共 23 人出席的中共中央政治局扩大会议，史称洛川会议。会议由张闻天主持。毛泽东代表中央政治局作了关于军事问题和同国民党的关系问题的报告，深刻地分析了中国革命的形势，指出抗日战争将是艰苦的持久战，提出了共产党在抗日战争时期所采取的政治路线和基本方针。

  关于军事问题，他在报告中指出红军在国内革命战争中已经发展为能够进行运动战的正规军。但在新的形势下，必须把过去的正规军和运动战变为分散使用的游击军和游击战。

  他提出红军的基本任务是：（1）创建根据地。（2）钳制和相机消灭敌人。（3）配合友军作战（主要是战略配合）。（4）保存与扩大红军。（5）争取民族革命战争领导权。

  他指出红军的战略方针是：独立自主的山地游击战，包括在有利条件下集中兵力消灭敌人兵团，以及向平原发展游击战争。游击战争的作战原则是分散以发动群众，集中以消灭敌人，打得赢就打，打不赢就走，

◎ 延安市洛川县洛川会议旧址

山地战要达到建立根据地，发展游击战争的目的，小游击队可到平原区发展。关于国共关系问题，报告强调在抗日民族统一战线中，要坚持独立自主，保持高度的警惕性。红军的活动，只能由自己决定。

张闻天详细分析了当时的政治形势，说明全国性的抗战已经开始，从此进入了抗战的新阶段。他着重指出：总方针是要将已经开始的全国性抗战发展为全面的、全民族的抗战，动员一切力量争取抗战胜利，并从中来完成民主革命的任务——统一中国，建立民主共和国。

张闻天在补充报告和发言中，对毛泽东的持久战的战略方针作了阐述和发挥。周恩来报告了南京谈判、上海抗战、国民党统治区的政治经济形势以及南京政府的国防外交等情况。会议通过了《中央关于目前形势与党的任务的决定》《中国共产党抗日救国十大纲领》，以及毛泽东起草的宣传鼓动提纲《为动员一切力量争取抗战胜利而斗争》。

中國共產黨抗日救國十大綱領

（為動員一切力量爭取抗戰勝利而鬥爭）

一．打倒日本帝國主義：

對日絕交，驅逐日本官吏，逮捕日本偵探，沒收日本帝國主義在華財產，否認日本外債，廢除日本條約，收回日本租界。

為保衛華北與沿海各地而血戰到底。

為收復平津與東北而血戰到底。

驅逐日本帝國主義出中國。

反對任何的動搖妥協。

二．全國軍事的總動員：

動員全國海陸空軍實行全國抗戰。

反對單純防禦的消極作戰方針，採取獨立自主的積極作戰方針。

設立經常的國防會議，討論與決定國防計劃與作戰方針。

武裝人民，發展抗日的游擊戰爭，配合主力軍作戰。

改革軍隊的政治工作，使指揮員與戰鬥員團結一致，軍隊與人民團結一致，發揚軍隊的積極性。

援助東北人民革命軍東北義勇軍，破壞敵人的後方。

實現一切抗戰軍隊的平等待遇。

建立全國各地軍區，動員全民族參戰，以便從僱傭兵役制度轉變為義務兵役制。

三．全國人民的總動員：

全國人民除漢奸外，皆有抗日救國的言論，出版，集會，結社，及武裝抗敵之自由。

廢除一切束縛人民愛國運動的舊法令，頒佈革命的新法令。

釋放一切愛國的革命的政治犯，開放黨禁。

全中國人民動員起來武裝起來，參加抗戰，實行有力出力，有錢出錢，有槍出槍，有知識出知識。

動員蒙民回民及其他一切少數民族，在民族自決和民族自治的原則下，共同抗日。

四．改革政治機構：

召集真正人民代表的國民大會，通過真正的民主憲法，決定抗日救國方針，選舉國防政府。

國防政府必須吸收各黨各派及人民團體的革命分子，驅逐親日分子。

國防政府採取民主集中制，他是民主的，但又是集中的。

國防政府執行抗日救國的革命政策。

實行地方自治，剷除貪官污吏，建立廉潔政府。

五．抗日的外交政策：

在不喪失領土主權的範圍內，與一切反對日本侵略主義的國家訂立反侵略的同盟，及抗日的軍事互助協定。

擁護和平陣線，反對德日意侵略陣線。

聯合朝鮮台灣及日本國內的工農人民反對日本帝國主義。

六．戰時的財政經濟政策：

財政政策以有錢出錢及沒收漢奸財產作抗日經費為原則，經濟政策是整頓與擴大國防生產，發展農村經濟，保證戰時農產品的自給，提倡國貨，改良土產，禁絕日貨，取締奸商，反對投機操縱。

七．改良人民生活：

改良工人農民職員教員及抗日軍人的待遇。

優待抗日軍人的家屬。

廢除苛捐雜稅。

減租減息。

救濟失業。

調節糧食。

賑濟災荒。

八．抗日的教育政策：

改變教育的舊制度舊課程，實行以抗日救國為目標的新制度新課程。

實施普及的強迫的免費的教育方案，提高人民民族覺悟的程度。

實行全國學生的武裝訓練。

九．肅清漢奸賣國賊親日派，鞏固後方。

十．抗日的民族團結：

在國共兩黨合作的基礎上，建立全國各黨各派各界各軍的抗日民族統一戰線，領導抗日戰爭，精誠團結，共赴國難。

◎《中国共产党抗日救国十大纲领》

◎ 《中共中央关于目前形势与党的任务决定》

会议讨论并决定了在全国抗战到来的新时期中党的基本行动路线和工作方针。主要是：在敌人后方放手发动群众，开展独立自主的游击战争，配合正面战场，开辟敌后战场，建立抗日根据地；在国民党统治区，广泛发动群众性的抗日救亡运动，推动桂系和川军等地方实力派拥蒋抗日；在有利于动员全国人民参加抗战的前提下，争取人民应有的政治经济权利；以减租减息作为抗战时期解决农民问题的基本政策；保卫、巩固和建设陕甘宁边区，使其成为抗日民主的模范区。

会议决定组成中共中央革命军事委员会（简称中央军委），以加强党对军事工作的领导。中央军委由毛泽东、朱德、周恩来、彭德怀、任弼时、张浩、叶剑英、林彪、贺龙、刘伯承、徐向前11人组成，毛泽东为书记（亦称主席），朱德、周恩来为副书记（亦称副主席）。会议期间，中央政治局常委会还决定设立中央军委前方军分会。同时决定建立长江沿岸委员会，周恩来、秦邦宪、叶剑英、董必武、林伯渠为委员，周恩来为书记。

这次会议指出了国共两党两条不同的抗战路线的原则区别，确立了共产党在敌后放手发动独立自主的游击战争、利用游击战争配合正面战场、开辟敌后战场、建立敌后抗日根据地的战略任务，正确地指导了党和军队实行由国内战争到民族战争、由正规战到游击战的战略转变，为实现党对抗日战争的领导权和为争取抗日战争的胜利奠定了政治思想基础，指明了正确道路。会议确定了中国共产党的基本任务和各项具体政策，为中国共产党的发展和壮大指明了方向。

洛川会议是在抗日战争刚刚爆发的历史转折关头召开的一次重要会议。它正确地制定了一条与国民党片面抗战路线针锋相对的全国抗战路线，规定了中国共产党在抗日战争时期的政治纲领、基本任务和各项政策。

【参考资料】

［1］中国延安干部学院.延安时期大事记述［M］.北京：中央文献出版社，2010.

［2］徐焰.从合作走向决战：中国共产党为什么能战胜国民党［M］.广州：广东经济出版社，2016.

［3］《中国大百科全书·军事》编委会.中国大百科全书：军事［M］.北京：中国大百科出版社，2007.

六届六中全会与敌后游击战争的战略地位

◎ 六届六中全会旧址

　　中国共产党第六届中央委员会第六次全体会议（这是一次被毛泽东称为"决定中国之命运"的重要会议。亦称党的扩大的六届六中全会），于 1938 年 9 月 29 日至 11 月 6 日在延安桥儿沟召开。参加会议的中央委员和党中央各部门、全国各地区的领导干部共 55 人，是党的六大以来到会人数最多的一次中央全会。

　　全会由张闻天致开幕词。选举毛泽东、朱德、周恩来、王明、张闻天、项英、博古、康生、王稼祥、彭德怀、刘少奇、陈云 12 人组成大会主席团。李富春为大会秘书长。

◎ 六届六中全会代表合影

　　在六届六中全会上，王稼祥传达了共产国际的指示和季米特洛夫的意见。毛泽东代表中央政治局作了《论新阶段》的政治报告，代表中央作了总结报告（其中"战争和战略问题"和"统一战线中的独立自主问题"是总结报告中的两部分），提出"使马克思主义在中国具体化"的科学命题；张闻天作了《关于抗日民族统一战线与党的组织问题》的报告；周恩来作了中央代表团工作报告；朱德作了八路军工作报告；项英作了新四军工作报告；陈云作了青年工作报告；刘少奇作了关于党规党法的报告。全会批准了以毛泽东为首的中央政治局的路线，基本上克服了抗战初期王明的右倾错误，统一了全党的思想，从政治上、思想上和组织上为实现党对抗日战争的领导奠定了基础。

全会通过了《中共扩大的六中全会政治决议案》《关于各级党委暂行组织机构的决定》《关于中央委员会工作规则与纪律的决定》《关于各级党部工作规则与纪律的决定》《关于召集第七次全国代表大会的决议》《致各国共产党、致八路军和新四军全体指战员、致东北义勇军及东北同胞电》《中共扩大的六中全会告全国同胞、国共两党同志书》等文件。

这次全会上，对于全国抗战形势、党的方针任务和军事斗争方针作了进一步的明确，集中体现在毛泽东所作的总结报告中。11月5日、6日下午，毛泽东在会上作总结报告。他讲了五个问题：第一，六中全会的成功。这次会议总结了抗日战争与抗日民族统一战线的全部经验，科学地分析和估计了抗日战争的形势，规定了党的方针和任务。这次会议是一个好的会议，是党的历史上少有的，讨论的问题多，态度认真。我们党奋斗了17年，空前地进步了，党已能够更灵活地运用马克思列宁主义于中国革命的具体实践。第二，广州、武汉失守后的形势。在敌强我弱形势没有发生决定性变化的条件下，广州、武汉的放弃是正确的。这种战略退却虽一时表现了有利于敌而不利于我，但从整个形势看表现了有利于我而不利于敌，我们保存了实力，敌人的兵力更分散了。日军占领上海等地时是一鼓作气，占领武汉后它的力量就再而衰了，其战略进攻接近顶点，这是相持局面快要到来的象征。在相持阶段中，我方作战形式以游击战为主，运动战为辅。敌后游击战争应分为两大区域，在已经大大发展了游击战争的区域，应大力加以巩固；在没有充分发展或正在发展游击战争的区域，应迅速地广大地发展游击战争。所以，应当巩固华北，发展华中和华南。第三，民族统一战线的长期性。为了长期合作，统一战线中的各党派实行互助互让是必须的，但应该是积极的，不是消极的。用长期合作支持长期战争，就是说使阶级斗争服从于今天抗日的民族斗争，这是统一战线的根本原则。在此原则下，保存党派和

中共擴大的六中全會政治決議案

——抗日民族自衛戰爭與抗日民族統一戰線發展的新階段，一九三八年十一月六日中國共產黨擴大的六中全會根據毛澤東同志報告通過的決議——

中共擴大的六次中央全會聽了毛澤東同志關於中央政治局自五中全會到六中全會之間的工作以及關於目前抗戰形勢及中華民族當前緊急任務的報告以後，完全同意政治局在這一時期的政治路綫和其實際工作。同時一致指出黨在這時期的進步與成績，並在政治局領導，全黨同志努力，和全國軍民擁護之下，在極艱難複雜的條件之下，勝利的完成了有歷史意義的政策轉變——使國內各黨派各階級各軍隊各政權走上[illegible]的局面，與堅持抗日民族統一戰綫。關於[illegible]報告中所提出的對於抗戰基本形勢的分析，對於目前抗戰形勢的估計和中華民族當前緊急任務以及其他事項，擴大的六中全會完全同意。同時，擴大的六中全會一致指出下列路綫，以爲全黨同志努力奮鬥的準繩：

一　中華民族十六個月抗戰的基本總結

日本法西斯軍閥自一九三一年九一八事變武裝侵佔我東北四省之後，於今年七月七日更[illegible]，更實行大規模的侵略戰爭，來進攻我國北部、中部及南部各省。其目的是企圖滅亡我中華民族，[illegible]偉大的中華民族，在[illegible]領導下，由於國民黨國民政府對日實行民族抗戰政策的結果，由於共產黨[illegible]民族統一戰綫的長期的堅持的奮鬥，由於全國民衆起來抗戰，已經發起了偉大的英勇的民族自衛戰爭。十六個月來的抗戰，是我中華民族[illegible]的偉大歷史事件，造成了我中華民族空前未有的團結和進步：長期受外敵壓迫的民族精神振奮了，分裂的國家政權統一起來了，兩黨的[illegible]合作了，[illegible]的國民革命軍了，國家政治制度開始走向民主化了，廣大的民衆大批的起來參加民族解放運動了，在[illegible]

◎ 六届六中全会通过的政治决议案

◎ 邓小平（左1）回延安参加六届六中全会

阶级的独立性，保存统一战线中的独立自主。否则就是将合作变成了混一，必然牺牲统一战线。"一切经过统一战线"是不对的，我们的方针是统一战线中的独立自主，既统一，又独立。第四，战争和战略问题。在半殖民地半封建的中国，革命的特点是武装的革命反对武装的反革命，主要的斗争形式是战争，主要的组织形式是军队；游击战争在全战争中占着一个重要的战略地位，没有游击战争，忽视游击队和游击军的建设，忽视游击战的研究和指导，也将不能战胜日本。第五，其他问题。结论报告的第三、第四部分，中华人民共和国成立后分别以《统一战线中的独立自主问题》与《战争和战略问题》为题编入《毛泽东选集》第二卷。

会议再次强调中国共产党必须独立自主地领导人民进行抗日战争。批判了党内在统一战线问题上存在的关门主义和投降主义两种错误偏向。大会尤其批判了"一切经过统一战线""一切服从统一战线"的右倾投降主义主张，强调正确的统战方针应该是既统一又独立。毛泽东指出，虽然在抗战时期民族矛盾是主要矛盾，但是阶级矛盾并没有消失或减少。同时，必须看出，没有民主、民生问题（属于阶级斗争的范围）的适当解决，也就不能实行广泛的人民的动员以战胜日本帝国主义。大会重申，党应该把主要工作放在战区和敌后，独立自主地放手组织人民抗日武装斗争的方针。抗战时期党以主要力量在敌后开展独立自主的游击战争，建设抗日民主根据地，这实际上是中国革命在民族战争的条件下继续走乡村包围城市的道路。这次全会号召全党同志必须努力学习马克思列宁主义理论，善于把马克思列宁主义普遍真理和国际经验应用于中国的具体环境，反对教条主义，废止洋八股，提倡新鲜活泼的、为中国老百姓所喜闻乐见的中国作风和中国气派。

全会决定撤销长江局，设立南方局和中原局，由周恩来任南方局书记，董必武任副书记；刘少奇任中原局书记。

会议第一次提出"马克思主义中国化"。在当时的情况下，还没有条件召开中国共产党第七次全国代表大会，扩大的六届六中全会起了重大的历史作用。这次全会正确地分析了抗日战争的形势，规定了党在相持阶段的任务，为实现党对抗日战争的领导进行了全面的战略规划。这次全会基本上克服了王明的右倾错误，再次强调中国共产党必须独立自主地领导人民进行抗日战争，从而使全党统一于中央正确路线的指导之下，推动了各方面工作的发展。这次大会还坚持马克思列宁主义和中国革命相结合的原则，肯定了毛泽东在全党的领导地位，从而在党的历史上具有重大的意义。从军事上来说，更加明确了敌后游击战争的战略地位。

【参考资料】

[1] 中国延安干部学院 . 延安时期大事记述 [M]. 北京：中央文献
出版社，2010.

[2]《中国大百科全书·军事》编委会 . 中国大百科全书：军事 [M].
北京：中国大百科出版社，2007.

党的七大对人民军队建军理论的系统总结

◎ 七大会场

  中国共产党第七次全国代表大会于 1945 年 4 月 23 日—6 月 11 日在延安杨家岭中央大礼堂召开。出席大会的正式代表 547 人，候补代表 208 人，代表全国 121 万名党员。早在 1937 年 12 月的中央政治局会议上，就通过了召集党的第七次全国代表大会的决议。但由于长期紧张的战争环境，一直没有召开。直到 1945 年 4 月，在世界反法西斯战争和中国抗日战争即将取得胜利的前夜，中国面临着两种前途、两种命运斗争的关键时刻，为了团结全党全国人民，争取光明的前途，彻底打败日本侵

◎ 延安杨家岭中央大礼堂

略者，建立独立、自由、民主、统一与富强的新中国，中国共产党召开了第七次全国代表大会。这次大会的主要任务是组织和保障全中国人民取得抗战的最后胜利，建立一个新民主主义的中国。大会提出党的政治路线是：放手发动群众，壮大人民力量，在党的领导下，打败日本侵略者，解放全国人民，建立一个新民主主义的中国。大会将毛泽东思想确立为全党的指导思想，并写入修改后的党章。大会通过的新党章强调了群众路线和党的民主集中制原则。这次大会是团结的大会、胜利的大会，为抗日战争和夺取新民主主义革命在全国的胜利奠定了基础。

毛泽东在七大上讲，"没有人民的军队就没有人民的一切"。大会通过了毛泽东《论联合政府》的政治报告、朱德《论解放区战场》的军事报告。这两个报告，系统地总结了中国共产党建设人民军队的经验，全面概括了建军原则，把人民军队建军理论提高到了一个新的阶段。毛泽东在《论联合政府》中阐明了人民军队的唯一宗旨是全心全意为人民服务。这一宗旨，规定了军队的建设方向和准则，是军队团结战斗的思想基础、战胜一切敌人的力量源泉，是军队一切工作的出发点和立足点。

毛泽东还进一步阐述了这个宗旨所决定的军队六大特征。一是具有一往无前的精神，它要压倒一切敌人，而绝不能被敌人所屈服。不论在任何艰难困苦场合，只要还有一个人，这个人就要继续战斗下去。二是有一个很好的内部和外部团结。三是有一个正确的争取敌军官兵和处理俘虏的政策。四是形成了为人民战争所必需的一系列战略战术。五是形成了为人民战争所必需的一系列政治工作，其任务是团结我军，团结友军，团结人民，瓦解敌军和保证战斗胜利而斗争。六是在游击战争的条件下，全军可以利用战斗和训练间隙，从事粮食和日用必需品的生产，达到军队自给、半自给或部分自给之目的。关于武装力量体制，毛泽东指出，这个军队之所以有力量，还由于由人民自卫军和民兵这样广大的群众武装组织和它一道配合作战。这种划分，取得了人民的真心拥护。

◎ 1953 年出版的《论解放区战场》封面

　　4 月 25 日，朱德在党的七大作《论解放区战场》的军事报告。这个报告分"抗战八年""论解放区战场""中国人民抗战的军事路线""今后的军事任务"和"结束语"五个部分。它系统总结了中国共产党领导武装斗争，特别是抗日战争的经验，并阐述了"从人民出发，为人民服务"的建军总原则；指出解放区的战争是伟大的真正全面的人民战争，论述了解放区战场创造、发展、壮大的历程以及人民战争的战略战术；分析了抗日战争中国民党反人民的单纯防御的军事路线和共产党人民战争的军事路线，并从建军原则、兵役制度、养兵、带兵、练兵、用兵、政治工作、军队指挥等方面，对人民战争的军事路线作了详细的阐述。

◎ 朱德在党的七大上作报告

　　在建军原则、政治工作上，朱德指出：中国共产党领导的军队，是人民的子弟兵，它来自人民，紧紧地和中国人民站在一起，全心全意为中国人民服务。它具有一往无前的精神，有很好的内部和外部团结，有政治工作的制度，有正确的争取敌军官兵和对待俘虏的政策。他在报告中详细阐述了军队中的政治工作并指出：两种不同的军队，也有两种不同的政治工作。国民党内的反动派在军队中的政治工作，其目的在使官兵愚蠢，所以，他们在军队不是进行抗日教育，而是进行反动教育，不是教育官兵去争取民主，而是绞杀有民主思想的官兵。"八路军、新四军既把为人民服务、保卫祖国作为宗旨，则是政治工作便成为这种军队

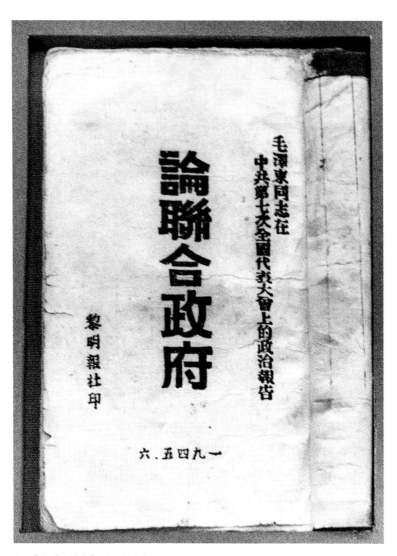

◎ 《论联合政府》（刊印本）

的灵魂"。其目的在于：提高官兵的政治自觉性；团结本军和友军；团结军队与人民；从政治上心理上瓦解敌伪；巩固和提高军队本身的战斗力。朱德认为：我们的军队之所以是人民的军队，所以能达到官兵团结和军民团结，我们进行的战争，所以能进行人民的战略战术，所以能打胜仗，都是和这种政治工作不能分开的。

在用兵问题上，他提出"有什么枪打什么仗，对什么敌人打什么仗，在什么时间地点打什么时间地点的仗"，即根据武器装备、敌情和时间地点条件来进行战争。

朱德对坚持抗战八年的八路军、新四军提出今后的军事任务是：八路军、新四军与一切抗日友军团结起来，打败日本侵略者。八路军、新四军要准备在抗战后期实行从游击战到正规战争的战略转变，以迎接大反攻的战斗。并提出解放区今后的八项军事任务。他进一步指出，解放区军队今后的中心战略任务是准备"实行从抗日游击战争到抗日正规战争的战略转变。现在已临到在实际工作上逐渐地去准备实现的时机了。我们全军干部必须善于在思想上、工作上准备实行这种转变，以迎接这抗日大反攻的战斗"。5月1日，在中共七大主席团会议上，朱德的《论解放区战场》军事报告和毛泽东的《论联合政府》政治报告成为各代表团讨论的中心内容。

当时，中国正处在时局转折的关键时刻，为把抗战的胜利变为人民的胜利，需要认真地总结八年全民族抗战的经验，以解决中国革命战争问题。毛泽东、朱德在各自报告中论述了人民军队宗旨、特征、建军原则、兵役制度等，正确评价了人民军队和解放区的伟大作用，总结了解放区战场的经验，指明了解放区战场要逐步地实现从游击战到正规战的转变，迎接抗日大反攻的战略任务。特别是对中国共产党的军事路线进行了全面的论述，为人民军队争取抗战的最后胜利作了重要的军事战略指导，也更加丰富了毛泽东军事思想的科学内涵。

【参考资料】

［1］中国延安干部学院.延安时期大事记述[M].北京：中央文献出版社，2010.

［2］徐焰，薛国安.写给新一代人看的辉煌军史[M].北京：解放军出版社，2012.

［3］徐焰.从合作走向决战：中国共产党为什么能战胜国民党[M].广州：广东经济出版社，2016.

［4］中共中央党史研究室.中国共产党的九十年：新民主主义革命时期[M].北京：中共党史出版社，2016.

［5］张士义，王祖强，沈传宝.从一大到十九大：中国共产党全国代表大会史[M].北京：东方出版社，2018.

《论持久战》的发表及其影响

抗日战争是持久战，对这一点毛泽东很早就认识到了。毛泽东1936年7月在同美国记者斯诺谈话时就概括提出坚持持久抗战的诸项方针。全民族抗战初期，当中国军队连连失利时，毛泽东始终坚持认为："最后胜负要在持久战中去解决。"1937年7月，朱德在《实行对日抗战》一文中也说："抗战将是

◎ 毛泽东在抗日军政大学作《论持久战》报告

一个持久的、艰苦的抗战。"洛川会议后，张闻天、周恩来、刘少奇、彭德怀等也相继发表文章，论述抗日战争的持久性，以及实行持久战和争取抗战胜利的条件、方法等问题。在这一时期前后，国民党将领蒋百里、

◎ 1938年晋察冀边区七七出版社出版的《论持久战》

陈诚也都发表过关于持久战的论述。七七事变爆发后，在全国进步力量的推动下，国民党政府决心抗日，确定了以"持久消耗战"为基本指导方针。1937年8月20日，国民政府以军事委员会名义发表了战争指导方案，提出采取持久战略，以空间换取时间，逐渐消耗敌人，以转变形式争取最后胜利。然而"持久消耗战"方针提出后，国民党、蒋介石并没有为实现这一方针而制定出长期有效的具体方略。在抗战所依靠的基本力量这个问题上，他们不敢放手发动群众、武装群众，而实行单靠政府和正规军的片面抗战，这就使持久战失去了深厚的群众基础，也失去了达成持久战的精神和物质依托。同时，他们又过分幻想美、英等国的援助。从国民政府正面战场后来的作战形式看，他们主要是搞消极的阵地防御，盲目与敌人拼消耗，搞所谓的"焦土抗战"，这给广大民众带来更大的物质和精神痛苦。由于国民党的"持久消耗战"不是建立在对战争形势及其客观规律进行全面深入的分析研究的基础上，而是把双方力量的消长变化看成是随着时间的延长和空间的变化自然被动的消长，没有一套转化敌强我弱形势的切实可行的战略战术，没有全面正确解决关于抗战前途及战争指导等重大问题。这一任务由中国共产党人特别是毛泽东同志在《论持久战》等相关论述中得到了系统的解决。

毛泽东在《论持久战》一书中实现了对持久战这一抗战基本方针系统化论述，并真正指导了抗日战争的实践。该书中阐明的如何战胜日军这样强敌入侵的一般战争指导规律，被后来艰苦卓绝但取得最终胜利的抗战历程所验证。它是中外军事理论发展史上一部不朽的著作。

在进行了大量的理论研究和对抗战开始后十个月经验的总结中，毛泽东集中全党智慧，于1938年5月30日，在延安《解放》周刊第40期发表了《抗日游击战争的战略问题》一文。同时，毛泽东在1938年5月26日至6月3日，在延安抗日战争研究会上作了《论持久战》的演讲，后来成文发表。《论持久战》是关于中国抗日战争方针的军事政治著作，

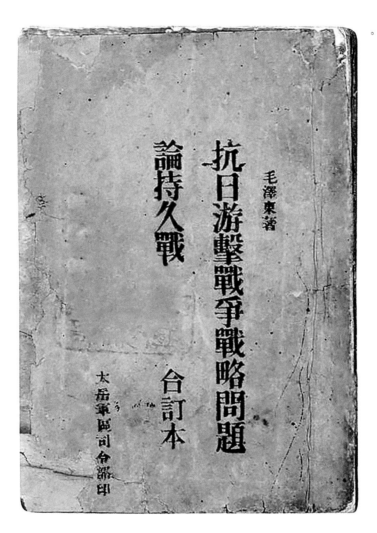

◎ 《论持久战·抗日游击战争战略问题》（合订本）

◎ 解放社出版的单行本

是抗日战争时期毛泽东最重要的军事论著，它回答了困扰人们思想的种种问题，标志着持久战理论的系统化，在国内外产生了重大影响。

《论持久战》基本论点是：抗日战争是持久战，中国必将取得这场战争的最后胜利。毛泽东在总结抗日战争初期经验的基础上，针对中国国民党内部分人的"中国必亡论"和"中国速胜论"，以及中国共产党内部分人轻视游击战的倾向，系统地阐述了中国实行持久战以获得对日胜利的战略，说明了怎样进行持久战和怎样争取抗战的最后胜利，即抗日战争的指导方针问题。

《论持久战》共21个问题，120节，可分为两个部分。前8个问题（1至58节）是第一部分。主要分析了中日两国的基本特点，揭示了抗日战争发展的客观规律；后13个问题（59至120节）是第二部分。毛泽东以"中国必亡论"和"中国速胜论"作引子，然后针对这两种错误观点进行了一一驳斥，接着引出自己的观点：抗日战争是持久战，最后的胜利是中国的，并通过"能动性在战争中""战争和政治""抗战的政治动员""战争的目的""防御中的进攻""持久中的速决""内线中的外线""主动性，灵活性，计划性""运动战，游击战，阵地战""消耗战，歼灭战""乘敌之隙的可能性""抗日战争中的决战问题""兵民是胜利之本"等既独立而又有联系的篇章阐述，来说明抗日战争为什么是持久战，怎么进行持久战，我们为什么能取得最后的胜利，我们应当怎样做才能取得最后的胜利。

　　毛泽东科学地预见了抗日战争将经历三个阶段：第一个阶段，是敌之战略进攻、我之战略防御的时期；第二个阶段，是敌之战略保守、我之准备反攻的时期；第三个阶段，是我之战略反攻、敌之战略退却的时期。毛泽东着重指出，第二阶段是整个战争的过渡阶段，也将是最困难的时期。抗日战争后来的发展事实证明了毛泽东对三个阶段预见的正确性。

　　为了实现持久战的战略总方针，毛泽东还提出了一套具体的战略方针。这就是在第一和第二阶段中主动地、灵活地、有计划地执行防御战中的进攻战，持久战中的速决战，内线作战中的外线作战；第三阶段中，应是战略的反攻战。毛泽东强调了"兵民是胜利之本"。他说："武器是战争的重要的因素，但不是决定的因素，决定的因素是人不是物。""战争的胜利之最深厚的根源，存在于民众之中。"只要动员了全国老百姓，就会造成陷敌于灭顶之灾的汪洋大海，造成弥补武器等缺陷的补救条件，造成克服一切战争困难的前提。

　　《论持久战》处处充满了辩证法，充满了唯物主义，是马克思主义的普遍真理同中国抗日战争的具体实际相结合的典范。它清楚而又正确地回答了人们最关心又一时看不清楚的问题，大大提高了坚持抗战的信念。它不仅对中国共产党领导的八路军、新四军在抗日战争中有着重要的指导意义，而且对中国国民党将领也产生了不小的影响。据程思远回忆，毛泽东《论持久战》刚发表，周恩来就把它的基本精神向白崇禧作了介绍。白崇禧深为赞赏，认为这是克敌制胜的最高战略方针。后来，白崇禧又把它向蒋介石转述，蒋介石也表示认同。1938年7月1日，延安《解放》周刊社第34、44期合订本《解放》全文刊载《论持久战》，当月，延安解放社出版了单行本。

该书受到了全国各阶层人士的关注。冯玉祥在武汉创办三户印刷社时，便指示大量印刷毛泽东的《论持久战》等书，并向后方蒋管区运送。陈诚、卫立煌等国民党军将领高度重视并进行了认真的研读。国民政府军事委员会政治部第三厅在《中国报导》上及时地用世界语节译了《论持久战》。受周恩来委托，宋庆龄找人把《论持久战》翻译成英语，在国际友人间和海外广泛传播。伊斯雷尔·爱泼斯坦等参加了翻译工作。毛泽东亲自为英译本写了序，在序言中，他指出："中国的抗战是世界性的抗战，孤立战争的观点，历史已指明其不正确了。"

【参考资料】

[1] 中国延安干部学院.延安时期大事记述 [M].北京：中央文献出版社，2010.

[2] 徐焰，薛国安.写给新一代人看的辉煌军史 [M].北京：解放军出版社，2012.

[3] 廖国良，李士顺，徐焰.毛泽东军事思想发展史 [M].北京：解放军出版社2007.

[4] 陆卫明.国共两党关于抗日持久战的思想 [N].北京日报，2015.

《抗日游击战争的战略问题》

全国抗战爆发后，以蒋介石为首的国民党方面限制八路军、新四军开展敌后游击战争，对中国共产党领导的游击战争进行诬蔑和攻击。同时，中国共产党内也有少数人轻视游击战争的战略作用，把希望寄托在正规战争特别是国民党军队的作战上面。为了回答和解决中国共产党所领导的军队要不要坚持和怎样坚持独立自主的游击战争的问题，毛泽东在1938年5月写了这篇文章。

◎ 早期发行的单行版本

◎ 1947年6月东北
书店出版的《抗日游击战
争的战略问题》封面

◎ 1952年人民出版
社出版的《抗日游击战争
的战略问题》封面

◎ 南岳游击干部训练班教官合影，叶剑英（前排左4）、李涛（前排左3）边章五（前排左5）

　　毛泽东指出：中国是一个处于进步时代的大而弱的国家，而日本是一个小而强的野蛮的帝国主义国家。在这样的情况下，敌人占地甚广和战争的长期性发生了。但日本是小国，兵力不足，必然在其占领区中有许多空虚的地方，因此，游击战争就主要地不是在内线、在战役战斗上配合正规军作战，而是在外线即在敌后单独作战，在战略上配合正面友军的正规战。并且由于有共产党领导的人民军队和广大群众的广泛参加，因而游击战争就不是小规模的，而是大规模的，于是战略防御和进攻一整套东西发生了。这样，就要求把游击战争的问题放在战略的观点上加以考察。在此基础上，毛泽东分别论述了抗日游击战争的6个具体战略问题：（1）主动地、灵活地、有计划地执行防御战中的进攻战，持久战中的速决战和内线作战中的外线作战；（2）和正规战争相配合；（3）建立根据地；（4）战略防御和战略进攻；（5）向运动战发展；（6）正确的指挥关系。并指出"这六项，是全部抗日游击战争的战略纲领，是达到保存和发展自己，消灭和驱逐敌人，配合正规战争，争取最后胜利的必要途径"。

◎ 八路军深入敌后，与抗日民众配合摧毁伪政权，建立抗日民主政权

◎ 地雷战（福尔曼　摄）

◎ 山东民众抗日游击队

◎ 麻雀战

◎ 白洋淀雁翎队

毛泽东的《抗日游击战争的战略问题》，充分肯定了游击战争的重要战略地位与作用，科学回答了如何在广大敌后发动游击战争等重大问题，对统一和提高全党全军对抗日游击战略地位的认识，促进抗日游击战争的迅猛发展起了重要的作用。1939年，延安解放出版社由毛泽东题签的《抗日游击战争的一般问题》一书，收入这篇文章，作为该书第七章。中华人民共和国成立后，以原题编入《毛泽东选集》第二卷。在以毛泽东和中国共产党制定的游击战指导方针的指导下，广大敌后战场的共产党领导的抗日武装和民兵开展了广泛多样的游击战法。地雷战、地道战、麻雀战遍地开花，武工队、雁翎队、铁道游击队神出鬼没，陷日伪军于人民战争的汪洋大海之中。

◎ 南岳游击干部训练班校舍

◎ 南岳游击干部训练班中国共产党教官合影，叶剑英（左2）、李涛（左4）、边章五（左5）

　　对中国共产党特别是毛泽东提出游击战争的战略地位和游击战争指导方针，蒋介石和国民党政府及其军队在日军攻陷武汉、广州后也一度有所认识。经共产党提议，蒋介石同意并且邀请中国共产党派精干且富有经验的游击战教官参加在湖南衡山举办的南岳游击干部训练班，班址设在衡阳市南岳衡山南岳圣经学校。1939 年 1 月 24 日，南岳游击干部训练班宣布成立，定名为军事委员会军训部南岳游击干部训练班，蒋介石兼主任，白崇禧、陈诚兼副主任；以第三十一集团军总司令汤恩伯为教育长，叶剑英为副教育长。经中共中央决定，中国共产党派叶剑英带领李涛、边章五、吴系如、薛子正、李崇等一部分干部和工作人员 30 多人参加训练班筹建和教学工作。他们成立中共代表团，首先集中在八路军衡阳办事处做筹备工作，编写教材、备课、试教。游击干训班开办后，先后在南岳坚持办了三期，共培训出 3000 多名抗日游击指战员。

游干班的训练内容很多，分精神训练、政治训练和军事训练 3 大类 24 门课程，游击战争课是教育训练的中心，其中以游击战术、游击政工为主要课目，结合讲授和训练军事基本知识及特种技术。叶剑英等中共教官承担了游击概论、游击政工、游击战略战术等课程的教学，他们利用课堂，积极宣传中国共产党关于抗日游击战争的战略思想，同时也宣传全民族抗战的一贯主张，对学员的启发和鼓舞很大。丰富灵活的教学内容既实用，又有针对性。众多国共重量级人物和中外名人也来授课或讲座。由于当时日军飞机在粤汉铁路沿线狂轰滥炸，游击干训班在南岳受到严重干扰，第三期尚未结束，中途便迁往零陵，之后又迁往祁阳。中共代表团一如既往，致力于教学工作。直到第三期结束后，经党中央

◎ 南岳游击训练班领导人员合影，叶剑英（右 2）

同意，中共代表团于 1940 年 3 月全部撤回延安。南岳游击干部训练班，是抗日战争初期国共两党合作举办的培训游击干部的一个短期培训机构，机构比较精干，教学也相对简单实用。它是在抗战最危急关头国共两党联手培养抗日游击干部的一次尝试，也是国共两党合作最具体的行动之一。它的成立对倡导游击战争的重要性和增强国民党部队长期抗战的信心和游击战经验起到了一定作用。

【参考资料】

[1]《中国大百科全书·军事》编委会 . 中国大百科全书：军事 [M]. 北京：中国大百科出版社，2007.

[2]廖国良，李士顺，徐焰 . 毛泽东军事思想发展史 [M]. 北京：解放军出版社，2007.

十大军事原则的提出

　　十大军事原则是 1947 年 12 月 25 日中共中央召开的"十二月会议"上，毛泽东所作《目前形势和我们的任务》的报告中提出的中国人民解放军的军事原则。"十大军事原则"全文 593 个字，毛泽东用精辟的语言，把人民解放军的作战指导原则讲得清清楚楚，既易懂又易记。十大军事原则一经公布就产生了巨大影响，被中国人民解放军灵活运用在波澜壮阔的解放战争中。人民军队以雷霆万钧、排山倒海、摧枯拉朽之势成功发起三大战役、百万雄师过大江解放江南并向全国进军，彻底打败了八百万国民党军队，推翻了三座大山的反动统治。在中华人民共和国成立之后维护国家主权和领土完整的抗美援朝、对印自卫反击战等多次对外军事斗争中，中国人民解放军更是充分运用这些军事原则赢得了军事斗争的胜利，而这一军事理论瑰宝也得到进一步丰富和发展。

◎ 解放战争时期华东新华书店出版的《目前形势和我们的任务》

十大军事原则是：①先打分散和孤立之敌，后打集中和强大之敌。②先取小城市、中等城市和广大乡村，后取大城市。③以歼灭敌人有生力量为主要目标，不以保守或夺取城市和地方为主要目标。保守或夺取城市和地方，是歼灭敌人有生力量的结果，往往需要反复多次才能最后地保守或夺取之。④每战集中绝对优势兵力（两倍、三倍、四倍，有时甚至是五倍或六倍于敌之兵力），四面包围敌人，力求全歼，不使漏网。在特殊情况下，则采用给敌以歼灭性打击的方法，即集中全力打敌正面及其一翼或两翼，求达歼灭其一部、击溃其另一部的目的，以便我军能够迅速转移兵力歼击他部敌军。力求避免打那种得不偿失的或得失相当的消耗战。这样，在全体上，我们是劣势（就数量来说），但在每一个局部上，在每一个具体战役上，我们是绝对的优势，这就保证了战役的胜利。随着时间的推移，我们就将在全体上转变为优势，直到歼灭一切敌人。⑤不打无准备之仗，不打无把握之仗，每战都应力求有准备，力求在敌我条件对比下有胜利的把握。⑥发扬勇敢战斗、不怕牺牲、不怕疲劳和连续作战（即在短期内不休息地接连打几仗）的作风。⑦力求在运动中歼灭敌人。同时，注重阵地攻击战术，夺取敌人的据点和城市。⑧在攻城问题上，一切敌人守备薄弱的据点和城市，坚决夺取之。一切敌人有中等程度的守备、而环境又许可加以夺取的据点和城市，相机夺取之。一切敌人守备强固的据点和城市，则等候条件成熟时然后夺取之。⑨以俘获敌人的全部武器和大部人员，补充自己。我军人力物力的来源，主要在前线。⑩善于利用两个战役之间的间隙，休息和整训部队。休整的时间，一般地不要过长，尽可能不使敌人获得喘息的时间。

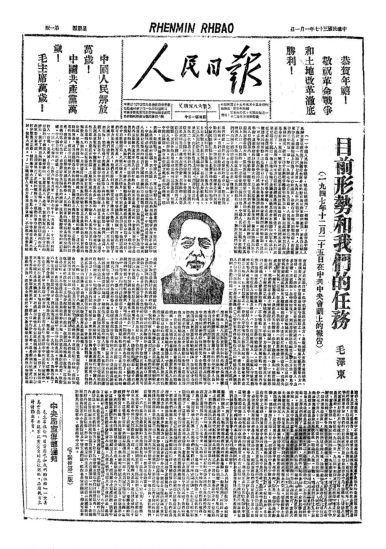

◎ 1948年1月1日人民日报刊载的《目前形势和我们的任务》原文

十大军事原则是毛泽东根据土地革命战争、抗日战争和解放战争初期的经验，在解放战争转入战略进攻阶段后不久提出的，集中地体现了建立在人民战争和人民军队基础上的中国人民解放军的战略战术，是人民解放军彻底打败国民党军队的主要方法，是马克思列宁主义普遍原理同中国革命战争实践相结合的产物，在毛泽东军事思想中占有重要地位。它是一个有机的整体，其核心是强调集中优势兵力打歼灭战。围绕这个核心，毛泽东就作战方针、歼击目标、作战形式、作战方法、作战准备、战斗作风及补充休整等方面的问题进行了高度的概括，提出了明确而全面的指导原则。

◎ 毛泽东在十二月会议上做《目前形势和我们的任务》报告（油画　靳尚谊）

十大军事原则，科学地解决了以下几个关系：①打弱敌与打强敌的关系。强敌与弱敌是相互依存并可以相互转化的，选择攻歼目标的基点，一般应放在先打弱敌上。首先歼灭了孤立分散、守备薄弱和据守中小城市之敌，则集中强大、守备坚固和据守大城市之敌即变弱了，这就为下一步攻而歼之创造了条件。若先打强敌，则不仅强敌难以迅速解决，弱敌也会变成强敌，反而使我方陷入被动。当然，有时在确有把握的情况下，也可伺机先打强敌。②歼敌有生力量与保守和夺取地方的关系。在敌大我小、敌强我弱条件下，歼灭敌人和夺取地方这两个目标，一般不可能同时达到。只有在歼灭敌人有生力量之后，才能最后保守或夺取地方。尤其是在战略防御阶段，即使有些地方一时被敌占领，但只要消灭了敌人，失地就能收复。因此，夺取地方是歼灭敌人的结果。从人民解放军各个革命战争时期的历史经验来看，战争初期一般以歼灭敌人有生力量为主，到战争中后期，随着敌我军事力量总对比的强弱转化，则逐步转变为歼灭敌人与夺取地方并重。就歼灭敌人有生力量而言，在某些情况下，由于敌情变化或全局需要，也可实行半歼灭半击溃的方针。③集中兵力与分散兵力的关系。集中优势兵力，是古今中外一切战争中克敌制胜的普遍法则，而在中国革命战争中，要战胜国内外的强大敌人，集中兵力尤其具有重要意义。只有集中兵力实行战役战斗上的歼灭战，才能逐步改善战略形势，粉碎敌之战略进攻，并使自己转入战略反攻或进攻。但集中兵力不是绝对的。通常情况下，往往需要通过必要而主动的分遣使用兵力，为在决战的时间和地点达成集中优势兵力创造条件。例如，为了保证打大歼灭战，须以小部兵力牵制敌之其他部分，以便集中大部歼击一个主要目标。④运动战与阵地战的关系。二者是正规战的两种主要作战形式，它们互相渗透，互相作用。人民解放军从游击战争转为正规战争之后，作战形式主要是运动战，辅以必要的和可能的阵地战。但随着战争形势的发展，特别是转入战略进攻后，根据夺取敌人据点和城

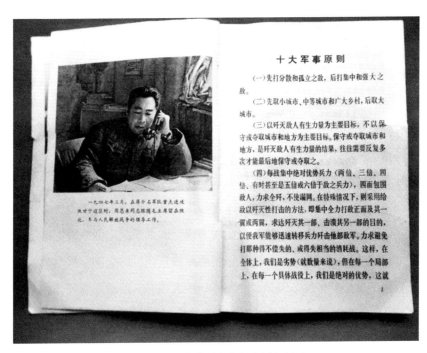

十 大 军 事 原 则

（一）先打分散和孤立之敌，后打集中和强大之敌。

（二）先取小城市、中等城市和广大乡村，后取大城市。

（三）以歼灭敌人有生力量为主要目标，不以保守或夺取城市和地方为主要目标。保守或夺取城市和地方，是歼灭敌人有生力量的结果，往往需要反复多次才能最后地保守或夺取之。

（四）每战集中绝对优势兵力（两倍、三倍、四倍、有时甚至是五倍或六倍于敌之兵力），四面包围敌人，力求全歼，不使漏网。在特殊情况下，则采用给敌以歼灭性打击的方法，即集中全力打敌正面及其一翼或两翼，求达歼灭其一部、击溃其另一部的目的，以便我军能够迅速转移兵力歼击他部敌军。力求避免打那种得不偿失的、或得失相当的消耗战。这样，在全体上，我们是劣势（就数量来说），但在每一个局部上，在每一个具体战役上，我们是绝对的优势，这就

一九四七年三月，在蒋介石军队重点进攻陕甘宁边区时，周恩来同志跟随毛主席留在陕北，参与人民解放战争的领导工作。

◎ 中华人民共和国成立后发行的单行本中刊载十大军事原则内容

市任务的需要,阵地进攻的地位明显上升。这时,只有提高阵地战的比重,才能大量歼灭敌人,以加快革命战争的胜利进程。当然,大规模的运动战仍是歼灭敌人的重要作战形式,要把大规模的运动战和大规模的阵地战结合起来。⑤周密的计划和准备与不打无把握之仗的关系。没有事先周密的计划和准备,就不可能做到打有把握之仗。人民解放军不打无准备之仗,也不打只有准备但无把握之仗。因此,一切作战行动预先必须有周密的计划,尽可能有充分的准备;同时,必须预计到最困难最复杂的情况,并把这种情况当作一切部署的出发点。有时,在无把握的情况下,宁可推迟作战时间而不浪战。但又绝不容许以准备为借口消极避战。⑥补充休整与连续作战的关系。补充休整是为了养精蓄锐,总结经验,更好地连续作战。在战争形势迅猛发展、作战频繁和必须进行连续作战的情况下,部队的人力物力补充和休整等更要同这种客观形势的要求相适应。人民解放军人力物力的补充则主要强调取之于敌和依靠根据地的支持。利用战役间隙整顿训练部队,提高军政素质,增强部队战斗力,是实行再战的必要条件。但是,为了不让敌人喘息,给敌连续歼击,有时即使在未得到补充休整的情况下,亦须发扬不怕牺牲、不怕疲劳的作风,实现连续作战。

十大军事原则是自八一南昌起义后中国共产党创建和领导的人民军队在长达二十余年浴血奋战中产生的,它是在经受战争实践检验后得出的正确军事指导原则,对取得军事斗争中的战略、战役、战术胜利都具有重要指导意义。西北战场"三战三捷"就是十大军事原则灵活运用的具体表现。从红军时期"十六字诀"到抗战时期形成的"有什么枪打什么仗,对什么敌人打什么仗,在什么时间地点打什么时间地点的仗",再到解放战争时期"十大军事原则"的完整提出,标志着人民军队战略战役战术理论的日臻完善,标志着毛泽东军事思想在解放战争时期达到了一个空前的高度。

◎ 中华人民共和国成立后人民出版社出版发行的单行本

当然，"十大军事原则"也不应该是一成不变的。毛泽东后来也指出："十大原则也要根据今后战争的实际情况，加以补充和发展，有的可能要修正的。"[①]但它所体现的人民战争战略战役战术的基本原理和实事求是的方法论原则将是长期适用的，一切从战争实际出发的唯物主义精神和军事辩证法思想，是人民军队在打赢未来信息化战争中依然必须遵循的。

【参考资料】

[1]《中国大百科全书·军事》编委会.中国大百科全书：军事[M].北京：中国大百科出版社，2007.

[2]廖国良，李士顺，徐焰.毛泽东军事思想发展史[M].北京：解放军出版社，2007.

---

①《毛泽东军事思想文集》第6卷，第375页。

军事外事篇

访问延安的美国首位官方人员卡尔逊

◎ 美国海军陆战队军官埃文斯·福代斯·卡尔逊（汪洋　摄）

埃文斯·卡尔逊（1896—1947），1896年生于美国的纽约州，毕业于美国著名的西点军校。第一次世界大战时应召赴法国战场作战。因作战勇敢，获得法国政府颁发的军功章。归国后，他担任罗斯福总统的卫队长。1927年和1935年，卡尔逊两次奉派来中国。1937年春，他以中校军衔来中国，在美国驻华使馆担任海军部观察员。行前他与罗斯福约定，将以密信的形式把中国正在发生的事件，直接通报给总统本人，成为专门收集有关中国冲突资料的情报官。

1937 年 8 月 13 日，震惊中外的淞沪抗战爆发。日军不断向上海集结重兵，以租界和黄浦江中的军舰为作战基地，炮击闸北一带。就在外国人纷纷逃离上海之际，卡尔逊却在炮火中抵达上海，以美国海军官方观察员的身份，对中国抗日战争进行近距离观察。用他自己的话说，就是："在中国内地跟随中国军队徒步旅行，亲眼看看中国是怎样保卫其独立的。"在上海期间，卡尔逊遇见访问过延安、并写出著名的《西行漫记》的美国记者斯诺。在斯诺的鼓励下，卡尔逊决定穿过漫长的封锁线，到华北敌后进行军事考察。

　　1937 年 11 月下旬，卡尔逊从南京出发，途经武汉、郑州、西安、潼关、临汾等地，抵达山西省洪洞县高公村八路军总部。在那里，卡尔逊见到了朱德、任弼时、左权、彭德怀、林彪等八路军指挥员，认识了史沫特莱、丁玲。随后，卡尔逊离开山西，前往晋察冀、晋西北等抗日根据地。他与刘伯承、薄一波、贺龙、徐向前、聂荣臻、陈赓、陈锡联、徐海东等将领侃侃而谈，对于华北的游击战有了比较直观的认识。他看到，八路军充分动员民众，共同打击日军，让日军疲于奔命，损失颇大。

　　八路军活跃而有效的战斗给卡尔逊留下了深刻的印象。1938 年 1 月 6 日，卡尔逊参加了一场八路军的伏击战。在那场战斗中，他目睹了八路军用简陋的步枪和手榴弹对敌人发动突然袭击，最终摧毁 30 辆日本卡车，并缴获大批武器装备的情景。令人吃惊的是，那场战斗有 40 多个日本人死伤，而八路军仅死伤 4 人。敌我战损比例达到了惊人的 10：1。

◎ 卡尔逊与
八路军总司令朱德

◎ 卡尔逊在边区考察

卡尔逊此次首访山西前线的八路军部队，并跟随八路军、游击队在山西和河北总计跋涉了1600多公里，结束了他的第一次在华北八路军前线的"观察"，并向美国海军部写出了考察报告。报告的名称是《关于中国西部军事活动的报告——特别有关中国八路军（原共产党部队）的组织和策略》。在该报告中卡尔逊大力称赞中国共产党和八路军。3月初，卡尔逊返回国民政府的临时首都武汉，向蒋介石报告了在华北的见闻。他说："我相信八路军的领导人对蒋委员长是忠诚的，五台山地区人民的抵抗意志，是我所见到的最顽强的抵抗。"

　　1938年5月，卡尔逊开始他的第二次前线冒险之行，身份是美国驻华使馆"参赞"。他从武汉乘火车到西安。八路军驻西安办事处主任林伯渠接见了他。第二天，卡尔逊带着林伯渠写的介绍信，爬上一辆运货的卡车，一路颠簸直达延安。5月5日晚，毛泽东在杨家岭的窑洞里会见卡尔逊，谈话持续到次日凌晨。接着，毛泽东与卡尔逊进行了坦诚的彻夜长谈。谈话内容包括抗日战争，欧洲和美国的政治形势，各个时代的政治思想的发展，宗教对社会的影响等。关于抗日战争，毛泽东说："只要人民有志气忍受困难，有决心继续抵抗，中国就不会垮台。日本攻占一个地方，我们就转向另一个地方；他们追击，我们就后退（毛泽东讲这些内容时，摆动着桌子上的两个茶杯，说明敌我双方的攻防进退）。日本兵力不足，无法占领全部中国。只要人民决心继续抵抗，它就无法用政治手段控制中国。"毛泽东又说，"现在有几种围困：日本在五台山包围我们，围困我们。但我们用另一种围困他们，比如日本在太原驻守，太原的东北是聂荣臻的部队，西北是贺龙的部队，林彪的部队在西南，朱德的部队在东南。日军在山西一出动，就撞上我们的巡逻队。还有另

◎ 卡尔逊在延安与毛泽东的合影

◎ 毛泽东赠给卡尔逊的签名照片

一种围困应是美国、苏联同中国一道围困日本，这将是一种国际围困。"

通过这次谈话，毛泽东对抗战必胜的坚定信念和对美好未来的憧憬，给卡尔逊留下深刻而美好的印象。他在日记里写道："这是一位谦虚的、和善的、寂寞的天才，在黑沉沉的夜里不懈地奋斗着，为他的人民寻求着和平与公正。是他提供了中国现代的自由思想和基础，以非凡的组织能力，建立了现代的中国共产党机构的基础。他有卓越的洞察力，使山西、河北的抗战方式，如此有效地抵消了日本的现代化武器的优势。"5月9日，毛泽东给他写了一封感谢信，信中毛泽东表达了对卡尔逊送给他香烟的谢意，并亲自送给他一件战场缴获的日军皮衣和一册日记本，作为纪念。

同时信中告知他，文艺工作团刘白羽等五人伴他同行，协助他到抗战前线考察，后来，卡尔逊将这些东西寄给了交情颇深的罗斯福总统。

在延安逗留期间，卡尔逊还参观访问了抗大、陕北公学、鲁迅艺术学院等处，拍摄了大量照片。他先后会见了一些领导人和其他人士，并抓住其特点作了评价：说党中央总书记洛甫（张闻天），是一个"只谈话，而不准（为他）拍照的人"；后方留守兵团主任萧劲光，是一个"热情喧闹的大个子"；军事顾问德国人李德，是一个"粗鲁地指责我是间谍的人"；而美国人马海德大夫，则是一个"永远乐观的人"。这些概

◎ 卡尔逊与聂荣臻的合影

括大体是准确的。

　　经过毛泽东的悉心安排，卡尔逊在八路军小分队的护送下，于1938年5月15日离开延安，前往晋察冀、晋冀鲁豫根据地考察。同行的有以刘白羽为组长的"抗战文艺工作团"，其团员有作家刘白羽，戏剧家欧阳山尊，摄影家汪洋，记者金肇野、林山等人。这个文艺工作团属于陕甘宁边区文化协会和八路军总政治部双重领导。毛泽东对卡尔逊和抗战文艺工作团到前方一事非常重视，在他们出发4天后的5月19日，与谭政（时任中央军委总政治部副主任）联名，给八路军前方各部队政治部发出电报，要求沿途予以帮助。

　　卡尔逊等经绥远、晋西北、晋东北，晋察冀的冀中、冀南，鲁西北、豫西北，历时85天，穿越同蒲、平汉、陇海三条铁路线，行程3500多公里。在这次考察中，卡尔逊在晋西北先后访问了贺龙、萧克，在晋察冀访问了聂荣臻、彭真和白求恩。在晋冀鲁豫区的南宫县会见了邓小平、徐向前、宋任穷。卡尔逊以这样的语言描述了邓小平："头脑像芥末一样灵敏……"会见后，卡尔逊与邓小平进行了长谈。

　　在两个多月的行程中，卡尔逊受到抗战文艺工作团的文艺家们的许多关心和照顾，非常感激。8月6日，他们在郑州火车站依依分别时，卡尔逊将自己的毛毯、烟斗、打火机、手电筒等送给了文艺工作团的朋友们。8月下旬，抗战文艺工作团返回延安后，毛泽东接见了他们，听取他们的前方见闻汇报，并特别问到卡尔逊的情况。

　　卡尔逊两次对中国共产党领导的八路军和抗日根据地的实地考察，给他留下了极为深刻的印象。他先后会见了很多八路军将领，除了前面提到的以外，还有左权、张浩、陈赓、薄一波、陈锡联、关向应、林彪等，都给他留下了美好而深刻的印象。他说："认为第十八集团军的将领们，总是诚实、可信、不推诿、不拖拉。他们的道德方面极端节制，经常进行自我批评，并邀请别人批评他们。"卡尔逊表示，八路军的战术很独特，

◎ 《中国的双星》——卡尔逊著

很有效，他也要学习。

1938年8月7日，卡尔逊回到武汉，他再次去会见蒋介石和宋美龄，报告考察情况，陈述他的意见。他直言希望国民党当局实行民主，向八路军提供物资援助。同时，他明确反对美国政府向日本出售武器，改变片面援华行为。8月20日，卡尔逊写出一份考察报告寄给罗斯福，同时致信罗斯福的秘书莱汉德小姐，请她把自己写的在中国的见闻材料，马上转给罗斯福总统。罗斯福通过他的私人秘书莱汉德小姐回信给卡尔逊说他很喜欢卡尔逊的来信。卡尔逊随后还不顾自己的外交官身份，在各种公开场合，高度赞扬共产党的军事、政治组织的制度和英勇抗战。

8月22日，美国《时代》周刊登出了卡尔逊报道八路军抗日的长篇文章和与朱德的合影，立即引起不小的波澜。日本政府甚至向美国政府提出了抗议。9月18日，美驻华使馆武官哈里·奥弗莱什海军中校，接到华盛顿方面对卡尔逊文章的批评通知。他立即给卡尔逊发出一封威胁性的电报，要求卡尔逊谨言慎行，否则其甚至将承担上军事法庭的后果。当晚，卡尔逊不顾他人的劝阻，愤然向海军部递交了辞职报告。他说："我希望能够根据我自己的意愿，自由地讲话和写作。"他把辞职一事马上告诉了史沫特莱、王安娜等朋友以及叶剑英。叶立即电告给毛泽东。1939年4月20日，卡尔逊的辞职报告得到批准。1940年，卡尔逊最后一次到中国，他与路易·艾黎一起考察了中国9个省份的"工合"运动，其中包括新四军控制的皖南地区。

1941年1月下旬，卡尔逊回到美国，不仅向公众发表演说，为好几家杂志社撰稿，而且出版了两本书：《中国军队》《中国的双星》，介绍在中国的见闻，引起了人们极大的兴趣。在书中，卡尔逊得出结论，"中国抗战胜利的希望在延安"。

回到美国后，卡尔逊仍保持着和罗斯福总统的私人交往，直接向罗斯福报告了皖南事变的真相。美国政府通过多渠道证实后，通知蒋介石政府："在内战的危险没有消除，国内的团结尚未恢复之前，暂停对中国的援助。"1941 年 9 月，他上书罗斯福，要求给他一些人和武器参加太平洋主岛登陆作战。得到批准后，他重新加入美国海军陆战队，被任命为海军陆战队第二近战营上校营长。他在训练部队过程中，试图采用八路军的灵活机动的战略战术和"思想教育"方法，让战士们明白为谁而战，为何而战。以他为指挥员，组建和训练了一支被他称之为"卡尔逊突击队"的部队。他要战士们像八路军那样，树立"团结协作精神"，并把这种精神称为"工合"，因而人们又称他领导的这支部队为"工合营"。他运用在八路军那里学到的游击战术，偷袭日军重兵守卫的马金岛一举成功，鼓舞了军心和民意，罗斯福总统的儿子吉米也作为其中一员参加了战斗。这一战斗不但成为他军事生涯的一大亮点，还被永远载入了美军战史。此后，卡尔逊率部先后参加了瓜达卡纳尔岛和塞班岛等地的作战，因功晋升为准将旅长。1944 年 7 月，美军观察组首批到达延安，8 月 14 日，朱德、周恩来等四人联名致信卡尔逊对他身体表示问候，并表达中国共产党领导抗战军民在敌后坚持抗战的决心。信中还希望卡尔逊将中国共产党人的战斗和谋求合作的真实情况告知所有盼望击败法西斯的正直的人们。

1946 年，卡尔逊以准将军衔退役后，仍关注中国的局势和发展。这年冬，卡尔逊同美国一些进步人士，在旧金山召开了"中国和远东大会"，声援中国人民的解放事业。周恩来致电祝贺、感谢。1947 年 4 月，卡尔逊在病榻上看到报道，说中共军队已突破封锁，浩浩荡荡进军东北，他高兴地拍案说："上帝作证，共产党人 18 个月之后，一定会控制全中国！"在卡尔逊患病期间，毛泽东、朱德、周恩来和彭德怀代表中国人民，致信问候，感谢他为中国人民解放事业作出的努力，并祝他早日康复。一个月后的 5 月 27 日，卡尔逊病逝，享年 51 岁。朱德给卡尔逊夫人发去唁电，悼念这位正直的国际友人。

卡尔逊是美军观察组来延安之前首位到访延安的美国官方人员，他亲自考察了中国抗日正面战场和敌后根据地，足迹遍布大半个中国战区。他对中国人民，特别是中国共产党领导的八路军的抗日爱国热情产生了敬佩之心。他把所见所闻，以19封书信的方式向罗斯福作了汇报。这些书信中所描述的内容和表达的观点，不仅影响了罗斯福对国际形势的判断依据和处置态度，也改写了卡尔逊后来的人生轨迹。爱泼斯坦、史沫特莱、埃德加·斯诺都曾写过回忆卡尔逊的文章，其中史沫特莱写道："中国改变了卡尔逊的思想"。

【参考资料】

［1］卡尔逊.外国人看中国的抗战：中国的双星［M］.祈国明，汪杉，译.北京：新华出版社，1987.

［2］舒暲，赵岳.太阳正在升起：卡尔逊亲历的中国抗战［M］.北京：北京出版社，2018.

［3］方明.抵抗的中国：外国记者亲历的中国抗战［M］.北京：团结出版社，2017.

［4］孙国林.卡尔逊——折服于八路军游击战的美国将军［J］.党史博览2012（10）.

［5］中国国际友人研究会编.中国之友卡尔逊［M］.沈阳：辽宁人民出版社1996：10.

中外记者参观团访问延安

◎ 1944 年 6 月，毛泽东（1 排左 4）、朱德（1 排右 5）接见中外记者参观团

　　1944 年，中外记者西北参观团访问延安，这是全国抗战时期外国记者对中国共产党领导的抗日根据地仅有的一次集中、大规模的采访活动。这次中外记者团从申请、批准到成行颇费了一番周折，最终在各方面的压力下，国民党极不情愿地组织了这次采访活动。这是对国民党当局将近五年来禁止中外新闻界访问解放区的首次突破。中外记者的采访报道从各自的视角客观地报道了共产党、抗日武装及根据地的真实情况，也从一个侧面向世人宣传了共产党的政策，为共产党赢得了更多的朋友和国际同情。

◎ 深入晋西北采访的爱泼斯坦（左）、武道（中）和
福尔曼

　　中外记者西北参观团由 21 人组成，其中包括 6 名外国记者，成员
有美联社、英国《曼彻斯特卫报》、美国《基督教科学箴言报》记者斯
坦因，《纽约时报》《时代杂志》记者爱泼斯坦，合众社、伦敦《泰晤
士报》、国家广播公司驻中国记者、作家福尔曼，路透社记者武道，美
国天主教《信号》杂志中国通讯记者夏南汉神父，苏联塔斯社记者普多
岑科。中国记者 9 人（除国民党官方报纸的记者外，为装点民主的门面，
也安排个别民间报纸的记者随行），官方领队和随员共 6 人。

由于中外记者团是到延安并准备到敌后根据地去采访的大型新闻媒体，中国共产党希望借此揭露国民党当局对中国共产党及其领导抗日根据地歪曲丑化和欺骗宣传。因此党中央对这次接待工作十分重视，中央政治局决定由周恩来副主席亲自负责，由陕甘宁边区政府交际处具体负责接待工作。为了达到"宣传出去，争取过来"的目的，周恩来亲自召集延安党、政、军、民、学等参加接待工作的单位负责同志和干部，开了动员会。周恩来提出记者参观团应首先访问南泥湾，以便了解大生产运动取得的辉煌成就，具体由八路军三五九旅旅长王震出面接待。

◎ 毛泽东与部分记者合影

中外记者西北参观团5月17日下午启程离开重庆，5月31日才从山西平渡关渡过黄河进入陕甘宁边区。6月6日，记者团到达王震三五九旅驻地南泥湾。第二天，八路军总参谋长叶剑英也从延安赶来，接见了全体记者，并代表中共中央和中央军委向他们表示欢迎和慰问。在接下来的几天，叶剑英、王震等陪同记者团在南泥湾各地参观，介绍三五九旅的军事训练和生产建设情况。几位西方驻华记者在参观伤兵医院时，对共产党军队在缺医少药极端困难的情况下，仍然保持着昂扬的斗志印象特别深刻，也初步看到了国民党不顾抗日大局对边区搞封锁、搞摩擦的事实。

　　6月9日，中外记者西北参观团在叶剑英和王震陪同下顺利到达延安，并受到了中共中央、八路军总部和陕甘宁边区政府的欢迎。参观团被安排在延安南门外新市场南边交际处30多孔新开的窑洞里，虽然条件简陋，但非常整洁、卫生。中外记者虽然刚刚经历长途跋涉的旅途劳顿，但面对这个与国统区完全不同的新世界都显得特别兴奋。6月10日，中外记者团到达延安的第二天，享用了牛奶、面包、鸡蛋、酥油等"西餐"，对大生产运动所取得的成绩赞不绝口。

　　中外记者冲破封锁来到延安，毛泽东很兴奋。在交际处的安排下，6月12日，毛泽东在杨家岭中央大礼堂后面客厅会见了记者参观团。在欢迎会上，毛泽东重点谈了国共关系和中国的民主与统一问题。他说解决中国问题的根本出路在于实行民主制度，要让人民享有民主。不仅需要言论、出版、集会与结社的政治上自由，而且在军事、经济、文化方面也要实行民主。毛泽东纵论天下形势，充分地利用这次机会，宣传中国共产党的政策和主张。他敏锐的眼光、独到的见解和开门见山的谈话方式，让记者们由衷地钦佩。同时，毛泽东平易近人的作风、机智的口才也让记者们为之倾倒。爱泼斯坦在当时的笔记中这样写道："我个人感觉，在延安，毛是可以接近的，并且是很简朴的。他会在遍地黄土的

◎ 摧毁日军碉堡后的八路军官兵（福尔曼 摄）

大街上散步，跟老百姓交谈，他不带警卫。当和包括我们在内一群人拍照时，他不站在中间，也没有人引他站在中间，他站在任何地方，有时在边上，有时站在别人身后。""毛在延安给我们留下的另一深刻印象是他的从容不迫和安然自得。"

在延安期间，记者团参观了工厂、机关、学校、部队、保育院等地方。延安街道干净整齐，社会井然有序，人民安居乐业、意气风发，边区政府作风民主，共产党领导人生活朴素，这些都与国统区截然不同，引起了外国记者们的极大兴趣。在延安保育院，孩子们的活泼可爱、独立自主的行为更让这些记者看到了中国的未来和希望就在这里。原本对共产党带有政治偏见并受雇于国民党宣传部的路透社记者武道在报道中写道："这里是一块神奇的土地，这里有一群普通而又伟大的人，他们又在潜移默化中培养出一代新人。这样的环境成长起来的新人，是任何力量都不能征服的。"

◎ 攻破日军碉堡后的八路军战士（福尔曼　摄）

◎ 毛泽东在解放日报上畅谈国内外局势

国民党官员见无法控制记者的采访活动，采访期限还远未到就匆匆决定返回重庆。7月12日，国民党官员命令记者团中的中国记者离开延安。外国记者除夏南汉神父外拒绝回重庆，决定留在边区继续采访。

　　外国记者在边区期间，不仅参观了边区的政府机构，了解人民生活，还目睹了在传统世人眼中落后、贫苦的边区百姓却享有真正的民主权利，一人一票行使选举权。这使得他们内心受到强烈的震撼，而边区从共产党员到普通百姓乐观、向上的精神面貌，更让他们感觉到一个新时代即将来临。对于外国记者在边区的活动安排以及他们思想的变化，毛泽东、周恩来非常关注。毛泽东曾指示说："外国记者对我党抗战发展甚感兴趣，对国民党腐败专制甚为不满，对国共关系甚为关心；他们从延安所发出的电讯，大多描述我党民主实施、抗战工作及生产建设之努力和成绩，夏南汉神父亦认为边区是好的，国民党想利用他反共，没有成功。"1944年8月18日，周恩来在代中央起草的《关于外交工作的指示》中指出："这次外国记者、美军人员来我区及敌后根据地便是对新民主主义中国

◎ 王震（1排左2）、朱德（1排左6）、李鼎铭（1排左7）、周恩来（1排左9）、林彪（1排右1）、贺龙（1排右2）等与中外记者参观团合影

有初步认识后有实际接触的开始。因此，我们不应把他们的访问和观察当成普通行为，而应把这看成是我们在国际间统一战线的开展，是我们外交工作的开始"。

9月初，记者参观团爱泼斯坦、福尔曼、武道等人从延安来到晋绥军区第八军分区采访参观。在旅途中他们还遇见了参观八路军前线救护工作的美军观察组军医卡斯堡少校。他们一行于9月4日黄昏进入汾阳边山。15日、16日深夜，他们目睹了第八军分区第六支队和汾阳县游击大队对城外敌据点的攻击，包括全歼汾阳县协和堡据点日伪军的战斗。看到大批日伪军俘虏被押下阵地，战利品也被源源不断运进村庄，记者们兴奋异常。与国民党当局关系密切的路透社记者武道都认为："三天的战斗证明，八路军游击队比日本军队打得好，中国人民是有能力一步一步将日本侵略者赶走的。"爱泼斯坦表示所有对八路军游而不击的谣言已被事实粉碎，任何封锁都已封锁不住了。

外国记者直到1944年10月才结束在延安的采访回到重庆。他们发现边区的确是一个与国统区完全不同的新天地，得出了与美军观察组几乎一致的判断和结论。他们纷纷根据亲身经历，撰写了不少描述根据地生活和斗争的生动报道。尽管外国记者拍发的新闻电稿大多被国民党中央宣传部无理扣押或删减，但在随后的几年里，这些立场、倾向不同的外国记者利用掌握的第一手材料，在国内外出版了一批介绍共产党及边区的书籍，其中代表作有福尔曼《来自红色中国的报道》和斯坦因《红色中国的挑战》，以及爱泼斯坦《中国未完成的革命》。路透社武道出版了《我从陕北回来》，新民报记者赵超出版了《延安一月》。在他们笔下，一个新生的、代表着中华民族希望的中国首次系统、全面地出现在外国公众面前。这就用事实反驳了国民党宣传机器对"边区黑暗""共产党游而不击"的诬蔑。

这次中外记者对根据地的访问打破了国民党对延安等地的封锁，而且加强了中国共产党与美英等国的交往，意义重大，影响深远。正如董必武在1945年3月的一次报告中所说："一个外国新闻记者对我说，他在来延安前，觉得我们的宣传，有些夸大，来延后，他觉得我们的宣传太不够了。"1945年4月24日，毛泽东在七大作《论联合政府》报告中说："在国民党统治区，在国外，由于国民党政府的封锁政策，很多人被蒙住了眼睛。在1944年中外新闻记者参观团来到中国解放区以前，那里的许多人对于解放区几乎是什么也不知道的。国民党政府非常害怕解放区的真实情况泄露出去，所以在1944年的一次新闻记者团回去之后，立即将大门堵上，不许一个新闻记者再来解放区。"外国记者对共产党态度、看法的改变，主要是被共产党及其领导的边区的真实情况所打动，这是中国共产党推动抗日国际统一战线中坚持既加强民族自尊又善于与人合作的一次成功实践。

【参考资料】

[1]中国延安干部学院.延安时期大事记述[M].北京：中央文献出版社，2010.

[2]张国全.中外记者参观团西北行[N].人民政协报，2013-11-28.

[3]方明.抵抗的中国：外国记者亲历的中国抗战[M].北京：团结出版社，2017.

[4]胡平原.中外记者团访问延安[J].中华魂，2019.(12).

美军观察组在延安

◎ 毛泽东、朱德与首批美军观察组成员在延安机场

◎ 美军观察组乘坐的飞机降落时，由于延安机场很简陋，飞机左轮陷进一座旧坟墓中，螺旋桨刮到驾驶舱折断受损，驾驶员躲过一劫

◎ 美军观察组与八路军仪仗队

◎ 美军观察组检阅南泥湾三五九旅部队

◎ 毛泽东和首任美军观察组组长包瑞德

◎ 1944 年 7 月，周恩来（前排左 2）、叶剑英（前排右 1）、杨尚昆（后排中）、金城（后排左 1）与美军观察组人员

延安观察组，是第一个进入中国共产党领导的抗日根据地的美国官方代表团。抗日战争爆发后，中国抗战形成国民党领导的正面战场和共产党领导的敌后解放区战场，随着中国共产党领导的人民武装力量的迅速发展壮大、解放区的不断开辟和敌后游击战争的广泛开展，日本侵略者遭到沉重的打击。美国外交官员和军队中的有识之士，对国民党的消极抗日和腐败无能表示不满，想直接与中共建立联系。与此同时，中共也明确提出了与美英建立反法西斯统一战线的方针。1943年1月23日，美国驻华使馆二等秘书约翰·谢伟思、戴维斯乘回国述职之机，向美国政府提出了派代表团访问中共根据地的建议，并建议"在中国共产党控制地区，设立总领事馆并派一个军事观察团进驻那里"。1944年2月9日，罗斯福总统致电蒋介石提出美国直接派观察团去延安的要求。但国民党政府生怕解放区的真实情况因此被国内外所了解，故对美国政府的要求千方百计地拖延。1944年6月21日，美国政府派副总统华莱士访问中国。在重庆，华莱士对蒋介石当面提出罗斯福总统关于派军事代表团去延安的要求，蒋介石被迫同意，但为了降低规格，把名称改为"美军观察组"。

美军观察组，亦称迪克西使团。首任组长是戴维·D·包瑞德上校，共18人，于1944年7月22日和8月7日分两批乘飞机抵达延安。观察组的主要任务是：考察收集华北日军和中共方面的情况，分析共产党对战争所能作出的贡献及其战斗力的价值和最有效办法，并为海空军作战提供气象资料，援救迫降在日军敌后区的美国飞行员。军事方面由包瑞德等负责，政治方面由谢伟思和卢登负责。1944年10月，谢伟思奉召回国期间，由戴维斯到延安顶替。中国共产党对美军观察组来延安，采取主动争取和热情欢迎的态度。1944年8月15日，延安《解放日报》专门发表了社论，毛泽东亲自修改了这篇社论，在原稿"欢迎美军观察组"之后特意加上"战友们"三个字，并强调指出：美军观察组到达延安，"这是中国抗日以来最令人兴奋的一件大事"，"这是关系四万万五千万中国人反日寇解放中国的问题，这是关系中国两种主张两条路线谁是谁非的问题"。社论预祝美军观察组的工作成功，并"希望这一成功，会使美军统帅部对于中国共产党始终坚持团结抗战、实行民主的政策，和共产党领导下的敌后抗战力量，获得真实的了解，并据以决定正确的政策"

　　美军观察组在延安期间，中共中央、边区政府和八路军、新四军等党政军负责人先后多次会见和宴请了观察组成员，积极对他们开展工作，介绍中国共产党的各项方针政策和抗日根据地的政治、经济、文化建设及敌后战场的作战情况，解答他们提出的各种问题。

◎ 降落在延安机场的美军观察组飞机

◎ 毛泽东与谢伟思会谈

根据中共中央的指示精神，八路军参谋长叶剑英向美军观察组全面介绍了共产党军队在华北、华中、华南等地区十多块敌后根据地的斗争情况；八路军副总司令彭德怀多次向美军观察组介绍了华北战场敌、友、我三方的情况；新四军军长陈毅向观察组作了新四军的情况介绍；晋察冀军区司令员聂荣臻向观察组作了该地区的军事斗争情况介绍；八路军一二〇师师长、联防军司令员贺龙介绍了晋绥边区情况。此外，陕甘宁边区政府主席林伯渠、晋察冀边区政府主席杨秀峰还分别向观察组介绍了根据地各方面建设的情况。除各有关方面详细介绍情况外，毛泽东、朱德、周恩来等经常不拘形式地同美军观察组成员进行会见和交谈，1944年7月至1945年4月间，毛泽东向观察组详细介绍了中共对形势、任务及中美、国共关系的看法。其中，与美军观察组政治方面负责人谢伟思作了多次长谈，详细地阐述了中共战时战后的方针政策。在听取情况介绍的同时，为了能直接了解八路军的军事素质和作战能力，美军观察组还到延安附近的八路军驻地进行实地考察，交流经验，参观了宝塔山脚下的日本工农学校。为了加深对共产党及其军队的了解，他们按八路军的生活方式，住简陋的窑洞，吃简单的饭菜，并参加修筑机场等劳动和一般军民的联欢集会活动。

◎ 美军观察组在延安的居所

◎ 野坂参三与美军观察组中的日裔士兵在延安

　　同时，美军观察组还派出一个由主任参谋彼得金带领的 6 人小组前往晋察冀边区前线参观考察，1944 年 10 月 7 日，小组一行离开延安，直至 1945 年 1 月 22 日返回，行程近 2092 公里。其间，小组成员惠特塞中尉在前往太行山区观察飞机紧急着陆点时，遭日军伏击牺牲。为表示对其英勇牺牲的哀悼，在延安美军观察组驻地设了"惠特塞纪念堂"。

◎ 美军观察组成员和我军人员在延安"惠特塞纪念堂"前合影

◎ 1944年12月晋察冀边区群英会，美军观察组彼得金即席讲话

◎ 美军观察组杜伦中尉在考察冀中地道（石少华　摄）

◎ 1944年12月晋察冀边区群英会，美军观察组杜木克少校参观手工业品展（沙飞　摄）

◎ 1944年12月，沙飞、石少华陪同美军观察组杜木克少校等参观晋察冀画报社

◎ 1944年，美军观察组及美飞行员翻看晋察冀画报社赠送的图片（沙飞 摄）

◎ 1944年10月，耿飚和美军观察组成员彼得金在晋察冀边区合影

在陕甘宁边区和敌后根据地的所见所闻，使美军观察组成员的耳目为之一新。他们经过分析思考，从延安向美军司令部和美国国务院发回了大批军事、政治报告。首任组长包瑞德参观了在延安和陕甘宁边区的中国共产党人的各项奋斗成果，并同毛泽东、周恩来、朱德等多位领导人交谈，对中国共产党和八路军的政治教育和军事训练留下深刻印象。他们特别关注八路军和根据地群众的密切联系，包瑞德认为，由于共产党依靠群众，在部队的行动中常常可以得到敌人的准确情报，因而可以不要明确的侦察员和巡逻兵。而承担政治观察使命的谢伟思，仅从1944年7月至1945年2月就写了77份政治报告。他们在报告中比较客观地反映了抗日根据地在军事、政治、经济、文化方面的情况和中国共产党的各项方针政策，确信中共是真心抗日的，中共领导的人民军队是坚强有力的。

谢伟思在报告中写到中国共产党的特征："青春，有活力，智慧充沛，训练精良，信仰坚定，自信、坚韧、实际、自我检讨、态度科学、有适应力、有制度、有条理、有诚笃与团结之精神，民主态度、廉洁。"在他眼里的延安和陕甘宁边区是：民众与官员打成一片，路无乞丐、家鲜赤贫、服装朴素、男女平等，妇女不穿高跟鞋、不涂口红，文化运动极为认真，整个地区如一校园，青春活泼，民主模范，自修、自觉、自评，与重庆相比，完全是另一个世界。

◎ 1946年春节，延安人民向美军观察组拜年（在惠特塞纪念堂前）

◎ 1946年1月，毛泽东和美军观察组成员在延安

据此，他认为"共产党在中国之地位，比现存任何团体都高"，"共产党将在中国生存下去，中国的命运不是蒋的命运"，未来的中国属于中国共产党，"蒋的封建的旧中国，不能长期与华北的一个现代化的、有活力和有人民拥护的政府并存"。1944 年 9 月 30 日，包瑞德在报告中说，共产党的军队"是一支年轻的、经受战斗锻炼、受过良好训练、伙食和服装都不错的志愿军，这支队伍本质极好，情报工作水平很高，士气旺盛"。戴维斯在 1944 年 11 月 7 日的报告中说："在长城和扬子江之间，中共已经强大得可以指望在敌后至少能控制华北。中共不仅也可能保持扬子江流域目前中共统治下的若干部分，并且也可能保持华中、华南的新地区。共产党已经经历了十年的内战和七年的抗日战争，他们经历的不只是比中国中央政府军队所受的更大的压力，并且还经历了蒋的封锁。他们生存下来，并且壮大了。1937 年以来共产党的成长差不多是几何数地进行着。他们从控制有人口 150 万的 10 万平方公里的地区，扩张到约有人口 9000 万的 89 万平方公里的地区，并且他们还在继续长大之中。具有这种显著的生气和力量的原因，是简单而又基本的，即是群众的支持与群众的参加。共产党的政府和军队，是中国近代史中第一个受到积极的广大人民支持的政府和军队。它们得到的这种支持，是因为这个政府和军队是真正属于人民的。"美军观察组最年轻的军官海军上尉希契是第一个从延安返回美国汇报的。1945 年 1 月 6 日，希契辗转万里回到五角大楼，面对满屋众多将星，他郑重地向参谋长联席会议主席海军上将欧内斯特·金递交了十八集团军总司令朱德的一封信，并汇报了中共的军事实力等问题。在半个多小时汇报即将结束之际，希契总结说："我并没有将我自己对共产党人的好恶掺杂在汇报里，但我想说明，我坚信他们是当代中国一支不可忽视的力量。我们应该尽力加强同他们的合作。不论我们花多少钱援助蒋介石，最终赢得中国的一定是共产党人。"

美军观察组的诸多报告，加深了美国政府和人民对中国共产党及敌后根据地真实情况的了解，使中国共产党获得了国内外人民更普遍的同情与支持，同时也促使美国政府向国民党施加压力，迫使国民党继续留在抗日阵营内。这是中国共产党军事外事工作的重要胜利。

◎ 左起：朱德、斯特尔、毛泽东、海军上尉希契

【参考资料】

[1] 中国延安干部学院.延安时期大事记述[M].北京：中央文献出版社，2010.

[2] 徐焰.从合作走向决战：中国共产党为什么能战胜国民党[M].广州：广东经济出版社，2016.

[3] 包瑞德.美军观察组在延安[M].万高潮，魏明康等，译.济南：济南出版社，2006.

[4] 彼得金.深入中国1943—1945：美军观察组在延安的见闻[M].袁西岭，译.北京：北京出版社，2018.

[5] 谢伟思.在中国失掉的机会[M].北京：外文出版社，2004.

哈里森·福尔曼镜头下的延安官兵

哈里森·福尔曼（1904—1978），美国探险家、摄影师、记者和作家。1904年出生于威斯康星州密尔沃基市。他毕业于美国威斯康星大学东方语言专业，曾先后担任美国合众社、伦敦《泰晤士报》等通讯社和报社记者。

他在远东特别是中国游历参观走访近20年。早在1930年，他作为一家飞机公司的代表，曾远游西藏三次，横跨戈壁大沙漠一次。1937年夏，他来到陕西采访并拍摄了准备东征出师抗日的红军。

◎ 1937年，哈里森·福尔曼在陕西拍摄的红军自行车部队队员

◎ 1937年，福尔曼拍摄的红军抗日宣传画

◎ 1937年，福尔曼和贺龙以及两位独臂将领贺炳炎（左）、彭绍辉（右）合影

◎ 福尔曼拍摄的 1937 年八—三淞沪抗战中的上海

　　作为一名战地记者，他近距离观察了 1937 年日军全面侵华后的上海淞沪会战前期情况和淞沪会战实况，拍摄了大量战场照片。

　　1940 年，他作为美国《纽约时报》和伦敦《泰晤士报》英国国家广播公司驻中国记者，再次来到中国。1944 年夏，福尔曼作为中外记者考察团成员越过国民党军事封锁线，从重庆一路北上，冒险到达延安及中国共产党领导的华北抗日根据地进行战地采访。福尔曼不顾国民党领队的阻挠和反对，先后单独采访了林伯渠、周扬、叶剑英、彭德怀、贺龙、聂荣臻、陈毅、朱德、毛泽东、周恩来、王震等共产党领导人和部队将领。同时，福尔曼到华北前线晋绥等抗战根据地采访了英勇打击日寇的民众和八路军，拍摄了大量珍贵的历史照片。通过福尔曼等英、美记者在历时几个月对边区和华北前线的采访，使得他们对国民党污蔑共产党的言行非常厌恶。福尔曼当众表示，他要把所见到的一切，毫无顾忌地告诉全世界。

◎ 1944 年，福尔曼拍摄的延安宝塔山

◎ 1944 年，毛泽东和哈里森·福尔曼

◎ 身穿八路军军装的福尔曼

　　福尔曼虽然在当时对中国解放区的论争持中立态度，却以一个记者敏锐的眼光、独特的笔触，记录并整理出大量他在中国北部和西部解放区时的见闻和八路军抗战的事迹。他向全世界真实报道了抗战圣地延安，报道了模范抗日根据地陕甘宁边区。福尔曼发现中国共产党的领袖毛泽东在延安不是什么不可接近的神灵，也不是所有智慧和指导思想的唯一源泉。不可否认，毛的观点和建议对政策的形成有着巨大的影响，但这些只被看作是供共产党领导成员讨论和最终批准的基础，而这些领导人绝不是些人云亦云的人。因此，毛泽东公开发表言论前，先要经过仔细的构思，然后得到党内同事的修改，而最后定稿是党中央集体的意见，所以，这并不只代表毛泽东个人的意见。福尔曼发现，中国共产党领导赢得了人民的支持。他指出："220 万民兵是华北和华中抗日根据地抗日的中坚力量。他们是共产党武装起来的人民。关于人民内心怎么看待共产党的问题，民兵作出了最概括的回答，因为武装起来的人民不可能会长期容忍一个不受欢迎的政府和一支强加的军队。这是举世公理。"

对于八路军参加大生产运动，福尔曼感到新奇。他指出："生产运动不只是在老百姓中开展，部队也参加了。这或许可以说是八路军的特色。据我所知，世界上还没有任何其他军队这样大规模地开展过生产，这毫无疑问也是造成军民间神奇合作的最重要的因素。就我所知道的，任何接触过八路军的人都不会怀疑，正是与人民的这种鱼水之情，才使得八路军在这场靠缴获或土造的武器进行的战斗中，能坚持下来。"福尔曼还发现，中国共产党领导的军队与人民群众结下了鱼水之情。当福尔曼对一群八路军军官提出，如果重庆国民党军的胡宗南部队50万人围剿紧挨着国民党统治区的5万八路军，八路军是否无力抵御。他们毫不犹豫地回答道："够了！我们这些部队够了！"他们补充说："你忘了，因为比军队多得多的人民和我们在一起。"

◎ 1944 年，福尔曼和朱德在延安

◎ 陕甘宁边区参议会议员开会场面（福尔曼　摄）

◎ 1944 年拍摄的八路军女护士（福尔曼　摄）

◎ 1944 年，延安军民表演日本东条英机和德国希特勒丑态的活报剧（福尔曼　摄）

◎《中国解放区见闻》（《北行漫记》）

在根据地的所见所闻使得福尔曼豁然开朗。1945 年，福尔曼回美国后，立即出版了《来自红色中国的报道》一书（中译名也叫《北行漫记》或《中国解放区印象记》或《中国解放区见闻》），受到广泛的关注。

这部作品被誉为《西行漫记》的姊妹篇。在这本书中他告诉美国读者，共产党已经"在中国创造了一个奇迹，赢得了人民的尊敬和合作"。除了《北行漫记》，福尔曼还把自己在1944年8月至10月采访晋绥边区拍摄的照片编辑成书，出版了《北行漫影》画册。《北行漫记》介绍了抗战时期延安、陕甘宁边区的政治、经济、文化教育状况和军民团结杀敌的英勇斗争，揭露了日寇的种种暴行，还有许多作者采访国民党重要军政人物如阎锡山、胡宗南、蒋纬国的描写性叙述。

◎ 哈里森·福尔曼在晋绥边区

◎ 福尔曼在晋绥边区考察

◎ 八路军缴获的日军枪械弹药（福尔曼 摄）

◎ 八路军缴获的日军枪械弹药（福尔曼 摄）

一位美国评论家指出，《北行漫记》像埃德加·斯诺当年的《西行漫记》一样，打破了长达几年的"装甲封锁"，是一部权威性真实反映中国共产党及其领导的八路军抗战的纪实文献。在书中，福尔曼通过亲身经历，用大量的照片如实地呈现了中国共产党及其领导的陕甘宁边区、晋绥边区的真实状态，反映出边区政治制度、经济制度、文教政策。同时又有对地道战、地雷战、武工队的生动描述。美国作家史沫特莱在该书的序言中说："当时许多国家中包括日本、印度和中国自己，已被几百万青年当作游击战的手册。""给当时研究中国革命的人们开拓了一个新纪元。"可以说，《北行漫记》不仅是外国人眼中中国解放区的真实记录，也是抗日战争史重要的参考资料。

　　实际上，福尔曼用饱蘸感情的笔墨，生动形象地反映了波澜壮阔的人民战争及深刻的政治变革。他试图通过该书告诉全世界人民，共产党人已经"在中国创造了一个奇迹——赢得了人民的尊敬和合作"。他向世界展示了一个"新的更好的中国"，他看到"太阳在半荒芜的但是特别吸引人的大地上奏起一曲宁静而欢快、反映乡村和谐的乐章"。

◎ 福尔曼与游击队员的合影

◎ 佩戴18GA袖标的八路军官兵（福尔曼　摄）

◎ 地雷战（福尔曼 摄）

◎ 战斗在青纱帐中的八路军战士（福尔曼 摄）

◎ 打下日军炮楼，缴获战利品（福尔曼 摄）

◎ 英武的八路军战士（福尔曼　摄）　　　　◎ 八路军战士在进行沙盘操演（福尔曼　摄）

　　福尔曼在旧中国长达近二十年时间的游历，拍摄了五万张记录中国的照片，包括中国共产党和延安时代在内的大量照片。这些照片及胶片极其珍贵，在1978年他本人去世后被捐赠给他的母校——美国威斯康星大学图书馆保存，成为难得地记录这一段历史的宝贵记忆。

【参考资料】

　　[1] 福尔曼.北行漫记[M].北京：北平燕赵社出版社，1946.

　　[2] 方明.抵抗的中国：外国记者亲历的中国抗战[M].北京：团结出版社 2017.

　　[3] 萨苏.美国记者眼中的八路军：还原震撼的敌后战场[M].北京：北京日报出版社，2015.

林迈可夫妇的无线电情报工作

◎ 林迈可在晋察冀军区担任无线电通信顾问（沙飞 摄）

◎ 1945年12月，回到英国不久的林迈可与妻子李效黎以及一双儿女在牛津市的合影

1937 年底，受燕京大学邀请，28 岁的英国青年学者、英国贵族林迈可由加拿大乘船前往中国任教，同船的还有著名的国际主义战士白求恩。在旅程中，林迈可与白求恩约定华北再见，之后白求恩直抵延安，而林迈可则到达了当时的北平，前往燕京大学讲授哲学、历史和经济学。后来他在只身远赴异国他乡的旅途中，不仅迎娶了一名中国妻子，还与偶然相遇的旅行伙伴白求恩一样，投入到了中国抗日的行动中去。

来到当时已被日本侵略者占领的北平城，林迈可目睹了日军对中国人民犯下的累累暴行，对日本的侵略行径感到义愤填膺。1938 年和1939 年的暑假，林迈可在中共地下党工作人员的陪伴下，两次前往晋察冀边区和晋东南根据地，再次见到了白求恩，并与中国共产党有了较深入的接触。在接触中，林迈可对中国共产党产生了由衷的钦佩之情。

◎ 林迈可燕京大学家中

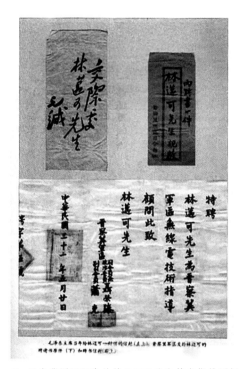

◎ 晋察冀军区颁发给林迈可无线电技术指导顾问的聘书

◎ 林迈可在修理无线电设备

在根据地的所见所闻，让林迈可决心尽己所能帮助中国抗日。作为一名外籍人士，林迈可利用自己的便利条件，为根据地购买和运送了大量药品以及无线电通讯器材。

1941 年 12 月 7 日，日本偷袭珍珠港，太平洋战争爆发。林迈可在广播中无意间听到这个消息，大吃一惊，急忙与妻子李效黎离开北平，前往晋察冀根据地。前来抓捕他们的日本宪兵赶到的时候，他们仅仅离开了 10 多分钟。从北平逃出后，林迈可夫妇于 1942 年 1 月到达晋察冀的平西抗日根据地。在那里，林迈可夫妇先后受到萧克副司令员和聂荣臻司令员的热情接待，并被安排至通讯部门做顾问工作。

◎ 林迈可著作《抗战的中共》

◎ 林迈可讲授无线电技术

战争时期，广播具有至关重要的作用，既可以赢得国际支持，也可以揭露侵略者的罪恶，是开展心理战的有力武器。1940 年 12 月，延安新华广播电台开始播音，这是中国共产党创建的第一座广播电台，但受技术等限制，新闻一直无法传往境外。本职为经济学家的林迈可，喜爱物理学，尤其痴迷于无线电。1942 年，他在晋察冀边区受聘为无线电技术指导顾问。林迈可充分发挥自己的知识技能，帮助中共重建无线电站、加强了电话与电报的收发能力，并培养了一批专业技术人员，协助将中国抗日的真实情况及时传递出去。

在担任通讯技术顾问期间，林迈可一方面积极为革命根据地培养无线电人才，另一方面帮助改善技术，将"延安声音"传递到海外。林迈可夫妇在实践中发现，中文发报与英文相比，在准确性上有时会有局限性，因此夫妻二人分工合作，林迈可主要负责教授无线电通讯方面的课程，而李效黎则担任英语教员。

1944 年 3 月，林迈可和妻子李效黎带着刚 1 岁半的幼女，抵达延安，继续担任八路军通讯顾问。在此期间，他建议设立发射台和定向天线，以便让无线电信号发射到美国。但天线的设计和位置并非易事。林迈可根据弗雷德里克·特尔曼的经典著作《无线电工程》中的公式，设计出 V 形或菱形天线，靠着一本《球面三角》教材和一台经纬仪，最终成功地在延安的土地上树立了天线，并帮助组建了一台一千瓦的发射机。

1944 年 8 月 15 日，延安的英文广播开始面向世界"发出声音"，林迈可亲自参与了英文新闻稿的编辑工作。同年 9 月 1 日正式定时广播。1944 年 8 月 29 日，设在旧金山的美国联邦通讯委员会"外国广播情报局"的职员首次收到了来自延安的新闻播报，"延安声音"终于传向了世界。据记载，播发每日两次，是通过手工用英文摩尔斯码播发的，每分钟 18 个词。

在延安期间，除帮助中共建立无线电台外，林迈可自己也撰写了很多介绍抗日根据地情况的新闻稿件，投给包括《泰晤士报》等在内的国外主流媒体。同时，他还将自己的文稿交给经过或离开延安的外国人带走，托他们帮忙投稿。此外，林迈可还用照相机记录着抗日根据地的一点一滴，其中包括白求恩医生为伤员做手术的经典照片。

1945 年林迈可离开中国前，特意将他在 8 年内的所有关于广播的资料和建议都留给了新华社，至今很多依然保存在档案馆中。离开延安前，毛泽东请林迈可夫妇吃饭话别。根据李效黎撰写的书籍《延安情——燕京大学英国教授林迈可及其夫人李效黎的抗日传奇》，林迈可在席间一直就中国的未来向毛泽东提问，他对中国充满挂念之情，对中国人民充满同情和钦佩。抗战胜利后，林迈可偕夫人及两名子女于 1945 年 11 月回到了英国，之后又辗转澳大利亚，最后在美国病逝。但不论是在抗日根据地还是在中国以外的地方，林迈可和他的家人始终在试图告诉世界，中国作为东方主战场在二战中所发挥的卓越贡献。战后，林迈可专心于研究，成为现代中国历史与政治方面的学者，出版过关于中国抗战历史的著作，如《抗战中的中共——一个英国人不平凡经历的记述》等。而林迈可在抗战时期拍摄的根据地照片也于 2015 年 3 月在北京展出。习近平总书记在纪念中国人民抗日战争暨世界反法西斯战争胜利 70 周年招待会上的讲话中肯定了林迈可的贡献。

【参考资料】

[1] 林迈可 . 八路军抗日根据地见闻录：一个英国人不平凡经历的记述 [M]. 杨重光，郝平，译 . 北京：国际文化出版公司，1987.

[2] 林迈可 . 抗战中的红色根据地 [M]. 杨重光，郝平，译 . 北京：解放军文艺出版社，2005.

印度援华医疗队在延安

◎ 1939 年 5 月，印度援华医疗队在延安

1937 年抗日战争全面爆发后，为获得国际援助，八路军总司令朱德在宋庆龄和史沫特莱建议下，于 1937 年 11 月致信印度国大党主席尼赫鲁，希望印度国大党能为八路军提供医疗物资，并派有经验的战地医生来中国援助。尼赫鲁在收到该信的当日，便号召全印度将 1938 年 1 月 9 日作为"声援中国日"。印度国大党第五十二次会议决定向中国派遣医疗队。

1938 年 9 月 1 日，印度援华医疗队携带医疗器械和药品登上英国客轮"拉吉普塔纳号"，途经科伦坡、吉隆坡、新加坡，于 9 月 14 日到达中国香港。中国香港各界人士为医疗队举行招待会。9 月 17 日，医疗队到达中国广州，受到宋庆龄、何香凝及两千多名广州各界群众欢迎。9 月 26 日，医疗队到达湖南长沙。随后又到汉口，叶剑英、凯丰在八路军武汉办事处会见了医疗队的五位大夫。

1938 年 10 月，医疗队离开汉口沿长江而上，于 11 月 22 日抵达陪

◎ 1939年12月，朱德在八路军总部会见印度医生柯棣华（右2）、德国医生汉斯米勒（左2）

都重庆。在重庆，医疗队遇到中印文化协会的谭云山教授，为表示医疗队成员热爱中国，谭云山教授应五位大夫之请，为五人取了中文名字（即在每人姓氏后面加上"华"字），称为爱德华、卓克华、木克华、巴苏华、柯棣华。

医疗队在长沙、汉口、宜昌、重庆均曾遇日军飞机轰炸，但他们在各地都坚持为伤员治疗。1939年1月22日，医疗队离开重庆赴延安，新西兰人路易·艾黎受中国共产党委托，陪同医疗队赴延安。

1939年2月12日，医疗队到达陕甘宁边区首府延安，受到陕甘宁边区军民欢迎。1939年3月15日，毛泽东在凤凰山一间普通的窑洞会见了医疗队的五位大夫。

◎ 1938年，援华医疗队在重庆合影，前排左起：卓克华、木克华、巴苏华；后排左起：爱德华、柯棣华

◎ 1939 年 3 月 15 日，毛泽东在凤凰山会见印度援华医疗队全体队员

　　在延安，爱德华、巴苏华、柯棣华被分配到拐峁医院工作，卓克华、木克华被分配到张村驿卫生学校任教，不久，因年老有病，卓克华、木克华相继返印度。

◎ 柯棣华为延安抗大师生检查饮用水

　　爱德华、柯棣华、巴苏华提出到前线工作，获得毛泽东同意。1939
年11月4日，爱德华、柯棣华、巴苏华自延安出发，赴抗日前线晋东
南。他们抵达山西武乡县八路军总部。1939年12月21日，八路军总
司令朱德在王家峪八路军办事处会见三位大夫。经过短暂休息，三位大
夫开始工作，他们拒绝了照顾，和普通的八路军战士一样吃粗粮、住民
房。1940年2月，爱德华因病返回印度。同年，柯棣华、巴苏华经批准，
组织起一支流动医疗队赴晋察冀边区前线。在赴晋察冀边区途中，他们
参加了破袭平汉路的战斗。此后，两位大夫来到晋察冀军区所在地河北
唐县，受到晋察冀军区司令员聂荣臻会见。6月21日，柯棣华代表印度
援华医疗队参加了白求恩大夫陵墓的揭幕仪式并敬献花圈。

◎ 柯棣华向白求恩墓地献花圈

1940 年 9 月，百团大战爆发，经柯棣华、巴苏华要求，领导批准两位大夫到前线抢救伤员。在前线的十多天里，他们接收伤员近千名，每天为数十名伤员手术。1941 年，柯棣华被任命为白求恩国际和平医院首任院长。在任院长期间，柯棣华亲自做手术两千多例，其中数十次是大手术。柯棣华苦学中文。1941 年皖南事变发生后，柯棣华在军民誓约大会上用汉语宣誓："与八路军和中国共产党人一起迎接最严峻的局势，坚持战斗，夺取抗战的最后胜利。"

1941 年 11 月，柯棣华与白求恩卫生学校教员郭庆兰举行了简单的婚礼。当地乡亲称柯棣华为"中国女婿"。婚后二人生有一子柯印华。1942 年 6 月，柯棣华加入中国共产党。中华人民共和国成立后曾任国家卫生部部长的江一真是柯棣华的入党介绍人、婚姻介绍人。

由于长期在艰苦环境下紧张工作，柯棣华患上癫痫，聂荣臻司令员曾多次劝柯棣华撤离前线，到其他地方治疗，但被柯棣华谢绝。柯棣华说："每当我看到一个个英勇作战不怕流血牺牲的八路军战士，就觉得

◎ 柯棣华遗照

这点病算不了什么，我一分钟也不愿意离开自己的工作岗位。"1942年
12月8日，柯棣华的癫痫再度发作，抢救无效。1942年12月9日，柯
棣华病逝，年仅32岁。

晋察冀军区为柯棣华举行了隆重的追悼大会，毛泽东在挽词中说：
"印度友人柯棣华大夫，远道来华，援助抗日，在延安华北工作五年之久，
医治伤员，积劳成疾，全军失一臂助，民族失一友人，柯棣华大夫的国
际主义精神是我们永远不应该忘记的。"1953年春，柯棣华的灵柩从河
北唐县晋察冀烈士陵园迁葬至石家庄的华北军区烈士陵园。

1940年10月，巴苏华赴延安，担任延安国际和平医院五官科主治
医师。1943年7月，巴苏华启程回印度。毛泽东、朱德曾向印度国大党
致感谢信。随着柯棣华病逝、巴苏华返回印度，印度援华医疗队在中国

的工作全部结束。他们历经艰险来到延安和华北，竭尽全力地进行医疗援助，有的队员甚至献出了宝贵的生命，长眠于中国的大地，这充分体现了两个东方文明古国的伟大友谊。中国人民不会忘记印度援华医疗队五位大夫的国际主义精神，珍惜在反法西斯共同战斗中结下的友谊。

【参考资料】

［1］中国延安干部学院.延安时期大事记述[M].北京：中央文献出版社，2010.

［2］柯棣华[M]//中国中共党史人物研究会.中共党史人物传：第9卷.北京：中国人民大学出版社，2017.

曾克林出关与争夺东北

曾克林（1913—2007），男，江西兴国人，原海军航空兵部司令员（大军区副职待遇），中国人民政治协商会议第五、六届全国委员会委员。1955年被授予空军少将军衔，曾荣获二级八一勋章、一级独立自由勋章、一级解放勋章和一级红星功勋荣誉章。抗日战争时期，任平西司令部作战科科长，冀东军分区参谋长，冀热辽军区第十六军分区司令员。

◎ 曾克林

1945年8月8日，苏联对日宣战，百万苏联红军进入我国东北。

8月9日，毛泽东发表声明《对日寇的最后一战》，号召中国人民一切抗日力量举行全国规模的大反攻。紧接着，朱德总司令接连发布大反攻命令，要求我驻河北、辽宁边界的冀热辽军区即刻兵分三路向辽宁、吉林进军，配合苏联红军作战，将日军彻底赶出东北三省。

◎ 苏联红军进入沈阳

◎ 苏军坦克部队翻越大兴安岭

◎ 向苏军投降的日军士兵

◎ 曾克林司令员（中间站立者）在河北省秦皇岛市抚宁县台头营组织挺进东北动员誓师大会

◎ 八路军与苏军官兵

冀热辽军区十六分区是一支长期坚持冀东抗日的英雄部队，离东北最近，他们在曾克林司令员的率领下，迅速出关。一路上克服重重困难，与苏联红军联合作战，首先攻克了日军把守的山海关，为后续部队进入东北扫清了障碍。此后，他们乘坐由闷罐、平板和客车车厢组成的40节"混合列车"长驱直入，接收锦州，进驻沈阳。

　　由于苏联政府与国民党政府签有《中苏条约》，驻沈苏军坚持要把沈阳等大中城市交给国民党，拒绝曾克林部队进入沈阳。粗中有细的曾克林据理力争，终于在沈阳站住脚跟。为了维护好当地的社会治安、尽快恢复生产，曾克林部队改为东北人民自治军，并成立了与苏军对等的

◎ 曾克林（中间持本者）与苏军合照

沈阳卫戍区，曾克林任司令员。在与伪满势力、国民党地下组织和土匪作斗争的同时，曾克林以敏锐的战略眼光，大力发展革命武装，由出关时的数千人迅速发展成数万人，驻扎在辽宁、吉林各地。

根据形势，9月14日曾克林又乘坐苏军飞机前往延安，随飞机同来的是苏联红军后贝加尔方面军司令部代表卫斯别克上校。曾克林下飞机后首先去见主持中共中央工作的刘少奇及其他领导人，向党中央全面汇报了东北地区有利于我的形势。他详细汇报了进入东北的情况。这天晚间至15日早晨，苏军代表卫斯别克又与中共中央领导人刘少奇连夜进行了会谈。他代表苏军马利诺夫斯基元帅表示不同意打着"八路军"旗号的部队进入东北，但又表示我们不干涉中国的内政，中国内部问题由中国自行解决。他还转告马利诺夫斯基元帅给朱德总司令的问候，即他不论对总司令本人不论对八路军均抱深厚之同情。东北出现这样有利的条件，刘少奇马上主持中央开会，15日当天就决定派彭真、陈云、叶季壮、伍修权等人，随这架苏军飞机即刻去往东北。鉴于毛泽东正在重庆谈判，如果请示电文往返和密码翻译还需要时间，刘少奇称这是"千载一时"之机而一刻不肯延误，本着先行动、再请示的精神，去东北的干部马上乘苏联的军用飞机动身。飞机起飞后，刘少奇起草了给毛泽东、周恩来等的电报通报说："红军来延之飞机，今晨已飞。彭真、陈云、伍修权、叶季壮及报务译电各一人已去东北。因各方商谈结果，以上述个人前去为适宜。中央并决定组织东北局以彭真为书记，陈云、程子华、伍修权、林枫为委员，办事处暂设在沈阳，对外不公开。"9月15日当天，中共中央又在刘少奇主持下向党内发出重要决定，其中强调：目前我党对东北的任务，就是要迅速地、坚决地争取东北，在东北发展我党强大的力量。据此，中共中央依据日本投降后的全国局势变化作出了重大战略决策部署，即"向北发展，向南防御"，全力争夺东北。中共中央和中革军委从延安派出大量军政干部，与毗邻东北的山东、河北、热河的抗日根据地八路军、新四军会合，从陆路和海路挺进东北。尽管后来由于国民党军疯狂进攻，我军暂时撤出了沈阳等大中城市，但由于坚决贯彻了中共中央提出的"让开大路，占领两厢"的发展方针，中国共产党领导的人民军队最终在白山黑水站稳了脚跟，建立了巩固的东北根据地，为最终取得辽沈战役的胜利打下了坚实基础。

历史证明，在全国抗战即将胜利，苏军出兵东北这一关键时刻，曾克林出关和延安之行，对建立巩固的东北革命根据地、对缩短中国革命胜利的进程，作出了特殊的重要贡献。

◎ 苏军进入哈尔滨

◎ 苏军攻占黑龙江首府哈尔滨后拍摄的照片

◎ 纵马飞奔的苏军骑兵

【参考资料】

　　[1]徐焰.从合作走向决战:中国共产党为什么能战胜国民党[M].广州:广东经济出版社,2016.

　　[2]徐焰.胜利回响:国防大学军史专家徐焰教授讲抗日战争[M].北京:解放军出版社,2016.

　　[3]徐焰,薛国安.写给新一代人看的辉煌军史[M].北京:解放军出版社,2012.

　　[4]徐焰.苏联出兵东北[M].北京:解放军出版社,2015.

　　[5]目前任务和战略部署(1945年9月19日)[M]//刘少奇选集:上卷.北京:人民出版社,1981:371-372.

　　[6]建立巩固的东北根据地(1945年12月28日)[M]//毛泽东选集:第四卷.第2版.北京:人民出版社,1991:1178-1183.

主要参考资料

一、文献

1.《毛泽东选集》，人民出版社，1991 年第 2 版。

2.《毛泽东文集》，中共中央文献研究室编，人民出版社，1996 年第 1 版。

3.《毛泽东军事文集》，军事科学出版社、中央文献出版社，1993 年第 1 版。

4.《毛泽东传》（1893-1949），中共中央文献研究室编，中央文献出版社，2003 年第 1 版。

5.《毛泽东年谱》（1893-1949），中共中央文献研究室编，中央文献出版社，2002 年第 1 版。

6.《朱德军事文选》，解放军出版社，1997 年第 1 版。

7.《朱德年谱》，中共中央文献研究室编，中央文献出版社，2006 年第 1 版。

8.《刘少奇选集》（上卷），人民出版社，1981 年第 1 版。

9.《周恩来选集》（上卷），人民出版社，1980 年第 1 版。

10.《周恩来军事文选》（第二卷），中共中央文献研究室、中国人民解放军军事科学院编，人民出版社，1980 年第 1 版。

11.《周恩来年谱》（1898-1949），中共中央文献研究室编，中央文献出版社，1998 年第 1 版。

12.《任弼时年谱》，中央文献出版社，2004 年第 1 版。

13.《建党以来重要文献选编（一九二一——一九四九）》（第 14-22 册），中共中央文献研究室编，中央文献出版社，2011 年第 1 版。

14.《八路军·文献》，《中国人民解放军历史资料丛书》编辑组编，解放军出版社，1994 年 5 月第 1 版。

15.《新四军·文献》，中国人民解放军历史资料编审委员会编，解放军出版社，1994年第1版。

16.《罗荣桓年谱》，黄瑶主编，人民出版社，2002年第1版。

17.《第一野战军文献选编》（第1册），中国人民解放军第一野战军战史编审委员会编，解放军出版社，2000年8月第1版。

18.《陕甘宁边区政府文件选编》（第1辑），陕西省档案馆、陕西省社会科学院合编，档案出版社，1988年5月第1版。

19.《中国大百科全书·军事》，《中国大百科全书·军事》编委会编，中国大百科全书出版社，2007年7月第1版。

20.《中国军事百科全书》（第二版）（1-19卷），中国军事百科全书编审委员会编，中国大百科全书出版，2015年12月第1版。

21.《中国人民解放军战史简编》，国防大学《战史简编》编写组编，解放军出版社，1983年12月第1版。

22.《中国人民解放军大事记》（1927-1982），中国人民解放军军事科学院编，军事科学出版社，1983年11月第1版。

23.《中国人民解放军战史丛书·中国工农红军第一方面军战史》，中国工农红军第二方面军战史编辑委员会编，解放军出版社，2017年7月第1版。

24.《中国人民解放军战史丛书·中国工农红军第二方面军战史》，中国工农红军第二方面军战史编辑委员会编，解放军出版社，2017年7月第1版。

25.《中国人民解放军战史丛书·中国工农红军第四方面军战史》，中国工农红军第四方面军战史编辑委员会编，解放军出版社，2017年7月第1版。

26.《中国人民解放军战史丛书·中国工农红军第二十五军战史》，中国工农红军第二十五军战史编审委员会编，解放军出版社，2017年7

月第 1 版。

27.《中国人民解放军战史丛书·八路军第一一五师暨山东军区战史》，八路军第一一五师暨山东军区战史编辑室编，解放军出版社，2017 年 7 月第 1 版。

28.《中国人民解放军战史丛书·八路军第一二〇师暨晋绥军区战史》，八路军第一二〇师陕甘宁晋绥联防军抗日战争史编审委员会编，解放军出版社，2017 年 7 月第 1 版。

29.《中国人民解放军战史丛书·八路军第一二九师战史》，第二野战军战史编委员会编，解放军出版社，2017 年 7 月第 1 版。

30.《中国人民解放军战史丛书·第一野战军战史》，第一野战军战史编审委员会编，解放军出版社，2017 年 7 月第 1 版。

31.《中国人民解放军战史丛书·第二野战军战史》，第二野战军战史编委员会编，解放军出版社，1990 年 2 月第 1 版。

32.《中国人民解放军战史丛书·第三野战军战史》，第三野战军战史编委员会编，解放军出版社，2017 年 7 月第 1 版。

33.《中国人民解放军战史丛书·第四野战军战史》，第四野战军战史编写组编，解放军出版社，2017 年 7 月第 1 版。

34.《新四军战史》，《新四军战史》编辑室编，解放军出版社，2000 年 6 月第 1 版。

二、著作

1.《中国共产党的九十年——新民主主义革命时期》，中共中央党史研究室著，中共党史出版社、党建读物出版社，2016 年 6 月第 1 版。

2.《从一大到十九大——中国共产党全国代表大会史 1921—2017》，张士义、王祖强、沈传宝主编，东方出版社，2018 年 1 月第 1 版。

3.《中共党史人物传》（全集），中国中共党史人物研究会编，中国人民大学出版社，2017年7月第1版。

4.《陕甘宁边区抗日民主根据地》回忆录卷，西北五省区编纂领导小组编，中共党史资料出版社，1990年10月第1版。

5.《抗战时期的陕甘宁边区》，宋金寿主编，北京出版社，1995年7月第1版。

6.《延安时期大事记述》，中国延安干部学院编，中央文献出版社，2010年12月第1版。

7《毛泽东军事思想发展史》，廖国良、李士顺、徐焰著，解放军出版社，2007年6月第3版。

8.《写给新一代人看的辉煌军史》，徐焰、薛国安主编，解放军出版社，2012年9月第1版。

9.《从合作走向决战——中国共产党为什么能战胜国民党》，徐焰著，广东经济出版社，2016年8月第1版。

10.《胜利回响——国防大学军史专家徐焰教授讲抗日战争》，徐焰著，解放军出版社，2016年1月第1版。

11.《在历史巨人身边：师哲回忆录》（最新增订本），师哲口述、李文海著，九州出版社2015年第1版。

12.《我的情报与外交生涯》，熊向晖著，中共党史出版社，2006年3月第2版。

13.《地下十二年与周恩来》，熊向晖著，中共中央党校出版社，1991年2月第1版。

14.《抗战文物故事》，中国人民抗日战争纪念馆编著，中共党史出版社，2018年7月第1版。

15.《中流砥柱：中国共产党与抗日战争》，高永中主编，中国青年出版社，2018年10月第1版。

16.《中国纪事1932—1939》，[德]奥托.布劳恩著，现代史料编刊社，

1980 年 12 月第 1 版。

17.《历史的转折——中共中央在延安 13 年》，谭虎娃著，人民出版社，2018 年 2 月第 1 版。

18.《美国记者眼中的八路军——还原震撼的敌后战场》，萨苏著，北京日报出版社，2015 年 8 月第 1 版。

19.《日军眼中的中共抗战》（第一卷），萨苏著，解放军出版社，2015 年 9 月第 1 版。

20.《八路军中的日本兵：延安工农学校纪实》，[日] 香川孝志 前田光繁著，聂春明译，学苑出版社，2019 年 11 月第 1 版。

21.《一种特殊形态的统战——延安日本工农学校研究》，常改香著，人民出版社，2016 年 12 月第 1 版。

22.《西行漫记》，[美] 埃德加·斯诺著，生活·读书·新知三联书店，1979 年 12 月第 1 版。

23.《美军观察组在延安》，[美] 包瑞德著，万高潮，魏明康等译，济南出版社，2006 年 12 月第 1 版。

24.《兵工地图》，兵工地图编委会编，人民出版社，2019 年 7 月第 1 版。

25.《外国人看中国的抗战：中国的双星》[美] 福代斯·卡尔逊著，祈国明、汪杉译，新华出版社，1987 年 9 月第 1 版。

26.《八路军抗日根据地见闻录——一个英国人不平凡经历的记述》，[英] 林迈可著，杨重光、郝平译，国际文化出版公司，1987 年 6 月第 1 版。

27.《抗战中的红色根据地——图文见证八路军抗战史——个英国人不平凡经历的记述》，[英] 林迈可著，杨重光、郝平译，解放军文艺出版社，2005 年 7 月第 1 版。

28.《伟大的精神，崇高的品格——诗文信函名言中的共产党人》，主编蔡钊利，副主编魏文章、毕远佞，陕西新华出版传媒集团，陕西人民出版社，2016 年 7 月第 1 版。

后 记

  《延安时期图志（军事卷）》一书由陕西省委党校（行政学院）中国特色社会主义理论研究中心主任、教授，解放军国防大学抗大研究中心特约研究员李路主持编著。本书文风框架、内容类别、具体条目、选用图片、地图均由李路主持承担。全篇内容由李路编著统稿完成，其中杨青春（解放军国防大学政治学院在站博士后）编写了政治建军篇、军事会议与军事著作篇，谢镁（解放军国防大学讲师，军事学专业硕士）编写了装备建设篇、军事外事篇。谢镁还在收集相关史料方面做了部分选编工作。陕西省委党校（行政学院）周梦溪老师承担了具体编务工作。

  本书在写作筹备、条目编写过程中得到解放军国防大学杨玉玲教授、解放军国防大学雷俊大校、陕西省社会科学院李忠全研究员、陕西省委党校（行政学院）毕远佞教授、延安革命纪念地管理局苏雅琳副局长的大力支持并提出宝贵修改意见。陕西省委党史研究室二级巡视员汤彦宜同志提出具体中肯的审稿意见。在此对以上各位一并表示衷心感谢！

  本书成稿之时正值中国共产党成立 100 周年之际，以此书献礼中国共产党百年华诞，表达了编著者们对延安时期革命前辈奋斗精神的崇高敬意！鉴于本书选用图片年代久远，加之部分属于罕见历史图片，故照片原摄影者有较多无法确认，编著者特向为中国革命留下珍贵历史镜头的前辈们深深致谢。由于编著者水平有限，加之本卷涉及内容广博，难免挂一漏万。请读者多提宝贵意见，以便我们修改完善。

李 路

2021 年 6 月 20 日